中华传统文化国粹
经典文库

名家导读版

# 容斋随笔

[南宋] 洪 迈 ◎ 著
李硕儒 ◎ 导读

中国民族文化出版社
北京

图书在版编目（CIP）数据

容斋随笔 /（南宋）洪迈著；李硕儒导读. -- 北京：中国民族文化出版社有限公司, 2024.12（2025.1 重印）
（中华传统文化国粹经典文库：名家导读版）
ISBN 978-7-5122-1553-5

Ⅰ.①容… Ⅱ.①洪… ②李… Ⅲ.①笔记—中国—南宋—选集②《容斋随笔》—研究 Ⅳ.① Z429.442

中国国家版本馆 CIP 数据核字（2023）第 056204 号

## 容斋随笔
RONGZHAI SUIBI

| | |
|---|---|
| 作　　者 | ［南宋］洪　迈 |
| 导 读 者 | 李硕儒 |
| 责任编辑 | 李路艳 |
| 责任校对 | 李文学 |
| 出 版 者 | 中国民族文化出版社　地址：北京市东城区和平里北街 14 号<br>邮编：100013 联系电话：010-84250639 64211754（传真） |
| 印　　装 | 三河市南阳印刷有限公司 |
| 开　　本 | 710 mm×1000 mm　16 开 |
| 印　　张 | 33 |
| 字　　数 | 428 千 |
| 版　　次 | 2024 年 12 月第 1 版 |
| 印　　次 | 2025 年 1 月第 2 次印刷 |
| 标准书号 | ISBN 978-7-5122-1553-5 |
| 定　　价 | 46.80 元 |

版权所有　侵权必究

# 中华传统文化国粹经典文库

## 品文化经典　通古今智慧

### 李继勇

策划人、出版人、北京书香文雅图书文化有限公司董事长。专业从事图书策划，儿童文学、儿童阅读推广，国内文化交流等。已成功策划"儿童文学光荣榜"系列、"爱阅读课程化丛书"系列、"文学百年·名家散文典藏"系列、"科幻文学群星榜"系列、"绘本里的世界"系列、"童诗百年"系列等多种类型出版物。

### 于润琦

中国现代文学馆研究员、中国作家协会会员。总主编《插图本百年中国文学史》（3卷），主编《清末民初小说书系》（10卷）、《海派作家作品精选》（16册），校、注古典小说《型世言》《金屋梦》《中国古典文学海外珍稀本文库》30余种，参与编选《明、清、民国时期珍稀老北京话历史文献整理与研究》（30册）、《中国现代文学百家》（116册），以及《北京的门礅》《老北京的门楼》北京民俗著述多种。

（按姓名音序排列）

**◎薄克礼**
文学博士，天津城建大学教授。攻文史，好四书。

**◎陈鹏程**
历史学博士，天津师范大学文学院副教授。

**◎陈世旭**
当代作家，曾任中国作家协会主席团委员、江西省文联主席兼作家协会主席。

**◎陈喜儒**
作家，著名翻译家，曾任中国作家协会外联部副主任、中国外国文学学会日本文学研究分会会长。

**◎冯 蒸**
首都师范大学文学院教授，博士生导师，北京国际汉字研究会理事、副会长。

**◎官 铎**
管子思想理论和应用资深研究学者。

**◎关四平**
哈尔滨师范大学文学院教授，博士生导师。主要从事中国古代小说及戏曲等研究。

**◎韩小蕙**
著名作家，中国作家协会会员，中国散文学会副会长，南开大学文学院兼职教授。

**◎侯忠义**
北京大学教授，曾任北京大学图书馆古籍整理研究室主任。主要从事先秦两汉文学史、文言小说研究。

**◎李海涛**
天津师范大学历史文化学院教授，天津市孙子兵法研究会荣誉会长。

**◎李瑞兰**
天津师范大学历史文化学院教授，曾任中国先秦史学会理事。

**◎李树果**
资深《易经》研究者，中国散文诗学会理事，《中华时报》记者。

**◎李硕儒**
作家，著名编剧。合著长篇历史小说《大风歌》获重庆市"五个一工程"奖。

**◎廉玉麟**
天津中医药大学第一附属医院主任医师，教授。

**◎林海清**
天津师范大学国际教育交流学院副教授，天津市红楼梦研究会副秘书长兼理事，中国三国演义学会、中国水浒学会会员。

◎林骅
天津师范大学文学院教授，曾任古典文献研究所所长，天津市红楼梦研究会顾问。

◎马文大
首都图书馆研究馆员、北京地方文献中心主任，北京史研究会副会长。

◎孟昭连
南开大学文学院中国语言文学系教授，中国东方文化研究会理事。

◎宁稼雨
南开大学英才教授、博士生导师，2017年度国家社科基金重大项目"全汉魏晋南北朝小说辑校笺证"首席专家。

◎宁宗一
南开大学学术委员会委员、中国武侠文学学会名誉会长、中国儒林外史学会副会长。

◎牛倩
天津大学国际教育学院副教授，硕士研究生导师。

◎欧阳健
福建师范大学文学院教授，曾任《明清小说研究》杂志主编。

◎潘务正
安徽师范大学文学院教授，教育部人文社会科学重点研究基地安徽师范大学中国诗学研究中心副主任，中国韵文学会赋学专业委员会（中国辞赋学会）副会长。

◎乔卉林
中国城乡金融报社记者。其作品曾多次获得奖项。

◎尚学峰
又名尚学锋。文学博士，北京师范大学文学院教授。

◎邵永海
北京大学中文系教授。主要从事汉语史方面的教学和研究工作。

◎石定果
北京语言大学人文学院教授，汉语言文字学博士。著有《说文会意字研究》等多部作品。

◎石厉
原名武砺旺。著名诗人，文艺理论家。《诗刊》编委，《中华辞赋》杂志总编辑，中华诗词学会副会长。

◎石麟
湖北师范大学文学院教授。中国水浒学会会长。

◎孙立仁
曾任《中国老年报》社长，发表多篇小说、诗歌、散文、报告文学等。当代篆刻家。

◎孙钦善
北京大学中文系教授，全国高等院校古籍整理研究工作委员会委员，中华炎黄文化研究会理事。

◎田秉锷
江苏省文艺评论家协会顾问，徐州市孔子学会顾问，江苏师范大学客座教授。

◎王建新
中国历史文献研究会理事，中原传媒集团出版部副主任。

◎王蒙
著名作家、学者，文化部原部长。茅盾文学奖获得者。多年来致力于传统文化研究。2019年获"人民艺术家"国家荣誉称号。

◎王晓华
民国史专家，中国第二历史档案馆研究馆员。中央广播电视总台、北京电视台、湖北卫视等多个栏目主讲嘉宾。

◎吴波
湖南农业大学教授、党委委员、副校长，中国儒林外史学会副会长，湖南省古代文学学会副会长。

◎武道房
安徽师范大学中国诗学研究中心教授。

◎徐刚
诗人，作家。曾获鲁迅文学奖、郭沫若散文奖、中国报告文学终身成就奖等。

◎俞前
中国作家协会会员，苏州市吴江区南社研究会会长，苏州南社文化研究院副院长。

◎查洪德
文学博士，南开大学中国语言文学系教授，博士生导师。内蒙古元代文学学会会长。主要从事元明清文学与文献研究。

◎张秋升
曲阜师范大学历史文化学院教授，主要研究儒家史学理论。

◎张世林
新世界出版社编审，著有《大师的侧影》等著述。

◎张弦生
中州古籍出版社编审、副总编辑。

◎郑铁生
天津外国语大学教授，原中国三国演义学会常务副会长兼秘书长，曾任中国红楼梦学会学术委员会委员、北京曹雪芹学会副会长。

◎周传家
北京联合大学应用文理学院教授，中国昆剧古琴研究会副会长，中国戏剧文学学会顾问，中国戏曲学会常务理事。

◎卓然
原名王坤元，笔名卓然。作家，诗人。著有中短篇小说集《我记忆中的河》、散文集《天下黄河》等作品。

## 名家导读

今之随笔，虽不拘长短，却需要足够的见识、学问、才情，作者将自己的所见、所闻、所思、所念妙笔写来，或阐主张抒情感，或答时弊斥奸佞，或犀利讽刺，或温婉嘱告，已成今日众人喜爱的一种文体，无论报刊还是网络，读来方便快捷，还能怡情获益。究其渊源，今之随笔其实来自汉魏以降的笔记体，《容斋随笔》即属作者洪迈的读书笔记。其之所以称为随笔，原是作者"谦言随笔录之"的意思。

洪迈（1123—1202年），字景庐（一作景卢），号容斋，别号野处，谥号文敏，南宋饶州鄱阳（今江西乐平）人。其父洪皓为北宋末年进士，南宋渡江初年，以徽猷阁待制假礼部尚书出使金国，被金国扣留十五年，金败后才得南归，后又因斥秦桧与金勾结而被贬谪致死。洪皓著有《鄱阳集》《松漠纪闻》，以气节学问闻名当世。其长兄洪适、次兄洪遵同于绍兴十二年（1142年）考中博学鸿词科进士，分别官至丞相、执政，长兄著有《盘文洲集》《隶释》等，次兄著有《翰苑群书》等。三年后，洪迈亦考中博学鸿词科进士，初为地方转运司属官，后历任馆职、郡守，官至翰林学士，以端明殿学士致仕，卒赠光禄大夫。洪迈勤奋治学，著述甚丰，原有著作几十种，可惜大多散佚，现存者除《容斋随笔》外，尚有志怪小说《夷坚志》二百余卷、《野处类稿》二卷，所编《万首唐人绝句》一百卷。

五十余万言的《容斋随笔》乃洪迈十八年的读书笔记，全书撰写前后持续了四十余年，可称其代表之作，也是迄今为止众人瞩目、评价极高的一部大书。明人李瀚称其为"聚天下之书而遍阅之，搜悉异闻，考核经史，捃拾典故，值言之最者必札之，遇事之奇者必摘之，虽诗词文翰、历谶卜医，钩纂不遗，从而评之。参订品藻，论议雌黄，或加以辩证，或系以赞繇，天下事为，寓以正理，殆将毕载"。明末马元调说，此书"考据精确，议论高简，读书作文之法尽是矣"。到了清初，洪迈后人洪璟说："先文敏公容斋先生《随笔》一书，与沈存中《梦溪笔谈》、王伯厚《困学纪闻》等，先后并重于世。其书自经史典故、诸子百家之言，以及诗词文翰、医卜星历之类，无不纪载，而多所辨证。"不必多引，仅从前面所引三段文字即可看出全书的内容、风格、体例、价值。见解来自作者的丰富阅历和博览群书，辨析来自他的视野、悟性和胸襟胆魄，难怪此书一经问世，就在南宋朝野上下引起强烈反响，以至还算开明且胸中颇有文墨的孝宗皇帝也被刊刻的《随笔》吸引，称其议论精当，并嘱洪迈继续书写。

先说此书涉猎之广、用心其精和作者慎读慎解之风，且以《禹治水》为例："《禹贡》叙治水，以冀、兖、青、徐、扬、荆、豫、梁、雍为次。考地理言之，豫居九州中，与兖、徐接境，何为自徐之扬，顾以豫为后乎？盖禹顺五行而治之耳。冀为帝都，既在所先，而地居北方，实于五行为水，水生木，木东方也，故次之以兖、青、徐；木生火，火南方也，故次之以扬、荆；火生土，土中央也，故次之以豫；土生金，金西方也，故终于梁、雍。所谓'彝伦攸叙'者此也。与鲧之汩陈五行，相去远矣。此说予得之魏几道。"

从父亲洪皓到洪迈三兄弟，皆以心系天下、救助生民为己任。洪迈读《禹贡》这部书写大禹治水的著作时自然格外认真。为理清禹治水的顺序，他边读边对照地图，发觉顺序不对，"豫居九州中，与兖、徐接境，何以自徐之扬，顾以豫为后乎？"他继续翻书查询，后从魏几道处得知，原来大禹治水的路线是按阴阳五行确立的，这就和《尚书·洪范》所说的序列相符，和鲧乱列五行相去甚远了。在举国倡导读书的今天，作者考证地读、比较地读，读出真知灼见，不啻是教我们如何读书的指南。

他又将目光投向大海，且看书中之《四海一也》："海一而已，地之势西北高而东南下，所谓东、北、南三海，其实一也。北至于青、沧，则云北海，南至于交、广，则云南海，东渐吴、越，则云东海，无由有所谓西海者。《诗》《书》《礼》经所载四海，盖引类而言之。《汉·西域传》所云蒲昌海，疑亦渟居一泽尔。班超遣甘英往条支，临大海，盖即南海之西云。"

作者从我国版图的地势高低和陆地的东西南北方向考察，断定我们面临的大海只有一个，其所以称作东海、北海、南海，只是因大海所靠陆地位置、方向而得名，因我国版图西向皆为陆地，也就没有西海之称。依此推断，《诗》《书》《礼》等经书所记载的四海乃连类而云，《汉书·西域传》所说的蒲昌海，作者怀疑不过是一片大泽罢了。至于班超派甘英出使条支所遇的大海，大概就是南海的西侧了。洪迈读书不光求懂求通，还要推断、论证、求个究竟，他甚至敢于挑战先贤、怀疑经典、修正经典，将经典所载四海修正为三海，他的这般论证已成结论，直至今天还被我们沿用并视为定论和常识，这才是读书、写作的价值。

他并不仅观大事、辨大象，一些日常所见的习惯、现象也常入其笔端，如《随笔》卷四之《喷嚏》："今人喷嚏不止者，必噀唾祝云'有人说我'，妇人尤甚。予案《终风》诗：'寤言不寐，愿言则嚏。'郑氏笺云：'我其忧悼而不能寐，女思我心如是，我则嚏也。今俗人嚏，云"人道我"，此古之遗语也。'乃知此风自古以来有之。"

直至今日，凡打喷嚏者还是说"有人念叨我"或"有人骂我"。从上文看，此风气早在八百年前就已成，并引起洪迈的兴趣，他并由此查阅古籍，证实"此风自古以来有之"。看来一个民族的习俗传承或曰文化总是源远流长的，无论美好、流俗或亦美亦俗。可贵的是，作者对任何现象都要溯本求源，问个究竟，这才是做学问。

作为端明殿大学士，其志向虽为修身、齐家、治国、平天下，主业不在为诗，但作为古时读书人诗词修养是不可或缺的，从书中所见，他不但诗词修养醇厚，而且兴味盎然、见地高妙，因而对诗人身世和诗词原委也多有考证书写。如他在卷二《古行宫诗》中说，人们都知道白乐天所写《长恨歌》《上阳白发人》感人肺腑，其实，论"道开元间宫禁事"的，元微之的《连昌宫词》"最为深切矣"，特别是他在《行宫》绝句中的"寥落古行宫，宫花寂寞红。白头宫女在，闲坐说玄宗"，"语少意足，有无穷之味"。在卷三《李太白》中说，人们都说李白是在当涂的采石因醉酒泛舟江上，"见月影俯而取之"，遂淹死水中，所以采石有捉月台，"我"查对李阳冰作太白《草堂集序》说，"阳冰试弦歌于当涂，公疾亟，草藁万卷，手集未修，枕上授简，俾为序。又李华作太白墓志，亦云：'赋《临终歌》而卒。'"经过这番考证，证明李白还是染病而死，世间那些传说并不可信，就像传说杜甫是因喝白酒、吃牛肉块撑死的一样荒唐。最为难能可贵的是，他对一些名诗名句反复推敲，为得一字之妙的精微考察和比较，如《容斋续笔》卷八之《诗词改字》："王荆公绝句云：'京口瓜洲一水间，钟山只隔数重山。春风又绿江南岸，明月何时照我还。'吴中士人家藏其草，初云'又到江南岸'，圈去'到'字，注曰不好，改为'过'，复圈去而改为'入'，旋改为'满'，凡如是十许字，始定为'绿'。……向巨原云：'元不伐家有鲁直所书东坡《念奴娇》，与今人歌不同者数处，如"浪淘尽"为"浪声沉"，"周郎赤壁"为"孙吴赤壁"，"乱石穿空"为"崩云"，"惊涛拍岸"为"掠岸"，"多情应笑我早生华发"为"多情应是笑我生华发"，"人生如梦"为"如寄"。'不知此本今何在也！"

几相对照就可看出，古时诗人即使名气、成就再大，为一字之妙，也不知推敲来斟酌去捻断几根须，其诗作才得传至今日仍令人称奇不已。因想到近些年来，在弘扬民族传统文化之风中，不少人热衷于写古体诗词，练各类书法，这的确可喜可感，但书法离不开诗韵，诗词除讲究韵律对仗外，更注重底蕴、魂魄与字词之传神，绝不是白开水、顺口溜，只要韵脚差不多就算古体诗。无独有偶，每见这样的所谓古体诗词就让人想到四处泛滥的丑书。

读《容斋随笔》可发现，作者虽无意为文人骚客，但绝对是一位诗词修养深厚的鉴赏家、诗评家，且往往目光超拔、品位卓然，因此，他在书中无论对风、雅、颂，还是对汉魏六朝、唐宋诗词大家之作皆有考证比较、评析褒贬，能使人耳目一新，获益多多。

毕竟是以天下为己任的士大夫，他最看重的学问还是历史和政治方面的。但历史总有遗憾，政治总有弊端，作者能在笔记中直斥弊端，直陈己见，一可见其情怀，二可见其胆魄。例如，《容斋续笔》卷七《田租轻重》："李悝为魏文侯作尽地力之教，云：'一夫治田百亩，岁收粟百五十石，除十一之税十五石，余百三十五石。'盖十一之外，更无他数也。"如今就大不一样了，农民每交纳一石粮的税，义仓就说因为运输和储存有耗损，你们还要再加一斗二升，官仓也明确规定要多收六成，这中间根据税粮的粗细，再分若干等，有的甚至分为七八等，管理粮仓的人手拿刮平尺又轻重不同，量二石粮再多拿二三斗也是常有的事，至于水路运粮的运费、租赋以外的头子钱、买卖交易的附加费等，加起来足有七八百钱，以中价计算，再加租船费，又需五斗粮，这样算起来，收一石粮的税就几乎要交三石粮了……他接着引古喻今说："董仲舒为武帝言：'民一岁力役，三十倍于古，而田租口赋，二十倍于古。'谓一岁之中，失其资产三十及二十倍也。又云：'或耕豪民之田，见税什五。'言下户贫民自无田，而耕垦豪富家田，十分之中以五输本田主，今吾乡俗正如此，目为'主客分'云。"

洪迈，这位八百年前的封建王朝高官，能够如此细心地体察民情、为农民赋税之重算出这样的细账，足见其爱民、恤民的民本思想。更令人敬服的是，为证实自己的观点，他还从战国时李悝为魏文侯所设的赋税制度，引至董仲舒上奏汉武帝的话"民一岁力役，三十倍于古，而田租口赋，二十倍于古。"最后还大胆说："今吾乡俗正如此。"

作者在《容斋续笔》卷四《宣和冗官》中更指斥权奸蔡京当政时的官员冗滥现象说，"自去岁七月至今年三月（宣和初）"，"两选朝奉大夫至朝请大夫六百五十五员，横行右武大夫至通侍二百二十九员，修武郎至武功大夫六千九百九十一员，小使臣二万三千七百余员，选人一万六千五百余员"。从其后所说"吏员猥冗，差注不行"之语即可看出作者的焦虑之心，就是说这些官僚不但太多，而且太滥，混入不少猥琐小人。在《容斋三笔》卷七《宗室补官》中，他还直将笔触指向皇族说："寿皇圣帝登极赦恩，凡宗子不以服属远近，人数多少，其曾获文解两次者，并直赴殿试；略通文墨者，所在州量试，即补承信郎。由是入仕者过千人以上。淳熙十六年二月、绍熙五年七月，二赦皆然，故皇族得官不可以数计。"

一为百姓生存，二为官场冗滥，三为皇族特权，他都敢于秉笔直书，力陈己见，足见其忧国忧民之心！不知他的这些看法是否曾抄至奏折上奏朝廷，皇帝御览后作何批复，但即使能书于《笔记》且被当朝皇帝读过，也足以见其学问和勇气，真正做到了以天下之忧为忧，以生民之乐为乐。

《容斋随笔》的确是一部魅力无穷、旷古不衰的大书。它不光使人扩眼界、增学问，而且能够涤胸襟，启心智，教人如何读书，如何思考，如何做人，如何面对世间万物。

李硕儒

**容斋随笔 / 001**
    概论 / 002
    **卷一 / 003**
        黄鲁直诗 / 003
        敕勒歌 / 004
        地险 / 005
        白公咏史 / 007
        裴晋公禊事 / 008
        史记世次 / 009
    **卷二 / 011**
        唐重牡丹 / 011
        长歌之哀 / 013
        张良无后 / 015
        周亚夫 / 016
        汉轻族人 / 017
        韦苏州 / 018
        秦用他国人 / 020
    **卷三 / 022**
        和归去来 / 022
        进士试题 / 023
        儒人论佛书 / 025
        四海一也 / 026
        李太白 / 027
        鄱阳学 / 028
        三女后之贤 / 029
        太白雪谶 / 030
        舟有问卫君 / 031

    **卷四 / 033**
        张浮休书 / 033
        诗中用茱萸字 / 034
        马融皇甫规 / 035
        石鼓歌过实 / 036
        谤书 / 037
        孟蜀避唐讳 / 038
        牛米 / 039
    **卷五 / 040**
        汉唐八相 / 040
        晋之亡与秦隋异 / 041
        汉宣帝忌昌邑王 / 042
        上官桀 / 043
        韩信周瑜 / 044
        汉武赏功明白 / 046
    **卷六 / 047**
        魏相萧望之 / 047
        姓氏不可考 / 048
        狐突言词有味 / 049
        带职人转官 / 050
        上下四方 / 052
    **卷七 / 054**
        李习之论文 / 054
        将军官称 / 056
        孟子书百里奚 / 057
        韩柳为文之旨 / 058
        洛中盱江八贤 / 059
        汉书用字 / 063

卷八 / 065
　　诸葛公 / 065
　　沐浴佩玉 / 067
　　陶渊明 / 068
　　皇甫湜诗 / 070
卷九 / 072
　　霍光赏功 / 072
　　汉文失材 / 073
　　陈轸之说疏 / 074
　　简师之贤 / 076
　　老人推恩 / 077
　　忠义出天资 / 078
卷十 / 080
　　爱盎温峤 / 080
　　爱盎小人 / 081
　　唐书判 / 082
　　古彝器 / 084
　　玉蕊杜鹃 / 085
卷十一 / 086
　　将帅贪功 / 086
　　汉二帝治盗 / 088
　　汉封禅记 / 089
　　屯蒙二卦 / 092
　　谊向触讳 / 093
卷十二 / 095
　　利涉大川 / 095
　　光武弃冯衍 / 096
　　逸诗书 / 098
　　巽为鱼 / 099
　　虎夔藩 / 100
卷十三 / 102
　　谏说之难 / 102

萧房知人 / 105
吴激小词 / 107
晏子杨雄 / 108

卷十四 / 111
　　汉祖三诈 / 111
　　有心避祸 / 112
　　寒解之险 / 114
　　士之处世 / 115

卷十五 / 117
　　杜延年杜钦 / 117
　　苏子由诗 / 118
　　孔氏野史 / 119
　　张子韶祭文 / 120
　　云中守魏尚 / 121

卷十六 / 122
　　文章小伎 / 122
　　南宫适 / 124
　　吴王殿 / 125
　　王卫尉 / 126
　　前代为监 / 127

**容斋续笔 / 129**
　概论 / 130
　卷一 / 131
　　戒石铭 / 131
　　李建州 / 133
　　存亡大计 / 134
　　重阳上巳改日 / 137
　卷二 / 138
　　岁旦饮酒 / 138
　　存殁绝句 / 140
　　汤武之事 / 141
　　义理之说无穷 / 143

卷三 / 145
  太史慈 / 145
  汉文帝受言 / 147
  丹青引 / 148
  诗文当句对 / 149
  东坡明正 / 152
  无望之祸 / 153
卷四 / 155
  周世宗 / 155
  郑权 / 157
  资治通鉴 / 158
卷五 / 161
  秦隋之恶 / 161
  汉唐二武 / 170
  买马牧马 / 171
  唐虞象刑 / 173
卷六 / 176
  朱温三事 / 176
  文字润笔 / 178
  汉举贤良 / 181
  戊为武 / 183
卷七 / 185
  女子夜绩 / 185
  建除十二辰 / 186
  俗语算数 / 188
卷八 / 189
  汉表所记事 / 189
  萧何绐韩信 / 192
  蜘蛛结网 / 194
  孙权称至尊 / 196
卷九 / 198
  深沟高垒 / 198
  生之徒十有三 / 200

有扈氏 / 201
  太公丹书 / 202
  汉景帝 / 207
卷十 / 208
  曹参不荐士 / 208
  汉武留意郡守 / 210
  民不畏死 / 211
  天下有奇士 / 213
卷十一 / 218
  兵部名存 / 218
  武官名不正 / 220
  名将晚谬 / 221
卷十二 / 224
  无用之用 / 224
  唐制举科目 / 225
  东坡论庄子 / 227
卷十三 / 230
  科举恩数 / 230
  贞元制科 / 232
  金花帖子 / 233
  物之小大 / 234
卷十四 / 238
  帝王训俭 / 238
  用计臣为相 / 240
  陈涉不可轻 / 242
卷十五 / 244
  李林甫秦桧（节选）/ 244
  注书难 / 245
卷十六 / 249
  高德儒 / 249
  唐朝士俸微 / 250
  酒肆旗望 / 252
  贤宰相遭谗 / 253

**容斋三笔 / 255**
　　概论 / 256
　　卷一 / 257
　　　　武成之书 / 257
　　　　管晏之言 / 259
　　　　共工氏 / 261
　　卷二 / 263
　　　　汉宣帝不用儒 / 263
　　　　刘项成败 / 264
　　　　占术致祸 / 266
　　　　无名杀臣下 / 268
　　　　平天冠 / 269
　　卷三 / 271
　　　　东坡和陶诗 / 271
　　　　陈季常 / 272
　　　　文用谧字 / 274
　　　　高唐神女赋 / 275
　　卷四 / 278
　　　　三竖子 / 278
　　　　省钱百陌 / 280
　　卷五 / 282
　　　　舜事瞽叟 / 282
　　　　孔子正名 / 284
　　　　王裒耋绍 / 286
　　　　绯紫假服 / 287
　　　　枢密名称更易 / 289
　　卷六 / 291
　　　　贤士隐居者 / 291
　　　　杜诗命意 / 294
　　　　择福莫若重 / 296
　　卷七 / 298
　　　　执政辞转官 / 298

　　　　孙宣公谏封禅等 / 300
　　　　赦恩为害 / 305
　　　　周武帝宣帝 / 306
　　　　唐观察使 / 307
　　卷八 / 309
　　　　忠宣公谢表 / 309
　　　　唐贤启状 / 312
　　卷九 / 314
　　　　赦放债负 / 314
　　　　周玄豹相 / 315
　　　　钴鉧沧浪 / 317
　　卷十 / 319
　　　　唐夜试进士 / 319
　　　　纳绢绢尺度 / 320
　　　　朱梁轻赋 / 321
　　　　祢衡轻曹操 / 323
　　卷十一 / 326
　　　　汉文帝不用兵 / 326
　　　　帝王讳名 / 327
　　　　东坡三诗 / 329
　　　　天文七政 / 330
　　卷十二 / 332
　　　　颜鲁公祠堂诗 / 332
　　　　闵子不名 / 333
　　　　曾晳待子不慈 / 334
　　　　渊明孤松 / 335
　　卷十三 / 336
　　　　僧官试卿 / 336
　　　　大观算学 / 337
　　　　钟鼎铭识 / 338
　　　　牺尊象尊 / 341

卷十四 / 343
  三教论衡 / 343
  政和文忌 / 345
  瞬息须臾 / 346
  神宗待文武臣 / 347
  夫人宗女请受 / 348
卷十五 / 349
  蔡京除吏 / 349
  题先圣庙诗 / 351
  季文子魏献公 / 353
  杯水救车薪 / 354
  尊崇圣字 / 355
  大禹之书 / 356
卷十六 / 357
  神臂弓 / 357
  颜鲁公戏吟 / 358
  蔡君谟书碑 / 359
  纪年用先代名 / 360
  多赦长恶 / 361

**容斋四笔 / 363**
  概论 / 364
  卷一 / 365
    孔庙位次 / 365
    云梦泽 / 366
    关雎不同 / 367
    亭榭立名 / 369
    战国策 / 370
  卷二 / 371
    轻浮称谓 / 371
    鬼谷子书 / 372
    张天觉小简 / 373
    城狐社鼠 / 375

卷三 / 376
  韩公称李杜 / 376
  李太白怖州佐 / 377
  吕子论学 / 379
  陈翠说燕后 / 380
卷四 / 382
  栾城和张安道诗 / 382
  外台秘要 / 383
  六枳关 / 385
卷五 / 386
  饶州风俗 / 386
  禽畜菜茄色不同 / 387
  勇怯无常 / 388
卷六 / 390
  韩文公逸诗 / 390
  徙木偾表 / 391
  用柰花事 / 392
  建武中元续书 / 393
卷七 / 395
  西太一宫六言 / 395
  人焉廋哉 / 396
卷八 / 399
  得意失意诗 / 399
  茸附治瘑漏 / 400
  华元入楚师 / 401
卷九 / 403
  沈庆之曹景宗诗 / 403
  蓝尾酒 / 404
  欧阳公辞官 / 406
卷十 / 408
  亲王回庶官书 / 408
  青莲居士 / 409

卷十一 / 411
　　熙宁司农牟利 / 411
　　东坡诲葛延之 / 413
卷十二 / 415
　　汉唐三君知子 / 415
　　当官营缮 / 416
卷十三 / 420
　　科举之弊不可革 / 420
　　国初救弊 / 421
　　二朱诗词 / 423
　　金刚经四句偈 / 424
卷十四 / 427
　　王元之论官冗 / 427
　　梁状元八十二岁 / 428
卷十五 / 430
　　徽庙朝宰辅 / 430
　　经句全文对 / 432
卷十六 / 434
　　寄资官 / 434
　　曹马能收人心 / 435
　　昔贤为卒伍 / 437
　　兵家贵于备预 / 439

## 容斋五笔 / 441

概论 / 442
卷一 / 443
　　天庆诸节 / 443
　　狐假虎威 / 444
　　徐章二先生教人 / 445
　　王安石弃地 / 447
　　双生以前为兄 / 448
卷二 / 450
　　二叔不咸 / 450
　　官阶服章 / 451
　　庆善桥 / 452
　　吕望非熊 / 453
　　唐曹因墓铭 / 454
卷三 / 456
　　人生五计 / 456
　　元正父子忠死 / 458
　　瀛莫间二禽 / 461
　　萧颖士风节 / 462
　　开元宫嫔 / 464
卷四 / 465
　　东坡文章不可学 / 465
　　晋代遗文 / 467
　　汉武帝田蚡公孙弘 / 472
卷五 / 475
　　庾公之斯 / 475
　　万事不可过 / 477
　　大言误国 / 478
卷六 / 481
　　鄱阳七谈 / 481
　　卜筮不敬 / 482
　　糖霜谱 / 484
　　汉武帝喜杀人者 / 486
卷七 / 489
　　盛衰不可常 / 489
　　叙西汉郊祀天地 / 491
卷八 / 494
　　唐臣乞赠祖 / 494
卷九 / 496
　　擒鬼章祝文 / 496
　　欧公送慧勤诗 / 499
　　东不可名园 / 500
卷十 / 502
　　哀公问社 / 502
　　绝句诗不贯穿 / 504
　　卫宣公二子 / 506
　　谓端为匹 / 507

◎ 容斋随笔 ◎

# 概 论

《容斋随笔》作为"五笔"中的首部,共有十六卷,是洪迈费尽心血历时十八年写就的一部笔记体学术著作,被宋朝人推举为"近世笔记之冠冕"。《四库提要》亦云:"南宋说部,终当以此为首焉。"在钱大昕看来,洪迈能成一家之言,乃因其"穿穴经史,实事求是,虽议论不必尽同,要皆从读书中出,异于游谈无根之士,故能卓然成一家言,而不得以稗官小说目之焉"。

《容斋随笔》中对军事制度做了具体评议。例如,军事上赞赏汉武帝以军功论赏,赏罚分明,在卷五的《汉武赏功明白》中,认为"武帝赏功,必视法如何,不以贵贱为高下,其明白如此";在卷九的《霍光赏功》条中,赞赏了汉武帝选贤举能,反对霍光论赏唯亲。

洪迈认为,君主在用人方面要做到广用人才,知人善任。在卷九的《汉文失材》中,批评汉文帝未重用李广和贾山,埋没了人才,并进一步认为君主用人,要做到不问出身,即使是寒士,只要有才能,同样可以被重用。《容斋随笔》还认为知人善任关系到国家的兴衰存亡。例如,在卷二的《秦用他国人》中,认为国家要强盛,君主用人要不受地域限制,要敢于重用他国人。

《容斋随笔》作为笔记体著作,记载了从先秦到宋朝诸多王朝的史事,尤其注重秦汉至宋之间的史事,提出了很多治国安邦的理念,在宋代诸多笔记体著作中,具有较高的史学成就。

## 黄鲁直诗

**原文**

徐陵①《鸳鸯赋》云:"山鸡映水那相得,孤鸾照镜不成双。天下真成长会合,无胜比翼两鸳鸯。"黄鲁直②《题画睡鸭》曰:"山鸡照影空自爱,孤鸾舞镜不作双。天下真成长会合,两凫相倚睡秋江。"全用徐语点化之,末句尤精工。又有《黔南十绝》,尽取白乐天语,其七篇全用之,其三篇颇有改易处。乐天《寄行简》诗,凡八韵,后四韵云:"相去六千里,地绝天邈然。十书九不达,何以开忧颜!渴人多梦饮,饥人多梦餐。春来梦何处?合眼到东川。"鲁直剪为两首,其一云:"相望六千里,天地隔江山。十书九不到,何用一开颜?"其二云:"病人多梦医,囚人多梦赦。如何春来梦,合眼在乡社!"乐天《岁晚》诗七韵,首句云:"霜降水返壑,风落木归山。冉冉岁将晏,物皆复本源。"鲁直改后两句七字,作"冉冉岁华晚,昆虫皆闭关"。

【字词注解】

① 徐陵:(507—583年)南朝梁陈间文学家。字孝穆,东海郯(今山东郯城北)人。梁朝时任东宫学士,陈朝时历任尚书左仆射。他与庾信齐名,

世称"徐庾"。

②黄鲁直：即黄庭坚，是"苏门四学士"之一，其诗与苏轼齐名，人称"苏黄"。他的诗奇崛瘦硬，力挽轻俗之习，开一代风气，为江西诗派的开山鼻祖。其书法精妙，与苏轼、米芾、蔡襄并称"宋四家"。

## 【精彩解说】

徐陵在他的作品《鸳鸯赋》中说："山鸡映水那相得，孤鸾照镜不成双。天下真成长会合，无胜比翼两鸳鸯。"黄庭坚在他的作品《题画睡鸭》中说："山鸡照影空自爱，孤鸾舞镜不作双。天下真成长会合，两凫相倚睡秋江。"全诗用徐陵的词句加以点化，最后一句尤为精妙工整。又有《黔南十绝》，都是用白乐天的词句为典故，其中有七篇完全一样，其余三篇稍有改动。白乐天的诗《寄行简》共八韵，后四韵说："相去六千里，地绝天邈然。十书九不达，何以开忧颜！渴人多梦饮，饥人多梦餐。春来梦何处？合眼到东川。"黄庭坚把它分为两首诗，其中一首写道："相望六千里，天地隔江山。十书九不到，何用一开颜？"另一首写道："病人多梦医，囚人多梦赦。如何春来梦，合眼在乡社！"白乐天的诗《岁晚》共七韵，开头几句说："霜降水返壑，风落木归山。冉冉岁将晏，物皆复本源。"黄庭坚改了后两句中的七个字，作"冉冉岁华晚，昆虫皆闭关"。

# 敕勒歌

## 原文

鲁直《题阳关图》诗云："想得阳关更西路，北风低草见牛羊。"又集中有《书韦深道诸帖》云："斛律明月，胡儿也，不以文章显，老胡以重兵困敕勒①川，召明月作歌以排闷。仓卒之间，语奇壮如此，盖率意道事实耳。"予案古乐府有《敕勒歌》，以为齐高欢攻周玉璧而败，恚愤②疾发，使斛律金唱《敕勒》，欢自和之。其歌本鲜卑语，词曰："敕勒川，阴山下。天似穹庐，笼罩四野。天苍苍，野茫茫，风吹草低见牛羊。"鲁直所题及诗中所用，盖此也，但误以斛律金为明月。明月名光，金之子也。欢败于玉壁，亦非困于敕勒川。

### 【字词注解】

① 敕勒：种族名，北齐时居住在朔州（今山西北部）一带。
② 恚愤：愤怒。《后汉书·隗嚣公孙述列传》："九年春，嚣病且饿，出城餐糗糒，恚愤而死。"

### 【精彩解说】

黄庭坚的《题阳关图》诗中说："想得阳关更西路，北风低草见牛羊。"他的文集中又有《书韦深道诸帖》说："斛律明月，胡儿也，不以文章显，老胡以重兵困敕勒川，召明月作歌以排闷。仓卒之间，语奇壮如此，盖率意道事实耳。"我查考古乐府中有《敕勒歌》，实际上是北齐高欢攻打北周的玉壁时惨遭失败，由于悲愤过度而生病，让斛律金唱《敕勒》，高欢亲自和乐。歌词本是用鲜卑语书写，内容是："敕勒川，阴山下。天似穹庐，笼罩四野。天苍苍，野茫茫，风吹草低见牛羊。"黄庭坚所题写的《阳关图》和诗中所引用的典故，大概都来源于此，但是却把斛律金误认为斛律明月。斛律明月名光，是斛律金的儿子。高欢在玉壁被打败，并非被困于敕勒川。

## 地 险

### 原文

古今言地险者，以谓函秦宅关、河之胜，齐负海、岱，赵、魏据大河，晋表里河山，蜀有剑门、瞿唐之阻，楚国方城以为城，汉水以为池，吴长江万里，兼五湖之固，皆足以立国。唯宋、卫之郊，四通五达，无一险可恃。然东汉之末，袁绍跨有青、冀、幽、并四州，韩遂、马腾辈分据关中，刘璋擅蜀，刘表居荆州，吕布盗徐，袁术包南阳、寿春，孙策取江东，天下形胜尽矣。曹操晚得兖州，倔强其间，终之夷群雄，覆汉祚①。议者尚以为操挟天子以自重，故能成功。

而唐僖、昭之时，方镇擅地，王氏有赵百年，罗洪信在魏，刘仁恭在燕，李克用在河东，王重荣在蒲，朱宣、朱瑾在兖、郓，时溥在徐，王敬武在淄、青，杨行密在淮南，王建在蜀，天子都长安，凤翔、邠、华三镇鼎立为梗，李茂贞、韩建皆尝劫迁乘舆。而朱温区区以汴、宋、亳②、颍巍然中居，及其得志，乃与操等。以在德不在险为言，则操、温之德又可见矣。

## 【字词注解】

① 祚：皇位，国统。
② 亳：安徽亳州。

## 【精彩解说】

从古至今，若要说起地势险要，很多人都认为：关中（秦地）地处函谷关和黄河的有利地势之中，齐国背靠大海和泰山，赵、魏两国倚仗着黄河天险，晋国外有大河内有险山，西蜀则有剑门关和瞿塘峡作为屏障，楚国修筑起方城作为城墙，又以汉水作为护城河，吴国不仅有万里长江还有五湖，这些地方都可以凭借地理优势建立国家。只有宋、卫两国四通八达，没有天险可据。可是东汉末年，群雄逐鹿中原，袁绍占据了青州、冀州、幽州、并州四地，韩遂和马腾等人分别占据关中各地，刘璋占据蜀地，刘表据有荆州，吕布窃取徐州，袁术则包取了南阳和寿春，孙策攻取了江东，天下险要之地俱被瓜分。曹操后来才占据兖州，却最终在群雄之中脱颖而出，并将群雄打败，倾覆了汉朝。古今评论家都认为，曹操挟持天子来提高自己的政治地位，因此才会取得成功。

然而，唐僖宗和唐昭宗时期，藩镇割据异常严重，其中王氏占据赵地百余年，罗洪信占据魏地，刘仁恭割据燕地，李克用在河东称霸一方，王重荣则在蒲州称雄，朱宣、朱瑾占据了兖州、郓州，王时溥占据了徐州，淄州和青州为王敬武所占，杨行密割据淮南大部，王建分割了蜀地，而此时的皇帝则建都于长安，凤翔、邠州、华州三足鼎立，各争高下，不听从中央的号令。李茂贞和韩建也都挟持过皇帝。只有朱温凭借着汴州、宋州、亳州、颍州几个小地方，在危险中求得一席之地，慢慢壮大，最后竟能取得与曹操一样的雄基伟业，统一了整个中原。所以从历史的兴衰来看，大多在于德行而不在于地理位置是否险要，从这个方面来看，曹操和朱温的德行就可见一斑了。

# 白公咏史

【原文】

东坡《志林》云："白乐天尝为王涯所谗，贬江州司马①。甘露之祸②，乐天有诗云：'当君白首同归日，是我青山独往时。'不知者以乐天为幸之，乐天岂幸人之祸者哉？盖悲之也。"予读白集有《咏史》一篇，注云："九年十一月作。"其词曰："秦磨利刃斩李斯，齐烧沸鼎亨郦其。可怜黄绮入商洛，闲卧白云歌紫芝。彼为菹醢机上尽，此作鸾凰天外飞。去者逍遥来者死，乃知祸福非天为。"正为甘露事而作，其悲之之意可见矣。

【字词注解】

①司马：西周始置，位次三公，与六卿相当，与司徒、司空、司士、司寇并称五官，掌军政和军赋，春秋、战国沿置。汉武帝时置大司马，作为大将军的加号，后亦加于骠骑将军，后汉单独设置，皆开府。隋唐以后为兵部尚书的别称。

②甘露之祸：唐文宗和李训、郑注策划将宦官杀掉以夺回皇权。计谋彻底失败后，李训等人被杀，在这次事变后受株连者有一千余人。

【精彩解说】

苏东坡在他的《志林》中说："白乐天曾经因为王涯的逸言，被贬到江州做司马。甘露之变以后,白乐天写了一首诗说:'当君白首同归日,是我青山独往时。'不知道内情的人,认为白乐天是在庆幸他们的死,白乐天岂是幸灾乐祸的人?实在是太过悲伤啊!"我读白乐天的诗集,其中有一篇名为《咏史》,他作注说:"大和九年(835年)的十一月所写。"诗的内容是:"秦磨利刃斩李斯,齐烧沸鼎亨郦其。可怜黄绮入商洛,闲卧白云歌紫芝。彼为菹醢机上尽,此作鸾凰天外飞。去者逍遥来者死,乃知祸福非天为。"这正是对甘露之祸而感怀的诗,其惋惜悲伤之意已经很明白了。

## 裴晋公禊事

### 【原文】

唐开成二年三月三日,河南尹李待价将禊①于洛滨,前一日启留守裴令公。公明日召太子少傅白居易,太子宾客萧籍、李仍叔、刘禹锡,中书舍人郑居中等十五人合宴于舟中,自晨及暮,前水嬉而后妓乐,左笔砚而右壶觞,望之若仙,观者如堵。裴公首赋一章,四坐继和,乐天为十二韵以献,见于集中。今人赋上巳,鲜有用其事者。予案《裴公传》,是年起节度河东,三年以病丐还东都。文宗上巳宴群臣曲江,度不赴,帝赐以诗,使者及门而度薨。与前事相去正一年。然乐天又有一篇,题云《奉和裴令公三月上巳日游太原龙泉忆去岁禊洛之作》,是开成三年诗,则度以四年三月始薨。《新史》以为三年,误也。《宰相表》却载其三年十二月为中书令,四年三月薨。而帝纪全失书,独《旧史》纪、传为是。

—— 【字词注解】

①禊:除灾求福的祭祀典礼。

—— 【精彩解说】

唐文宗开成二年(837年)三月三日,河南尹李待价将在洛水边举行除灾求福的祭祀大典,前一天去信给河南留守裴度。第二天,裴度召集太子少傅白居易，太子宾客萧籍、李仍叔、刘禹锡，中书舍人郑居中等十五人，在船上设宴，从早晨直到晚上，先是玩水，然后看女妓唱歌跳舞，一边写诗一边喝酒，远远望去，就像神仙一般，观看的人挤得水泄不通。裴度先赋诗一首，余人接着唱和，白居易作了十二韵诗献给与会的各位，十二韵诗现存于他的诗集中。现代的人写上巳诗，很少使用这个典故。我查《裴度传》得知，他在这年被起用为河东节度使，开成三年（838年）因病请求调回洛阳。文宗上巳日在曲江也大宴群臣，裴度没有赴会，文宗写诗赐给他，使者才到大门口，裴度就死了。这与前面叙述的事正好相隔一年。但白居易又有一篇作品，题为《奉和裴令公三月上巳日游太原龙泉忆去岁禊洛之作》，是开成三年所作的诗，那么裴度是开成四年（839年）三月才死的。《新唐书》认为是开成三年，无疑是搞错了。《宰相表》却记载裴度开成三年十二月担任中书令，四年三月病故。然而帝纪中却全无记载，只有《旧唐书》的纪和传记载正确。

## 史记世次

**原文**

《史记》所纪帝王世次①，最为不可考信，且以稷②、契论之，二人皆帝喾子，同仕于唐虞③。契之后为商，自契至成汤④凡十三世，历五百余年。稷之后为周，自稷至武王凡十五世，历千一百余年。王季盖⑤与汤为兄弟，而世之相去六百年，既已可疑。则周之先十五世，须每世皆在位七八十年，又皆暮年所生嗣⑥君，乃合此数，则其所享寿皆当过百年乃可。其为漫诞不稽⑦，无足疑者，《国语》所载太子晋之言曰："自后稷之始基靖民⑧，十五王而文始平之。"皆不然⑨也。

【字词注解】

①世次：世，世代。次，次序，位次。
②稷：后稷。周的始祖，其母姜嫄是帝喾的元妃。传说姜嫄到野外，踏

上巨人脚印而怀孕，生下后稷，以为不祥，将他抛到野外，几次三番都得鸟兽相助。姜嫄等认为这是天意，于是捡回抚养。后稷喜好耕种，善于分辨谷物，在尧舜时代担任农官，教导民众采集种子，耕田播种，后世认为种稷和麦也是自他开始的。

③唐虞：唐尧、虞舜，也就是尧舜两代。

④成汤：商汤，名履，商朝的开国君主，契的后代。夏桀暴虐无道，汤起兵讨伐，建立商朝，开创了中国历史上以武力夺取天下的先例。

⑤盖：大概，应该，表推测。

⑥嗣：子孙，此处代指儿子。

⑦漫诞不稽：稽，考核。漫诞不稽即荒诞离奇，经不起推敲。

⑧靖民：安定平民，治理民众。靖，平定，使秩序安定。

⑨然：对，是，正确。

## 【精彩解说】

《史记》记载的帝王世代次序，最经不起考证，就拿稷和契来说吧，二人都是帝喾的儿子，同在唐尧、虞舜时代做官。契的后代是商，从契到成汤共十三代，历时五百余年。稷的后代是周，从稷到武王，共十五代，历时一千一百多年。论辈分王季（文王之父）应和商汤是兄弟，两代竟差了六百年，这已经很可疑了。那么周朝的先人十五代，每代必须在位七八十年，又都是晚年得子，才符合此数，并且他们所享的年寿要超过一百岁才可以。《史记》记载的荒谬和经不起考证，是无可怀疑的了。《国语》记载太子晋的话——"从后稷奠定基础，安定人民，经过十五代至文王才得天下"——都是不对的。

# 卷 二

## 唐重牡丹

**原文**

欧阳公①《牡丹释名》云:"牡丹初不载文字②,唐人如沈、宋、元、白③之流,皆善咏花,当时有一花之异者,彼必形于篇什④,而寂无传焉,唯刘梦得⑤有《咏鱼朝恩⑥宅牡丹》诗,但云一丛千朵而已,亦不云其美且异也。"予案⑦,白公集有《白牡丹》一篇十四韵,又《秦中吟》十篇,内《买花》一章,凡⑧百言,云:"共道牡丹时,相随买花去。一丛深色花,十户中人赋。"而《讽谕乐府》有《牡丹芳》一篇,三百四十七字,绝⑨道花之妖艳,至有"遂使王公与卿士,游花冠盖⑩日相望""花开花落二十日,一城之人皆若狂"之语。又《寄微之⑪百韵》诗云:"唐昌玉蕊会,崇敬牡丹期。"注:"崇敬寺牡丹花,多与微之有期。"又《惜牡丹》诗云:"明朝风起应吹尽,夜惜衰红把火看。"《醉归盩厔》诗云:"数日非关王事系,牡丹花尽始归来。"元微之有《入永寿寺看牡丹》诗八韵,《和乐天秋题牡丹丛》三韵,《酬胡三咏牡丹》一绝,又有五言二绝句。许浑⑫亦有诗云:"近来无奈牡丹何,数十千钱买一窠⑬。"徐凝⑭云:"三条九陌花时节,万马千车看牡丹。"又云:"何人不爱牡丹花，占断城中好物华。"然则元、白未尝无诗，唐人未尝不重此花也。

## 【字词注解】

①欧阳公：欧阳修。

②初不载文字：初，起初，最初。不载文字，不见于文字记载。

③沈、宋、元、白：沈佺期、宋之问、元稹、白居易，这些人都是唐朝著名诗人，对于咏花颇有心得。后文中白公、乐天皆指白居易。

④彼必形于篇什：他们必定会用文字记录下来。形，形诸，用形式表现出来。篇什，《诗经》的《雅》《颂》以十篇为一什，后用篇什指诗篇。

⑤刘梦得：刘禹锡，字梦得，唐朝著名诗人，善于学习民歌，其诗文清新自然，健康活泼，充满生活情趣。他最著名的文章当属《陋室铭》。

⑥鱼朝恩：唐朝有名的宦官，肃宗和代宗时擅权，执掌朝政，胁迫皇帝，后被代宗借机捕杀。

⑦予案：我考察（过）。案，考察，研求。

⑧凡：总共。

⑨绝：极，极端的。

⑩冠盖：古代多指官吏的冠服和车乘，也用来代指官吏。

⑪微之：元稹，字微之，诗文超群。元稹自少与白居易唱和，被当时人称为"元白"，号为"元和体"。其诗辞浅意哀，仿佛孤凤悲吟，扣人心扉，感人肺腑。其诗中的"曾经沧海难为水，除却巫山不是云"和"贫贱夫妻百事哀"流传千古。

⑫许浑：字用晦，一作仲晦，唐朝诗人。他善于托物寄情，其诗风格婉丽秀美。其诗"山雨欲来风满楼"之句为世人所称道。

⑬窠：同"棵"。

⑭徐凝：唐朝诗人，受白居易、元稹等人赏识，诗文境界开阔，语句朴实无华。

【精彩解说】

欧阳修在《牡丹释名》中说："牡丹最初不见文字记载，唐人像沈佺期、宋之问、元稹、白居易等，都善于咏花，当时一有奇异的花，他们都要写入诗中，然而却没有人写牡丹，只有刘禹锡有《咏鱼朝恩宅牡丹》诗，也只说它一丛千朵罢了，并没有夸它美丽和奇异。"我考察白乐天集中有《白牡丹》一篇，共十四韵，又有《秦中吟》十篇，其中有《买花》一章，共一百字，说："共道牡丹时，相随买花去。一丛深色花，十户中人赋。"他的《讽谕乐府》有《牡丹芳》一篇，三百四十七字，极力称道牡丹花的妖艳，甚至有这样的句子："遂使王公与卿士，游花冠盖日相望""花开花落二十日，一城之人皆若狂"。又有《寄微之百韵》诗说："唐昌玉蕊会，崇敬牡丹期。"自注："崇敬寺牡丹花，多与微之有期。"又有《惜牡丹》诗说："明朝风起应吹尽，夜惜衰红把火看。"《醉归蓥屋》诗说："数日非关王事系，牡丹花尽始归来。"元微之有《入永寿寺看牡丹》诗八韵，《和乐天秋题牡丹丛》三韵，《酬胡三咏牡丹》一绝句，又有五言二绝句。许浑也有诗说："近来无奈牡丹何，数十千钱买一窠。"徐凝说："三条九陌花时节，万马千车看牡丹。"又说："何人不爱牡丹花，占断城中好物华。"那么元、白不是没有牡丹诗，唐人也不是不重视牡丹啊！

## 长歌之哀

**原文**

嬉笑之怒，甚于裂眦①，长歌②之哀，过于恸哭。此语诚然。元微之在江陵，病中闻白乐天左降③江州，作绝句云："残灯无焰影幢幢，此夕闻君谪九江④。垂死病中惊起坐，暗风吹雨入寒窗。"乐天以为："此句他人尚不可闻，况仆心哉！"微之集作"垂死病中仍怅望"，此三字既不佳，又不题为病中作，失其意矣。东坡守彭城，子由⑤来访之，留百余日而去，作二小诗曰："逍遥堂后千寻木，长送中宵风雨声。误喜对床寻旧约，不知漂泊在彭城。""秋来东阁凉如水，客去山公醉似泥。困卧北窗呼不醒，风吹松竹雨凄凄。"东坡以为读之殆不可为怀，乃和其诗以自解。至今观之，尚能使人凄然也。

## 【字词注解】

①裂眦：多用来形容因发怒而眼睛睁得极大，眼眶似乎要裂开的样子，形容极其愤怒的神态。也说"目眦尽裂"。

②长歌：很长篇幅的诗歌或者拖长了声音唱歌。

③左降：贬官，多指由京官降职到州郡任职。

④九江：也就是江州，即今江西九江。

⑤子由：苏辙，字子由，苏轼之弟，与苏轼同为"唐宋八大家"。历任推官、右司谏、御史中丞、尚书右丞、门下侍郎等。苏辙与其兄一样，耿直不羁，因上书进谏，被贬雷州，又多次迁徙。

## 【精彩解说】

在嬉闹之中带着愤怒，超过怒目而视的生气程度；长歌吟咏的哀伤，超过号啕痛哭的痛苦程度。这话确实说得不错。元稹在江陵时，病中听闻白乐天被贬到江州，题绝句一首："残灯无焰影幢幢，此夕闻君谪九江。垂死病中惊起坐，暗风吹雨入寒窗。"白居易认为："这些诗句，其他人听到尚且忍受不了，更何况是我呢！"元稹的诗集中说"垂死病中仍怅望"，"仍怅望"这三个字既不好，也不说是在病中写成的，失去了诗原有的意境。苏东坡当彭城（今江苏徐州）太守的时候，他的弟弟苏辙来看望他，住了一百多天，在离开时，作诗两首："逍遥堂后千寻木，长送中宵风雨声。误喜对床寻旧约，不知漂泊在彭城。""秋来东阁凉如水，客去山公醉似泥。困卧北窗呼不醒，风吹松竹雨凄凄。"苏东坡认为读了实在不能忍受，便和了两首诗，自己宽慰自己。如今读起来，仍然使人深感悲凉。

# 张良无后

## 原文

张良、陈平①，皆汉祖②谋臣，良之为人，非平可比也。平尝曰："我多阴谋，道家之所禁。吾世即废矣，以吾多阴祸也。"平传国至曾孙，而以罪绝③，如其言。然良之爵但能至子，去其死财十年而绝，后世不复绍封④，其祸更促于平，何哉？予盖尝考之，沛公攻峣关，秦将欲连和，良曰："不如因其懈怠击之。"公引兵大破秦军。项羽与汉王约中分天下，既解而东归矣。良有养虎自遗患之语，劝王回军追羽而灭之。此其事固不止于杀降也，其无后宜哉！

【字词注解】

①张良：字子房，"汉初三杰"之一，先世原为韩国贵族。秦末起义中，投奔刘邦，成为其重要谋士。楚汉之争中，屡出奇计，帮助刘邦赢得天下，被后世推崇。刘邦曾赞其"运筹策帷帐中，决胜于千里外，子房功也"。陈平：西汉开国功臣，刘邦的重要谋士之一。刘邦用其计离间项羽和范增，逮捕韩信。后来刘邦被匈奴困于平城，采纳陈平计策，用厚礼贿赂冒顿单于之妻阏氏，才得以解围。刘邦因此对陈平十分器重，但是陈平的计策过于阴损，为君子所不齿。

②汉祖：汉高祖刘邦。刘邦是沛县丰邑人，字季，在秦末农民战争中战胜了项羽，统一天下，定国号为"汉"，建都洛阳，后迁都长安。

③绝：绝迹，灭绝。这里指陈平的后代灭绝。

④绍封：为示优宠殊遇，皇亲和重要功臣的爵位，也可由他们的庶子、庶孙承袭。文中指继续被封赏。

【精彩解说】

张良、陈平都是汉高祖刘邦的谋士，但张良的为人，是陈平没有办法相比的。陈平曾说："我擅长阴谋诡计，而这是道家禁止的事情。我的子孙后代可能就要灭绝了，皆因我老是使用阴谋而埋下了祸患。"就跟他说的一样，陈平的封国传到曾孙一代，就因为犯罪而被废除。但是张良的爵位却只传到了儿子，离他去世才过了十年就被削爵，后世也不曾被封赏，遭遇的灾祸反而比陈平还要早，这是为什么呢？我曾经研究过，当沛公刘邦攻打峣关（今陕西蓝田东南）时，秦国守将想要投降，张良说："我们不如趁他防备松懈时发起进攻。"沛公因此大败秦军。项羽与刘邦立下誓言，共分天下，之后项羽就领兵去了东边的彭城。张良认为这是养虎为患，劝汉王率领军队，趁其不备，追上项羽将他消灭。这种事情，比杀掉降兵还要严重，因此他没有后代是正常的啊！

# 周亚夫

**原文**

周亚夫距吴、楚①，坚壁不出②。军中夜惊，内相攻击扰乱，至于帐下③。亚夫坚卧不起。顷之④，复定⑤。吴奔壁东南陬⑥，亚夫使备西北。已而果奔西北，不得入。《汉史》书之，以为亚夫能持重。按，亚夫军细柳时，天子先驱至，不得入。文帝称其不可得而犯。今乃有军中夜惊相攻之事，安在其能持重乎？

【字词注解】

①周亚夫：西汉名将，带兵有方，属下纪律严明。汉文帝时周亚夫驻守细柳，文帝亲自去犒劳，结果不允许在营中跑马，进入后发现细柳营营垒坚固，将士装束整齐。文帝大为感动。距：通"拒"，抗拒，抵抗。

②坚壁不出：坚守营垒不出战。

③至于帐下：一直闹到（周亚夫）军帐前。

④顷之：一会儿之后。

⑤复定：又渐渐安定下来。

⑥吴奔壁东南陬：吴军攻打营垒的东南角围墙。壁，军营的围墙。陬，隅，角落。

【精彩解说】

周亚夫抵抗吴国与楚国的叛军,坚守营垒不出战。军队中有人在夜间受到惊吓,在军队内部,互相攻击,扰乱军心,一直闹到周亚夫的军帐前。周亚夫坚持躺着不起来。一会儿之后,军中渐渐安定下来。吴军攻打营垒的东南角围墙,周亚夫命属下防备西北。吴军果然进攻西北,却攻不进来。《汉书》记载了这件事,认为周亚夫带军持重。因为周亚夫驻军在细柳(今陕西咸阳西南)时,皇帝骑马率先到达,却不能够进入军营。汉文帝称赞他的军队不能够被侵犯。现在却有军队在夜间受到惊吓发生互相攻击的事情,怎么能够说带军持重呢?

## 汉轻族人

【原文】

爰盎陷晁错①,但云②:"方今③计,独有斩错耳。"而景帝使④丞相以下劾奏,遂至父母妻子同产无少长皆弃市。主父偃⑤陷齐王于死,武帝欲勿诛,公孙丞相⑥争之,遂族⑦偃。郭解客杀人,吏奏解无罪,公孙大夫议,遂族解。且偃、解两人本不死,因议者之言,杀之足矣,何遽至族乎?汉之轻于用刑如此。

【字词注解】

①陷:陷害,构陷。晁错:汉朝著名政治家、文学家,年轻时学法家学说,文帝时为太子家令,有辩才,号称"智囊"。景帝时为内史,后升迁御史大夫。曾多次上书主张加强中央集权,削减诸侯封地,重农贵粟。吴、楚等七国叛乱时,被景帝错杀。晁错的政治思想,散见于《汉书》的《食货志》《爰盎晁错传》等篇。

②但云:只是说。

③方今:当今,现时。

④使:指使,命令。

⑤ 主父偃：汉武帝时名臣，早年曾习纵横之术，中年时顺应时势习儒术，改学《周易》《春秋》和百家之言。学成后，游历各方，在地方受到儒生的排挤，于是进长安求见武帝。武帝与其座谈，大为欣赏，得破格任用。他的《推恩令》也得到武帝的重用。

⑥ 公孙丞相：公孙弘，字季，一字次卿，因贤良被征召为博士。元朔五年（公元前124年），公孙弘被任命为丞相。他表面和善，实际上工于心计，睚眦必报，因为与主父偃政见不和，便阴谋"杀主父偃，徙董仲舒于胶西"。

⑦ 族：将其灭族。

## 【精彩解说】

爰盎陷害晁错，只是说："为今之计，只有杀掉晁错。"而汉景帝指使丞相等官员弹劾晁错，竟至父母、妻儿、兄弟、姐妹不管男女老少都被斩首示众。主父偃陷害齐王致死，汉武帝不想杀他，公孙弘丞相坚持，于是就灭了主父偃一族。郭解的下属杀了人，官吏判郭解无罪，公孙大夫判有罪，于是也灭了他的族。再说主父偃、郭解二人本可以不被杀，因有人主张要杀，杀了也就够了，哪至于灭族呢？汉朝就是这样轻易用刑的。

# 韦苏州

## 原文

《韦苏州集》①中有《逢杨开府》诗云："少事武皇帝，无赖恃恩私②。身作里中横③，家藏亡命儿。朝持樗蒲④局，暮窃⑤东邻姬。司隶⑥不敢捕，立在白玉墀⑦。骊山风雪夜，长杨⑧羽猎时。一字都不识，饮酒肆顽痴。武皇升仙去，憔悴被人欺。读书事已晚，把笔学题诗。两府⑨始收迹，南宫谬见推。非才果不容，出守抚惸嫠⑩。忽逢杨开府，论旧涕俱垂。"味此诗，盖应物自叙其少年事也，其不羁乃如此。李肇⑪《国史补》云："应物为性高洁，鲜食寡欲，所居焚香扫地而坐，其为诗驰骤建安已还，各得风韵。"盖记其折节后来也。《唐史》失其事,不为立传,高适⑫亦少落魄,年五十始为诗,即工。皆天分超卓,不可以常理论云。应物为三卫,正天宝间,所为如是,而吏不敢捕,又以见时政矣。

【字词注解】

① 《韦苏州集》:韦应物诗集之一。韦应物曾经担任苏州刺史,所以被人称为"韦苏州"。

② 无赖恃恩私:仰仗(皇帝的)恩宠干尽各种无赖事,为所欲为。

③ 里中:街坊邻里。横:横行霸道。

④ 摴蒱:古代一种赌博游戏。因为游戏中用于掷采的骰子最初是用樗木制成,故称"摴蒱"。也作"摴蒲"。

⑤ 窃:窃取。此处指奸污。

⑥ 司隶:此处泛指一般官吏。

⑦ 白玉墀:宫殿前的玉石台阶。亦借指朝堂。

⑧ 长杨:帝王的苑囿,本为秦国历代秦王游猎之所,因为苑中宫殿四周植有杨树数百,遍布宫苑之内,故而称作"长杨苑"。

⑨ 两府:指丞相和御史。

⑩ 茕嫠:无兄弟与无丈夫的人,也泛指孤苦无依的人。

⑪ 李肇:约唐宪宗元和中前后在世,累官尚书左司郎中,迁左补阙,入翰林为学士。元和中,坐荐柏耆,自中书舍人左迁将作监。著有《翰林志》一卷、《国史补》三卷等。

⑫ 高适:字达夫,唐朝著名边塞诗人。

【精彩解说】

《韦苏州集》里有《逢杨开府》诗说:"少事武皇帝,无赖恃恩私。身作里中横,家藏亡命儿。朝持摴蒱局,暮窃东邻姬。司隶不敢捕,立在白玉墀。骊山风雪夜,长杨羽猎时。一字都不识,饮酒肆顽痴。武皇升仙去,憔悴被人欺。读书事已晚,把笔学题诗。两府始收迹,南宫谬见推。非才果不容,出守抚茕嫠。忽逢杨开府,论旧涕俱垂。"玩味此诗,乃是韦应物自写少年时经历，竟然放荡到如此地步。李肇《国史补》说："韦应物性情高洁，生活简朴，没有欲望，住的地方烧香扫地后才坐，他的诗很有建安风骨，情致过人。"这是他改正以后的事情。唐史未录这些事迹，没有给他立传。高适少年时也不得意，到了五十岁才学作诗，但一作就很好。这是因为他天资过人，不能用常理论断的。韦应物为三卫郎，在玄宗天宝年间，做事如此无法无天，然而官吏却不敢捕捉，那时时政的好坏也就可想而知了。

## 秦用他国人

### 原文

七国虎争天下①，莫不招致四方游士②。然六国所用相，皆其宗族及国人，如齐之田忌、田婴、田文③，韩之公仲、公叔④，赵之奉阳、平原君⑤，魏王至以太子为相⑥。独秦不然，其始与之谋国以开霸业者，魏人公孙鞅⑦也。其它若楼缓赵人，张仪⑧、魏冉、范雎皆魏人，蔡泽⑨燕人，吕不韦韩人，李斯楚人。皆委国而听之不疑，卒之所以兼天下者，诸人之力也。燕昭王任郭隗、剧辛、乐毅，几灭强齐，辛、毅皆赵人也。楚悼王任吴起为相，诸侯患楚之强，盖卫人也。

### 【字词注解】

①七国虎争天下：战国时期，齐、楚、燕、韩、赵、魏、秦七雄并立，争夺天下。公元前221年，秦灭六国，统一天下。

②四方游士：四方游说之士。战国时期谋臣策士众多，读书人习纵横之术，游历四方，希图出人头地。

③田忌、田婴、田文：田忌，战国时齐国名将，曾与田婴等大将帮助韩、赵讨伐魏国，在马陵道杀掉魏国大将庞涓。田婴，田文的父亲，齐国宗室、大臣，在讨伐魏国的过程中立下大功。田文，即孟尝君，齐国贵族，礼

贤下士，有门客数千人，"战国四公子"之一。

④公仲、公叔：战国时韩国贵族。

⑤奉阳、平原君：奉阳君，即李兑，战国时期赵国贵族。平原君，即赵胜，战国时曾经三次担任赵相，为人谦和贤明，据传有门客三千人，"战国四公子"之一。

⑥魏王至以太子为相：魏哀王九年，魏相田需去世，楚国担心张仪、犀首、薛公等人任相会对本国不利，于是楚相昭鱼游说苏代（苏秦胞弟）去说服魏王让太子襄王为相。

⑦公孙鞅：即商鞅，本为卫国人，被秦孝公封到商地，故而又称"商鞅""商君"。他曾出仕魏国，后来入秦为相，辅佐秦孝公变法革新，废井田、开阡陌，实行县制，奖励耕战，开启了秦国富强之路。

⑧张仪：战国时著名的政治家、外交家，擅长纵横之术。

⑨蔡泽：战国时期燕国人，曾游说六国，不得，后入秦，被昭王拜为客卿。在范雎后为秦相，不久后辞相位。后出使燕国，游说燕太子丹入秦为人质。

【精彩解说】

七国争雄天下，都在招纳游说四方的人才。但六国所任用的相国，都是他们的宗族和本国人，像齐国的田忌、田婴、田文，韩国的公仲、公叔，赵国的奉阳君、平原君，魏王甚至任用太子当相国。只有秦国不是这样，最初与秦国商讨大计、开创霸业的是卫国人公孙鞅。其他的像楼缓是赵国人，张仪、魏冉、范雎（《史记》中写为范雎）都是魏国人，蔡泽是燕国人，吕不韦是韩国人，李斯是楚国人。秦国把国家托付给他们，没有一点儿疑心，所以结果就取得了天下，便是这些人的力量。燕昭王任用郭隗、剧辛、乐毅，差点儿灭了强盛的齐国，剧辛、乐毅都是赵国人。楚悼王任用吴起为相国，诸侯都惧怕楚国强盛起来，大概因为吴起是卫国人。

# 卷 三

## 和归去来

**原文**

今人好和《归去来辞》，予最敬晁以道所言。其《答李持国书》云："足下爱渊明所赋《归去来辞》，遂同东坡先生和之，仆所未喻也。建中靖国间，东坡《和归去来》初至京师，其门下宾客从而和者数人，皆自谓得意①也，陶渊明纷然一日满人目前矣。参寥忽以所和篇示予，率同赋，予谢之曰：'童子无居位，先生无并行，与吾师共推东坡一人于渊明间可也。'参寥即索其文袖之，出吴音曰：'罪过公，悔不先与公话。'今辄②以厚于参寥者为子言。"昔大宋相公谓陶公《归去来》是南北文章之绝唱，《五经》之鼓吹。近时绘画《归去来》者，皆作大圣变，和其辞者，如即事遣兴小诗，皆不得正中者也。

【字词注解】

①自谓得意：自以为做得不错。
②辄：就。

【精彩解说】

今天的文人喜欢唱和陶渊明的《归去来辞》,我最佩服晁以道所说的话。他在《答李持国书》中说:"先生喜欢陶渊明所作的《归去来辞》,于是与东坡先生和它,这我就不明白。徽宗建中靖国年间,苏东坡有《和归去来》文章刚传到京城时,他门下的宾客随他唱和的有好几个人,都自以为做得不错,真是一日之间满眼都是陶渊明了。参寥忽然把他和的篇章给我看,大略和赋一样,我告诉他:'童子不敢占据高位,先生面前不敢同行,我和大师共同推举东坡先生与陶渊明并驾齐驱就足矣了。'于是参寥就把他的文章索回,装在袖里走了,并且用吴语说:'对不起先生,我后悔没有早点儿向先生请教。'现在我把爱重参寥子的话对先生说。"旧时大宋相公称陶渊明《归去来》是南北文章的绝唱,"五经"的传播者。近来画《归去来》的都画成了大圣变,唱和陶公的作品就如同即事所作的遣兴小诗,这些都是与原意不符的。

# 进士试题

## 原文

唐穆宗长庆元年,礼部侍郎钱徽知举①,放②进士郑朗等三十三人,后以③段文昌言其不公,诏中书舍人王起、知制诰白居易重试,驳放④卢公亮等十人,贬徽江州刺史。白公集有奏状论此事,大略云:"伏料自欲重试进士以来论奏者甚众。盖以礼部试进士,例许用书策,兼得通宵,得通宵则思虑必周,用书册则文字不错。昨重试之日,书策不容一字,木烛只许两条⑤,迫促惊忙,幸皆成就,若比礼部所试事校⑥不同。"及驳放公亮等敕文,以为《孤竹管赋》出于《周礼》正经,阅其程试之文,多是不知本末。乃知唐试进士许挟书及见烛如此。国朝⑦淳化三年,太宗试进士,出《卮言日出赋》题,孙何等不知所出,相率扣殿槛乞上指示之⑧,上为陈⑨大义。景德二年,御试《天道犹张弓赋》。后礼部贡院言,近年进士惟钞略⑩古今文赋,怀挟入试,昨者御试以正经命题,多懵所出⑪,则知题目不示以出处也。大中祥符元年,试礼部进士,内出《清明象天赋》等题,仍录题解,摹印⑫以示之。至景祐元年,始诏御药院,御试日进士题目,具经史所出,摹印给之,更不许上请⑬。

## 【字词注解】

①知举:知贡举,唐宋时特派主持进士考试的大臣。至清代会试的知贡举都由一二品大臣担任,满汉各一人,只负责事务性事宜,不负责阅卷取士,与乡试之监临官性质相同。此处指担任科举考试的主考官。

②放:选中,入选。

③以:因为。

④驳放:将入选的人员驳回。

⑤木烛只许两条:只允许燃两条木烛,意思是只给两条烛火的时间。

⑥校:比较。

⑦国朝:本朝。

⑧相率:相继,一个接一个。扣:叩拜。

⑨陈:陈述,阐明。

⑩钞略:抄录。

⑪多懵所出:大多茫然不知出处。

⑫摹印:摹写刻印。

⑬上请:向上请求,向皇上求教。

## 【精彩解说】

唐穆宗长庆元年(821年),礼部侍郎钱徽任主考官,选中进士郑朗等三十三人,后因段文昌说他不公,皇帝又诏中书舍人王起、知制诰白居易重新考试,驳下卢公亮等十人,贬钱徽为江州刺史。白乐天集有奏状评论这件事,大略说:"自从朝廷要重新考试进士以来,上书评论的人很多。旧例,礼部考试进士,允许查看书籍,还准许通宵作答。通宵作答,考虑问题就一定要周到,使用书籍写出文字就不出差错。昨天重新考试,不许查看书籍,只给燃尽两条木烛的时间,迫促惊慌,勉强完成,和礼部的考试相比,事情有很大的不同。"说到驳下卢公亮等的敕文，是因为《孤竹管赋》出自《周礼》正经上，读他们的考试文章，大多不知道它的来龙去脉。由此才知道唐朝进士考试，允许带书和燃烛。本朝太宗淳化三年（992年），太宗考试进士，出《卮言日出赋》试题，孙何人等不知道出自何处，考生都到殿上求皇上指示，皇上告诉了他们大意。真宗景德二年（1005年），皇帝考试《天道犹张弓赋》。后来礼部考试院上书，说近来进士只抄取古今的文章诗赋，昨天御试，出正经上题目，大多茫然不知道出处。从此可知试题是不告诉出处的。真宗大中祥符元年（1008年），考试礼部进士，由宫中出《清明象天赋》等题目，仍旧钞录解题，摹写刻印好让考生看。仁宗景祐元年（1034年），才令御药院，今后御试进士的题目都从经史出，摹写刻印好交给士子，不许再问皇上。

## 儒人论佛书

### 原文

韩文公[①]《送文畅序》言儒人不当举浮屠之说[②]以告僧。其语云："文畅，浮屠也，如欲闻浮屠之说，当自就其师而问之，何故谒[③]吾徒而来请也？"元微之作《永福寺石壁记》云："佛书之妙奥，僧当为予言，予不当为僧言。"二公之语，可谓至当[④]。

【字词注解】

①韩文公：韩愈，字退之，河南河阳（今河南孟州）人，郡望昌黎，世称韩昌黎。因官至吏部侍郎，又称韩吏部。谥号"文"，又称韩文公，唐朝著名文学家、哲学家，古文运动的倡导者。与柳宗元齐名，被称为"韩柳"，亦是"唐宋八大家"之一。其诗力求险怪新奇，雄浑大气。

②浮屠之说：佛家学说。

③谒：拜谒，求见。

④至当：十分精确恰当。

## 【精彩解说】

韩愈《送文畅序》说儒生不应当把佛家学说告诉僧人。序中说:"文畅是佛教徒,若想听佛家学说,自己应去问他的师傅,为什么来找我们呢?"元微之作《永福寺石壁记》说:"佛经的奥妙,僧人应当对我说,我不应当给僧人说。"二人的话可算是十分确切。

## 四海一也

### 原文

海一而已,地之势西北高而东南下①,所谓东、北、南三海,其实一也。北至于青、沧②,则云③北海,南至于交、广,则云南海,东渐④吴、越,则云东海,无由有⑤所谓西海者。《诗》《书》《礼》经所载四海,盖引类而言之⑥。《汉·西域传》所云蒲昌海,疑亦淳居一泽尔。班超遣甘英往条支⑦,临⑧大海,盖即南海之西云。

## 【字词注解】

①下:低,与"高"相对。
②青、沧:青州、沧州。
③云:叫作。
④渐:接近。
⑤无由有:没有。
⑥盖:大概,表推测。引类:援引类似的事物。
⑦条支:亦作"条枝",古西域国名,在安息西数千里,临西海。
⑧临:遇到。

## 【精彩解说】

大海只有一个,地势西北高东南低,所说的东海、北海、南海三个海,其实是一个海。北边到青州、沧州,就叫北海,南边到交州、广州,就叫南海,东到吴、越,就叫东海,没有所说的西海。《诗》《书》《礼》等经书记载的四海,是援引类似的事物说的。《汉书·西域传》所记的蒲昌海,我怀疑它只是积存的一个大湖罢了。班超派甘英出使条支,遇到大海,大概就是南海的西面。

# 李太白

## 原文

世俗多言李太白在当涂采石,因醉泛舟于江,见月影俯而取之,遂溺死,故其地有捉月台①。予案李阳冰作太白《草堂集序》云:"阳冰试弦歌②于当涂,公疾亟,草藁万卷,手集未修,枕上授简,俾为序。"又李华作太白墓志,亦云:"赋《临终歌》而卒。"乃知俗传良不足信,盖与谓杜子美因食白酒牛炙③而死者同也。

【字词注解】

①捉月台:又称联璧台。在今安徽马鞍山采石矶的陡峭绝壁间,翘首展翅,突兀江干,势态险峻,十分壮观。传说李白醉酒后即从此台跳江捉月,故名。

②弦歌:出任县令。

③炙:烤肉。

【精彩解说】

世俗传言说李太白在当涂采石(今安徽当涂县采石矶),喝醉后在长江乘船,因为看见水中倒映的月影,俯身去捞取,失足落水而亡,所以采石当地有联璧台。我考察了李阳冰为李白书写的《草堂集序》,其中说:"我在当涂当县令时,李白突然病重,诗文草稿约有万卷,收集好后未曾修订,他在床上将书信交给我,让我为他作序。"另外李华所作的太白墓志也说:"太白在死前曾吟诵《临终歌》。"由此可知世俗传言的确不能相信,这大概与杜甫因为食用了白酒、牛肉饱胀而死是一样毫无道理的。

# 鄱阳学

## 【原文】

鄱阳学在城外东湖之北,相传以为范文正公作郡守时所创。予考国史,范公以景祐三年乙亥岁四月知饶州,四年十二月,诏自今须藩镇乃得立学,他州勿听,是月,范公移润州。《余襄公①集》有《饶州新建州学记》,实起于庆历五年乙酉岁,其郡守曰都官员外郎张君,其略云:"先是郡先圣祠宫栋宇隳剥,前守亦尝相土,而未遑缔治,于是即其基于东湖之北偏而经营之。"浮梁人金君卿郎中作《郡学庄田记》云:"庆历四年春,诏郡国立学,时守都官副郎张侯谭始营之,明年学成。"与余公记合。范公在饶时,延君卿置馆舍,使公有意建学,记中岂无一言及之?盖是时公既为执政,去郡十年矣。所谓前守相土者,不知为何人。

## 【字词注解】

①余襄公:余靖于宋英宗治平元年(1064年)病逝,享年六十五岁。英宗念其辅先皇有功,谥号"襄",后人称他为余襄公,有《武溪集》二十卷遗世。他是岭南继张九龄之后的又一扬名之士,是北宋时期的一位政治家、外交家。

## 【精彩解说】

鄱阳学官在城外东湖的北面,相传是文正公范仲淹任郡守时所创建的。我考察国史,范公在仁宗景祐三年乙亥岁(1036年)四月任饶州太守,四年(1037年)十二月,诏书规定必须是藩镇才可以建立学官,别的州不许建,当月,范公改任润州知州。《余襄公集》有《饶州新建州学记》,实为仁宗庆历五年乙酉岁(1045年)建立,当时的郡守是都官员外郎张君,大略说:"起初郡城里先圣祠官房屋毁坏,前郡守也曾看过地形地势,只是还没有来得及修建,于是张君就用祠官旧基,在东湖北边建起学官。"浮梁县人金君卿郎中所作的《郡学庄田记》中说:"庆历四年春天,朝廷下诏命令郡国建立学官，当时郡守都官副郎张侯谭筹建，第二年学官建成。"与余公所记相符。范仲淹在饶州时，曾请金君卿建立馆舍，如果范公有意建立学官，难道记中会只字不提吗？况且此时范公已入朝掌管朝政，离开饶州十年了。所记曾察看地形地势的前太守，不知道是什么人。

## 三女后之贤

### 原文

王莽女为汉平帝后，自刘氏之废，常称疾不朝会。莽敬惮伤哀，欲嫁之，后不肯，及莽败，后曰："何面目以见汉家。"自投火中而死。杨坚女为周宣帝后，知其父有异图，意颇不平，形于言色，及禅位，愤惋逾甚。坚内甚愧之，欲夺其志，后誓不许，乃止。李昪女为吴太子琏妃，昪既篡吴，封为永兴公主，妃闻人呼公主，则流涕而辞。三女之事略同，可畏而仰，彼为其父者，安所置愧①乎？

### 【字词注解】

①愧：惭愧，羞愧。

### 【精彩解说】

王莽的女儿是汉平帝的皇后，自从父亲废汉自立以来，她常常称病不参加朝会。王莽对她既敬畏又哀怜，想让她再嫁，她坚决不同意，等到王莽败亡以后，她说："我有何脸面去见汉家皇帝呢？"于是自己跳入火中烧死了。杨坚的女儿为周宣帝的皇后，她知道杨坚有篡夺帝位的阴谋，极为反对，常在言谈举止中表现出来，等到杨坚篡位，她更加愤恨。杨坚对此感到很惭愧，想让她改嫁，她发誓绝不答应，杨坚只得作罢。李昪的女儿是吴国太子琏的妃子。李昪篡夺吴国的王位后，封她为永兴公主，她每次听到别人称她公主就流着泪制止。这三女的事迹大致相同，可尊可敬，难道那些做父亲的不感到羞愧吗？

# 太白雪谗

### 原文

李太白以布衣入翰林①，既而不得官。《唐史》言高力士以脱靴为耻，摘其诗以激杨贵妃，为妃所沮止②。今集中有《雪谗诗》一章，大率③载妇人淫乱败国，其略云："彼妇人之猖狂，不如鹊之强强。彼妇人之淫昏，不如鹑之奔奔④。坦荡君子，无悦簧言。"又云："妲己⑤灭纣，褒女⑥惑周。汉祖吕氏，食其在傍。秦皇太后，毒亦淫荒⑦。蟪蛄作昏，遂掩太阳。万乘⑧尚尔，匹夫⑨何伤。词殚意穷，心切理直。如或妄谈，昊天是殛。"予味此诗，岂非贵妃与禄山淫乱，而白曾发其奸乎？不然，则"飞燕在昭阳"之句，何足深怨也？

— 【字词注解】

①布衣：平民。翰林：指翰林院。

②"《唐史》"三句：见《新唐书·文艺列传》："故白亦至长安。往见贺知章，知章见其文，叹曰：'子，谪仙人也！'言于玄宗，召见金銮殿，论当世事，奏颂一篇。帝赐食，亲为调羹，有诏供奉翰林，白犹与饮徒醉于市。帝坐沈香亭子，意有所感，欲得白为乐章；召入，而白已醉，左右以水靧（huì）面，稍解，援笔成文，婉丽精切无留思。帝爱其才，数宴见。白尝侍帝，醉，使高力士脱靴。力士素贵，耻之，摘其诗以激杨贵妃，帝欲官白，妃辄沮止。"沮止，通"阻止"。

③大率：大概，大致。

④"彼妇人"二句：指鹊、鹑都是雄雌相随，不离不弃，每只鸟都有固定的配偶，而淫乱的妇人却连鸟都不如。《诗经》中，此诗用来讽刺淫乱者都落到败家亡国的下场。李白《雪谗诗》也用其意。

⑤妲己：商纣王的爱妃，世人认为她妖娆妩媚，迷惑纣王，使商朝灭亡。武王伐纣时，妲己被杀。

⑥褒女：褒姒，为褒国美女，深受周幽王宠幸。褒姒生来沉默寡言，不苟言笑。周幽王为了取悦她，甚至点燃烽火台上的烽火，反复戏弄诸侯。褒姒看见来往兵士乱作一团，展颜开怀。后申侯、犬戎入侵，周幽王命人点燃烽火求救，但诸侯因被戏弄多次，不再相信。后西周被攻破。

⑦"秦皇太后"二句：秦皇太后行为不检，与宠臣嫪毐有染，并生下二子。始皇知道后暴怒，后借机斩杀嫪毐，并杀掉自己的两个异父兄弟。

⑧万乘：这里代指帝王。

⑨匹夫：指百姓。

【精彩解说】

李太白以平民的身份进入翰林院，没有得到官职。唐史说高力士以给李白脱靴为耻辱，便摘取李白的诗句激怒杨贵妃，杨贵妃于是阻碍了李白的前途。现在太白集中有一首《雪谗诗》，大概讲妇人淫乱败坏国政，大略说："那妇人太猖狂，还不如喜鹊双飞翔。那妇人太淫滥，还不如鹌鹑相随伴。胸怀坦荡的君子啊，不要听从悦耳的细语。"又说："妲己灭了殷纣，褒姒乱了西周。吕后与郦食其同床。秦皇太后与嫪毐也荒淫。虹霓弄昏暗，遮蔽太阳光。皇帝还如此，百姓又何妨。词说完，意说尽，心情迫切道理直白。如果有假话，皇天来处死。"我体味此诗，莫非杨贵妃与安禄山私通，李白曾揭发过他们的丑事？不然，"飞燕在昭阳"的句子，值得这么怨恨吗？

## 冉有问卫君

**原文**

冉有①曰："夫子②为卫君乎？"子贡③曰："吾将问之。"入④，曰："伯夷、叔齐⑤何人也？"曰："古之贤人也。"曰："怨乎？"曰："求仁而得仁，又何怨？"出，曰："夫子不为也。"说者皆评较蒯聩、辄之是非，多至数百言，惟王逢原以十字蔽⑥之，曰："贤兄弟让，知恶父子争矣。"最为简妙。盖夷、齐以兄弟让国，而夫子贤之，则不与卫君以父子争国可知矣。晁以道亦有是⑦语，而结意不同。尹彦明之说，与逢原同。

唯杨中立云："世之说者，以谓善兄弟之让，则恶父子之争可知，失其旨矣。"其意为不可晓。

## —●【字词注解】

①冉有：名求，字子有，孔子弟子。率左师抵抗入侵齐军，帮助季氏进行田赋改革，聚敛财富。他的此种举动招致了孔子的强烈不满。

②夫子：孔子，称夫子以示尊敬。

③子贡：端木赐，孔门七十二贤人之一，能言善辩，利口巧辞，办事通达，曾任鲁、卫两国之相。善于经商，曾于曹、鲁两国经商，富致千金。

④入：进入，进见（孔子）。

⑤伯夷、叔齐：商朝末年，孤竹国国君二子。国君死后，二人为给对方让位，分别出走，都到了周。周武王伐纣，二人认为此举有违仁义，极力劝谏，未果。武王灭商后，二人便到殷都附近的首阳山，靠采集野菜野果充饥，不久饿死。二人被后人尊奉为贤明之士。

⑥蔽：概括。

⑦是：这样。

## —●【精彩解说】

冉有说："夫子帮助卫君吗？"子贡说："我要问问夫子。"子贡进见孔子，说："伯夷、叔齐是什么样的人呀？"孔子说："是古时的贤人。"子贡说："他们怨恨吗？"孔子说："追求仁爱得到了仁爱，还怨恨什么？"子贡辞别后退出，对冉有说："夫子不会帮助卫君的。"解说的人都是用评比的方法来定蒯聩和辄的是非，多到几百字，只有王逢原用了十个字就概括了，说："贤兄弟让，知恶父子争矣。"最为简洁精妙。伯夷、叔齐兄弟推让王位，孔子认为他们贤明，则可以推知孔子反对卫国国君父子夺位之事。晁以道也有这样的话，但结句的意思不同。尹彦明的说法和王逢原相同。只有杨中立说："世上的解说者，以为赞成兄弟让国，就推知反对父子相争，失掉了这句话的主旨。"他的意思是什么，让人不明白。

# 卷 四

## 张浮休书

### 原文

张芸叟与石司理书云:"顷游京师,求谒先达之门,每听欧阳文忠公、司马温公、王荆公之论,于行义文史为多,唯欧阳公多谈吏事。既久之,不免有请:'大凡学者之见先生,莫不以道德文章为欲闻者,今先生多教人以吏事,所未谕也。'公曰:'不然。吾子皆时才,异日临事,当自知之。大抵文学止于润身,政事可以及物。吾昔贬官夷陵,方壮年,未厌学,欲求《史》《汉》一观,公私无有也。无以遣日,因取架阁陈年公案,反覆观之,见其枉直乖错,不可胜数,以无为有,以枉为直,违法徇情,灭亲害义,无所不有。且夷陵荒远褊小,尚如此,天下固可知也。当时仰天誓心,曰:"自尔遇事,不敢忽也。"'是时苏明允父子亦在焉,尝闻此语。"又有答孙子发书,多论《资治通鉴》,其略云:温公尝曰:"吾作此书,唯王胜之尝阅之终篇,自余君子求乞①欲观,读未终纸,已欠伸思睡矣。书十九年方成,中间受了人多少语言陵藉"云云。此两事,士大夫罕言之,《浮休集》百卷,无此二篇,今豫章所刊者,附之集后。

【字词注解】

①求乞:乞求。

— • 【精彩解说】

张芸叟写给石司理的书信中说："最近游历京师，请求拜访前辈官员，常拜读文忠公欧阳修、温国公司马光、荆国公王安石等先生的作品，大致以道德方面的文章为多，只有欧阳公多讲为官的事情。时间久了不免有疑惑需向他请教：'大凡读书人来求见先生，都是想听道德文章的，现在先生教人最多的是做官的道理，我不明白这是为什么。'欧阳公说：'不是这样的。你们为当今杰出的人才，以后必定为官理政，自然应了解这方面的知识。大致文学只能使自己光彩，政事才可以影响事物。我曾贬官到夷陵，那时正值壮年，向往学习，想找来《史记》《汉书》阅读，但公家和私人都没有。无法打发日子，于是就去取架上的陈年公案卷宗，反复阅读，发现里边的冤假错案，数不胜数，把理屈的判为理直的，以黑为白，以真为假，徇私枉法，害死亲人破坏道义，无所不为。况且夷陵不过是个荒僻的小县，尚且这样，整个国家的情况也就可想而知了。我当时对天发誓："从此以后我处理政事，绝不敢疏忽大意。"'当时苏明允（洵）父子也在场，都听到了这话。"还有答孙子发的信，多谈论《资治通鉴》，大略说：司马光先生曾说："我编写的《资治通鉴》，只有王胜之一人读完过，其余众人，也找此书看，还没有读完，就打哈欠、伸懒腰昏昏欲睡了。此书经过十九年才写成，中间受到多少人的语言糟踏。"这两件事，士大夫很少谈及，《浮休集》有百卷，没有这两篇，现在豫章所刊刻的《浮休集》把它们附在后面。

## 诗中用茱萸[①]字

**原文**

刘梦得云："诗中用'茱萸'字者凡三人。杜甫云'醉把茱萸子细看'，王维云'插遍茱萸少一人'，朱放云'学他年少插茱萸'，三君所用，杜公为优。"予观唐人七言，用此者又十余家，漫录于后。王昌龄"茱萸插鬓花宜寿"，戴叔伦"插鬓茱萸来未尽"，卢纶"茱萸一朵映华簪"，权德舆"酒泛茱萸晚易曛"，白居易"舞鬟摆落茱萸房""茱萸色浅未经霜"，杨衡"强插茱萸随众人"，张谔"茱萸凡作几年新"，耿湋

"发希那敢插茱萸",刘商"邮筒不解献茱萸",崔橹"茱萸冷吹溪口香",周贺"茱萸城里一尊前",比之杜句,真不侔矣。

【字词注解】

①朱萸:落叶灌木或小乔木,老枝为黑褐色,嫩枝为绿色。在重阳节这一天,按照我国民间风俗,人们除登高望远、畅饮菊花酒外,还要身插茱萸或佩带茱萸香囊。

【精彩解说】

刘梦得说:"诗里使用'茱萸'一词的,共有三人。杜甫说'醉把茱萸子细看',王维说'插遍茱萸少一人',朱放说'学他年少插茱萸',三位的写法,以杜甫的为最佳。"我看唐人七言诗,用"茱萸"一词的,还有十多人,随便摘录了一些。王昌龄"茱萸插鬓花宜寿",戴叔伦"插鬓茱萸来未尽",卢纶"茱萸一朵映华簪",权德舆"酒泛茱萸晚易曛",白居易"舞鬟摆落茱萸房""茱萸色浅未经霜",杨衡"强插茱萸随众人",张谔"茱萸凡作几年新",耿沣"发希那敢插茱萸",刘商"邮筒不解献茱萸",崔橹"茱萸冷吹溪口香",周贺"茱萸城里一尊前",与杜甫的诗句相比,这些的确是无法与之相提并论的。

## 马融皇甫规

**原文**

汉顺帝时,西羌①叛,遣征西将军马贤将十万人讨之。武都太守马融上疏曰:"贤处处留滞,必有溃叛之变。臣愿请贤所不用关东兵五千,裁假部队之号,尽力率厉,三旬之中,必克破之。"不从。贤果与羌战败,父子皆没,羌遂寇三辅,烧园陵。诏武都太守赵冲督河西四郡兵追击。安定上计掾皇甫规上疏曰:"臣比年以来,数陈便宜。羌戎未动,策其将反;马贤始出,知其必败。愿假臣屯列坐食之兵五千,出其不意,与冲共相首尾。土地山谷，臣所晓习，可不烦方寸之印、尺帛之赐，可以涤患。"帝不能用。赵冲击羌不利，羌寇充斥，凉部震恐，冲战死，累年然后定。案，马融、皇甫规之言晓然易见，而所请兵皆不过五千，然讫不肯从，乃知宣帝纳用赵充国之册为不易得，所谓明主可为忠言也。

### 【字词注解】

①西羌：汉朝时，西边湟水一带聚居的羌族人，为西羌。

### 【精彩解说】

汉顺帝时，西羌反叛，朝廷派征西将军马贤率领十万大军征讨。当时的武都太守马融上书说："马贤处处留滞，行动迟缓，军队日后必定会发生战败叛乱之事。我愿率领马贤所不用的五千名关东兵，给我一个军队番号，我将以身作则尽力鼓励他们，一个月以内，必定能击溃敌军。"朝廷不接受他的意见。后来马贤果然被羌人打败，父子均战死。西羌趁势骚扰关中地区，焚烧汉帝陵园。汉顺帝下诏命武都太守赵冲率领河西四郡兵马追击。安定郡到京呈上年收支账目的掾属皇甫规上疏说："我近年来，屡次上书谈边疆事宜。西羌还没有兴兵，我就估计他们要反叛；马贤刚刚出兵，我就知道他必定失败。请朝廷给我屯守不劳而食之兵五千人，出其不意，与赵冲前后夹击。我熟悉这一带的山川地势，不必赐给我印绶和布帛就可以清除边患。"顺帝不听。赵冲果然失利，羌人大规模集结，西凉受到震动，赵冲战死后，经过几年西羌才被平定。我认为马融、皇甫规的意见显而易见是正确的，他们要的兵都不超过五千，然而汉顺帝却始终不肯答应，由此可知，汉宣帝能完全采用赵充国的计策实属难能可贵，这就是所谓只有对英明的皇帝才能进献忠言啊！

## 石鼓歌① 过实

### 原文

文士为文，有矜夸过实，虽韩文公不能免。如《石鼓歌》极道宣王之事，伟矣。至云："孔子西行不到秦，掎摭星宿遗羲娥。陋儒编《诗》

不收拾，《二雅》②褊迫无委蛇。"是谓《三百篇》皆如星宿，独此诗如日月也。"《二雅》褊迫"之语，尤非所宜言。今世所传石鼓之词尚在，岂能出《吉日》《车攻》之右？安知非经圣人所删乎？

【字词注解】

①《石鼓歌》：韩愈所作。石鼓文系我国最早的石刻，是秦代所为。其文为大篆，记叙狩猎情状，章法整齐，辞严义密，音韵铿訇。

②《二雅》：《大雅》与《小雅》。

【精彩解说】

文人作文章，有的人极力夸张以致言过其实，即使是韩愈这样的人也不能例外。例如《石鼓歌》，极力称赞宣王的丰功伟业，甚至说："孔子西行不到秦国，那就像捡拾了星星，却丢弃了太阳和月亮。见识短浅的儒生不将石鼓文收录，《二雅》没有把石鼓文收进去，是由于当时采风编诗者见识短浅。"这是说《三百篇》都如星宿，只有此诗才像日月。"《二雅》褊迫"这种话，尤其不是韩愈应该说的。现在社会上流传的《石鼓歌》尚在，哪能超过《吉日》《车攻》呢？又怎知《诗经》不收《石鼓歌》不是圣人删掉的呢？

## 谤 书

【原文】

司马迁作《史记》，于《封禅①书》中述武帝神仙、鬼灶、方士之事甚备，故王允谓之谤书。国朝景德、祥符间，治安之极，王文穆、陈文忠、陈文僖、丁晋公诸人造作天书符瑞，以为固宠容悦之计。及真宗上仙，王沂公惧贻后世讥议，故请藏天书于梓宫以灭迹。而实录之成，乃文穆监修，其载崇奉宫庙、祥云芝鹤，唯恐不详，遂为信史之累，盖与太史公谤书意异而实同也。

### 【字词注解】

①封禅：最早出现于《管子·封禅》，后太史公在《史记·封禅书》中曾引用《管子·封禅》中的内容，并对其内容加以演绎，唐朝张守节解释《史记》时曾对"封禅"进行了释义，并指出了封禅的目的。

### 【精彩解说】

司马迁作《史记》，在《封禅书》里描述汉武帝敬奉神仙、鬼灶、方士的事情很详细，所以王允指斥它是谤书。本朝真宗景德、祥符年间，王文穆公（钦若）、陈文忠公（尧叟）、陈文僖公（彭年）、丁晋公（谓）诸人，假造天书符瑞，作为讨取皇帝欢心、巩固地位的手段。等到真宗逝世，王沂公（曾）害怕遭到后人讽刺，因而要求把天书藏在真宗棺内，以消灭证据。而真宗实录的编纂，是王文穆监修的，其中记载尊奉宫庙及祥云芝鹤之类，恐怕也不够详细，于是为信史留下污点，这与太史公司马迁的谤书用意不同而结果却完全一样啊！

## 孟蜀避唐讳

**原文**

蜀本石《九经》皆孟昶①时所刻，其书"渊世民"三字皆缺画，盖为唐高祖、太宗讳②也。昶父知祥，尝③为庄宗、明宗臣，然于"存勖嗣源"字乃不讳。前蜀王氏已称帝，而其所立龙兴寺碑，言及唐诸帝，亦皆平阙④，乃知唐之泽⑤远矣。

### 【字词注解】

①孟昶：后蜀末代皇帝，早期励精图治，兴修水利，注重农桑，实行"与民休息"的政策，使国力日渐强盛。后期沉迷于酒色，不思进取，朝政腐败，日益荒颓，导致后蜀被赵匡胤所破。

②讳：避忌。

③尝：曾经。

④平阙：笔画有缺失。

⑤泽：恩泽，影响。

【精彩解说】

　　蜀本石刻《九经》都是后蜀孟昶时刊刻的，书中遇到"渊世民"三字都缺笔画，这是避唐高祖、唐太宗讳呀！孟昶的父亲孟知祥，曾为后唐庄宗和明宗的大臣，然而对于"存勖嗣源"四字却不避讳。前蜀王氏已称皇帝了，然而他们立的龙兴寺碑，说到唐朝各位皇帝的名字，也都缺笔画，我才知道唐朝的恩惠是很远的了。

## 牛　米

【原文】

　　燕慕容皝以牛假①贫民，使佃②苑中，税其什之八③；自有牛者，税其七。参军封裕谏④，以为魏、晋之世，假官田牛者不过税其什六，自有牛者中分之，不取其七八也。予观今吾乡之俗，募人耕田，十取其五，而用主牛者，取其六，谓之牛米，盖晋法也。

【字词注解】

①假：借给。
②佃：租种。
③税其什之八：以他们收入的十分之八作为租税。
④谏：进谏劝阻。

【精彩解说】

　　燕国慕容皝把牛借给贫苦的农民，让他们租种苑囿中的土地，收十分之八的高租税；自己有牛的，就收十分之七。参军封裕劝阻他，认为魏、晋时，租种官田和使用官牛的，收租不过十分之六，自己有牛的，双方各取一半，不会收十分之七八。现在我们这里的风俗，用佃户耕田，收租十分之五，使用主家耕牛的，收租十分之六，名为"牛米"，这是晋朝的制度。

# 卷 五

## 汉唐八相

**原文**

萧、曹、丙、魏、房、杜、姚、宋为汉、唐名相，不待诵说。然前六君子皆终于位，而姚、宋相明皇，皆不过三年。姚以二子及亲吏受赂，其罢犹有说；宋但以严禁恶钱及疾负罪而妄诉不已者，明皇用优人戏言而罢之，二公终身不复用。宋公罢相时，年才五十八，后十七年乃薨。继之者如张嘉贞、张说、源乾曜、王晙、宇文融、裴光庭、萧嵩、牛仙客，其才可睹矣。唯杜暹①、李元纮为贤，亦清介龊龊自守者。释骐骥②而不乘，焉皇皇而更索，可不惜哉！萧何且死，所推贤唯曹参；魏、丙同心辅政；房乔每议事，必曰非如晦莫能筹之；姚崇避位，荐宋公自代。唯贤知贤，宜后人之莫及也。

【字词注解】

① 杜暹：唐玄宗时宰相。濮州濮阳（今河南濮阳）人。曾任郑县尉、大理评事、监察御史、给事中、黄门侍郎兼安西副大都护等职。在任时，安抚将士，不怕勤苦，清廉有节，颇受当地各族人民的欢迎。

② 骐骥：骏马。

## 【精彩解说】

萧何、曹参、丙吉、魏相、房玄龄、杜如晦、姚崇、宋璟是汉唐名相,这不必细说。然而前六位君子终身任宰相之职,而姚崇、宋璟在唐明皇时任相,都不超过三年。姚崇因为自己两个儿子及亲信小吏收贿赂被罢相,尚属事出有因;宋璟却仅仅因为严厉禁止劣质的钱币及嫉恨有罪而无休无止告状的人,就被唐明皇根据优人的一句戏言而罢掉了宰相之位。姚崇、宋璟两人再也没有被起用。宋璟罢相时,年仅五十八岁,过了十七年才死去。继之为相的,如张嘉贞、张说、源乾曜、王晙、宇文融、裴光庭、萧嵩、牛仙客,他们的才能是显而易见的。只有杜暹、李元纮可称为圣贤,也是廉洁奉公、刚正不阿的人。放弃骏马不骑,反而急急忙忙地去找劣马,真可惜啊!萧何临死前,推荐的贤人只有曹参;魏相、丙吉同心协力,辅佐国政;房玄龄每次议论国事,必定言及没有杜如晦就没有人能筹划决策;姚崇退出相位之时,推荐宋璟来代替自己。只有贤人才了解贤人,在这一点上,后人是望尘莫及啊!

## 晋之亡与秦隋异

### 原文

自尧、舜及今,天下裂而复合者四:周之末为七战国,秦合之;汉之末分为三国,晋合之;晋之乱分为十余国,争战三百年,隋合之;唐之后又分为八九国,本朝合之。然秦始皇一传而为胡亥,晋武帝一传而为惠帝,隋文帝一传而为炀帝,皆破亡其社稷。独本朝九传百七十年,乃不幸有靖康之祸①,盖三代以下治安所无也。秦、晋、隋皆相似,然秦、隋一亡即扫地,晋之东虽曰"牛继马后",终为守司马氏之祀,亦百有余年。盖秦、隋毒流四海,天实诛之,晋之八王擅兵,孽后盗政,皆本于惠帝昏蒙,非得罪于民,故其亡也,与秦、隋独异。

## 【字词注解】

①靖康之祸：金军大肆搜掠后，立张邦昌为楚帝，驱掳徽、钦二帝和宗室、后妃等数千人，携文籍舆图、宝器法物等北返，北宋亡。史称"靖康之变"或"靖康之难""靖康之祸""靖康之耻"。又因靖康元年为丙午年，亦称此事件为"丙午之耻"。

## 【精彩解说】

从尧、舜至今，天下分裂而后又统一了四次：周朝末年为战国七雄，秦朝统一；汉朝末年为魏、蜀、吴三国鼎立，晋朝统一；晋朝乱而分裂为十几个小国，战争持续三百年，隋朝统一；唐朝之后又分裂为八九个小国，本（宋）朝统一。然而秦始皇传一世而为胡亥，晋武帝传一世而为晋惠帝，隋文帝传一世而为隋炀帝，都葬送了自己的大好江山。唯独本朝传九世一百七十年，才不幸遭遇靖康之祸，大概三代以来没有如本朝这样和平安定的。秦朝、晋朝、隋朝都有相似之处，然而秦、隋一旦灭亡即彻底消失无迹了，东晋虽然被称为"牛继马后"，但毕竟仍然保持了司马氏的江山，也享国百余年。大概秦朝、隋朝流毒四海，罪恶极大，上天诛之，晋朝的八王之乱，"孽后"贾南风专权乱国，都是晋惠帝昏庸无能所致，并不是得罪百姓，所以它的灭亡和秦朝、隋朝的灭亡不同。

## 汉宣帝忌昌邑王

**原文**

汉废昌邑王①贺而立宣帝，贺居故国，帝心内忌之，赐山阳太守张敞玺书，戒以谨备盗贼。敞条②奏贺居处，著其废亡之效③。上知贺不足忌，始封为列侯。光武废太子强为东海王而立显宗，显宗即位，待强弥④厚。宣、显皆杂霸道，治尚刚严⑤，独此事显优于宣多矣。

【字词注解】

①昌邑王：这里指刘髆之子刘贺。元平元年（公元前74年）四月，汉昭帝病死，昭帝无子，霍光等大臣于同年六月迎立刘贺继位。刘贺不学无术，进京后，将京城搅得乌烟瘴气。霍光见他不堪重任，于是奏请上官皇太后下诏，废黜了他，送他回到封地昌邑，削去王号，改封为山阳郡。不久，他又被汉宣帝改封为海昏侯，就国于豫章昌邑城，史称昌邑王。

②条：逐条。

③著：写明，著清。效：表现。

④弥：更加。

⑤治尚刚严：治理天下崇尚严刑峻法。

【精彩解说】

汉大将军霍光等废黜昌邑王刘贺而立汉宣帝，刘贺移居原来被封的国中，汉宣帝内心很疑忌刘贺，赐给山阳太守张敞玉玺手谕，告诫他要谨防强盗反贼。张敞逐条上奏刘贺住在国中的状况，写明了刘贺被废之后的表现。汉宣帝知道刘贺不足为虑，才封他为列侯。光武帝废太子强为东海王，而立刘庄为太子，刘庄即帝位，史称显宗（明帝），对待刘强更加优厚。汉宣帝、汉显宗（明帝）都用"霸道"治国，崇尚严刑峻法，唯独这件事上汉显宗（明帝）要比汉宣帝宽厚得多。

## 上官桀

**原文**

汉上官桀①为未央厩令，武帝尝体不安，及愈，见马，马多瘦，上大怒："令以我不复见马邪？"欲下吏。桀顿首曰："臣闻圣体不安，日夜忧惧，意诚不在马。"言未卒，泣数行下。上以为忠，由是亲近，至于受遗诏辅少主。义纵为右内史，上幸鼎湖，病久，已而卒起，幸甘泉，道不治，上怒，曰："纵以我为不行此道乎！"衔之，遂坐以它事弃市。二人者，其始获罪一也，桀以一言之故超用，而纵及诛，可谓幸不幸矣。

## ●【字词注解】

①上官桀：西汉陇西上邽（今甘肃省清水县）人，约武帝、昭帝时人。武帝时任太仆。后来上官桀密谋欲废昭帝，但事情败露，被诛，族灭。

## ●【精彩解说】

西汉时，上官桀任未央宫厩令，汉武帝曾经身患疾病，病好后到马厩察看，发现官马大都很瘦弱，非常恼怒，说："厩令莫非以为我不能再看到官马了吗？"打算将他交给有关部门定罪。上官桀马上顿首谢罪："我听说皇上圣体不安，便日夜忧愁，牵肠挂肚，心思确实没用在官马身上。"话没说完，已泣不成声，泪流满面。汉武帝误认为上官桀一片忠心，从此把他作为近臣看待，甚至于让他奉遗诏辅佐少主。义纵任右内史时，汉武帝驾临鼎湖，得了重病，久治不愈，后来终于康复，于是起驾游幸甘泉宫，看到道路没有得到清理，不禁大怒，说："义纵认为我不能再走这条路了！"内心极为恼恨义纵，于是借其他事治罪义纵，并将他斩首示众。这二人刚获罪时是一样的，上官桀因为一句话被破格提拔，受到重用，而义纵却被斩首，可以说上官桀很幸运而义纵就太不幸了。

# 韩信周瑜

## 原文

世言韩信伐赵，赵广武君请以奇兵塞井陉口，绝其粮道，成安君不听。信使间人窥知其不用广武君策，还报，则大喜，乃敢引兵遂下，遂胜赵。使广武计行，信且成禽，信盖自言之矣。周瑜拒曹公于赤壁，部将黄盖献火攻之策，会东南风急，悉①烧操船，军遂败。使天无大风，黄盖不进计，则瑜未必胜。是二说者，皆不善观人者也。夫以韩信敌陈余，犹以猛虎当羊豕尔。信与汉王语，请北举燕、赵，正使井陉不得进，必有它奇策矣。其与广武君言曰："向使成安君听子计，仆亦禽矣。"盖谦以求言之词也。方孙权问计于周瑜，瑜已言操冒行四患，将军禽之宜在今日。刘备见瑜，恨其兵少。瑜曰："此自足用，豫州但观瑜破之。"正使无火攻之说，其必有以制胜矣。不然，何以为信、瑜？

【字词注解】

① 悉：全部。

【精彩解说】

　　世人都说韩信攻打赵国时，赵国的广武君李左车请求用一支奇兵堵塞井陉口防守，以断绝韩信军队的粮道，成安君陈余没有采纳他的意见。韩信所派遣的间谍暗中探知陈余没有采纳广武君李左车的计策，回来报告，韩信大喜，马上率军前进，随即战胜了赵国。假使广武君李左车的计策得以采纳，韩信就要战败被擒，这大概是韩信自己说过的话。周瑜和曹操在赤壁对阵，部将黄盖献火攻之策，巧遇强劲的东南风，这才烧毁曹操的所有战船，使曹军大败。如果没起大风，黄盖没有献火攻之计，那么周瑜未必能取胜。这两种说法都是不善于观察人的结果。因为用韩信对付陈余，就如同用猛虎对付羊猪一样。韩信对汉王刘邦说，请求向北攻下燕国、赵国，假使井径口不能通过，他必定会想出其他锦囊妙计。韩信对广武君李左车说："假若成安君采纳您的计谋，我就要战败被擒了。"这大概是韩信谦虚以求李左车畅所欲言的说法。当孙权向周瑜询问破操之计时，周瑜已经陈说了曹操贸然进军的四种弊病，并说将军擒之应在今日。刘备见周瑜，嫌周瑜带的人少。周瑜说："这些士兵已足够，您就看我周瑜怎么大破曹军吧！"就算没有火攻之策，周瑜也必定会有其他克敌制胜的办法。如果不是这样，那么他们还是韩信、周瑜吗？

# 汉武赏功明白

## 原文

卫青为大将军,霍去病始为校尉①,以功封侯,青失两将军,亡翕侯,功不多,不益封。其后各以五万骑深入,去病益封五千八百户,裨校封侯益邑者六人,而青不得益封,吏卒无封者。武帝赏功,必视法如何,不以贵贱为高下,其明白如此。后世处此,必曰青久为上将,俱出塞致命,正不厚赏,亦当有以尉其心,不然,他日无以使人,盖失之矣。

## ―●【字词注解】

①校尉:官名。校,军事编制单位。尉,军官。校尉为部队长之意。战国末期当已有此官。秦朝为中级军官。西汉时汉武帝为了加强对长安城的防护而置中垒、屯骑、步兵、越骑、长水、胡骑、射声、虎贲八校尉。

## ―●【精彩解说】

卫青当大将军时,霍去病才开始当校尉,因军功而被封侯,卫青与匈奴作战时,痛失两名将军,翕侯也在战争中阵亡了,卫青由于战功不多,所以没有增加封赏。在这之后,二人各率五万骑兵深入匈奴腹地,霍去病增加了五千八百户的封赏,其偏将、校尉被封食邑的共六人,但卫青没有得到封赏,手下的官吏也没有被封赏。汉武帝论功行赏,必定依法行事,不因为地位贵贱而分出高下,竟如此公正无私。后世来看这件事情,必会说卫青一直担任上将,出塞征战有生命危险,即使得不到丰厚的奖赏,也应当有所表示以抚慰军心,如果不这样,以后就没有可以驱使的将士,这种看法是错误的啊。

# 卷 六

## 魏相萧望之

【原文】

赵广汉之死由魏相,韩延寿之死由萧望之。魏、萧贤公卿也,忍以其私陷二材臣于死地乎?

杨恽坐语言怨望,而廷尉当以为大逆不道。以其时考之,乃于定国也。史称定国为廷尉,民自以不冤,岂其然乎?宣帝治尚严,而三人者又从而辅翼①之,为可恨②也!

【字词注解】

①辅翼:辅佐。

②恨:遗憾。

【精彩解说】

汉宣帝时,赵广汉因执法不避权贵而被杀,他的死与魏相有关,韩延寿政绩卓著却因诬陷而亡,这与萧望之有关。魏相、萧望之都是贤明的公卿大臣,怎么会忍心因为私人恩怨将两位贤臣置于死地呢?

司马迁的外孙平通侯杨恽也是一位为朝廷立过大功的大臣,后来被贬为庶人,因为给友人写信时说了几句埋怨的话,就被执掌刑狱的廷尉判为大逆不道，处以斩刑。按照发生的时间来推究，这个廷尉恰好是于定国。史书中说于定国当廷尉，百姓有罪自认为不会受到冤屈，真的是这样吗？汉宣帝时法制森严，而魏相、萧望之、于定国三人又顺承他的旨意，辅佐朝政，会有这样的事发生，真是遗憾的事情啊！

## 姓氏不可考

**原文**

姓氏所出，后世茫不可考，不过证以史传，然要为难晓。自姚、虞、唐、杜、姜、田、范、刘之外，余盖纷然杂出。且以《左传》言之：申氏出于四岳，周有申伯，然郑又有申侯，楚有申舟，又有申公巫臣，鲁有申繻、申枨，晋有申书，齐有申鲜虞。贾氏姬姓之国，以国氏，然晋有贾华，又狐射姑亦曰贾季，齐有贾举。黄氏嬴姓之国，然金天氏之后，又有沈、姒、蓐、黄之黄，晋有黄渊。孔氏出于商，孔子其后也。然卫有孔达，宋有孔父，郑有孔叔，陈有孔宁，齐有孔虺，而郑子孔之孙又为孔张。高氏出于齐，然子尾之后又为高强，郑有高克，宋有高哀。国氏亦出于齐，然邢有国子，郑子国之孙又为国参。晋有庆郑，齐有庆克，陈有庆虎。卫有石碏，齐有石之纷如，郑有石臬，周有石尚，宋有弦。晋有阳处父，楚有阳丐，鲁有阳虎①。孙氏出于卫，而楚有叔敖，齐有孙书，吴有孙武。郭氏出于虢，而晋有郭偃，齐有郭最，又有所谓郭公者。千载之下，遥遥世祚，将安所质究乎？

——【字词注解】

①阳虎：又名阳货，春秋鲁国人。作为季氏的家臣，阳虎一度掌握鲁国的实权。他长得很像孔子，欺侮过孔子，后来又想召孔子仕官。他在鲁国失势后，先跑到齐国，后又奔晋国投靠赵简子。

【精彩解说】

姓氏的由来，后世真是不可考究，只通过史书传记加以考证，可是很难弄清楚。除姚、虞、唐、杜、姜、田、范、刘几姓之外，其余姓氏的出处都极为复杂混乱。就以《左传》中的记载来说，申氏出于四岳，周朝中有申伯，可是郑国又有申侯，楚国有申舟，还有申公巫臣，鲁国有申缭、申枨，晋国有申书，齐国有申鲜虞。贾氏是姬姓国家，以国名为氏，可是晋国有贾华，一个叫狐射姑的人也叫贾季，齐国有贾举。黄氏属于嬴姓国家，可是金天氏的后代中有沈、姒、蓐、黄四姓，其中也有黄氏，晋国还有黄渊。孔氏源出于子姓的商部落，孔子是商的后代。可是卫国有孔达，宋国有孔父，郑国有孔叔，陈国有孔宁，齐国有孔虺，而郑国孔氏的子孙又有孔张。高氏源出于齐国，可是子尾的后代也叫高强，郑国有高克，宋国有高哀。国氏也是源于齐国，可是邢国有国子，郑国国子的孙子名叫国参。晋国有庆郑，齐国有庆克，陈国有庆虎。卫国有石碏，齐国有石之纷如，郑国有石奡，周朝有石尚，宋国有石弢。晋国有阳处父，楚国又有阳丐，鲁国有阳虎。孙氏源出于卫，而楚国却有孙叔敖，齐国有孙书，吴国有孙武。郭氏源出于虢，可是晋国有郭偃，齐国有郭最，还有个名叫郭公的人。千年来，各个姓氏世代相传，源远流长，又如何能考证得清楚呢？

## 狐突言词有味

**原文**

晋侯使太子申生伐东山皋落氏，以十二月出师，衣之偏衣，佩之金玦。《左氏》[①]载狐突所叹八十余言，而词义五转。其一曰："时，事之征也。衣，身之章也。佩，衷之旗也。"其二曰："敬其事，则命以始。服其身，则衣之纯。用其衷，则佩之度。"其三曰："今命以时卒，闭其事也。衣之尨服，远其躬也。佩以金玦，弃其衷也。"其四曰："服以远之，时以闭之。"其五曰："尨凉，冬杀，金寒，玦离。"其宛转有味，皆可咀嚼。《国语》亦多此体，有至六七转，然大抵缓而不切。

── 【字词注解】

① 《左氏》：《左氏春秋》。

── 【精彩解说】

晋献公十七年（公元前660年），献公让太子申生去讨伐东山皋落氏，并命他十二月出兵，穿上左右颜色不同的衣服，佩戴镶金的玉佩。《左传》记载了狐突说的八十多个字的一段话，内容竟包含五个层次的转折。第一层说："时间是事情的征兆。衣服是身体的花纹。佩饰是内心的旗帜。"第二层说："假如真的郑重其事，就要命他在一年的开头行动。要想让他驯服，就应当让他穿纯色的衣服。要想让他内心忠诚，就应当让他佩戴合乎礼度的饰物。"第三层说："现在让他在年末出征，是想让他的事业不顺利。让他穿杂色的衣服，是想表明与他非常疏远。让他佩戴镶金的玉佩，就是要抛弃他内心的忠诚。"第四层说："让他穿混杂的服色说明要疏远他，让他出师的时间表明要让他不顺利。"第五层说："杂色意味着凄凉，冬天意味着肃杀，金属意味着寒气，玉佩意味着火一般的燥热。"语言婉转有味，极其耐人咀嚼。《国语》中也有大量的这种文字，有的转折竟达到六七层之多，但是大多数语气舒缓，结构松散，而且不太切紧主题。

## 带职人转官

**原文**

绍兴中，王浚明以右奉直大夫直秘阁，乞磨勘①，吏部拟朝议大夫，时相以为既带职，则朝议、奉直为一等，遂超转中奉。其后曾惇踵之②。绍兴末，向伯奋亦用此，继而续鬐复然。后省有言，不应蓦③三级，自是但得朝议。

予案故事④，官制⑤未行时，前行郎中迁少卿，有出身，得太常，无出身，司农。继转光禄，即今奉直、朝议也。自少卿迁大卿、监，有出身，得光禄卿，无出身，历司农卿、少府监、卫尉卿，然后至光卿。若带职，则自少农以上径得光卿，不涉余级，至有超五资者。然则浚明等不为过，盖昔日职名不轻与人，故恩典亦异。又，自承务郎至奉议词人，但三转，而带职者乃与余人同作六阶不小异，乃有司之失也。

### 【字词注解】

①乞磨勘：磨勘，唐宋官员考绩升迁的制度。唐时文武官吏由州府和百司官长考核分九等。考状期满根据考绩决定升降，并经吏部和各道观察使等复验，称"磨勘"。文中指王浚明向上级请求考核他的政绩，予以升迁。

②踵之：跟随、模仿这样的做法。踵，脚后跟，引申作跟随、继承。

③蓦：跳越。

④故事：过去的事，先例。

⑤官制：设官的制度。

### 【精彩解说】

宋高宗绍兴年间，一个叫王浚明的人以右奉直大夫的身份在收藏珍贵图书的秘阁中任直秘阁，掌管图书管理工作。当时他向审官院请求考核他的政绩，吏部打算授予他四品的朝议大夫。当时的宰相以为既然是带着职务迁升为官的，朝议和奉直属于同一级别，于是就超越了朝议转为中奉。之后，曾惟也按此办法给转了官。宋高宗绍兴末年，向伯奋也按这一办法转了官，紧接着，续焘也给予了同样的处理方式。后来中书省里有人说，不应该跳越三级，只能得到吏部原议的朝议大夫之职。

经过认真考察先例，我了解到，官僚制度没有实行前的惯例是：前行郎中升为少卿时，过去有做官经历的，得太常；没有做官经历的，得司农。然后再转为光禄大夫，就是现在的奉直和朝议一级。从少卿升为大卿和监的人，有做官经历的得光禄卿；没有做官经历的，经过司农卿、少府监、卫尉卿，然后再至光禄大夫。如果是带着职务升迁的，自少农以上可以直接得到光禄大夫的品级，不必经过别的级别，以至于有一次超越五级的。由此可知，王浚明等人的越级并不过分。这是因为从前的职务名分不轻易给人，因而得到的待遇自然也不同。再有从承务郎升到奉议词人,只经三次转升,可是带职务的人与别人一样也作六阶,这是掌管升迁的机关人员工作中的失误。

## 上下四方

**【原文】**

上下四方不可穷竟①,正杂《庄》、《列》、释氏②之寓言,曼衍不能说也③。《列子》:"商汤问于夏革曰:'上下八方有极尽乎?'革曰:'不知也。'汤固④问。革曰:'无则无极,有则有尽,朕何以知之?然无极之外,复无无极,无尽之中,复无无尽,无极复无无极,无尽复无无尽,朕是以知其无极无尽也,而不知其有极有尽也,焉知天地之表,不有大天地者乎?'"《大集经》:"'风住何处?'曰:'风住虚空。'又问:'虚空为何所住?'答言:'虚空住于至处。'又问:'至处复何所住?'答言:'至处何所住者,不可宣说。何以故?远离一切诸处所故,一切处所所不摄故,非数非称不可量故,是故至处无有住处。'"二家之说,如是而已⑤。

**——【字词注解】**

①穷竟:追根究底。

②释氏:释迦牟尼,代指佛教。

③曼衍:散漫流衍、延伸变化。说:解释,阐明。

④固:坚持。

⑤如是而已:不过就是这样罢了。

**——【精彩解说】**

什么是上下四方,这个问题不可追根究底。就是夹杂在《庄子》《列子》和佛教经典中的一些含义很深的寓言也不能说清楚。《列子》中曾说:

"商汤问夏革：'上下八方有极尽吗？'夏革说：'不知道。'商汤坚持要问，夏革就说：'无就是无终点，有就是有范围，我怎么知道它有没有终极？不过，在无终点以外，就不再存在没有终点之说；在没有范围的说法之内，也不存在没有范围。没有终点之外不再没有终点，没有范围之内不再没有范围，所以我只知道没有终点、没有范围的存在，而不知道有终点、有范围的存在。既然如此，怎么能知道在所能看见的天地之外，有没有比天地更大的东西存在呢？'"佛教的《大集经》却是另一种说法："'风住在什么地方？'答：'风住在虚空那里。'又问：'虚空又住在哪里？'回答：'虚空住在至处。'又问：'至处又住在哪里呢？'回答：'至处住的地方是无法说的。为什么呢？因为至处是远离所有地方的地方，是任何地方都约束不了的地方，是用什么东西都无法量度的地方。这样的地方是找不到的，所以至处没有住的地方。'"两家的说法，也不过就是这个样子。

# 卷七

## 李习之论文

**原文**

李习之《答朱载言书》论文最为明白周尽①，云："《六经》②创意造言，皆不相师。故其读《春秋》也，如未尝③有《诗》也；其读《诗》也，如未尝有《易》也；其读《易》也，如未尝有《书》也；其读屈原、庄周也，如未尝有《六经》也。如山有岱、华、嵩、衡焉，其同者高也，其草木之荣，不必均也。如渎有济、淮、河、江焉，其同者出源到海也，其曲直浅深，不必均也。

"天下之语文章有六说焉：其尚异者曰，文章词句，奇险而已；其好理者曰，文章叙意，苟通而已④；溺于时⑤者曰，文章必当对；病于时者曰，文章不当对；爱难者曰，宜深，不当易；爱易者曰，宜通，不当难。此皆情有所偏滞，未识文章之所主也。义不深不至于理，而词句怪丽者有之矣，《剧秦美新》、王褒⑥《僮约》是也。其理往往有是者，而词章不能工者有之矣，王氏《中说》、俗传《太公家教》是也。古之人能极于工而已，不知其辞之对与否、易与难也。'忧心悄悄，愠于群小'，非对也；'遘闵既多，受侮不少'，非不对也；'朕堲谗说殄行，震惊朕师''菀彼桑柔，其下侯旬，捋采其刘'，非易也；'光被四表，格于上下''十亩之间兮，桑者闲闲兮'，非难也。《六经》之后，百家之言兴，老聃、列、庄至于刘向、扬雄，皆自成一家之文，学者之所师归也。故义虽深，理虽当，词不工者不成文，宜不能传也。"其论于文者如此，后学宜志之。

【字词注解】

① 周尽：周到详尽。
② 《六经》：《诗经》《尚书》《礼记》《周易》《乐经》《春秋》。
③ 未尝：不曾，没有。
④ 苟通而已：只要通顺就可以了。
⑤ 溺于时：拘泥于时俗。
⑥ 王褒：字子渊，汉宣帝时著名文学家。王褒特别善于写咏物小赋，是汉代写咏物小赋的代表作家。

【精彩解说】

李习之所写的《答朱载言书》论述写文章最为明白、周到详尽。他在这篇文章中说："《诗经》《尚书》《礼记》《乐经》《周易》《春秋》立意用语各有特点，富于创造，不相互仿效引用。所以在读《春秋》的时候，就见不到其中有引用《诗经》的；在读《诗经》的时候，就见不到其中有引用《周易》的；在读《周易》的时候，就见不到其中有引用《尚书》的；甚至读屈原、庄周的著作，也见不到其中有引用《六经》的。譬如高山有泰山、华山、嵩山、衡山，它们共同的特点是高大，至于说山上草木的茂盛如何，则是不完全相同的。又如河川，有济水、淮河、黄河、长江，它们的共同点是从发源地流出，同归于大海，至于说河道的曲直，河水是深是浅，则是不完全相同的。

"现在评论文章有六种说法：有崇尚奇特的人说，文章语言词句要奇特惊险；有喜好辩论的人说，文章叙事论理要通顺流畅；有拘泥于时俗的人说，文章必须讲求对仗；有厌恶时俗的人说，文章不应当讲求对仗；喜爱难的人说，文章应当难而不应当浅显；喜爱容易的人则说，文章应当通顺不应当难。这六种情形，都是由于人的情感有偏好，未曾涉及文章的主题总旨。有的文章义理说得浮浅不透彻，但是词句离奇华美，扬雄的《剧秦美新》、王褒的《僮约》便是如此。有的文章讲道理讲得好，但是不注意修辞，语句粗劣，王通的《中说》、俗传《太公家教》便是如此。古时候的人，能够在语言文字上狠下一番功夫，但不大明白其辞是对仗还是不对仗，是易还是难。'忧心悄悄,愠于群小',不是对仗。'遘闵既多,受侮不少',是对仗。'朕圣谗说殄行,震惊朕师''菀彼桑柔,其下侯旬,捋采其刘',并不容易。而'光被四表,格于上下''十亩之间兮,桑者闲闲兮',则并不难。自从《六经》出现之后,百家之言纷纷兴起,老聃、列子、庄子,以至于刘向、扬雄,在文坛上都自成一家,学习写文章的人,纷纷以他们为师。由此可见,有的文章虽然道理讲得很深,说理也恰当,但是语言文字不好,不能成为好文章,也不能传之于世。"李习之关于文章的论述,大致是这样。作为后学,应当注意他的这些论述。

## 将军官称

### 原文

《前汉书·百官表》:"将军皆周末官,秦因①之。"予案《国语》:"郑文公以詹伯为将军。"又:"吴夫差十旌一将军。"《左传》:"岂将军食之而有不足。"《檀弓》②:"卫将军。"《文子》:"鲁使慎子为将军。"然则其名久矣。彭宠为奴所缚,呼其妻曰:"趣为诸将军办装③。"《东汉书》注云:"呼奴为将军,欲其赦己也。"今吴人语犹谓小苍头④为将军,盖本诸此。

### 【字词注解】

①因:因袭,沿用。

②《檀弓》:《礼记》中的篇章。

③趣:通"促",赶紧,赶快。诸将军:诸位将军,这里指各位奴隶。办装:置办行装。

④小苍头:级别很低的奴婢。

## 【精彩解说】

《前汉书·百官表》中载:"将军都是周代末年的官,秦代沿用了这个称号。"据查,《国语》里有载:"郑文公以詹伯为将军。"又载:"吴夫差十旌一将军。"《左传》里记有:"岂将军食之而有不足。"《檀弓》里有:"卫将军。"《文子》里也有:"鲁国任用慎子为将军。"由此可见,将军的称号时间很久了。东汉时,彭宠为奴隶缚捆,他急忙喊叫他的妻子:"快去为各位将军置办行装。"《东汉书》中在这一句下作注说:"称呼奴隶为将军,是为了要他们释放自己。"现在吴(今江苏苏州)人仍称名叫小苍头的奴隶为将军,其根据也在于此。

# 孟子书百里奚①

## 原文

柳子厚②《复杜温夫书》云:"生用助字,不当律令,所谓乎、欤、耶、哉、夫、也者,疑辞③也。矣、耳、焉、也者,决辞④也。今生则一⑤之,宜考前闻人所使用,与吾言类且异,精思之则益也。"予读《孟子》百里奚一章曰:"曾不知以食牛干秦缪公之为污也⑥,可谓智乎?不可谏而不谏,可谓不智乎?知虞公之将亡而先去之,不可谓不智也。时举于秦⑦,知缪公之可与有行也而相之,可谓不智乎?"味其所用助字,开阖变化,使人之意飞动,此难以为温夫辈言也。

## 【字词注解】

①百里奚:秦穆公时贤臣,早年贫穷困乏,流落不仕。百里奚辅佐秦穆公后,为秦国实现富国强兵,立下大功。

②柳子厚:即柳宗元,字子厚。

③疑辞:疑问词,表示疑问语气。

④决辞:判断词,表示判断。

⑤一：同一对待，认为它们都一样。

⑥曾不知以食牛干秦缪公之为污也：食牛，给牛吃食，喂养牛。因百里奚曾经做过放牛的奴隶，故有此说。

⑦时举于秦：当被秦举荐时。

### 【精彩解说】

柳宗元在《复杜温夫书》中说："你在写文章时，使用助字，不合乎规则。所谓乎、欤、耶、哉、夫等，是疑问字，表示疑问的意思。所谓矣、耳、焉等，是判断字，表示判断的意思。而今，你认为这些字所表达的意思是一样的，应仔细查考前人对这些字的使用。若与我上面所说的是不同的，从此进行认真的思考分析是有益的。"我在读《孟子》一书时，见到关于百里奚的一段记载："有人说百里奚用自己卖给秦国养牲畜的人的所得来求见秦穆公，这话可信吗？其回答是：他竟不知道用饲养牛的方法来求见秦穆公是'为污也，可谓智乎？'他预见到虞公不可以劝阻，便不去劝阻，'可谓不智乎？'他又预知到虞公将要灭亡，因而早早离开，'不可谓不智也'。当他在秦国被推举出来的时候，便知道秦穆公是一位有作为而可以帮助的君主，可谓不智乎？"仔细辨别所使用的助字，开阖变化，使人思绪飞动，这些对温夫之辈来说是难以理解的。

## 韩柳为文之旨

### 原文

韩退之自言：作为文章，上规姚、姒、《盘》、《诰》、《春秋》、《易》、《诗》、《左氏》、《庄》、《骚》、太史、子云、相如，闳其中而肆其外①。柳子厚自言：每为文章，本之《书》《诗》《礼》《春秋》《易》，参之《穀梁氏》以厉其气②，参之《孟》《荀》以畅其支③，参之《庄》《老》以肆其端，参之《国语》以博其趣，参之《离骚》以致其幽④，参之太史公⑤以著其洁。此韩、柳为文之旨要，学者宜思之。

【字词注解】

①闳：宏大充实。肆：汪洋恣肆。
②厉其气：振奋文章的气势。
③畅其支：使文章行文流畅通顺。
④致其幽：使文章意境幽远。
⑤太史公：即司马迁，他著《史记》，语言精练优美，无冗词。

【精彩解说】

韩愈曾说：写文章时，应当师法上古的名著名篇，诸如《虞书》《夏书》《尚书·盘庚》《尚书·诰》《春秋》《周易》《诗经》《左传》《庄子》《离骚》，以及司马迁、扬雄、司马相如的文章。师法时，在内容上要充实，在表现上要流畅。柳宗元则认为：写文章时，应当首先依据《尚书》《诗经》《礼记》《春秋》《周易》这个根本；其次，要参照《穀梁传》的写法，可使文章思路开阔，振奋气势；参照《孟子》《荀子》，可使文章流畅，说理精当；参照《庄子》《老子》，可使文章酣畅泼墨，妙笔生花；参照《国语》，可使文章情趣横生，耐人寻味；参照《离骚》，可使文章意境幽远，发人深省；参照《史记》，可使文章语言优美，简洁精炼。这是韩愈、柳宗元两人所谈的创作要旨，应当引起学人的重视。

## 洛中盱江八贤

**原文**

司马温公《序赗礼》，书闾阎①之善者五人。吕南公作《不欺述》，书三人。皆以卑微不见于史氏。予顷②修国史，将以缀于孝行传而不果成，聊③纪之于此。

温公所书皆陕州夏县人。曰医刘太，居亲丧④，不饮酒食肉，终三年，以为今世士大夫所难能。

其弟永一，尤孝友廉谨⑤。夏县有水灾，民溺死者以百数，永一执竿立门首，他人物流入门者，辄擿出之。有僧寓⑥钱数万于其室而死，永一诣⑦县自陈，请以钱归其弟子。乡人负债不偿者，毁其券⑧。

曰周文粲，其兄嗜酒，仰⑨弟为生，兄或时酗殴粲，邻人不平而唁之，粲怒曰："兄未尝殴我，汝何离间吾兄弟也！"

曰苏庆文者，事继母以孝闻，常语⑩其妇曰："汝事吾母小不谨，必逐汝！"继母少寡⑪而无子，由是安其室终身。

曰台亨者，善画，朝廷修景灵宫，调天下画工诣京师，事毕，诏选试其优者，留翰林授官禄，亨名第一。以父老固辞，归养于田里。

南公所书皆建昌南城人。曰陈策，尝买骡，得不可被鞍者⑫，不忍移之它人，命养于野庐，俟其自毙。其子与猾驵⑬计，因经过官人丧马，即磨破骡背，以衒贾之。既售矣，策闻，自追及，告以不堪。官人疑策爱也，秘之。策请试以鞍，亢亢终日不得被，始谢还焉。有人从策买银器若罗绮者，策不与罗绮。其人曰："向见君币有之⑭，今何靳⑮？"策曰："然。有质钱而没者，岁月已久，丝力糜脆不任用，闻公欲以嫁女，安可以此物病公哉！"取所当与银器投炽炭中，曰："吾恐受质人或得银之非真者，故为公验之。"

曰危整者，买鲍鱼，其驵舞秤权阴厚整。鱼人去，身留整傍，请曰："公买止五斤，已为公密倍入之，愿畀⑯我酒。"整大惊，追鱼人数里返之，酬以直⑰。又饮驵醇酒，曰："汝所欲酒而已，何欺寒人为？"

曰曾叔卿者，买陶器欲转易于北方，而不果行。有人从之并售者，叔卿与之，已纳价，犹问曰："今以是何之？"其人对："欲效公前谋耳。"叔卿曰："不可，吾缘北方新有灾荒，是故不以行，今岂宜不告以误君乎？"遂不复售。而叔卿家苦贫，妻子饥寒不恤⑱也。

呜呼，此八人者贤乎哉！

—•【字词注解】

①闾阎：闾泛指门户，人家。中国古代以二十五家为一闾。阎指里巷的门。闾阎泛指平民百姓。

②顷：近来。

③聊：暂且。

④居亲丧：为父母守丧。

⑤孝友廉谨：孝顺父母、友爱兄弟、廉洁、谨慎。

⑥寓：寄放。

⑦诣：到，旧时特指造访尊长。

⑧券：契据，常分为两半，双方各执其一。

⑨仰：仰仗，依靠。

⑩语：对……说。

⑪少寡：年纪轻轻便死了丈夫。

⑫得不可被鞍者：得到了一匹不能套马鞍、不能驮物的骡子。

⑬猾驵：狡猾的市场经纪人。驵，市场经纪人。

⑭向：以前，之前。帑：古时指收藏钱财的府库或钱财。

⑮靳：吝惜，不肯给予。

⑯畀：给以。

⑰直：通"值"，等值的财物。

⑱恤：体恤，安抚。

【精彩解说】

司马光在《序赇礼》这篇文章中说民间有善行者五人。吕南公在其所撰写的《不欺述》中记有三人的事略。由于他们出身微贱，所以这些事迹并不为史家所记载。近来，我在编修国史时，曾想将这八人列入孝行传中，结果也未能列入。兹将这八人事略，记之于此。

司马光所说的五人，都是陕州夏县（今属山西）人。一是医生刘太，为父母守丧，三年不饮酒吃肉，始终如一。这是当今士大夫们难以做到的。

二是他的弟弟永一。永一以孝顺父母、友爱兄弟和洁身谨慎而著称。夏县发生水灾，百姓被洪水淹没致死的数以百计，永一拿着一根竹竿，站在门口，凡是看到有人和东西漂流到家门口的，就打捞出来。有一个僧人，把数万钱寄放在他家里，这个僧人不幸死去，永一到县署述说其事，并且提出请求官府协助把这些钱归还给僧人的弟子。当地人向他借债，实在不能偿还的，他就将借贷契约焚毁。

三是周文粲。他的哥哥嗜酒，不务正业，依靠弟弟文粲供给为生。他的哥哥在醉酒时往往殴打文粲。邻居中好打抱不平的人，对文粲的遭遇深表同情，就去安慰他。每当出现这种情形，文粲就恼火，并且对他们说："我的哥哥不曾打我，你们为什么要在我们兄弟之间进行挑拨离间呢？"

四是苏庆文。他殷勤侍奉继母，以孝闻名。他曾对他的妻子说："你要谨慎耐心地侍奉我的母亲，如果不是这样，我就要把你赶走。"继母年少即守寡，没有儿子，后来，来到苏家安家并且最后病死在这里。

五是台亨。此人善绘画，朝廷决定修建景灵宫，征调各地画工到京师，为景灵宫作画。这件事完成后，朝廷下令选拔其中的优秀者，留他们到翰林院，授给他们官职，发给他们薪俸。台亨名列第一。但台亨因其父年迈，坚持辞官，返回故里，侍养双亲。

吕南公说下述三人都是建昌南城（今属江西）人。一是陈策。此人曾经买一匹骡子，它不能披鞍或让人骑，或驮运货物，陈策不忍心再到市上卖给他人，就叫人在村外草屋喂养，让它老死在那里。他的儿子与奸诈的经纪合谋。从这里经过的官人，他的马突然死去急着再买，他们就借此机会，故意将骡子的脊背磨破，牵到市上去卖，并且极力夸耀这匹骡子如何如何。不久，就将它卖了出去。陈策听说后，连忙前去追赶，见了买主，如实地告诉对方这骡子不能让人骑乘、驮运货物的实情。官人听后，不禁产生疑虑，以为他是喜爱这匹骡子，便问他究竟是怎么一回事。陈策让官人将鞍子放在骡背上，整整折腾了一天，也没有放上去。这时官人才明白了真情，对陈策发出了由衷的感谢。陈策当即把钱退还给了官人，官人把骡子退还给了陈策。又有一次，一个人到陈策家里去买质地轻软带有椒眼文饰的银器，陈策不卖给他。这个人有些生气，就问他道："我明明见你家中有这种东西，现在为什么不卖给我呢？"陈策回答："是啊！我家存放的这种银器，是别人借钱抵押给我的，时间已经很长了。我听说你买这东西是给女儿作陪嫁用的，我怎么能用这样的货物来坑害你呢？"说完，就将家中所存的银器投进炽热的炭火盆中焚毁，并对买主说："我这东西是从质人手中买来的，怕不是真品，做个验证让你看。"

二是危整。一天,他到市上买鲍鱼,经纪舞弄着称锤,偷偷给多称了几斤。卖鱼人走后,经纪就对危整说:"你只买五斤,我暗中给你称了十斤,你得请我喝酒。"危整听后,十分吃惊,忙去追赶卖鱼的人,跑了几里才追上,把多给他的鲍鱼,按价付给了卖鱼的人。又把那位经纪请到酒店中饮酒,并对那位经纪说:"你只是想喝酒,何必去欺侮卖鱼的贫苦人呢?"

三是曾叔卿。他打算购买一批陶器运到北方贩卖。买回来后,迟迟未能向北方转运。这天,一个跟他一起做陶器生意的人前来买货。曾叔卿答应卖给他,已付了钱,他犹疑地问道:"现在你买这些陶器干什么?"那人回答:"我是跟你学的,是按照原先你的想法去做的。"曾叔卿当即斩钉截铁地对他说:"你可不能这样做。我是由于北方新近遭灾,所以才未把这批陶器运到北方去卖的。如今岂能不告诉你这一点呢?"于是曾叔卿决定不再把存货卖给他。而曾叔卿家中贫穷,连妻子和儿女的温饱都难以顾全。

唉,以上八人,真可谓贤人啊!

## 汉书用字

**原文**

太史公《陈涉①世家》:"今亡亦死,举大计亦死,等死,死国可乎?"又曰:"戍死者固什六七②,且壮士不死即已,死即举大名耳!"叠用七"死"字,《汉书》因之。《汉·沟洫志》载贾让《治河策》云:"河从河内北至黎阳为石堤③,激使东抵东郡平刚;又为石堤,使西北抵黎阳、观下;又为石堤,使东北抵东郡津北;又为石堤,使西北抵魏郡昭阳;又为石堤,激使东北。百余里间,河再西三东④。"凡五用"石堤"字,而不为冗复,非后人笔墨畦径⑤所能到也。

## 【字词注解】

①陈涉：即陈胜，字涉。秦二世元年（公元前209年）七月，与吴广率领戍卒九百人，在蕲县大泽乡揭竿而起，天下云集响应。待占领陈县，陈胜自立为王，国号张楚。他与秦将章邯战，兵败退回到下城父，为庄贾所害。

②戍死者固什六七：戍边的人，十个当中就有六七个逃脱不了死亡的厄运。

③河：特指黄河。为石堤：筑造石堤。

④河再西三东：黄河向西拐了两个弯，向东拐了三个弯。

⑤笔墨畦径：循规蹈矩，如法炮制。

## 【精彩解说】

西汉太史公司马迁在《史记·陈涉世家》中，记载陈胜的话，说："今天，逃跑也是一死，造反也是一死，与其坐着等死，何不为国而死？"又说道："十个戍边的人，有六七个都逃脱不了死亡的厄运，况且壮士不死则已，死就得使天下知其大名！"连用了七个"死"字，《汉书》也沿袭它这种用字法。《汉书·沟洫志》记载贾让的《治河策》中说："黄河从河内（今河南武陟）向北流到黎阳（今河南浚县），在此筑起石堤，使黄河折而流向东郡（今河南濮阳）的平刚；又筑起石堤，使黄河折而流向黎阳、观下一带；又筑起石堤，使黄河折而流向东郡渡口北；又筑起石堤，使黄河折向西北到魏郡（今河北临漳南）的昭阳；又筑起石堤，使黄河折流向东北。百余里内，黄河向西拐了两个弯，向东拐了三个弯。"这段文字共用了五个"石堤"，但并不让人感到重复冗杂，这种文笔不是后人循规蹈矩、如法炮制所能达到的。

# 卷 八

## 诸葛公

**原文**

诸葛孔明千载人①，其用兵行师②，皆本于仁义节制，自三代以降③，未之有也。盖其操心制行④，一出于诚⑤，生于乱世，躬耕垄亩，使无徐庶之一言⑥，玄德之三顾，则苟全性命，不求闻达必矣。其始见玄德，论曹操不可与争锋，孙氏可与为援而不可图，唯荆、益可以取，言如蓍龟⑦，终身不易⑧。二十余年之间，君信之，士大夫仰之，夷夏服之，敌人畏之。上有以取信于主，故玄德临终，至云："嗣子不才，君可自取⑨。"后主虽庸懦无立，亦举国听之而不疑。下有以见信于人，故废廖立而立垂泣，废李严而严致死。后主左右奸辟侧佞⑩，充塞于中，而无一人有心害疾者。魏尽据中州，乘操、丕积威之后，猛士如林，不敢西向发一矢以临蜀，而公六出征之，使魏畏蜀如虎。司马懿案行其营垒处所，叹为天下奇才。钟会伐蜀，使人至汉川祭其庙，禁⑪军士不得近墓樵采，是岂智力策虑所能致哉？魏延每随公出，辄⑫欲请兵万人，与公异道会于潼关，公制而不许，又欲请兵五千，循秦岭而东，直取长安，以为一举而咸阳以西可定。史臣谓公以为危计不用，是不然。公真所谓义兵不用诈谋奇计，方以数十万之众，据正道而临有罪，建旗鸣鼓，直指魏都，固将飞书告之，择日合战，岂复翳行窃步，事一旦之谲以规咸阳哉⑬！司马懿年长于公四岁，懿存而公死，才五十四耳，天不祚⑭汉，非人力也。"霸气西南歇，雄图历数屯。"杜诗尽之矣。

## 【字词注解】

① 千载人：千年的伟人。

② 行师：用兵，出兵。

③ 自三代以降：自从夏、商、周三代以来。

④ 操心制行：思想和行为。

⑤ 一出于诚：全部都出于一片赤诚。一，一概，全部。

⑥ 使无徐庶之一言：假使没有徐庶对刘备的那一句推荐。徐庶本效力于刘备，后其母亲被曹操扣押，徐又是孝子，只得前往曹营。走前，徐向刘备推荐了诸葛亮，说他比自己更有韬略。使无，假使没有。

⑦ 蓍龟：蓍草、龟壳，两者都是用来占卜的，此处代指占卜算卦。

⑧ 易：更改，变更。

⑨ 自取：自取帝位，自己做了皇帝。

⑩ 佞：善辩，巧言谄媚。

⑪ 禁：禁止。

⑫ 辄：总是，就。

⑬ 谲：欺诈，玩弄手段。规：谋划。

⑭ 祚：福，赐福。

## 【精彩解说】

诸葛孔明是千载伟人，他用兵行军、指挥作战，都以仁义之道为本，这是自夏、商、周三代以来未曾有过的。他的思想和行为，一概出于对刘玄德和恢复汉室事业的忠诚。他生在乱世，亲自种田谋生，假使没有徐庶的推荐、玄德三顾茅庐的热忱，那么他苟且保全性命、不求扬名显达是一定的了。诸葛亮在隆中第一次见玄德，纵论天下大势时，就提出不可与曹操较量高低，对孙权也只可相互支援，不可图谋，只有荆州、益州可以夺取。这些论断像蓍占、龟卜一样准确，终其一生的政治经历看，真是不容变更之论。在他掌权的二十多年里，国君信任他，士大夫仰慕他，汉族与少数民族的百姓信服他，敌人畏惧他。对上，他以忠诚取得君主的高度信任，所以玄德临死时以至于对他说："我的儿子没有才能，你可以自取帝位。"后主刘禅虽平庸懦怯、无所建树，但把整个国家交给他并毫无怀疑。对下，他的才德威望被部属信赖，所以长水校尉廖立与骠骑将军李严虽都被除名为民，但听到诸葛亮病逝的消息后，廖立垂泣不已，李严病发死去。后主身边多奸佞之臣，但是没有一个人有嫉恨暗害诸葛亮之心。当魏国完全占领中州之地以后，还挟有曹操、曹丕父子生前的积威，军中勇猛的将士如林，却不敢派一兵一卒发一支箭到蜀国，而诸葛亮却率领大军六出祁山讨伐魏国，致使魏国上下畏惧蜀国如畏虎。敌帅司马懿仔细考察诸葛亮军营壁垒后，叹服他是天下奇才。敌将钟会征讨蜀国时，特地派人到汉川祭礼诸葛亮庙，并下令军士禁止在诸葛墓附近砍柴。这难道是智力高超或谋略过人所能获得的吗？魏延每次随诸葛亮出兵伐魏，总想请求拨给自己将士万人，他要仿效韩信，从暗道与诸葛亮潼关会师，诸葛亮坚决制止，不允许；魏延又想请求诸葛亮拨给他将士五千人，他要沿秦岭向东走，直取长安。他认为这一军事行动能使咸阳以西之地平定。史臣记载说，诸葛亮认为这是危险之计而不予采纳。其实不是这样，诸葛亮真是人们所说的正义之师，不用诈谋奇计，他正要率领数十万大军，占据通衢要道去讨伐敌人。他树起大旗，高鸣战鼓，直指魏国国都，本来要飞骑传书，通知敌方，择定日期交战，难道又能隐秘行动，暗中行事，以谲诈之计谋图咸阳吗？司马懿比诸葛亮年长四岁，司马懿活着而诸葛亮却不幸死去，享年才五十四岁。上天不保佑汉室，这不是人力所能挽回的。"霸气西南歇，雄图历数屯。"杜甫这两句诗说天命去而汉祚终，是将当时的情势概括尽了。

## 沐浴佩玉

### 原文

石骀仲卒，"有庶子①六人，卜所以为后者②，曰：'沐浴佩玉则兆③。'五人者皆沐浴佩玉。石祁子曰：'孰有执亲之丧而沐浴佩玉者乎④？'不沐浴佩玉。"此《檀弓》之文也，今之为文者不然，必曰⑤："沐浴佩玉则兆，五人者如之，祁子独不可，曰：'孰有执亲之丧若此者乎？'"似亦足以尽⑥其事，然古意衰⑦矣。

## 【字词注解】

① 庶子：庶出的儿子，不是正妻所生。
② 卜所以为后者：占卜这六个儿子中哪一个可以继承石骀仲的位子。
③ 兆：吉兆。
④ 孰：怎么，哪里。执亲之丧：父母亲丧事期间。
⑤ 必曰：必定会写。
⑥ 尽：概括，说尽。
⑦ 衰：减弱，衰退。

## 【精彩解说】

（春秋时代卫国大夫）石骀仲去世，"没有嫡子，只有庶出的六个儿子，于是请掌卜的人卜占哪个儿子可以立为后人。掌卜人说：'沐浴并佩戴玉器就能得到吉兆。'于是其中五人都去沐浴佩玉。只有石祁子说：'居丧应该穿着丧服，悲哀憔悴，哪有在父亲丧事期间沐浴佩玉的人呢？'他就不去沐浴佩玉。"这是《礼记·檀弓》篇中的一段文字。如今写文章的人却不这样写，必定写道："沐浴佩玉就能得到吉兆，五人就这样做，单单祁子不这样做，说：'哪有在父亲丧事期间像这样子的人呢？'"似乎也足以概括这件事，然而古文中的意思就减弱多了。

# 陶渊明

**原文**

陶渊明高简闲靖①，为晋、宋第一辈人②。语其饥则箪瓢屡空③，瓶无储粟；其寒则短褐穿结④，绨绤冬陈；其居则环堵萧然⑤，风日不蔽⑥。穷困之状，可谓至⑦矣。读其《与子俨等疏》云："恨室无莱妇⑧，抱兹苦心。汝等虽曰同生，当思四海皆兄弟之义。管仲、鲍叔，分财无猜⑨，他人尚尔，况同父之人哉！"然则犹有庶子也。《责子》诗云："雍端年十三。"此两人必异母尔。渊明在彭泽，悉令公田种秫⑩，曰："吾常得醉于酒足矣。"妻子固请种粳⑪，乃使二顷五十亩种秫，五十亩种粳。其自叙亦云："公田之利，足以为酒，故便求之。"犹望一稔⑫而逝，然仲秋至冬，在官八十余日，即自免去职。所谓秫、粳，盖未尝得颗粒到口也，悲夫！

【字词注解】

①高简闲靖：高超、简淡、闲适、宁静。

②第一辈人：第一等的人物。

③语：谈论。箪瓢屡空：饭瓢经常空空如也。箪，古代盛饭的圆形竹器。瓢，舀水或取东西的工具，多用对半剖开的匏瓜或木头制成。屡，接连着，不止一次。

④短褐穿结：粗布短衫，还补丁烂缀。短褐，短小的粗布衣服。褐，粗布或粗布衣服。穿结，用来比喻衣服洞穿和补缀。

⑤环堵萧然：四面空空，即家徒四壁。

⑥风日不蔽：难以遮挡太阳、荫蔽寒风。

⑦至：极，到达顶点。

⑧莱妇：贤妇。

⑨管仲、鲍叔，分财无猜：管仲与鲍叔牙，两人是好朋友，一同外出做生意，每次赚来的钱财，管仲都多取几份，鲍叔牙从来不计较，依然对他如前。

⑩秫：黏高粱，可以做烧酒，有的地区泛指高粱。

⑪粳：稻的一种，黏性很大。

⑫稔：年，古代稻谷熟一次为一年。

【精彩解说】

陶渊明高超、闲静、淡远，是晋、宋间第一流的人物。谈到饥饿他是饭瓢常空，家无存粮；说到寒冷他是粗布短衣，补丁连缀，冬天还穿着夏天的葛衣，没有替换的衣裳；他的住房四壁空空，难以遮蔽寒风和太阳。穷困之状可以说是到了极点了。读他的《与子俨等疏》说："我常遗憾家中没有楚国老莱子之妻那样的贤内助来开导我，只有自己怀抱这样的一片苦心了。你们虽然是一母所生，也应当思索四海之内皆兄弟的意义。齐国的管仲、鲍叔二人是朋友，在经商赢利分财多少时，并无猜疑之意。外人尚可以这样，何况你们是同父的兄弟呢！"那么，陶渊明还是有妾生的庶子了。他的《责子》诗说："雍、端两人年龄都是十三。"看来这两人一定是不同母的弟兄了。陶渊明在彭泽县做县令时，下令公田全都种成高粱，说："这样我就能常醉酒了，就能心满意足了。"但妻子和儿子坚决请求种粳稻，他就下令让二顷五十亩种高粱好酿酒，五十亩种粳稻可食用。他在《归去来兮辞·并序》中也说："公田的收成，足够做酒，所以顺便求了彭泽令这个小官。"他本希望种的庄稼熟了后离任。然而从仲秋到冬天，他在官仅八十几天，就自己免官离职。无论高粱还是粳稻，实际上一粒也未曾到他的口中，可悲啊！

## 皇甫湜诗

### 原文

皇甫湜、李翱，虽为韩门弟子，而皆不能诗①。浯溪石间有湜一诗，为元结②而作，其词云："次山有文章，可惋只在碎。然长于指叙，约洁多余态。心语适相应，出句多分外。于诸作者间，拔戟③成一队。中行虽富剧，粹美君可盖④。子昂感遇佳⑤，未若君雅裁⑥。退之全而神，上与千年对。李杜才海翻，高下非可概。文于一气间，为物莫与大。先王路不荒，岂不仰吾辈。石屏立衙衙⑦，溪口扬素濑。我思何人知，徙倚⑧如有待。"味此诗，乃论唐人文章耳，风格殊无可采⑨也。

— 【字词注解】

①不能诗：不太会作诗。

②元结：字次山，号漫叟、聱叟，天宝十二载（753年）进士及第，大历

七年（772年）卒。是唐朝著名诗人，主张诗文为政治、社会服务，强调诗歌的讽喻作用。

③拔戟：出类拔萃。

④盖：盖过，超过。

⑤子昂感遇佳：子昂的感遇诗虽然好。子昂，即陈子昂，字伯玉，初唐诗人，其诗风骨峥嵘，寓意深远，苍劲有力。

⑥雅裁：代指佳作。

⑦衙衙：行走的样子。

⑧徙倚：徘徊踌躇。

⑨采：采取，借鉴。

【精彩解说】

皇甫湜和李翱，虽然是韩愈门下的弟子，却都不太会写诗。在永州浯溪旁的石刻间有皇甫湜的一首诗，是为元结而作的，内容是："元结所作诗篇都很好，可惜大都残缺不全。但是他长于寄托和描述，写得简洁而形象。他也擅长以质直古朴的语言准确地表达自己的思想感情，诗中的警句也常常出人意料。本朝诗人众多，将出类拔萃的诗人排成队伍，在中间那一行众多的诗人里，次山你仍以精粹优美的诗篇盖过他人。陈子昂的感遇诗虽好，也不如你的大作。韩愈的诗文全面、优美而神奇，只能往前与千年以来的名家相比。李白、杜甫的才华是大海翻腾的波涛，其高下不是我一句话可以概括的。古往今来，诗文以气为主，没有比气更重要的了。自《诗经》以来，诗歌反映现实的道路不容荒芜，岂不要仰仗我们这一代人的努力吗？浯溪岸边的石屏排列成行，溪口扬起白色的急流。我的思索什么人知道呢？我徘徊踌躇，在久久地等待。"玩味这首诗是在评论唐朝诗文，但在风格上却没有什么特色可取。

# 卷 九

## 霍光赏功

**【原文】**

汉武帝外事四夷①，出爵劝赏②，凡③将士有军功，无问贵贱，未有不封侯者。及昭帝时，大鸿胪田广明平益州夷④，斩首捕虏三万，但⑤赐爵关内侯。盖霍光为政，务与民休息，故不欲求边功，益州之师，不得已耳，与唐宋璟抑郝灵佺斩默啜之意同。然数年之后，以范明友击乌桓⑥，傅介子刺楼兰⑦，皆即侯之⑧，则为非是，盖明友，光女婿也。

【字词注解】

①外事四夷：对外处理四方少数民族事务。

②出爵：获得官爵，此处指使获得官爵。劝赏：奖赏。

③凡：但凡，只要。

④平益州夷：平定益州少数民族。

⑤但：只是。

⑥乌桓：古代少数民族，原为东胡部落联盟中的一支，汉武帝时，臣服于汉朝。

⑦楼兰：西域古国，因地势缘故，臣服匈奴和汉朝两方。昭帝时，汉遣傅介子到楼兰，刺杀其旧主，立新王，改国名为鄯善，将楼兰纳入汉朝势力范围。

⑧即：立即。侯之：以之为侯，即给其封侯。

【精彩解说】

汉武帝对外治理少数民族，利用爵位奖赏将士，只要有了军功，不论出身显贵还是低贱，没有不封侯的。等到汉昭帝时，掌管外交礼仪的大鸿胪田广明平定益州少数民族，斩杀并捕获俘虏了三万人，只被赏赐关内侯的爵位。因为霍光处理政务，力求让百姓休养生息，因此不希图在边地建立战功。益州之战，是不得已的，这跟唐朝宋璟抑制郝灵佺斩杀突厥可汗默啜的情况相同。但是几年之后，霍光派范明友攻击乌桓，派傅介子刺杀楼兰王，事成之后，都马上给他们封侯，这就不对了，大概是因为范明友是霍光的女婿吧。

## 汉文失材

**原文**

汉文帝见李广，曰："惜广不逢时，令当高祖世①，万户侯②岂足道哉！"贾山上书言治乱之道，借秦为谕，其言忠正明白，不下③贾谊，曾④不得一官。史臣犹赞美文帝，以为山言多激切，终不加罚，所以广谏争之路⑤。观⑥此二事，失材多矣。吴、楚反时，李广以都尉战昌邑下显名⑦，以梁王授广将军印，故赏不行⑧。武帝时，五为将军击匈奴，无尺寸功，至不得其死⑨。三朝不遇⑩，命也夫！

【字词注解】

①令当高祖世：如果让你活在汉高祖的那个年代。

②万户侯：食邑在万户以上，是汉代侯爵的最高一级，一般都是因军功而被封赏。后世就将万户侯作为大官的象征。

③不下：不比……差。

④曾：竟然，简直，还。

⑤广谏争之路：广开劝谏帝王的言路。

⑥观：考察。

⑦显名：声名显赫。

⑧行：施行，实施。

⑨至不得其死：到死也没得到任何功名。

⑩遇：知遇。

• 【精彩解说】

汉文帝召见李广，说："可惜李广生不逢时，如果处在高祖时代，封个万户侯又算什么！"贾山上书谈论治理乱世的方法，借用秦朝的事打比方，他的言论忠烈正直，明白晓畅，不比贾谊差，可他竟然没有得到一官半职。但是史官们仍然称誉赞颂汉文帝，认为贾山的言辞过于激烈热切，最后也没有受到责罚，这是汉文帝用来广开劝说帝王言路的方法。考察这两件事，汉文帝丧失的人才太多了。吴国、楚国反叛时，李广以都尉的身份在昌邑作战，因而声名显赫，但由于梁王授予李广将军之印，违背了禁忌，所以没有得到奖赏。汉武帝的时候，李广五次作为将军攻打匈奴，没有为他建立任何功名，直至最后自杀。李广历经文帝、景帝、武帝三朝，却没有得到知遇之礼，这真是命啊！

## 陈轸之说疏

战国权谋之士，游说从横①，皆趋②一时之利，殊③不顾义理曲直所在。张仪欺楚怀王，使之绝齐而献商於之地。陈轸④谏曰："张仪必负王，商於不可得而齐、秦合，是北绝齐交，西生秦患。"其言可谓善矣。然至云："不若阴合而阳绝于齐⑤，使人随张仪，苟⑥与吾地，绝齐未晚。"是轸不深计齐之可绝与否，但以得地为意耳。及秦负约⑦，楚王欲攻之。轸又劝曰："不如因赂之以一名都，与之并兵而攻齐，是我亡地于秦，取偿于齐也。"此策尤乖谬不义⑧。且秦加亡道于我，乃欲赂以地，齐本与国，楚无故而绝之，宜割地致币⑨，卑词谢罪，复求其援，而反欲攻之，轸之说于是疏矣。乃知鲁仲连⑩、虞卿为豪杰之士，非轸辈所能企及也。

【字词注解】

①游说：泛指多方活动陈述自己的建议，希望自己的建议和主张被采纳和实施。游说此举主要出现在春秋战国时期，那时群雄并立，士人聚徒讲学，传授知识，各国国君招徕并任用贤士，以谋富国强兵之道。从横：合纵连横。

②趋：趋向，追求。

③殊：竟然。

④陈轸：战国时期有名的纵横之士，投奔秦惠王，为其出谋划策，扩张势力。

⑤阴合而阳绝于齐：暗地里与齐国联合，但是表面上和它断交。

⑥苟：如果。

⑦负约：背弃盟约。

⑧乖谬不义：荒唐乖谬不合道义。

⑨割地致币：割让土地，贡献财物。

⑩鲁仲连：战国末期齐国人，擅长运用谋略，常周游各国，为其排解烦难。曾游说赵、魏两国联合抗秦。被后世认为是正义之士。

【精彩解说】

战国时的权术谋略之士进行游说，合纵连横，都追求一时的利益，根本不考虑道义正理和是非曲直在哪一方面。张仪欺蒙楚怀王，让楚国跟齐国断交并把秦国的商於之地（今陕西商南、河南淅川及内乡一带）献给楚王。陈轸劝谏道："张仪一定会背弃大王，商於不能得到，而齐国、秦国却会联合。这样做就是在北边断绝与齐国的交往，在西面又滋生对秦国的忧患。"这些话可以说是正确的了。但是当他说道："不如暗地里跟齐国联合而表面上跟它断交，派人跟着张仪，如果给我们土地，再跟齐国断交不迟。"这就是陈轸不深远地考虑能不能跟齐国断绝交往，只以得到土地作为心愿罢了。

等到秦国背弃了盟约,楚王想攻打秦国。陈轸又劝说道:"不如趁机奉送秦国一个著名都市,跟秦国合并军队去攻打齐国,这样我国在秦国丧失的土地就可以从齐国那里得到补偿了。"这种决策更是荒谬不合道义。况且秦国把灭亡之名强加于楚国,楚国却打算把土地奉送给它;齐国本是同盟国,楚国竟要无故地跟它断交!楚国应该向齐国割让土地和赠送礼物,用谦卑的辞令承认过错,再请求齐国援助,怎么能反过来想攻打齐国呢!陈轸的主张在这里就太过疏失了。相比之下,这才知道鲁仲连、虞卿是豪杰之士,不是陈轸之流所能赶得上的。

## 简师之贤

### 原文

《皇甫持正集》有《送简师序》,云:"韩侍郎①贬潮州,浮图之士,欢快以抃②,师独愤起访余求序,行资适③潮,不顾蛇山鳄水万里之崄毒,若将朝得进拜而夕死者。师虽佛其名④,而儒其行;虽夷狄其衣服,而人其知。不犹愈于冠儒冠⑤,服朝服,惑溺于经怪之说以致彝伦邪⑥?"予读其文,想见简师之贤,而惜其名无传于后世,故表而出之⑦。

### 【字词注解】

①韩侍郎:韩愈,因他曾任刑部侍郎,又任吏部侍郎,故有此称呼。

②浮图之士,欢快以抃:(韩愈被贬到潮州)崇信佛法的人都欢欣鼓舞,拍手称快。因为韩愈反对礼佛,上书谏佛骨,所以对于他被贬,佛法一派会有此反应。

③适:到……去。

④佛其名:表面上皈依佛门。

⑤冠儒冠:戴着儒生的帽子。

⑥彝:法理,常理。邪:语气助词,无实义。

⑦表而出之:特意将他表彰出来。

【精彩解说】

《皇甫持正集》中有《送简师序》,写道:"韩愈侍郎被贬官到潮州,崇信佛法的人都欢欣鼓舞,拍手称快,唯有简法师愤慨而起,拜访我,请求我写序文送行,资助他到潮州去,不顾跋涉万里之遥的险峻,途中毒蛇猛兽的危险,好像如果早上能够见面晚上死去也愿意的样子。简法师虽然表面上皈依佛门,但有儒者的行为;虽然穿着外族的衣装,却有汉族人的智慧。这不是胜过戴着儒生的帽子、穿着朝官的衣服,却迷惑沉溺于佛经志怪之说而败坏法理制度、人伦道德的人吗?"我读了这篇序文,想到简师的贤良,却遗憾他的名字没有流传到后世,因此把他表彰出来。

## 老人推恩

**原文**

唐世赦宥①,推恩②于老人绝优。开元二十三年,耕籍田。侍老百岁以上,版授③上州刺史;九十以上,中州刺史;八十以上,上州司马。二十七年,赦④。百岁以上,下州刺史,妇人郡君;九十以上,上州司马,妇人县君;八十以上,县令,妇人乡君。天宝七载,京城七十以上本县令,六十以上县丞,天下侍老除官与开元等。国朝之制,百岁者始得初品官封,比唐不侔矣。淳熙三年,以太上皇帝庆寿之故,推恩稍优,遂有增年诡籍以冒荣命者⑤。使如唐日,将如何哉!

【字词注解】

①赦宥:赦免有罪的人,宽宥人的过失。
②推恩:实施恩惠。
③版授:封号,受封。
④赦:减轻或免除对罪犯的惩罚。
⑤遂:便,于是。增年:虚报岁数。诡籍:谎报籍贯。

●【精彩解说】

唐朝赦免罪人宽宥过失，对老人施及的恩惠非常优厚。开元二十三年（735年），皇帝亲行籍田礼。百岁以上的老人，封给上州刺史的头衔；九十岁以上的，封中州刺史；八十岁以上的，封上州司马。开元二十七年（739年），赦免天下。百岁以上的老人，封下州刺史，百岁以上的妇女，封为郡君；九十岁以上的老人，封上州司马，妇女封为县君；八十岁以上的，封县令，妇女封乡君。唐天宝七载（748年），京城里七十岁以上的老人，依照县令的待遇；六十岁以上的，按县丞对待；京城外全国高寿的老人，安排官衔跟开元年间一样。我们宋朝的制度，百岁的人才能得到初品官的封衔，跟唐朝就不相等了。淳熙三年（1176年），因为太上皇帝庆寿的缘故，施加恩惠稍为优厚，于是有虚加岁数谎报籍贯来冒领皇命的人。如果像唐朝那样，将会怎么样呢！

## 忠义出天资

【原文】

忠义守节之士，出于天资，非关①居位贵贱，受恩深浅也。王莽移汉祚②，刘歆以宗室之隽③、导之为逆，孔光以宰相辅成其事。而龚胜以故大夫守谊以死。郭钦、蒋诩以刺史、郡守，栗融、禽庆、曹竟、苏章以儒生，皆去官不仕④。陈咸之家，至不用王氏腊⑤。萧道成篡宋，褚渊、王俭，奕世达官，身为帝甥、主婿，所以纵臾⑥灭刘，唯恐不速。而死节者乃王蕴、卜伯兴、黄回、任候伯之辈耳。安禄山、朱泚之变，陈希烈、张均、张垍、乔琳、李忠臣，皆以宰相世臣，为之丞弼。而甄济、权皋、刘海宾、段秀实，或以幕府小吏，或以废斥列卿，捐身立节⑦，名震海内。人之贤不肖，相去何止天冠地屦⑧乎！

【字词注解】

①非关：与……无关。

②王莽移汉祚：王莽篡夺了汉朝的皇位。

③刘歆：刘向之子，西汉王族，编撰《七略》，在古文经学、目录学、天文学方面都有深入研究。后王莽篡位，他谋划诛杀王莽，事情泄露，被杀。隽：俊秀，杰出。

④仕：入仕，做官。

⑤腊：祭祀名。年终总祭百神。

⑥纵臾：也作"纵踊"，怂恿，鼓动别人做坏事。

⑦捐身立节：献出生命来树立名节。

⑧天冠地屦：天上的帽子地下的鞋，喻指天上地下相去太远。

【精彩解说】

　　忠贞道义、保持节操的人，是因为他们的天赋跟所处的地位高低所受的恩惠多少没有关系。王莽篡夺了汉朝的皇位，刘歆身为汉朝宗室中才智出众的人却诱导王莽叛逆汉朝，孔光身为宰相也帮助王莽促成其事。而龚胜作为免职的大夫遵守道义而死。郭钦、蒋诩作为刺史、郡守，栗融、禽庆、曹竟、苏章作为读书人，都抛弃官职不求仕进。陈咸的家中，甚至不采用王莽的年终祭礼。萧道成篡夺了南朝宋的政权，褚渊、王俭都是历代显达的官宦，身为皇帝的外甥、主上的女婿，怂恿鼓动颠覆刘宋的作为，只嫌不够快速。而为保持气节而死的人竟是王蕴、卜伯兴、黄回、任候伯这些小臣了。安禄山、朱泚叛乱，陈希烈、张均、张垍、乔琳、李忠臣，身为宰相做了他们的助手，而甄济、权皋、刘海宾、段秀实，有的作为军营公署中的小官，有的作为被罢免贬斥的卿相，献出生命建立名节，声名震动全国。人是否贤良，相差的何止是天上地下呀！

# 卷 十

## 爰盎温峤

**原文**

赵谈常①害爰盎，盎兄子种曰："君与斗，廷辱之②，使其毁不用。"文帝出，谈参乘③，盎前，曰："天子所与共六尺舆④者，皆天下豪英，陛下奈何与刀锯余人⑤载？"上笑，下谈，谈泣下车。温峤将去王敦⑥，而惧钱凤为之奸谋，因敦饯别，峤起行酒，至凤，击凤帻坠，作色曰："钱凤何人，温太真行酒而敢不饮！"及发后，凤入说敦曰："峤于朝廷甚密，未必可信。"敦曰："太真昨醉，小加声色，岂得以此便相谗贰⑦。"由是凤谋不行。二者之智如此。

—●【字词注解】

①常：通"尝"，曾经。

②廷辱之：在朝廷上羞辱他。

③参乘：也作"骖乘"，古时乘车，在车右陪坐的人。

④舆：泛指车驾。

⑤刀锯余人：受过宫刑的人，也就是宦官。

⑥温峤：字太真，温憺之子，太原郡祁县（今山西省祁县）人，东晋时有名的政治家。去：离开。王敦：字处仲，琅邪临沂（今山东临沂西北）人，王导的堂兄，亦是东晋有名的政治家。

⑦相谗贰：相信谗言而分崩离析。谗，谗言，中伤他人。

【精彩解说】

赵谈曾害过爰盎，爰盎哥哥的儿子爰种说："您跟他斗，在朝廷上羞辱他，使他名义被毁而不受重用。"汉文帝外出，赵谈陪坐在车右边，爰盎上前说："跟天子同坐六尺车舆的人，都是天底下的英雄豪杰，陛下怎么跟宦者同坐车中呢？"皇上笑着让赵谈下去，赵谈流着泪下了车。温峤要离开王敦，但怕钱凤为王敦出奸诈谋略。趁着王敦设宴送别，温峤站起来劝酒，走到钱凤跟前，打落了钱凤的头巾，变了脸色说："钱凤是什么人，温太真劝酒竟敢不喝！"等到温峤出发以后，钱凤进来劝说王敦道："温峤跟朝廷联系非常紧密，不可轻信。"王敦说："温太真昨天醉了，稍微对你有点儿不好的声音和神色，怎么能根据这一点就说他坏话制造分裂呢？"因为这件事，钱凤的计谋没有实行。这两个人的智慧就像这样。

## 爰盎小人

### 原文

爰盎真小人，每事皆借公言而报私怨，初非尽忠一意为君上者也。尝为吕禄舍人，故①怨周勃。文帝礼下②勃，何豫盎事③，乃有"非社稷臣"之语，谓勃不能争吕氏之事，适会④成功耳。致文帝有轻勃心，既免使就国，遂有廷尉之难。尝谒⑤丞相申屠嘉，嘉弗为礼，则之丞相舍折困之⑥。为赵谈所害，故沮止⑦其参乘。素不好晁错，故因吴反事请诛之。盖盎本安陵群盗，宜其忮⑧心忍戾如此，死于刺客，非不幸也⑨。

【字词注解】

① 故：因此，以其故。
② 礼下：以礼相待。
③ 何豫盎事：关爰盎什么事情？
④ 适会：恰巧碰上。

⑤谒：进谒，求见。

⑥舍：住所。折困：折辱为难。

⑦沮止：通"阻止"。

⑧忮：嫉妒，恨。

⑨非不幸也：并非不幸的事情。

### 【精彩解说】

爰盎真是个小人，每件事都是假借公言来报私人的怨恨，最初并不是竭尽忠诚、一心一意地为君主办事的。他曾经做过吕禄的舍人，因此怨恨周勃。汉文帝礼待周勃，跟爰盎有什么相干？他竟然说周勃"不是国家的忠臣"的话，说周勃不能为吕氏的事劝诤，正好碰上诛诸吕成功罢了。致使汉文帝有不看重周勃的思想，周勃被免职回到封国之后，于是遭受刑狱之难。爰盎曾经求见丞相申屠嘉，申屠嘉不礼待他，他就到丞相住处去折辱为难他。爰盎被赵谈害过，因此阻止赵谈作为皇上车右的陪乘。爰盎素来不喜欢晁错，因此趁着吴王造反的事请求杀了晁错。爰盎家本来是安陵的一伙盗匪，难怪他心怀猜忌、残忍乖张到这种地步。他被刺客杀死，没有死于王法，并不是不幸的事。

## 唐书判

### 原文

唐铨选①择人之法有四：一曰身②，谓体貌丰伟；二曰言③，言辞辩正；三曰书④，楷法遒美；四曰判⑤，文理优长。凡试判登科谓之入等，甚拙者谓之蓝缕，选未满而试文三篇谓之宏辞，试判三条谓之拔萃。中者即授官。既以书为艺⑥，故唐人无不工楷法，以判为贵，故无不习熟。而判语必骈俪，今所传《龙筋凤髓判》及《白乐天集·甲乙判》是也。自朝廷至县邑，莫不皆然，非读书善文不可也。宰臣每启拟一事，亦必偶数十语，今郑畋敕语、堂判犹存。世俗喜道琐细遗事⑦，参以滑稽⑧，目为花判，其实乃如此，非若今人握笔据案⑨，只署一字亦可。国初⑩尚有唐余波，久而革去之⑪。但体貌丰伟，用以取人，未为至论⑫。

【字词注解】

① 铨选：选择人才授予官职。
② 身：身材体貌。
③ 言：言谈举止。
④ 书：书法字迹。
⑤ 判：判状文辞。
⑥ 以书为艺：将书法当作傍身的技艺。
⑦ 遗事：古代遗留下来的轶事。
⑧ 参以滑稽：夹杂着诙谐的话语。
⑨ 据案：靠着书案。
⑩ 国初：本朝初年，即宋朝初年。
⑪ 革去之：被革除、消除掉。
⑫ 未为至论：不能算妥善的评论。

【精彩解说】

唐朝量才授官、选择人才的原则有四条：第一是身体标准，要求身体相貌丰满伟岸；第二是言谈标准，言语辞令雄辩公正；第三是书写，楷书法式遒劲刚美；第四是判状，文辞条理优美通畅。凡是通过吏部考试录取的称为"入等"，非常拙劣的称为"蓝缕"，未通过吏部考选而通过三篇文章的称为"宏辞"，通过判状三条的称为"拔萃"。选中的授予官职。既然靠书法作为艺业，因此唐朝人没有不擅长楷书法式的；既然以判状为重，因此没有不学习熟练的。而判状的语言一定讲究对偶整齐，现在流传的《龙筋凤髓判》以及《白乐天集·甲乙判》就说明这一点。从朝廷到县城，没有不是这样的，不读书、不擅长文学就不行。朝廷辅政大臣每逢报告草拟一件事，也一定对偶几十句话，现在郑畋写的敕书、堂判仍然留存着。世俗喜欢谈论琐碎的古代遗事，夹杂着诙谐的话语，被看成"花判"，那事实就是这样，不像现在的人提笔靠着书案，只签署一个字也可以。宋朝初年还有唐朝的遗风，久而久之就被除去了。只是用身体相貌丰盈高大来取用人才，不能算妥善的评定。

# 古彝器

## 原文

三代彝器①，其存至今者，人皆宝②为奇玩。然自春秋以来，固重③之矣。经传所记④，取郜大鼎于宋，鲁以吴寿梦之鼎贿⑤荀偃，晋赐子产莒之二方鼎，齐赂晋以纪甗、玉磬，徐赂齐以甲父之鼎，郑赂晋以襄钟，卫欲以文之舒鼎、定之鞶鉴纳鲁侯，乐毅为燕破齐，祭器⑥设于宁台，大吕陈于元英，故鼎反⑦乎磨室是已。

## 【字词注解】

①彝器：青铜器。
②宝：珍视，将其当作宝物。
③重：看重，重视。
④经传所记：根据文献典籍的记载。
⑤贿：赠送。
⑥祭器：祭祀的青铜器。
⑦反：通"返"，运回。

## 【精彩解说】

夏、商、周三代的青铜器，留存到现在的，人们都珍视它们并作为奇异的古玩。然而自春秋以来，本来就很重视它们了。根据文献记载，取郜国的大鼎放到宋国，鲁国将吴国的寿梦鼎送给荀偃，晋国赏赐给子产莒国的两个方鼎，齐国将纪甗、玉磬馈赠给晋国，徐国把甲父鼎赠给齐国，郑国把襄钟送予晋国，卫国想用文氏的舒鼎、定氏的鞶鉴进纳给鲁侯，乐毅替燕国打败齐国，把祭祀的青铜器安设在宁台，奏乐协律用的青铜器大吕钟陈列在元英，原来是鼎器运回到磨室宫中。

# 玉蕊杜鹃

## 原文

物以希见为珍，不必异种也。长安唐昌观玉蕊，乃今玚花，又名米囊，黄鲁直易①为山矾者。润州鹤林寺杜鹃，乃今映山红，又名红踯躅者。二花在江东弥山亘野②，殆③与榛莽相似。而唐昌所产，至于神女下游，折花而去，以践玉峰之期；鹤林之花，至以为外国僧钵盂中所移，上玄命三女下司之，已逾百年，终归阆苑。是不特④土俗罕见，虽神仙亦不识也。王建《宫词》云："太仪前日暖房来，嘱向昭阳乞药栽。敕赐一窠红踯躅，谢恩未了奏花开。"其重如此，盖宫禁中亦鲜云⑤。

【字词注解】

① 易：更改，改称。
② 弥山亘野：漫山遍野，到处都是。弥，弥漫。
③ 殆：几乎。
④ 不特：不仅仅。
⑤ 宫禁：皇宫。鲜：稀少，少见。

【精彩解说】

事物以少见为珍奇，不一定要奇异的品种。长安的唐昌观中的玉蕊花，就是现在的玚花，又名米囊，黄鲁直改称为山矾的那种花。润州鹤林寺中的杜鹃花，就是现在的映山红，又叫红踯躅的那种花。这两种花在江东漫山遍野，几乎跟丛生的野草一样。而唐昌观中所种的玉蕊花，甚至神女下凡游赏后都折花离去，去赴玉峰仙境的约会；鹤林寺的杜鹃，人们甚至认为是从外国僧人的钵盂中移来的，上天命令三位仙女主管它已经超过一百年了，最终要回到阆风仙苑。这说明不仅仅民间很少见到，就算是神仙也不认识。王建的《宫词》咏道："太仪前日暖房来，嘱向昭阳乞药栽。敕赐一窠红踯躅，谢恩未了奏花开。"对它这样看重，可见皇宫之中也很稀有。

# 卷十一

## 将帅贪功

【原文】

以功名为心，贪①军旅之寄，此自将帅习气，虽古来贤卿大夫，未有能知止自敛者也。廉颇既老，饭斗米，肉十斤，被甲上马②，以示可用，致困郭开之口，终不得召。汉武帝大击匈奴，李广数自请行③，上以为老，不许，良久，乃许之，卒有东道失军之罪。宣帝时，先零羌反，赵充国年七十余，上老之④，使丙吉问谁可将，曰："亡逾于老臣者矣⑤。"即驰至金城，图上方略，虽全师制胜，而祸及其子卬。光武时，五溪蛮夷畔，马援请行，帝愍⑥其老，未许。援自请曰："臣尚能被甲上马。"帝令试之，援据鞍顾盼⑦，以示可用。帝笑曰："矍铄哉是翁也！"遂用为将，果有壶头之厄。李靖为相，以足疾就第，会吐谷浑寇边⑧，即往见房乔曰："吾虽老，尚堪一行。"既平其国，而有高甑生诬罔⑨之事，几于不免⑩。太宗将伐辽，召入谓曰："高丽未服，公亦有意乎？"对曰："今疾虽衰，陛下诚不弃，病且瘳⑪矣。"帝悯其老，不许。郭子仪年八十余，犹为关内副元帅、朔方河中节度，不求退身，竟为德宗册罢⑫。此诸公皆人杰也，犹不免此，况其下者⑬乎！

【字词注解】

①贪：喜好，热心。

②饭斗米，肉十斤，被甲上马：每顿饭吃一斗米、十斤肉，披上铠甲翻身上马。

③数自请行：许多次自动请求出征。

④上老之：圣上认为他年老。

⑤亡逾于老臣者矣：没有能够胜过老臣我的了。亡，通"无"。逾，超过，胜过。

⑥愍：通"悯"，怜悯，体恤。

⑦据鞍顾盼：坐在马鞍上左右顾盼。

⑧会吐谷浑寇边：正好碰见吐谷浑进犯边疆。

⑨诬罔：诬蔑欺瞒。

⑩几于不免：差点儿不能幸免。

⑪瘳：病愈，康复。

⑫册罢：下令罢免。

⑬其下者：比他们（文中所言廉颇等人）才能低下的人。

【精彩解说】

把功名放在心上，热心寄于军队之中，这自然是将帅的习气，即使是古代以来贤明的卿大夫，也没有能够知道退止和自我收敛的。廉颇老了以后，还以每顿吃一斗米、十斤肉，披铠甲上战马，来表示还可以被任用，致使郭开无法说他老了，最终却仍不能被召用。汉武帝大举进击匈奴，李广屡次请求参战，皇上认为他老了，不同意，李广请求了很久才同意，最后却有迷失方向贻误军机的罪过。汉宣帝时，先零羌反叛，赵充国七十多岁了，皇上认为他太老了，让丙吉问他谁可以当将领，赵充国说："没有谁能胜过我了。"于是他奔驰到金城，划出北方的疆界，虽然保全了军队取得了胜利，但却使他的儿子赵卬遭到灾祸。汉光武帝时，五溪的少数民族反叛，马援请求出征，光武帝悯恤他年老，没有同意。马援请求说："我还能够披甲跨马。"光武帝让他试一试，马援跨上马鞍左顾右盼，来表示可被任用。光武帝笑道："这个老者真是勇健啊！"于是用他为将，结果在壶头山遭到厄运。李靖当过宰相，因为脚有毛病辞职，遇上吐谷浑进犯边疆，就去见房乔说："我虽然老了，但还能出征。"他平定了吐谷浑国，却有遭到高甑生诬陷欺骗的事，差点不能幸免。唐太宗打算攻打辽东，召他进来对他说："高丽还不臣服，您也有出征的意思吗？"他回答说："现在我有病，虽然衰弱，但陛下真的不嫌弃我的话，我的病就快好了。"皇帝怜悯他年龄大了，不同意。郭子仪八十多岁，还当着关内副元帅和朔方、河中节度使，不想辞职退居，最后被唐德宗下令罢免。这些人都是人中英杰，还不能免于贪功求名，何况比他们低下的人呢！

## 汉二帝治盗

**原文**

汉武帝末年，盗贼滋①起，大群至数千人，小群以百数。上使使者衣绣衣②，持节虎符③，发兵以兴击，斩首大部或④至万余级。于是作"沈命法"，曰："群盗起⑤不发觉，觉而弗捕满品者，二千石以下至小吏主者皆死。"其后小吏畏诛，虽有盗，弗敢发⑥，恐不能得，坐⑦课累府，府亦使不言。故盗贼寖多，上下相为匿，以避文法⑧焉。光武时，群盗处处并起。遣使者下郡国，听郡盗自相纠擿，五人共斩一人者除其罪。吏虽逗留回避故纵者，皆勿问，听从禽讨为效。其牧守令长坐界内有盗贼而不收捕者，及以畏愞捐城委守者，皆不以为负，但取获贼多少为殿最，唯蔽匿者乃罪之。于是更相追捕，贼并解散。此二事均为治盗，而武帝之严，不若光武之宽，其效可睹也。

—•【字词注解】

①滋：生长，滋生，加多。

②衣绣衣：穿上锦绣衣服。

③持节虎符：拿着符节作为凭证。持节，拿着旄节。节，旄节，也叫符节，以竹为竿，上缀以旄牛尾，是使者所持凭证。虎符，古时帝王调兵遣将用的兵符，用青铜或者黄金做成伏虎形状的令牌，一分为二，其中一半交给将帅，另一半由皇帝保存，只有两个虎符同时使用，才可以调兵遣将。

④或：有的。

⑤起：出现。

⑥发：揭发，上报。

⑦坐：定罪。

⑧文法：法令条文。

【精彩解说】

汉武帝末年，盗贼越来越多，大的盗匪群多达数千人，小的盗匪群也有几百人。皇上派使者穿上绣衣，拿着符节凭证，派军队进行攻击，斩首大的盗贼群有的达一万多首级。于是建立"沈命法"，法律规定："成群的盗匪出现没有发觉，发觉了而没有捕获到规定的标准的，二千石以下的官员及下级官吏主持这件事的人都判死刑。"这以后下级官吏害怕被杀，即使有盗贼也不敢上报，唯恐不能捕获，违犯规定连累郡府，郡府也让他们不要上报。因此盗贼渐渐增多，上上下下都相互隐瞒，好躲避法令条文的制裁。汉光武帝时，成群的盗贼一起兴起。汉光武帝派遣使者下到各郡，听任盗贼们自己相互检举揭发，五个人共同斩杀一人的，免除他们的罪行。官吏们即使停留拖延、回避不前、故意放纵盗贼的，都不加追问，只以捕获讨伐的成效论处。那些郡守、县令犯了管辖区域内有盗贼而不收容捕捉的罪过的，及因为害怕、软弱丢弃城池和职守的人，都不看作过失，只根据捕获盗贼的多少来评定优劣，只有包庇隐藏的人才定罪。于是互相追捕，盗贼们都解体逃散。这两件事都是治理盗贼的，而汉武帝的严厉不如汉光武帝宽缓，效果不同是很明显的。

## 汉封禅记

**原文**

应劭《汉官仪》载马第伯《封禅仪记》①，正纪建武东封事，每称天子为国家，其叙山势峭崄，登陟②劳困之状极工，予喜诵之。其略云："是朝上山，骑行；往往道峻崄，下骑步，牵马，乍步乍骑且相半。至中观，留马,仰望天关,如从谷底仰观抗峰。其为高也,如视浮云;其峻也,石壁窅窱,如无道径。遥望其人,端如③行朽兀,或为白石,或雪,久之,白者移过树,乃知是人也。殊不可上,四布僵卧石上,亦赖赍④酒脯,处处有泉水,复勉强相将行,到天关。自以已至也,问道中人,言尚十余里。其道旁山胁,仰视岩石松树,郁郁苍苍,若在云中。俯视溪谷,碌碌不可见丈尺。直上七里,赖其羊肠逶迤⑤,名曰环道,往往有絚索,可得而登也。两从者扶挟,前人相牵,后人见前人履底,前人见后人顶,如画。初上此道,行十余步一休,稍疲,咽唇燋⑥,五六步一休,喋喋⑦据顿地,不避暗湿,前有燥地,目视而两脚不随。"又云:"封毕,诏百官以次下,国家随后,道迫小,步从匍匐邪上,起近炬火,止亦骆驿⑧,步从触击大石,石声正讙,但讙石无相应和者。肠不能已,口不能默。明日,太医令问起居,国家云:'昨上下山,欲行迫前人,欲休则后人所蹈,道峻危险。国家不劳。'"又云:"东山名曰日观,鸡一鸣时,见日欲出,长三丈所。秦观者望见长安,吴观者望见会稽,周观者望见齐。"凡记文之工悉如此,而未尝见称于昔贤,秦、吴、周三观,亦无曾用之者。今应劭书脱略⑨,唯刘昭补注《东汉志》仅有之,亦非全篇也。

---

•【字词注解】

①应劭:东汉学者,字仲远,少年好学,博览群书。灵帝时,以孝廉被征召。现存著作有《汉官仪》《风俗通义》等。《风俗通义》内有大量泰山史料,如《封泰山禅梁父》《五岳》等。《封禅仪记》:留存于世的最早的游记,由马第伯作,记叙了建武三十二年(56年)举行的泰山封禅仪式。

②陟:登,升。

③端如:端然,庄重的样子。

④赖:依靠,仰使。赍:带着,怀抱着。

⑤逶迤:蜿蜒曲折。

⑥燋:干渴,如同火烧般。

⑦ 牒牒：迭迭，频频。
⑧ 骆驿：连续不断。
⑨ 脱略：脱漏省略。

### 【精彩解说】

应劭的《汉官仪》载录的马第伯《封禅仪记》，正是记录了建武年间到东边祭祀上天的典礼的事，每次提到皇帝时就称作国家，文章叙述山势峻峭险要、登攀劳累困难的情状非常精细，我喜欢诵读它。文章大致写道："这天早上上山，骑马而行，道路处处险要陡峭，就下马步行牵马，一会儿走路，一会儿乘马，基本上各占一半。到了中观，留下马匹。抬头远望天关，好像从山谷底下仰看高峰一样。山的高耸，如同看飘浮的云彩；山的险峻，石壁深远，好似没有山间小径。远远地望见山上的人，确实像行走的枯树在摇晃，有的像白色的石头，有的像雪。长时间地看着他，白色的物体移动经过树木时，才知道是人。实在上不去时，就四散开来僵直地卧倒在山石的上面，也幸好带着酒和肉干，到处都有泉水。又努力地互相挽扶着行走，到达了天关。我们自认为已经到了，问路上的人，却说还有十多里。在那道路旁边，山的两侧，抬头看岩石上的松树，苍翠茂盛，犹如在浮云之中。低头看山谷中的溪流，石块累累，不能看清它们的尺寸。又直着向上七里路，靠的是那弯曲漫长的羊肠小路，名称叫作环道，处处有绳索，可以用来攀登。两个跟随的人在旁边扶着，前边的人拉着向上爬，后边的人可以看见前边人的鞋底，前边的人可以看见后边人的头顶，就像画中那样。刚走上这条路，走十多步歇一次，渐渐疲乏了，喉咙和嘴唇干渴，五六步就歇一次。休息时跌跌绊绊地双手支撑一下坐倒在地上，也不管坐在阴潮的湿土上，前面有干燥的地方，眼睁睁地看着，两条腿却迈不动。"文章又写道："祭完上天以后，皇上命令众官员按顺序下山，皇上跟在后面。道路拥挤窄小，随从跟着爬上斜坡，站起来举近火把，停下来时也连接不断。随从敲击大石头，石头的声音真是响亮，但却没有谁敲石头跟他相应相和。肚肠鸣叫不能停止，嘴里也不能沉默而气喘不止。第二天，皇帝的医官询问皇上的身体状况，皇上说：'昨天上山下山，想走就迫近前面的人，想休息就会被后边的人踩上，道路险峻危险。但我不劳累。'"文章还写道："东面的山叫作日观，鸡一叫时，就看见太阳将要出来了，有三丈多长。秦观那地方可以看到长安,吴观那地方可以望见会稽,周观那地方可以望见齐地。"大致记叙文笔的精细都像这样,可是没有被过去的贤人称引;秦、吴、周三观,也没有人曾经提到过。现在应劭的书有脱漏省略,只有刘昭所补注的《东汉志》有这篇文章,也不是全篇了。

## 屯蒙二卦

### 原文

屯蒙二卦,皆二阳而四阴①。屯以六二乘初九之刚②,蒙以六三乘九二之刚。而屯之爻曰:"女子贞不字③,十年乃字。"蒙之爻曰:"勿用取④女,见金夫⑤,不有躬⑥。"其正邪不同如此者。盖屯二居中得正,不为初刚所诱,而上从九五,所以为贞。蒙三不中不正,见九二之阳,悦而下从之,而舍上九之正应,所以勿用。士之守身居世⑦,而择所从所处,尚监兹⑧哉!

### 【字词注解】

①皆二阳而四阴:都是两个阳爻四个阴爻。爻为《周易》中组成卦的符号。每三爻合成一卦,可得八卦;两卦(六爻)相重则得六十四卦,称为别卦。

②屯以六二乘初九之刚:屯卦的六二爻位在初九之上,现出阴柔凌驾阳刚之象。

③贞:贞洁。不字:不生育。

④取:通"娶"。

⑤金夫:有财物的丈夫。

⑥不有躬:失去贞洁。

⑦士之守身居世:士人自守信守节、处身处世。

⑧尚监兹:还要借鉴这些道理。

## 【精彩解说】

屯蒙两卦的卦象,都是两个阳爻四个阴爻。屯卦的六二爻位在初九之上,呈阴柔凌驾阳刚之象;蒙卦的六三在九二之上,也呈阴柔凌乘阳刚之象。但是屯卦的爻辞说:"女子贞洁,不生育,十年才生育。"蒙卦的爻辞却说:"不要娶女子,她见到有财物的丈夫,就会失身的。"他们的正直和奸邪是这样的不同。屯卦的二爻在下卦位里处在中间,得到中正;不受初爻的阳刚诱惑,而且在上卦位里是九五,上下卦位阴阳都处在中间,相互呼应,这就是贞洁的道理。蒙卦的三爻不在卦体的正中,见到九二的阳刚之象,就欣喜地向下跟随着它,而舍弃了与上九的正当呼应,这就是不要娶的道理。士人自守信守节、处身处世,选择跟随的对象、处世的方法,还要借鉴这些道理呀!

## 谊向触讳

### 原文

贾谊①上疏文帝曰:"生为明帝,没②为明神。使顾成③之庙,称为太宗,上配太祖,与汉亡极。虽有愚幼不肖之嗣④,犹得蒙业而安;植遗腹⑤,朝委裘,而天下不乱。"又云:"万年之后,传之老母弱子。"此既于生时谈死事,至云"传之老母",则是言其当终于太后之前,又目其嗣为"愚幼不肖",可谓指斥⑥。而帝不以为过,谊不以为疑。刘向上书成帝谏王氏事曰:"王氏与刘氏,且不并立,陛下为人子孙,守持宗庙,而令国祚移于外亲,降为皂隶⑦,纵不为身⑧,奈宗庙何!"又云:"天命所授者博,非独一姓。"此乃于国存时说亡语,而帝不以为过,向不以为疑,至乞援⑨近宗室,几于⑩自售,亦不以为嫌也。两人皆出于忠精至诚,故尽言触忌讳而不自觉。文帝隆宽待下,圣德固尔;而成帝亦能容之,后世难及也。

## 【字词注解】

①贾谊:又称贾太傅、贾长沙、贾生,河南洛阳人,西汉时著名的文

学家。少年得志，步步高升，但三十二岁时，因招嫉恨，被贬到长沙，做长沙王的太傅。后被召回长安，为梁怀王太傅。梁怀王坠马而死，贾谊心下惶恐，不久忧郁而死。

②没：死去。

③顾成：汉文帝的庙名。

④愚幼不肖之嗣：愚顽幼小不成器的后代。嗣，后代。

⑤植遗腹：扶植遗腹太子。

⑥指斥：指责，斥责。

⑦皂隶：衙门里的官差。

⑧纵不为身：纵使不为自己考虑。

⑨乞援：乞求援助。

⑩几于：几乎，近于。

## 【精彩解说】

贾谊奏进疏文给汉文帝说："活着做英明的皇帝，死了做圣明的神灵。如果让顾成庙（汉文帝自立的宗庙）称为太宗，上面可跟太祖相配，那么汉朝兴旺就没有尽头了。即使有愚顽幼小的不成器的后代，仍然可以承蒙您留下的基业而平安；即使扶植未出世的太子，朝拜您留下的衣服，天下也不会动乱。"又说："您死了以后，传位给老母亲或弱小的太子。"这是在帝王活着的时候谈他死后的事，甚至说到"传位给老母亲"，这句话是说皇帝会死在太后的前面，且把他的后代看成"愚顽不成器"，可以说是指斥责备了。可是汉文帝不认为是罪过，贾谊也不因此而疑虑。刘向上书给汉成帝进谏王氏的事说："王氏和刘氏，将不能并立，陛下作为汉室的子孙，守护维持宗庙，却让国家的权位转移到外姓亲戚手中，自己地位下降为奴仆，即使不为自己考虑，对宗庙会怎么样呢？"又说："天命授给的人很多，不仅仅是一姓的人。"这是在国家还存在的时候说亡国的话，可是汉成帝不以此为罪过，刘向也不因此而疑虑。说到请求帮助与自己相近的宗室，几乎是自我举荐，也不认为是涉嫌。这两个人都是出于忠心的精神、最高的诚意，因此畅所欲言，触犯了忌讳也没有自我觉察。汉文帝以宽厚的态度对待下属，他圣明的德行当然是这样；而汉成帝也能容忍触犯忌讳，这是后代难以企及的。

# 卷十二

## 利涉大川

**【原文】**

《易》①卦辞称"利涉大川"者七,"不利涉"者一。爻辞称"利涉"者二,"用涉"者一,"不可涉"者一。《需》《讼》《未济》,指《坎》体而言。《益》《中孚》,指《巽》体而言。《涣》指《坎》《巽》而言。盖《坎》为水,有大川之象。而《巽》为木,木可为舟楫以济川。故《益》之象②曰"木道乃行",《中孚》之象曰"乘木舟虚",《涣》之象曰"乘木有功"。又舟楫之利,实取诸《涣》,正合二体以取象也。《谦》《蛊》则中爻有《坎》,《同人》《大畜》则中爻有《巽》。《颐》之反,对《大过》,方有《巽》体,五去之远,所以言"不可涉",上则变而之对卦,故"利涉"云。

**【字词注解】**

①《易》:《易经》,又名《周易》,原是上古卜筮的学术,经由周文王的整理和注述,辑录成册,是我国早期的哲学集成之作。

②象:《易经》中解释卦义的文字。

**【精彩解说】**

《易经》的卦辞说到"利涉大川"的话有七次,"不利涉"的话一次。爻辞说到"利涉"的话有两次,"用涉"的话一次,"不可涉"的话一次。《需》卦、

《讼》卦、《未济》卦中的话，是针对《坎》卦的卦体而说的。《益》卦、《中孚》卦是针对《巽》卦的卦体而说的。《涣》卦则针对《坎》卦、《巽》卦而说的。《坎》卦的象义是水，有大河的取象。而《巽》卦的象义是木，木可以做成船和桨来渡河。因此《益》卦的象传说"木道乃行"，《中孚》卦的象传说"乘木舟虚"，《涣》卦的象传说"乘木有功"。另外，船和桨的便利，实际上是取象于《涣》卦的，《涣》卦正是合《坎》（水）、《巽》（木）两个卦体来取象的。《谦》卦、《蛊》卦则是中爻有《坎》卦，《同人》卦、《大畜》卦则是中爻有《巽》卦。《颐》卦的阴爻阳爻反过来，就变成对卦《大过》卦，变成《大过》卦才有了《巽》卦的卦体，九五爻与《巽》卦卦体离得太远，所以说"不可涉"，上位的经卦如果阴阳爻互变，就变成对卦《巽》卦了，所以说"利于渡河"。

## 光武弃冯衍

**原文**

汉室中兴①，固皆②光武之功，然更始③既即天子位，光武受其爵秩④，北面⑤为臣矣，及平王郎，定河北，诏令罢兵，辞⑥不受召，于是始贰⑦焉。更始方困于赤眉⑧，而光武杀其将谢躬、苗曾，取洛阳，下河东，翻⑨为腹心之疾。后世以成败论人，故不复议。予谓光武知更始不材⑩，必败大业，逆取顺守⑪，尚为有辞。彼鲍永、冯衍，始坚守并州，不肯降下，闻更始已亡，乃罢兵⑫来归，曰："诚惭以其众幸富贵。"其忠义之节，凛然可称。光武不能显⑬而用之，闻其言而不悦。永后以它立功见用，而衍终身摈斥⑭，群臣亦无为之言者，吁可叹哉！

——【字词注解】

①中兴：国家由衰退到复兴。

②固皆：固然都是。

③更始：更始帝刘玄，字圣公，南阳蔡阳人，汉光武帝刘秀的族兄。公元23年，绿林军拥立刘玄为帝，年号更始。他才能平庸，性格懦弱。更始

三年（公元25年），赤眉军进攻，刘玄投降，被封畏威侯，不久改封为长沙王。十二月，被赤眉将张昂派人缢死。

④爵秩：爵禄。

⑤北面：对人称臣。古代君主坐北朝南，臣子朝见君主则面朝北，所以对人称臣称为北面。

⑥辞：推辞，退却。

⑦贰：背叛，变节。

⑧赤眉：新莽末年，山东东部兴起的一支农民起义军，为和绿林相区别，用赤色染眉，故称赤眉军，主要力量是贫苦农民。赤眉军兴起后，势力急剧壮大，几年间，发展到十万人以上。但终被刘秀势力所击败。

⑨翻：翻转过来，此处指反而。

⑩不材：不能成材。

⑪逆取顺守：以武力夺取天下，用文治治理天下。

⑫罢兵：停战收兵。

⑬显：使其显贵。

⑭摈斥：排挤，排斥。

## 【精彩解说】

汉朝衰微而又复兴，固然都是光武帝的功劳，但是更始帝刘玄即天子位之后，光武帝接受了他的封爵官位，做了臣子，等到平定了王郎，安定了河北，更始帝命令撤军，但光武帝推辞不受召见，在这时开始有了二心。正当刘玄被赤眉军围困时，光武帝却杀了他的将领谢躬、苗曾，攻取洛阳，打下河东，反而成了刘玄的腹心之疾。后代根据成功或失败来评论人，因此不再议论。我认为光武帝知道刘玄不成材，一定会败坏大业，因此用武力夺取政权，用文教治理天下，还算可以辩解。那鲍永、冯衍，开始时坚守并州，不肯投降，听到刘玄已死，才停战来归顺光武帝，说道："我实在惭愧带领我的部众来幸得富贵。"他的忠义节操，威严正气，值得称赞。光武帝不能提拔重用他，听到他的言谈就不高兴。鲍永后来因为另外立了功被任用了，而冯衍却终身被摈弃排斥，大臣们也没有谁替他说话的，唉！可叹哪！

# 逸诗书

## 原文

逸《书》、逸《诗》①，虽篇名或存，既亡其辞，则其义不复可考②。而孔安国③注《尚书》，杜预注《左传》，必欲强为之说。《书》"汩作"注云，"言其治民之功"；"咎单作《明居》"注云，"咎单，主土地之官。作《明居》，民法"。《左传》"国子赋辔④之柔矣"注云，"义取宽政以安诸侯，若柔辔之御刚马"。如此之类。予顷教授福州日，林之奇少颖⑤为《书》学谕，讲"帝鳌下土"数语，曰："知之为知之，《尧典》《舜典》之所以可言⑥也；不知为不知，《九共》《稾饫》略之可也。"其说最纯明可喜⑦，林君有《书解》行于世，而不载此语，故为表出之。

## 【字词注解】

①逸：散失。《书》：《尚书》。《诗》：《诗经》。

②考：考证。

③孔安国：孔子的后裔，约汉景帝元年（公元前156年）到昭帝末年在世，跟随申公学《诗经》，又跟随伏生学《尚书》。汉武帝末年，鲁共王在孔子的旧宅中发现了古文《尚书》《礼记》《论语》，都是蝌蚪文，当时只有孔安国能解，用当时的文字将《尚书》批注出来，一共有五十八篇。

④国子：公卿大夫的子弟。辔：驾驭牲口的嚼子和缰绳。

⑤林之奇少颖：林之奇，字少颖。

⑥可言：可以解说。

⑦可喜：值得嘉奖、表彰。

## 【精彩解说】

散失的《尚书》、散失的《诗经》，虽然有些篇名留存着，但既然它们的内容亡佚了，那么它们的意义就不再能够考证了。可是孔安国注《尚书》、杜预注《左传》一定要想给它们做出解释。《尚书》的"汩作"，孔安国注释说，"这是说他治理百姓的功劳"；"咎单作《明居》"，注解说，"咎单，是管理土地的官，写了《明居》，是关于民法的"。《左传》中"国子赋辔之柔矣"，杜预注解道，"它的意义在于，要用宽松的政治来使诸侯安定，就像柔软的缰绳驾驭刚烈的骏马一样"。像这一类的很多。不久前我在福州任儒学教授时，林之奇（字少颖）做了《尚书》学的教谕。在讲"帝釐下土"几句的时候，他说："知道就是知道，这就是《尧典》《舜典》可以解说的道理；不知道就是不知道，《九共》《稾饫》略去它也是可以的。"这种观点是最精纯明白值得表彰的。林之奇有《书解》流行于世，可是没有写上这几句话，因此我为他发表出来。

## 巽为鱼

### 原文

《易》中所言鱼，皆指巽也。姤卦巽下乾上，故九二有鱼，九四无鱼。井内卦为巽，故二有射鲋之象。中孚外卦为巽，故曰"豚鱼吉"。剥卦五阴而一阳。方一阴自下生，变乾为姤；其下三爻，乃巽体也。二阴生而为遁，则六二、九三、九四乃巽体。三阴生而为否，则六三、九四、九五乃巽体。四阴生而为观，则上三爻乃巽体。至五阴为剥，则巽始亡。故六五之爻辞曰"贯鱼"，盖指下四爻皆从巽来，如鱼骈头而贯[1]也。或曰[2]：'《说卦》不言'巽为鱼'，今何以知之？"曰："以类而知之，《说卦》所不该者多矣。如'长子''长女''中女''少女'见于震、巽、离、兑中，而坎艮之下，不言'为中男''为少男'之类，它可推也[3]。"

【字词注解】

① 骈头而贯：首尾相接，依次穿过。
② 或曰：有人说。
③ 它：其他。推：推理。

【精彩解说】

《周易》中所说的鱼，都是指的巽卦。姤卦的卦体是巽卦在下、乾卦在上，因此它的九二爻的爻辞提到鱼，而九四爻没有鱼。井卦的下位卦为巽卦，因此第二爻有射猎鲋鱼的卦象。中孚卦的上位卦是巽卦，因此说"豚鱼吉"。剥卦有五个阴爻、一个阳爻。当一个阴爻刚从下面生出时，就从乾卦变成了姤卦；姤卦下位卦的三爻，就构成了巽卦的卦体。两个阴爻生出，就成了遁卦，那么它的六二、九三、九四就构成巽卦的卦体。三个阴爻生出，就成了否卦，那么六三、九四、九五就构成巽卦的卦体。四个阴爻生出，那么上位卦的三爻就是巽卦卦体。到五个阴爻在下就成了剥卦，那么巽卦的卦体就没有了。因此剥卦的六五爻的爻辞说到"贯鱼"，指的是下面的四爻都是从巽卦来的，就像鱼头尾相接依次穿过。有人说："《说卦传》没有说'巽卦的象义是鱼'，现在怎么会知道它是鱼呢？"我的回答是："根据类推就可以知道。《说卦传》没有全面提到的多了。例如'长子''长女''中女''少女'在震卦、巽卦、离卦、兑卦中出现，而坎卦、艮卦等，却不提'为中男''为少男'之类的话，这是因为其他可以类推。"

## 虎夔藩

### 原文

黄鲁直《宿舒州太湖观音院》诗云："汲①烹寒泉窟，伐烛古松根。相戒莫浪出，月黑虎夔藩。""夔"字甚新，其意盖言抵触之义，而莫究②所出。惟杜工部《课伐木》诗序云③："课隶人入谷斩阴木④，晨征暮返，我有藩篱，是缺是补，旅次⑤于小安。山有虎，知禁⑥。若恃爪牙之利，必昏黑撑突。夔人屋壁，列树白桃，镘焉墙，实以竹，示式遏。为⑦与虎近，混沦⑧乎无良宾客。"其诗句有云："藉汝跨小篱，乳兽待人肉。虎穴连里间，久客惧所触。"乃知鲁直用此序中语。然杜公在夔府所作诗，所谓"夔人"者，述其土俗⑨耳，本无抵触之义，鲁直盖误用之。又《寺斋睡起》绝句云："人言九事八为律，傥有江船吾欲东。"按《主父偃传》："上书言九事，其八事为律令，一事谏伐匈奴。"谓八事为律令而言，则"为"字当作去声读，今鲁直似以为平声，恐亦误也。

【字词注解】

①汲：汲水，打水。

②究：追究。

③杜工部：杜甫，因杜甫曾任左拾遗、检校工部员外郎，所以常被人称作杜拾遗、杜工部。课：监督。

④阴木：山阴的树木。

⑤旅次：旅途中暂作停留。

⑥禁：畏忌。

⑦为：因为。

⑧混沦：弄混，混淆。

⑨土俗：民土风俗。

【精彩解说】

黄鲁直《宿舒州太湖观音院》诗写道："汲烹寒泉窟，伐烛古松根。相戒莫浪出，月黑虎夔藩。""夔"字非常新奇，它的意思大概是抵触的意义，可是没有人追究它的出处。杜甫《课伐木》诗的诗序说："督促罪犯到山谷中砍伐山阴的树木，早上出去，晚上回来。我们有篱笆，哪儿缺了就在哪儿补上，于是居住的地方能够稍得安宁。山上有老虎，老虎也知道畏忌。如果它依仗着尖利的爪牙，一定会在天色黑时来冲撞的。夔州人的房屋墙壁，是排列着的白桃枝，涂上泥而成为墙的，当中用竹子填实，用来表示阻遏。因为跟老虎离得近，常把老虎和宾客到来的声音弄混。"这首诗的诗句说："藉汝跨小篱，乳兽待人肉。虎穴连里闾，久客惧所触。"由此可知黄鲁直使用这首诗的序中的话。然而杜甫在夔州府所作的这首诗中，所谓"夔人"，是记述当地的风土民俗罢了，本来没有抵触的意义，黄鲁直大概是错用了这个字。另外，《寺斋睡起》这首绝句说："人言九事八为律，傥有江船吾欲东。"考察《主父偃传》，原话是"上书说了九件事，其中八件都是谈论律令的，一件事是谏伐匈奴的。"意思是八件事是就律令而说的，那么"为"字应该读成去声，现在黄鲁直似乎认为该读平声，恐怕也错了。

# 卷十三

## 谏说之难

**原文**

　　韩非作《说难》，而死于说难①，盖谏说之难，自古以然。至于知其所欲说，迎而拒之，然卒②至于言听而计行者，又为难而可喜者也。秦穆公执晋侯，晋阴饴甥往会盟，其为晋游说无可疑者。秦伯曰："晋国和乎？"对曰："不和。小人曰必报仇，君子曰必报德。"秦伯曰："国谓君何？"曰："小人谓之不免，君子以为必归；以德为怨，秦不其然。"秦遂归晋侯。

　　秦伐赵，赵求救于齐，齐欲长安君③为质。太后不肯，曰："复言者老妇必唾其面。"左师触龙愿见④，后盛气而胥之入，知其必用此事来也。左师徐坐，问后体所苦，继乞以少子补黑衣⑤之缺。后曰："丈夫亦爱怜少子⑥乎？"曰："甚于妇人。"然后及其女燕后，乃极论赵王三世之子孙无功而为侯者，祸及其身。后既寤⑦，则言："长安君何以自托于赵？"于是后曰："恣君之所使。"长安君遂出质。

　　范雎见疏于秦，蔡泽入秦，使人宣言感怒雎，曰："燕客蔡泽，天下辩士也。彼一见秦王，必夺君位。"雎曰："百家之说，吾既知之，众口之辩，吾皆摧之，是恶能夺我位乎⑧？"使人召泽，谓之曰："子宣言欲代我相，有之乎？"对曰："然。"即引商君、吴起、大夫种之事。雎知泽欲困己以说，谬曰："杀身成名，何为不可？"泽以身名俱全之说诱之，极之以闳夭⑨、周公之忠圣。今秦王不倍功臣，不若秦孝公、楚越王，雎之功不若三子，劝其归相印以让贤。睢竦然⑩失其宿怒，忘其故辩，敬受命，延⑪入为上客。卒之代为秦相者泽也。

秦始皇迁其母，下令曰："敢以太后事谏者杀之。"死者二十七人矣。茅焦请谏，王召镬将烹之。焦数以桀、纣狂悖之行，言未绝口，王母子如初。

吕甥之言出于义，左师之计伸于爱，蔡泽之说激于理，若茅焦者真所谓劘虎牙者矣。范睢亲困穰侯而夺其位，何遽⑫不如泽哉！彼此一时也。

【字词注解】

①韩非作《说难》，而死于说难：韩非，也称韩非子，战国末期韩国公子，精于刑名法术之学，与李斯同就学于荀子。韩非文辞斐然，思想深刻，有许多著述，大多收在《韩非子》一书中。较有名的著作有《孤愤》《五蠹》《内储说》《外储说》《说林》《说难》等。他强调严刑峻法，主张以法治国，其学说深得秦王嬴政赏识。但因李斯担心韩非子事秦，自己的地位将不保，于是毒死了韩非子，所以说韩非也是因《说难》而招致灭顶之灾。说，游说，劝说。

②卒：最后，终于。

③长安君：赵惠文王之子，被赵悼襄王封于饶地，孝成王时，作为人质被送到齐国。

④左师：战国时赵国没有实权的高级官员。触龙：也叫触詟，战国时赵国左师，有远见卓识。

⑤黑衣：代指王宫卫士，因古时王宫卫士都着黑衣。

⑥少子：小儿子。

⑦寤：省悟过来。

⑧是：这样。恶：如何，怎么样。

⑨闳夭：西周开国功臣，与散宜生、太颠等齐名。西伯侯姬昌被纣囚禁，闳夭等设计用美色重赂，营救西伯侯脱险，后又佐武王灭商。

⑩竦然：惊竦的样子。

⑪延：引进，请。

⑫遽：猝然，一下子。

## 【精彩解说】

韩非作《说难》，却死于劝谏君王而招致的灾难。看来规劝君主反招祸，自古如此。至于国君知道人家所要规劝的内容，接见他却不接纳他的意见，可是终究还是言听计从了，这又是变灾难而成可喜可贺的事了。秦穆公俘虏了晋惠公，晋国的阴饴甥前往秦国参加会盟，他将替晋国游说是毫无疑问的。秦穆公问："晋国和睦吗？"阴饴甥回答："不和睦。小人说一定要报仇，君子说一定要报答恩德。"秦穆公问："晋国认为国君的前途将如何？"阴饴甥回答："小人认为他不会被赦免，君子认为他一定会回来；把感恩变成怨恨，秦国是不会这样的。"秦国于是让晋惠公回到了晋国。

秦国攻打赵国，赵国向齐国请求援救。齐国想要让赵太后的小儿子长安君做人质。赵太后不肯，说："有再说让长安君做人质的人，老妇一定要向他脸上吐唾沫！"左师触龙表示希望晋见太后，太后气呼呼地请他进来，知道他必定是因为这件事而来的。左师缓缓落座，先询问太后身体有无病痛，继而为自己的小儿子求个宫廷黑衣卫士的职位。太后问："男子汉也爱怜自己的小儿子吗？"触龙答："比女人们更爱怜。"后来话题涉及太后的女儿燕后，接着又深入探讨赵王三代以下没有功绩而封侯的子子孙孙灾祸波及他们自身的情况。太后省悟之后，触龙就问："长安君凭什么把自己托身在赵国？"在这种情况下，太后说："任凭您支派他吧！"于是长安君被派出国去做人质。

范雎在秦国受到冷落，蔡泽来到秦国，让人公开讲一些激怒范雎的话，说："燕国来的客卿蔡泽是天下的善辩之士。他只要一见到秦王，就一定会使范雎丧失相位。"范雎说："诸子百家的学说，我全都懂得；众人的论辩，我都挫败过他们，这样还怎么能夺走我的相位呢？"他让人召来蔡泽，问他："您扬言要取代我任相国，有这事吗？"蔡泽答道："是的。"接着又引据商鞅、吴起、大夫种（越国大夫文种）的事例。范雎知道蔡泽要用游说之词难为自己，故意心口不一地说："牺牲性命，成就名声，为什么不可以？"蔡泽拿生命、名声都要保全的道理诱导他，以闳夭、周公的忠贞圣明为他树立榜样，忠告他当今秦王并不加倍优待功臣，不像秦孝公、楚越王那样，你范雎的功劳也比不上商鞅等三人。蔡泽规劝他归还相印，把相位让给贤者。范雎对蔡泽肃然起敬，没有了原先的恼怒，抛弃了原有的辩才，恭恭敬敬地听他的意见，把他请到家中待如上宾。最终取代范雎做了秦相的就是蔡泽。

秦始皇把母亲逐出秦都，下令说："有敢拿太后的事来劝谏的，杀无赦！"为这件事而死的人已经有二十七人。茅焦请求入宫劝谏，秦王让人抬来大锅准备煮他。茅焦借夏桀、殷纣狂乱悖理的行为来责备秦王，话还未说完，秦王母子就和好如初了。

吕甥（阴饴甥）的言论出于正义，左师触龙的计谋出于爱心，蔡泽的劝说激发于情理，至于茅焦，真是所谓老虎嘴里拔牙的人了。范雎曾使擅权三十余年的秦昭王的舅父穰侯遭受困厄，从而夺取了他的相位，为什么一下子就不如蔡泽了呢？这就叫此一时彼一时啊！

## 萧房知人

### 原文

汉祖至南郑，韩信亡去①，萧何自追之。上②骂曰："诸将亡者以十数，公无所追；追信，诈③也。"何曰："诸将易得，至如信，国士无双，必欲争天下，非信无可与计事者。"乃拜信大将，遂成汉业。唐太宗为秦王时，府属④多外迁，王患之⑤。房乔曰："去者虽多不足惜，杜如晦⑥王佐才也，王必欲经营四方，舍如晦无共功者。"乃表留幕府，遂为名相。二人之去留，系兴替治乱如此，萧、房之知人，所以为莫及也。樊哙从高祖起⑦丰、沛，劝霸上之还，解鸿门之厄，功亦不细矣，而韩信羞与为伍。唐俭赞太宗建大策，发蒲津之谋，定突厥之计，非庸臣也，而李靖⑧以为不足惜。盖以信、靖而视哙、俭，犹熊罴⑨之与狸狌耳。帝王之功，非一士之略，必待将如韩信，相如杜公，而后用之，不亦难乎！惟能置萧、房于帷幄中，拔茅汇进，则珠玉无胫而至⑩矣。

— •【字词注解】

①亡去：逃走。

②上：指汉高祖刘邦。

③诈：欺骗，诓骗。

④府属：府中幕僚臣属。

⑤患之：以之为患。患，担忧。

⑥杜如晦：字克明，唐初名相，凌烟阁二十四功臣之一。李世民为秦王时，杜如晦便跟随他征战各方，出谋划策，后又帮助李世民夺取王位，居功至伟。李世民即位后，杜如晦和房玄龄共同辅佐太宗，开创了贞观之治的局面。

⑦起：起事，兴兵。

⑧李靖：字药师，唐朝著名统帅，是隋朝名将韩擒虎的外甥，少有大略。李渊起事后，李靖被秦王李世民征召为幕府，在对各方的战斗中，他的军事才能逐渐展现。

⑨熊罴：熊和罴，皆为猛兽。

⑩珠玉无胫而至：像珠玉般宝贵的人才便会不请自至。珠玉，珍珠宝玉，此处代指优秀的人才。胫，小腿。

— •【精彩解说】

汉高祖刘邦行军到达南郑，韩信不辞而别，萧何亲自去追赶他。高祖骂萧何道："将领们逃跑了几十人，你都没有去追赶，说追赶韩信，是骗我的。"萧何说："将领不难找到，至于像韩信这样的人，是国之奇士，天下无二。您一定想要争夺天下，除了他再没有一起讨论天下大事的人了。"于是高祖封授韩信为大将，最终建成汉室大业。唐太宗李世民为秦王时，幕府属吏很多外调任职，秦王为此忧虑。房乔（名玄龄）说："离去的人尽管不少，也不值得可惜，杜如晦是辅佐君王之才，大王想要经营天下大业，舍弃如晦就没有能共事的人了。"于是秦王上疏请将杜如晦留在幕府中，杜如晦终成一代名相。韩、杜二人的去留，与兴衰治乱的关系密切到这种程度，萧、房二人善于发现人才，是无人能比得上的。樊哙跟随高祖在丰、沛起兵，攻占咸阳后劝高祖还军霸上，鸿门宴上又替高祖解除困厄使之脱险，功劳也不算小了，可是韩信却耻于与樊哙交往。唐俭帮助太宗下决心灭隋建唐，在蒲津揭发独孤怀恩发动叛乱的阴谋，帮太宗制定诱降突厥的办法，不能说是平庸之臣，可是李靖认为失去他也不值得惋惜。在韩信和李靖看来，樊哙、唐俭，也不过是拿熊罴比狸猫而已。创建帝王之业，绝非个别谋士的谋略就可成，一定要等到有了韩信那样的大将、杜如晦那样的贤相，然后才加重用，岂不太难了吗？只要能把萧何、房玄龄一类人安排到帐下，选贤进能，那么，珍珠宝玉般珍贵的人才就会不请自至了。

## 吴激小词

**原文**

先公在燕山，赴北人张总侍御家集①。出侍儿佐②酒，中有一人，意状摧抑可怜③，扣④其故，乃宣和殿小宫姬也。坐客翰林直学士吴激赋长短句纪之⑤，闻者挥涕。其词曰："南朝千古伤心地，还唱《后庭花》⑥。旧时王、谢，堂前燕子，飞向谁家？恍然相遇，仙姿胜雪，宫髻堆鸦。江州司马，青衫湿泪，同是天涯⑦。"激字彦高，米元章⑧婿也。

【字词注解】

①集：集会，聚会。

②佐：劝。

③摧：伤痛，悲伤。抑：抑制，压抑。

④扣：打听，询问。

⑤赋长短句纪之：吟诵词记下这件事情。赋，吟咏，吟诵。长短句：即词，因其句子长短不一，故有此称，又称诗余。

⑥《后庭花》：南朝陈后主颓靡荒淫，终日沉溺于酒色，不理朝政。当百姓揭竿而起、国家动荡之时，陈后主还在后宫寻欢作乐。他曾作一首《玉树后庭花》，其中有"花开花落不长久，落红满地归寂中"之语，被人认为

是亡国之音，是不祥的预兆。

⑦江州司马，青衫湿泪，同是天涯：白居易被贬江州，一晚与友送别时，听到江边舟中传来悠扬动听的琵琶曲，遂邀琵琶女同饮，言谈中得知该女本为长安歌伎，年老色衰，委身为商人妇。白居易听闻，泪湿青衫，感慨道："同是天涯沦落人，相逢何必曾相识。"

⑧米元章：即米芾，字元章，北宋书法家、画家，与苏轼、黄庭坚、蔡襄并称"宋四家"。其绘画擅长枯木竹石，尤工水墨山水。

## 【精彩解说】

先父在燕山，到北国人张总侍御家聚会。侍女出来劝酒，其中有一人，强抑悲伤的样子，令人可怜。询问缘故，原来她是流落在外的宣和殿小宫女。座中宾客翰林直学士吴激吟诵词一首记下这件事，听众无不挥泪。那首词道："南朝千古伤心地，还唱《后庭花》。旧时王、谢，堂前燕子，飞向谁家？恍然相遇，仙姿胜雪，宫髻堆鸦。江州司马，青衫湿泪，同是天涯。"吴激，字彦高，是米芾的女婿。

# 晏子杨雄

## 原文

齐庄公之难①，晏子不死不亡②，而曰："君为社稷死则死之，为社稷亡则亡之；若为己死而为己亡，非其私昵③，谁敢任④之？"及崔杼⑤、庆封盟国人曰："所不与崔、庆者。"晏子叹曰："婴所不唯忠于君，利社稷者是与，有如上帝⑥！"晏子此意正与豫子所言众人遇我之义同，特不以身殉庄公耳。至于毅然据正以社稷为辞，非豫子可比也。杨雄仕汉，亲蹈王莽之变，退托其身于列大夫中，不与高位者同其死，抱道没齿⑧，与晏子同科。世儒或以《剧秦美⑨新》贬之；是不然，此雄不得已而作也。夫诵述新莽之德，止能美于暴秦，其深意固可知矣。序所言配五帝、冠三王⑩，开辟以来未之闻，真⑪以戏莽尔。使雄善为谀佞⑫，撰符命，称⑬功德，以邀⑮爵位，当与国师公同列，岂固穷如是⑯哉？

## 【字词注解】

① 难：遇难，被杀。

② 不死不亡：不自尽也不逃亡。

③ 私昵：亲近宠爱之人。

④ 任：担任，承担。

⑤ 崔杼：又称崔子、崔武子，春秋时齐国大夫，齐惠公时为正卿。惠公死后，出奔卫国。后返齐，侍奉灵公，灵公死后，迎立故太子光，即齐庄公。因齐庄公行为不检，怒而杀之，立杵臼为君，即齐景公，自己为右相。两年后，家族内讧，在左相庆封的威逼下自杀。

⑥ 上帝：天帝。

⑦ 特：只，不过。

⑧ 没齿：终生，一辈子。

⑨ 美：美化。

⑩ 五帝：关于五帝的说法不一，一种说法是伏羲、神农、黄帝、尧、舜，另一种说法是黄帝、颛顼、帝喾、尧、舜。冠：冠盖，超过。三王：一般指夏、商、周三朝的第一位帝王，即夏禹、商汤和周武王。

⑪ 真：只不过。

⑫ 谀佞：奉承献媚。

⑬ 撰：杜撰。符命：符兆，预示着天命神授。

⑭ 称：称颂。

⑮ 邀：求取。

⑯ 如是：这个样子。

## 【精彩解说】

齐庄公遇难被杀之时，晏子既不去死，也不逃亡，而是说："君主为国家而死，那么就为他而死；为国家而逃亡，就为他而逃亡。如果君主为自己而死，为自己而逃亡，不是他个人宠爱的人，谁敢承担责任？"等到崔杼、庆封和国内的人在太公的宗庙结盟时说："有不亲附崔氏、庆氏的人。"晏子叹气说："我晏婴如果不亲附忠君利国的人，有天帝为证！"晏子这番话正和豫子所说众人待我如何如何那番话意义相同，只是不为庄公献出生命罢了。至于他坚决地据守正义，拿国家利益做理由，不是豫子能比得上的。杨雄在西汉做官，亲身经历王莽篡汉的变乱，退步托身在一般士大夫行列中，不和官位高的人一同去死，终生坚持正道，与晏子同等。社会上有些儒生拿他的《剧秦美新》来贬斥他，其实是不对的，因为这是杨雄迫不得已才写的。颂扬新莽的恩德，结果只能是美化残暴的秦王朝，其中深意不难体会。序中所说新莽与传说中圣明的五帝一样，甚至比夏禹、商汤、周武王还强之类的话，有史以来没有听人说过，这只不过是在戏弄王莽罢了。如果杨雄善于逢迎讨好，杜撰符命，称颂功德，以此求取高官厚禄，本应与国师公等地位相同，怎会一直穷困如此呢？

# 卷十四

## 汉祖三诈

**原文**

汉高祖用韩信为大将,而三以诈临①之:信既定赵,高祖自成皋度河②,晨自称汉使驰入信壁③,信未起,即其卧④,夺其印符⑤,麾召诸将易置之⑥;项羽死,则又袭夺其军;卒⑦之伪游云梦而缚信。夫以豁达大度开基⑧之主,所行乃如是,信之终于谋逆⑨,盖有以启之矣。

【字词注解】

①临:对付。

②河:黄河。

③壁:营垒,军营。

④即其卧:进入他的卧室。

⑤印符:帅印符节。

⑥麾:大将的旗帜。易:更改。置:处置。

⑦卒:最后。

⑧开基:开创基业,代指开国。

⑨谋逆:图谋叛乱。

## 【精彩解说】

汉高祖任用韩信为大将,却三次用诈术对付他:韩信平定赵地之后,高祖从成皋渡过黄河,一大早自称汉王使节飞马驰入韩信军营,韩信尚未起床,就进入他的卧室收取他的印信符节,用大将的旗帜召来将领们,改变了他们的职位;项羽死后,再次用突然袭击的方式收取韩信的军权;最后假托巡游云梦而捉拿了韩信。凭着一个豁达大度的开国君主的身份,所作所为竟然如此。韩信最终图谋叛乱,看来萌生这种念头是有原因的。

## 有心避祸

### 原文

有心于避祸,不若无心于任运①,然有不可一概论者。董卓盗执国柄②,筑坞③于郿,积谷为三十年储,自云:"事不成,守此足以毕老。"殊不知一败则扫地,岂容老于坞耶?公孙瓒④据幽州,筑京于易地,以铁为门,楼橹⑤千重,积谷三百万斛,以为足以待天下之变,殊不知梯冲舞于楼上,城岂可保邪?曹爽⑥为司马懿所奏,桓范⑦劝使举兵,爽不从,曰:"我不失作富家翁。"不知诛灭在旦暮耳,富可复得邪?张华⑧相晋,当贾后⑨之难不能退,少子以中台星坼⑩,劝其逊位⑪,华不从,曰:"天道玄远,不如静以待之。"竟为赵王伦⑫所害。方事势不容发,而欲以静待,又可蚩⑬也。他人无足言,华博物有识,亦闇⑭于几事如此哉!

## 【字词注解】

①任运:听凭命运安排。

②盗执国柄:窃取国家大权。

③坞:防御用的土堡。

④公孙瓒:字伯圭,东汉末辽西(今河北迁安西)人,勇猛好战,才能过人,后升至中郎将,后自己盘踞北方。其与袁绍相争,起初占据优势,后

战略不当，逐渐被袁绍击败，自焚其身。

⑤楼橹：城楼。

⑥曹爽：字昭伯，沛国谯县（今安徽亳州）人，曹操侄孙。少年时谨慎持重，备受魏明帝恩宠。后随着位高权重，一步步独揽朝中大权，招来众臣嫉恨。司马懿兵变，假太后令，罢免曹爽兄弟官职。后曹爽及其兄弟全被处斩，并被夷灭三族。

⑦桓范：字元则，为人颇有见识，依附曹爽，为其谋划。曹爽被司马懿弹劾时，他劝曹爽挟魏帝到许昌，曹爽不听，被诛。桓范也被诛杀。

⑧张华：字茂先，西晋文学家、政治家。张华年少便好学不倦，曹魏末期，因愤世嫉俗作《鹪鹩赋》，引起巨大反响，自此他便声名鹊起，后官职一路上升。西晋取代曹魏后，又屡迁黄门侍郎，封广武县侯，官至司空。晋惠帝时，遭司马伦杀害。他曾编撰《博物志》，对后世影响很大。

⑨贾后：贾南风，西晋晋惠帝的皇后，又称惠贾皇后。她其貌不扬，但是善于钻营，精于权术。晋惠帝懦弱无能，朝中大小事务，悉出于贾后之手。她为掌握朝政大权，肃清异己，滥杀无辜，朝政动荡不安。

⑩坼：裂开。

⑪逊位：退位。

⑫赵王伦：赵王司马伦。司马伦，字子彝，晋宣帝司马懿第九子，西晋"八王之乱"的参与者。晋武帝司马炎建国后，司马伦被封为琅邪郡王，后篡位称帝，改元建始，未几，便被其他王族攻灭，自己也被赐死。

⑬蚩：通"嗤"。讥笑。

⑭闇：昏庸，愚昧。

【精彩解说】

为躲避灾祸大动脑筋，倒不如漫不经心地听凭命运安排，不过也有不能一概而论的情况。董卓盗掌国家大权，在郿（今陕西眉县东北）修筑号称"万岁坞"的土堡，积储了足足可用三十年的粮食，自称："大事不成，守着这座土堡，也完全可以终老。"殊不知，一朝中计被杀，其财产即刻扫荡净尽，哪里容他老死在郿坞？公孙瓒占据幽州，在易（今河北雄县西北）修筑高丘，人称易京，用铁造门，高台望楼千层，积存粮食三百万斛，以为足以应付天下之变，殊不知袁绍的云梯、冲车舞动在楼前，易京怎能保守得住呢？曹爽被司马懿弹劾，桓范鼓动他发动兵变，曹爽不听从，说："我即使不行还可做个大富翁嘛。"岂不知满门抄斩就在眼前，富翁还能当得成吗？张华辅佐西晋任司空，当贾后在宫廷发动政变时不能辞官避祸，小儿子张韪因中台星分裂，劝他让出官位，他不听，说："天象的规律玄奥深远，不如静心等待。"终了他被赵王司马伦所害。当情势万分紧迫时，却想静心等待，太可笑了。别人不必说，张华学识渊博，也对机密之事糊涂到这种程度了吗？

## 蹇解之险

### 【原文】

蹇卦艮下坎上，见险而止，故诸爻皆有蹇难之辞。独六二重言①"蹇蹇"，说者以为六二与九五为正应，如臣之事君，当以身任国家之责，虽蹇之又蹇，亦匪躬②以济之，此解释文义之旨也。若寻绎爻画，则有说焉，盖外卦一坎，诸爻所同，而自六二推之，上承九三、六四，又为坎体，是一卦之中已有二坎也，故重言之。解卦坎下震上，动而免乎险矣。六三将出险，乃有负乘致寇之咎③，岂非上承九四、六五又为坎乎？坎为舆为盗，既获出险而复蹈焉，宜其可丑而致戎④也，是皆中爻之义云。

### 【字词注解】

①重言：叠字叠词。
②匪躬：尽力而不顾自身。
③负乘致寇之咎：背负外来之"寇"袭击的凶象。
④宜其可丑而致戎：在极端困难的情况下又出现新的外患也没什么奇怪。

### 【精彩解说】

蹇卦艮下坎上，见险而止，所以各爻都有蹇难之辞。唯独六二爻辞叠用"蹇蹇"，解卦的人认为六二爻与九五爻为正应，如臣子侍奉君主，当亲身肩负国家重任，即使难之又难，也应当全力以赴，竭忠尽智去做，这是解释卦辞的主旨。如果推演爻象，就有另外一种解释。外卦（上卦）为一个坎卦，这是各爻相同的，而从六二向上推，上承九三爻、六四爻，又为坎卦，即一卦之中有两个坎卦，于是说两个"蹇"。解卦乃坎下震上，只要动就可免于险。六三爻表示将脱离险境，又会有外来之"寇"袭击的凶象，此爻上承九四、六五二爻，难道不又是一个坎卦吗？坎表示"舆"，表示"盗"，即将脱险又陷于险，在极端困难的情况下又出现新的外患也没什么奇怪，这都是中爻所表现出来的含义。

## 士之处世

【原文】

士①之处世，视富贵利禄，当如优伶之为②参军，方其据几正坐③，噫呜诃箠，群优拱而听命，戏罢则亦已矣。见纷华盛丽，当如老人之抚节物④，以上元、清明言之，方少年壮盛，昼夜出游，若恐不暇，灯收花暮⑤，辄怅然移日⑥不能忘，老人则不然，未尝置欣戚⑦于胸中也。睹金珠珍玩，当如小儿之弄戏剧⑧，方杂然前陈，疑若可悦，即委之以去，了无恋想。遭横逆机阱，当如醉人之受骂辱，耳无所闻，目无所见，酒醒之后，所以为我者自若也，何所加损哉？

【字词注解】

①士：士子，读书人。

②为：扮演。

③方：当……的时候。几：几案。正坐：正襟危坐。

④节物：各个季节的景物。

⑤暮：凋零，垂暮。

⑥辄：便，就。移日：移动日影。指不算短的一段时间。

⑦欣戚：欢乐与悲戚。

⑧戏剧：游戏闹剧。

## 【精彩解说】

读书人为人处世，看待富贵荣华、功名利禄的态度，应像优伶扮演军官一样。当他靠着几案正襟危坐发号施令时，各位伶人拱手而立听从他的命令，一出戏演完也就结束了。见到繁华富丽的场面时，应该像老年人对待各个时节的景物一样。以上元节、清明节为例，正当年轻力壮的人，夜晚游玩，仿佛唯恐时间不够；当灯火渐灭，鲜花凋零时，就会怅然若失，久久无法忘怀。老年人则不一样，不会将欢欣、悲戚放在心上。看到黄金、珠宝、珍贵器物，应当如同儿童做游戏一样，当物品杂乱地摆放于面前，好像是喜悦的样子，如果丢下它离开，一点也不留恋。遭遇蛮横无理、机关算计的事情，应当如同醉酒之人遭受辱骂一样，耳朵听不到，眼睛看不到，酒醒之后，我还是自己原来的样子，又会受到什么损害呢？

## 杜延年杜钦

【原文】

　　《前汉书》①称：杜延年本大将军霍光吏，光持刑罚严，延年辅之以宽，论议持平，合和朝廷；杜钦在王凤幕府，救解冯野王、王尊之罪过，当世善政，多出于钦。予谓光以侯史吴之事，一朝杀九卿三人，延年不能谏。王章言王凤之过，天子感寤，欲退凤，钦令凤上疏谢罪。上不忍废凤，凤欲遂退，钦说之而止。章死，众庶冤之，钦复说凤，以为："天下不知章实有罪，而以为坐言事，宜因章事举直言极谏，使天下咸知主上圣明，不以言罪下。若此，则流言消释矣。"凤白行其策。夫新莽盗国，权舆于凤，凤且退而复止，皆钦之谋。若钦者，盖汉之贼也，而谓当世善政出其手，岂不缪哉？

【字词注解】

①《前汉书》：即《汉书》。

【精彩解说】

　　班固在《汉书》中记载：杜延年本是大将军霍光的属吏，霍光主持刑罚很严厉，杜延年用宽仁的态度来辅助他，定罪量刑务求公平，使整个朝廷和睦团结；杜钦是大将军王凤的幕僚，曾经解救过冯野王、王尊，当时一些好的施政措施，也大多出自杜钦之手。我认为霍光因为侯史吴藏匿桑迁之事，仅仅一个早上就杀掉了位居九卿之列的大臣三人，可是杜延年没能谏止。王章曾上书揭露王凤的罪过，圣上受到感动有所省悟，想罢免王凤，杜钦叫王凤马上上书谢罪。后来皇上又不忍心罢免他，王凤想着借机引退，杜钦劝说他打消了这个想法。王章死后，人们都以为他是冤屈的。杜钦又劝说王凤，认为："天下之人不知道王章真有罪过，都认为他由于上言国事而死，应该借着王章这件事提拔直言敢谏之人，使天下人都知道君主圣明，不会因为陈述意见而治臣下的罪。如果这样做了，那么流言自然而然就会消失了。"于是王凤把这些话告诉了皇上，按照他的计策行事。王莽窃取政权，是由王凤开始的，王凤将要引退却又作罢了，都是杜钦在谋划。像杜钦这种人，可以说是汉朝的国贼，《汉书》却说当时天下善政是出自他的手，这难道不荒谬吗？

# 苏子由诗

**原文**

苏子由《南窗》诗云："京城三日雪，雪尽泥方深。闭门谢还往，不闻车马音。西斋书帙乱，南窗朝日升。展转守床榻，欲起复不能。开户失琼玉，满阶松竹阴。故人远方来，疑我何苦心。疏拙自当尔，有酒聊共斟①。"此其少年时所作也。东坡好书之，以为人间当有数百本，盖闲淡简远，得味外之味云。

—●【字词注解】

①斟：喝酒，品酒。

—●【精彩解说】

苏辙在《南窗》诗中写道："京城三日雪，雪尽泥方深。闭门谢还往，不闻车马音。西斋书帙乱，南窗朝日升。展转守床榻，欲起复不能。

开户失琼玉,满阶松竹阴。故人远方来,疑我何苦心。疏拙自当尔,有酒聊共斟。"这是他少年时代的作品。苏东坡很喜欢这首诗,认为在人世间应当有几百本流传,因为它风格闲淡简远,有种超越语言文字的情味包含其中。

## 孔氏野史

【原文】

世传孔毅甫《野史》一卷,凡四十事,予得其书于清江刘靖之所,载赵清献为青城宰,挈散乐妓以归,为邑尉追还,大怃且怒。又因与妻忿争,由此惑志。文潞公守太原,辟司马温公为通判,夫人生日,温公献小词,为都漕唐子方峻责。欧阳永叔、谢希深、田元均、尹师鲁在河南①,携官妓游龙门,半月不返,留守钱思公作简招之,亦不答。范文正与京东人石曼卿、刘潜之类相结以取名,服中上万言书,甚非"言不文"之义。苏子瞻被命作《储祥宫记》,大貂陈衍幹当宫事,得旨置酒与苏高会,苏阴使人发,御史董敦逸即有章疏,遂堕计中。又云子瞻四六表章不成文字。其它如潞公、范忠宣、吕汲公、吴冲卿、傅献简诸公,皆不免讥议。予谓决非毅甫所作,盖魏泰《碧云騢》之流耳。温公自用庞颖公辟,不与潞公、子方同时,其谬妄不待攻也。靖之乃原甫曾孙,佳士也,而跋是书云:"孔氏兄弟,曾大父行也,思其人欲闻其言久矣,故录而藏之。"汪圣锡亦书其后,但记上官彦衡一事,岂弗深考云。

【字词注解】

①河南:指黄河以南的地方。

【精彩解说】

社会上流传孔毅甫《野史》一卷,共记录了四十件事,我从清江县的刘靖之那儿得到了这部书。书中记载赵清献任青城县令的时候,曾带一名散乐伎回家，被县尉追上，要回了乐伎，于是大哭大闹，又因为和妻子闹矛盾，由此心志惑乱。文潞公做太原太守时，曾任用司马温公为通判，文彦博的夫人生日时，温公曾进献小词祝寿，受到都漕唐子方的严厉斥责。欧阳永叔、谢希深、田元均、尹师鲁这些人在河南，携同官妓游览龙门，半个月不回来，河南留守官员钱思公写信招他们回来，他们也不理睬。范仲淹和京东人石曼卿、刘潜之流互相结交以博取浮名，服丧期间上万言书，与服丧期间言辞要质朴的规则极为不符。苏轼受命创作《储祥宫记》，大太监陈衍管理宫廷事务，得到皇上的旨意设酒席同苏轼畅饮，苏暗地叫人告发此事，于是御史董敦逸就上了弹劾的奏章，刚好落入陈衍设计好的圈套。还说苏轼用四六文写的表章不成体统。别的如潞公、范忠宣、吕汲公、吴冲卿、傅献简等人，也都不免讥议。我认为这绝非孔毅甫所写的，大抵属于魏泰的《碧云騢》之类的东西。温公自己因为庞颖的举荐而被征辟入朝，跟文潞公、唐子方并不是同时的，其荒谬就不言自明了。刘靖之是刘原甫的曾孙，是品学兼优的读书人，可是为这部书所写的跋语却说：“孔氏兄弟和我的曾祖父同辈，怀念他们的为人因而很久就想读他们写的文章，所以把它抄录下来加以保存。”汪圣锡也在书的后面写了跋语，只是记录了上官彦衡的一件事，难道不是因为他们对此书没有深加考辨吗？

## 张子韶祭文

**原文**

先公自岭外徙宜春，没于保昌，道出南安，时犹未闻桧相之死。张子韶先生来致祭，其文但云：“维某年月日具官某，谨以清酌之奠，昭告于某官之灵，呜呼哀哉，伏惟尚飨①！”其情旨哀怆，乃过于词，前人未有此格也。

—•【字词注解】

①伏惟尚飨：悼词常用语。

【精彩解说】

　　先父在从岭南移徙宜春的时候,逝世于保昌,家人扶柩途经南安,当时还没听说奸相秦桧已死的消息。张子韶先生来吊祭,他的祭文只是说:"某年某月某日具官某某,恭谨地在此地以清酒祭奠,敬告某官在天之灵,呜呼哀哉,伏惟尚飨!"他的情意极为哀痛,远在言词之外。从前的祭文还没有这种格式。

## 云中守魏尚

【原文】

　　《史记》《汉书》所记冯唐救魏尚事,其始云:"魏尚为云中守,与匈奴战,上功幕府,一言不相应,文吏以法绳①之,其赏不行。臣以为陛下赏太轻,罚太重。"而又申言之云:"且云中守魏尚,坐上功首虏差六级,陛下下之吏,削其爵,罚作之。"重言云中守及姓名,而文势益遒健有力,今人无此笔也。

【字词注解】

①绳:逮捕。

【精彩解说】

　　《史记》和《汉书》所记载的冯唐救魏尚的事,冯唐在开始说:"魏尚做云中郡郡守,和匈奴打仗,向幕府呈报战功,有一句话说错了,执法吏便根据法律条文处分他,对他的奖赏也未得以施行。臣认为陛下奖赏太轻,处罚太重。"又进一步申述说:"云中郡守魏尚,犯了呈报战功时斩首俘虏的人数中差六个人的首级的罪过,陛下就把他交由执法吏审理,削夺了他的官爵,罚他服劳役。"这里有两次说到云中郡守及其姓名,文章气势便显得更加遒劲有力,现代的人是没有这样的文笔的。

# 卷十六

## 文章小伎

**原文**

"文章一小伎[1]，于道未为尊。"虽杜子美有激而云，然要为失言，不可以训。文章岂小事哉！《易·贲》之《彖》言："刚柔交错，天文也；文明以止，人文也。观乎天文，以察时变；观乎人文，以化成天下。"

孔子称帝尧"焕乎有文章"。子贡曰："夫子之文章，可得而闻。"《诗》美卫武公，亦云有文章。尧、舜、禹、汤、文、武、成、康之圣贤，桀、纣、幽、厉之昏乱，非《诗》《书》以文章载之，何以传？伏羲画八卦，文王重之，非孔子以文章翼之，何以传？孔子至言要道，托《孝经》《论语》之文而传。曾子、子思、孟子传圣人心学，使无《中庸》及七篇之书，后人何所窥门户？老、庄绝灭礼学，忘言去为，而《五千言》与《内、外篇》极其文藻。释氏之为禅者，谓语言为累，不知大乘诸经可废乎？然则诋为小伎，其理谬矣！彼后世为词章者，逐其末而忘其本，玩其华而落其实，流宕自远，非文章过也。杜老所云"文章千古事""已似爱文章""文章日自负""文章实致身[2]""文章开寞奥""文章憎命达""名岂文章著""枚乘文章老""文章敢自诬""海内文章伯""文章曹植波澜阔""庾信文章老更成""岂有文章惊海内""每语见许文章伯""文章有神交有道"，如此之类，多指诗而言，所见狭矣！

【字词注解】

①伎：技巧，技艺，技能。
②致身：慎独、磨炼的意思。

【精彩解说】

"文章一小伎，于道未为尊。"这两句诗虽然是杜甫有感而发，但是应该算是失言，不足为训。文章难道仅仅是小事吗？《易·贲》的《象》辞中说："刚柔互相交错，就形成天文；以文明之道立身处事，形成人文。观察天上日月星辰的运行，用以体察一年四季的时令变化；观察人间诗书礼乐等的典章制度，以此来教化天下。"

孔子称赞帝尧"礼乐法度光芒万丈"。子贡认为："老师的文章，我们可以领悟。"《诗经》中赞美卫武公，也称其能作文章，可以遵守礼仪规范。唐尧、虞舜、夏禹、商汤、周文王、周武王、周成王、周康王等贤明君主的光辉业绩，夏桀、殷纣王、周幽王、周厉王的昏庸浊乱，没有《诗经》《尚书》等通过文章的形式记载下来，如何能流传后世呢？伏羲画八卦，文王推演六十四卦，如果不是孔子用文章的形式作《十翼》，如何能流传后世呢？孔子高明深刻的道理，是寄托在《孝经》《论语》的文字形式中得以流传的。曾子、子思、孟子传授孔圣人的儒家学说，假使没有《礼记》的《中庸》和《孟子》七篇，后代的人从哪里窥其门径？老子、庄子主张消灭礼仪制度，狂妄地说什么无为，可是五千言的《道德经》和分《内篇》《外篇》的庄子却又极尽文藻之能事。佛门弟子参禅，说语言是累赘，不知道大乘佛经是否可以废弃？既然如此，那么贬抑文章为小伎，其理由是荒谬的！那些后世做文章的人，只注意它的表面形式却忘了写文章要载道的根本目的，仅仅追求文辞的华美却忽视其内容并形成风气，彼此推波助澜，以致越走越远，这不是文章本身的过错。杜甫所说的"文章千古事""已似爱文章""文章日自负""文章实致身""文章开窔奥""文章憎命达""名岂文章著""枚乘文章老""文章敢自诬""海内文章伯""文章曹植波澜阔""庾信文章老更成""岂有文章惊海内""每语见许文章伯""文章有神交有道"，如此之类，大多是指诗歌，其见识不免有些狭窄了。

# 南宫适

## 原文

南宫适问羿、奡不得其死，禹、稷有天下，言力可贱而德可贵①。其义已尽，无所可答，故夫子俟其出而叹其为君子，奖其尚德，至于再言之，圣人之意斯可见矣。然明道先生②云："以禹、稷比孔子，故不答。"范淳父以为禹、稷有天下，故夫子不敢答，弗敢当也。杨龟山云："禹、稷之有天下，不止于躬稼③而已，孔子未尽然其言，故不答。然而不正之者，不责备于其言，以沮其尚德之志也，与所谓'雍之言然'则异矣。"予窃谓南宫之问，初无以禹、稷比孔子之意，不知二先生何为有是言？若龟山之语，浅之已甚！独谢显道云："南宫适知以躬行为事④，是以谓之君子。知言之要⑤，非尚德者不能，在当时发问间，必有目击而道存，首肯之意，非直不答也。"其说最为切当。

## 【字词注解】

①言力可贱而德可贵：声言武力是无足轻重的，只有高尚的道德品行才是可贵的。

②明道先生：即程颢，北宋理学大家。

③躬稼：亲自种地。躬，亲自。稼，种庄稼。

④以躬行为事：将亲力亲为当作大事。

⑤知言之要：知道他说话的重点。

## 【精彩解说】

南宫适向孔子请教羿、奡不得好死，而禹、稷却得到天下的问题，声言武力不值得重视，而（高尚的）道德品行才最为可贵。他的话已经把道理说清楚了，没有什么可以解答的，所以孔夫子等他出去之后感叹他是位君子，褒奖他崇尚道德，以至于说了两次，圣人的深意从这里就可看出来了。可是明道先生说："把禹、稷同孔子相比，所以不回答。"范淳父认为禹、稷得到了天下，所以孔夫子不敢回答是不敢比的意思。杨龟山说："禹、稷得到天下，并不只是靠着亲自种庄稼一件事,孔子不认为南宫适的话全对,所以不回答。可是没有制止他的话,是为了不对他的话求全责备,以免阻止他崇高道德的志向,这同其他场合所说的'冉仲弓的话正确'之类是全然不同的。"我私下以为南宫适的问话,全无拿禹、稷比孔子的意思,不知道二位先生为何说这种话?像杨龟山的意见,浅陋之极!唯有谢显道说:"南宫适知道把亲身施行当成大事,因此称他为君子。知道他说话的要点,不是道德高尚的人是难以做到的,在发问的时候,肯定有用眼神示意的情况,表示了首肯的意思,并非只是不回答。"他的说法最为恰当。

## 吴王殿

**原文**

汉高祖五年,以长沙、豫章、象郡、桂林、南海立番君吴芮为长沙王。十二年,以三郡封吴王濞,而豫章亦在其中。又,赵佗先有南海,后击并桂林、象郡。则芮所有,但①长沙一郡耳。按芮本为秦番阳令,故曰番君。项羽已封为衡山王,都邾。邾,今之黄州也。复侵夺其地。故高祖徙之长沙而都临湘,一年薨,则其去番也久矣。今吾邦犹指郡正听为吴王殿,以谓芮为王时所居。牛僧孺《玄怪录》载,唐元和中,饶州刺史齐推女,因止州宅诞育②,为神人击死,后有仙官治其事,云:"是西汉鄱阳王吴芮。今刺史宅,是芮昔时所居。"皆非也。

【字词注解】

①但:只,不过。
②诞育:诞生生命,即生小孩。

【精彩解说】

汉高祖五年(公元前202年)的时候,朝廷以长沙、豫章、象郡、桂林、南海数郡之地册立番君吴芮为长沙王。汉高祖十二年(公元前195年),以包括豫章在内的其中三郡册封了吴王刘濞。另外，赵佗原先拥有南海，后来又攻占了桂林、象郡。那么，吴芮所占据之地，仅长沙一郡罢了。据查吴芮本来是秦时番阳县县令，所以称番君。项羽已经把他封为衡山王，建都于邾。邾，就是现在的黄州（今湖北黄冈）。后来又侵占夺取了他的封地。所以汉高祖把他迁移到长沙做了长沙王，建都于临湘（今湖南长沙），一年后就死了，那么，他离开番阳已经很久了。可是现在我家乡的人还指认郡府官署的正厅为吴王殿，把它说成是吴芮为王时所居住的。牛僧孺《玄怪录》记载，唐朝元和年间，饶州刺史齐推的女儿，因为宿止在州府官宅里生小孩，被神人击死，后来有道士处理这件事，说："这是西汉鄱阳王吴芮作祟。现在的刺史官宅，是吴芮过去的居住地。"这都是错的。

## 王卫尉

### 原文

汉高祖怒①萧何，谓王卫尉曰："李斯相秦皇帝，有善归主，有恶自予②，今相国请吾苑以自媚于民，故系治之。"卫尉曰："秦以不闻其过亡天下，李斯之分过，又何足法哉！"唐太宗疑三品以上轻魏王③，责之曰："我见隋家诸王，一品以下皆不免其蹑顿，我自不许儿子纵横耳。"魏郑公曰："隋高祖不知礼义，宠纵诸子，使行非礼，寻皆罪黜④，不可以为法，亦何足道。"观高祖、太宗一时失言，二臣能因其所言随即规正⑤，语意既直⑥，于激切中有婉顺体，可谓得谏争之大义。虽微二帝，其孰不降心⑦以听乎！

---

•【字词注解】

①怒：对……生气。

②有善归主，有恶自予：有了好事就都归功于君王，有了坏事则自己承担。

③魏王：李泰，唐太宗的第四子。

④寻皆罪黜：不久之后都因罪而被罢免。寻，随后，不久。

⑤规正：规劝改正。
⑥语意既直：语意直截了当。
⑦降心：虚心。

【精彩解说】

汉高祖刘邦对相国萧何感到很恼火，于是对王卫尉说："李斯辅佐秦朝皇帝，有了好事归国君，有了坏事自己承担，现在相国萧何竟然请求开垦我的上林苑以便自己讨好百姓，所以我将他收审治罪。"王卫尉说："秦朝皇帝因为听不到自己的过失而丢了天下，李斯分担失误的做法又有什么值得后人学习呢！"唐太宗李世民怀疑三品以上官员轻视自己的儿子魏王李泰，便责备他们说："我见隋朝诸王，一品以下官员都不免受其困顿挫辱，我当然是不会允许皇子们随心所欲，胡作非为的。"魏徵闻听，说道："隋高祖（文帝）不知礼义，过分地宠爱、放纵自己的儿子，使他们多行非礼，不久诸王就都因罪被罢免，这种做法是不值得学习的，也不值一提。"汉高祖和唐太宗一时失言，王、魏二臣能在听到后随即规正，语意直率，但是在激切中又不失婉转、恭敬，可谓深得谏诤之大义。即使不是汉高祖和唐太宗这两位具有雄才大略的明君，谁能不虚心听取，诚恳接受呢？

## 前代为监

【原文】

人臣引古规戒，当近取前代，则事势相接，言之者有证，听之者足以监。《诗》曰："殷监不远，在夏后之世。"《周书》曰："今惟殷坠厥命，我其可不大监！"又曰："我不可不监于有殷。"又曰："有殷受天命，惟有历年。……惟不敬厥德，乃早坠厥命。"周公作《无逸》①，称殷三宗。汉祖命群臣言吾所以有天下，项氏所以失天下，命陆贾著秦所以失天下。张释之为文帝言秦、汉之间事，秦所以失，汉所以兴。贾山借秦为谕。贾谊请人主引殷、周、秦事而观之。魏郑公上书于太宗，云："方隋之未乱，自谓必无乱；方隋之未亡，自谓必无亡。臣愿当今动静以隋为监。"

马周云："炀帝笑齐、魏之失国，今之视炀帝，亦犹炀帝之视齐、魏也。"张玄素谏太宗治洛阳宫曰："乾阳毕功，隋人解体，恐陛下之过，甚于炀帝。若此役不息，同归于乱耳！"考②《诗》《书》所载及汉、唐诸名臣之论，有国者之龟镜也，议论之臣，宜以为法。

## 【字词注解】

①《无逸》：传说为周公所作。无逸，不要贪图安逸，是周公告诫成王的言论。

②考：考证。

## 【精彩解说】

大臣引述古代的事例来规劝君主时，应当选取较近的前代史实，这样史事与当下前后相续，劝说的人能提出具体而有力的证据，听的人也可引以为戒。《诗经》说："夏代的灭亡，就是殷代的前车之鉴。"《周书》说："现在商朝已经葬送了自己的社稷，我们周朝能不深深地引以为鉴吗？"又说："我们不能不以商朝为鉴戒。"又说："商朝承受天命的时间已久……因为他们不敬天命，不修其德，以致过早亡了国。"周公在《无逸》中称颂商朝的三位国王。汉高祖命群臣谈论自己为什么能得天下，项羽为什么失天下，又命陆贾撰文论述秦朝灭亡的原因。张释之为汉文帝讲解秦、汉之间的历史，以此证明秦朝之所以失败，汉朝之所以成功的缘由。贾山借秦朝来说明朝代更替的原因。贾谊请君主阅读有关商朝、周朝和秦朝的史书。魏徵在给太宗皇帝的上书中说："当隋朝尚未动乱的时候，自以为天下必定不会乱；当隋朝尚未亡的时候，也自以为天下必定不会亡。我希望现在的举措应以隋朝为鉴。"马周说："隋炀帝嘲笑齐、魏亡国，可是今天看隋炀帝，也如同炀帝看齐、魏一样。"张玄素对唐太宗整修洛阳宫进谏说："乾阳宫修成，隋朝瓦解，我担心陛下的过失比隋炀帝还要严重。如果这项工程不停，唐朝也将与隋朝一样陷于动乱！"考证《诗经》和《尚书》所载内容，以及汉、唐诸名臣的论述，的确可以作为拥有国家之人的一面镜子，负责谏议的大臣们也应当深入地学习，用心体会。

容斋续笔

# 概　论

　　《容斋续笔》坚持秉笔直书的撰史原则，秉持怀疑精神，直抒胸臆，发表了自己颇多创见。例如，在卷四的《资治通鉴》中，指出了《资治通鉴》纪年，内容详略不当；在卷十四的《陈涉不可轻》中，批判了杨雄《法言》中对陈胜、吴广的评价，否定了《法言》所说的陈涉不自量力、自取灭亡的说法，认为陈胜失败的真正原因是"杀吴广，诛故人，寡恩忘旧，无帝王之度"；在卷四的《周世宗》中，一方面认为"周世宗英毅雄杰，以衰乱之世，区区五六年间，威武之声，震慑夷夏，可谓一时贤主"，但另一方面又批评他的刑罚严厉，"然考其行事，失于好杀，用法太严，群臣职事，小有不举，往往置之极刑"。

　　在《容斋续笔》中，洪迈提出了很多治国良策，认为君主不可以受逸言蒙蔽，而使功臣蒙冤受屈。在卷十六的《贤宰相遭谗》中，以唐朝和宋朝的名臣受奸臣所害的几个典型事实为例，说明君主如果让名臣"代天理物之任""委国而听之"，将是"社稷之福"，相反，如果"使邪人参其间"，则社稷危矣。同时，洪迈也强调君民同心的重要性。例如，在卷十的《民不畏死》中，提出如果政府能够清楚地觉察到民心向背的事态发展，积极解决，就不会有百姓揭竿而起；而如果进一步失去民心，就会存在国家灭亡的风险。

　　《容斋续笔》的内容具有进步意义，它肯定了农民起义的历史作用，以及"水能载舟，亦能覆舟"的民本思想，这与司马迁的进步史观是一致的。

# 卷一

## 戒石铭

**原文**

"尔俸尔禄，民膏民脂。下民易虐，上天难欺。"太宗皇帝书此，以赐郡国，立于听事之南，谓之《戒石铭》。案，成都人景焕，有《野人闲话》一书，乾德三年所作，其首篇《颁令箴》，载蜀王孟昶为文颁诸邑云："朕念赤子①，旰食宵衣②。言之令长，抚养惠绥③。政存三异④，道在七丝⑤。驱鸡为理，留犊为规。宽猛得所，风俗可移⑥。无令侵削，无使疮痍。下民易虐，上天难欺。赋舆是切，军国是资⑦。朕之赏罚，固不逾时。尔俸尔禄，民膏民脂。为民父母，莫不仁慈。勉尔为戒⑧，体朕深思。"凡二十四句。昶区区爱民之心，在五季诸僭伪之君为可称也⑨，但语言皆不工，唯经表出者，词简理尽，遂成王言，盖诗家所谓夺胎换骨法也。

【字词注解】

①念：关心，想念。赤子：指百姓。

②旰食宵衣：天很晚才吃饭，天不亮就穿衣起床。形容勤于政务。

③绥：安抚。

④政存三异：处理政务要达到三种奇迹出现，即蝗虫不入境内，鸟兽也知礼仪教化，儿童也明了仁厚之心。

⑤道在七丝：治理地方如同拨弦弄琴一样。七丝，古琴的七根弦，也借

指七弦琴。

⑥宽猛得所，风俗可移：处理政事要松紧适当，这样才能移风易俗。

⑦赋舆是切，军国是资：田赋收入是国家切身要事，军队和政府都要靠这些来养活。

⑧勉尔为戒：劝导你们要以此为戒。

⑨五季：五代。僭伪：割据一方的非正统的王朝政权。五代十国时候，群雄并起，很多文人认为这些政权不是正统皇室，所以称之为僭伪。

## 【精彩解说】

"你们做官得的薪俸，都是人民用血汗换来的财富。虽然百姓容易被虐待，上天却难被欺骗。"宋太宗写了这四句，颁发给各地方官员，立碑在公堂南面，称作《戒石铭》。据记载，成都人景焕，著有《野人闲话》一书，该书是宋太祖乾德三年时作的。此书第一篇《颁令箴》，记载了后蜀国主孟昶曾作文颁给各地方长官，说："寡人十分关心百姓，他们很晚才吃饭，天不明就起床。所以才给你们讲这番话，希望你们爱护黎民百姓。治理地方要达到蝗虫不入境、鸟兽懂礼仪、儿童有仁心这三种异事出现，而达到圣人之治，关键还在于地方官们如弹琴一样，把政务调理得好。要像驱鸡那样恰到好处，为政清廉的法规绝不能荒废。政治要宽猛适当，才能移风易俗扶植正气。不能让百姓的利益受到侵害，不能使百姓的生活受到破坏。当官的虐待百姓很容易，可是上天却难被你们欺瞒。田赋收入是国家的切身要事，军队和政府都是靠百姓养活的。寡人对你们的赏罚，是绝不会拖延时间的。你们做官所得的薪俸，都是人民用血汗换来的财富。凡当百姓父母官的，没有不对百姓仁慈的。希望你们都要以此为戒，要很好地体会寡人的意思。"共写了二十四句。孟昶这一点爱护百姓的心思，在五代十国那些割据地方，称王霸道的君主里面，算是比较好的了。但他这篇文章语言不精炼，唯有从中归纳出来的四句，言辞简要，道理尽说，于是成为宋太宗的不朽名言。这种归纳法，就是诗人们常用的脱胎换骨的写作方法呀！

# 李建州

## 原文

建安城东二十里,有梨山庙,相传为唐刺史李公祠。予守郡日[1],因作祝文,曰:"亟回哀眷。"书吏持白"回"字犯相公名[2],请改之,盖以为李回也。后读《文艺·李频传》,懿宗时,频为建州刺史,以礼法治下。时朝政乱,盗兴,相椎敚,而建赖频以安。卒官下[3],州为立庙梨山,岁祠之[4],乃证其为频。继往祷而祝之,云俟获感应,则当刻石纪实。已而得雨,遂为作碑。偶阅唐末人石文德所著《唐朝新纂》一书,正纪频事,云除建州牧,卒于郡。曹松有诗悼之,曰:"出旌临建水,谢世在公堂。苦集休藏箧[5],清资罢转郎。瘴中无子奠,岭外一妻孀。恐是浮吟骨,东归就故乡。"其身后事落拓如此。《传》又云:"频丧归寿昌,父老相与扶柩葬之。天下乱,盗发其冢,县人随加封掩。"则无后可见云。《稽神录》载一事,亦以为回,徐铉失于不审[6]也。

【字词注解】

① 予守郡日:我在这里担任太守的时候。
② 犯相公名:和相公(李刺史)的名字相同,犯了忌讳。
③ 卒官下:死在任上。
④ 岁祠之:每年都去祭拜他。
⑤ 箧:箱子。
⑥ 审:考证,查究。

【精彩解说】

福建建安郡城东二十里,有座梨山庙,相传是唐朝一个姓李的刺史的祠庙。我在这里担任太守的时候,曾写了祝文去祭祀他。文中有"亟回哀眷"一句,办事的书吏说这个"回"字犯了李刺史的名讳,请我改一下,这是因为他以为李刺史就是李回。后来,我读了《唐书》中的《文艺·李频传》，其中记有唐懿宗时李频担任建州刺史，用礼法治理地方的事情。当时朝政混乱，到处有盗贼杀人抢劫，而建州独因有李频在而十分安定。后来李频死在任上，建州百姓为纪念他建庙于梨山，每年都要去祭祀。这就证明了是李频的祭庙。以后我又再次去祀祷并许愿说，如果能得到灵验，一定要刻块石碑把他的事迹记下来。不久，果然下了一场雨，于是给他立了一块碑。后来偶然看到唐末人石文德所著《唐朝新纂》一书，正好记载有李频的事。书上说，李频担任建州太守，死在任上。曹松曾经写了一首诗悼念他，说："摆着仪仗到建水做官，却死在任上。辛苦吟成的诗集不要埋没在箧中，清贫无钱从此不必再为升迁发愁。在这烟瘴的地方竟没有一个儿子送终，遥远的岭外只留下一个可怜的遗孀。恐怕你只能怀着苦吟的灵魂，往东去飞回故乡。"他死后竟然穷困潦倒到这种地步。他的传记里又说："李频去世后被送回故乡寿昌（今浙江建德南）时，是由父老乡亲把他的灵柩安葬入土的。后来天下大乱，有盗墓的把他的坟挖了，县里的人又将其封掩起来。"这样，可见李频是没有后代的。宋朝的《稽神录》也记载了这件事，也当成了李回，是因其作者徐铉没有很好地考证而造成的错误。

## 存亡大计

**原文**

国家大策，系于安危存亡，方变故交切，幸而有智者陈至当之谋①，其听而行之，当如捧漏瓮以沃焦釜②。而愚荒之主，暗于事几③，且惑于谀佞孱懦者之言，不旋踵而受其祸败，自古非一也。曹操自将征刘备，田丰劝袁绍袭其后，绍辞以子疾不行。操征乌桓，刘备说刘表袭许，表不能用，后皆为操所灭。唐兵征王世充于洛阳，窦建德自河北来救，太宗屯虎牢以扼之，建德不得进，其臣凌敬请悉兵济河，攻取怀州、河阳，逾太行，入上党，徇汾、晋，趣蒲津，蹈无人之境，取胜可以万全，关中骇震，则郑围自解。诸将曰："凌敬书生，何为知战事，其言岂可用？"建德乃谢④敬。其妻曹氏，又劝令乘唐国之虚，连营渐进，以取山北，西抄关中，唐必还师自救，郑围何忧不解。建德亦不从，引众合战，身为人擒，国随以灭。唐庄宗既⑤取河北,屯兵朝城,梁之君臣,谋数道大举,令董璋引陕、虢、泽、潞之兵趣太原,霍彦威以汝、洛之兵寇镇定,王彦章以禁军攻郓州,段凝以大军当庄宗。庄宗闻之,深以为忧。而段凝不能临机决策,梁主又无断,遂以致亡。石敬瑭以河东叛,耶律德光赴救,败唐兵而围之⑥,废帝问策于群臣。时德光兄赞华,因争国之故,亡归在唐,吏部侍郎龙敏请立为契丹主,令天雄、卢龙二镇分兵送之,自幽州趣西楼,朝廷露⑦檄言之,虏必有内顾之虑,然后选募精锐以击之,此解围一策也,帝深以为然。而执政恐其无成,议竟不决,唐遂以亡。皇家靖康之难,胡骑犯阙⑧,孤军深入,后无重援,亦有出奇计乞用师捣燕者。天未悔祸,噬齐弗及⑨,可胜叹哉!

### 【字词注解】

①陈至当之谋:陈述正确的谋略。

②捧漏瓮以沃焦釜:捧着漏了的水瓮去浇烧焦的锅,比喻虽形势危急,但仍能缓解。釜,烧饭的锅。

③暗于事几:看不清事情的全貌。

④谢:谢绝,拒绝。

⑤既:已经。

⑥败唐兵而围之:打败了前来的唐军,并将其包围起来。

⑦露:出示,张贴。

⑧胡骑犯阙:金兵侵犯都城。

⑨噬齐弗及:若不早做打算,以后就会像咬自己的肚脐够不着一样没有办法了。比喻后悔莫及。

### 【精彩解说】

国家的重要决策,关系到安危存亡。当各种变故交织在一起时,幸而有聪明的人提出正确的谋略,听从他们的话去实行,好比捧着漏水的瓮去浇烧焦的锅一样可救急。而愚昧的君主,不了解事情的来龙去脉,而且容易被谄媚小人的话迷惑,这样的人必然很快就会垮台,自古以来这样的例子不止一个。三国时期曹操曾亲自领兵去征伐刘备,田丰劝袁绍趁机袭击曹操的后方，袁绍借口儿子有病而不出兵。曹操领兵去攻打北方的乌桓，刘备劝说刘表趁机从南方袭击曹操的后方许都（今河南许昌），刘表没有采纳他的建议，结果袁绍、刘表都先后被操所灭。唐朝时，唐兵去洛阳攻打王世充，窦建德从河北出兵来救援，唐太宗李世民把军队屯于虎牢关以阻挡，窦建德攻打不进去，他的部下凌敬献计让建德带着全部兵力渡过黄河，占领怀州（今河南焦作、沁阳、武陟、修武、博爱、获嘉一带）、河阳（今河南沁阳、孟州），再翻过太行山，进入山西上党（今山西长治）境内，沿汾水、晋州（今山西临汾）直指蒲津关（今山西永济西），这一段路没有唐兵，必然如入无人之境，是取胜的万全之策，使关中地区（今陕西西安一带）震动，洛阳之围就可以解了。可是，建德部下的将军们却说："凌敬不过是个书生，懂得什么军事，他的话怎能采用？"建德便谢绝了凌敬的建议。建德的妻子曹氏，又劝他趁唐军后方空虚，集中兵力，稳扎稳打，夺取山北地方，再向西包抄关中，唐兵必然要回来救援，王世充被包围的危机便自然而解。建德仍未听从，而是领兵与唐兵进行硬拼，结果被唐兵活捉，他的国家也随之灭亡。五代的后唐庄宗占领河北一带后，屯兵于朝城，梁国君臣商议，决定分兵几路大举进攻，让董璋领陕州（今河南陕州区）、虢州（今河南灵宝）、泽州（今山西晋城）、潞州（今山西长治）四州之兵攻打太原，霍彦威领汝州和洛阳的兵攻打镇定（今河北石家庄一带），王彦章领禁军攻郓州（今山东郓城），而让招讨使段凝统率主力去抵挡唐庄宗。庄宗得知这个消息，十分担忧，但是由于段凝不能当机决策，梁国国君又优柔寡断，拖延不出兵，结果导致灭亡。后唐的河东节度使石敬瑭叛乱，契丹部落的领袖耶律德光领兵去支援他，打败了来征伐的唐兵，并把唐兵包围起来。后唐废帝听到这个消息，向群臣征求对策。当时耶律德光的哥哥耶律赞华，因和耶律德光争夺王位失败，逃亡在后唐，吏部侍郎龙敏便请求策立耶律赞华为契丹国王，让天雄、卢龙两镇（管辖河北大名至北京以北一带）节度使派兵送他回国即位，经幽州（今北京西南）直往西楼（今内蒙古巴林左旗西南石房子村），朝廷再次出檄文通告这项决定。契丹必然担心国内争位起乱，军心动摇，这时再派精兵去袭击，这是解围的一个方法。废帝也觉得是个好办法。可是执政的大臣怕没有把握，迟疑不决而失去时机，后唐也因此而亡国了。我们大宋经历靖康之难，金国的兵侵犯国都东京（今河南开封），孤军深入，无有力的后援，当时亦有人献出奇计，请求派精锐兵力趁机直捣金国后方的幽燕地区。大概是老天有意给大宋降下灾祸，而此计没被采用，以致后来后悔也来不及了，真是可叹啊！

## 重阳上巳改日

**【原文】**

唐文宗开成元年，归融为京兆尹，时两公主出降，府司供帐事繁，又俯近上巳①曲江赐宴，奏请改日。上曰："去年重阳取九月十九日，未失重阳之意，今改取十三日可也。"且上巳、重阳，皆有定日，而至展②一旬，乃知郑谷所赋《十日菊》诗云"自缘今日人心别，未必秋香一夜衰"，亦为未尽也。唯东坡公有"菊花开时即重阳"之语，故记其在海南艺菊九畹，以十一月望③，与客泛酒作重九云。

**【字词注解】**

①俯近：临近。上巳：古时的传统节日。汉以前以农历三月上旬巳日为"上巳"；魏晋以后，定为三月初三，不必取巳日。
②展：延后。
③望：月圆之日，农历每月十五日前后。

**【精彩解说】**

唐文宗开成元年（836年），归融担任京兆府尹时，正好有两个公主出生，府里及有关衙门供应物品和庆贺事宜特别繁忙，而时又临近三月初三的上巳节，皇帝照例要在这一天去京都郊外的风景区曲江大宴群臣。府尹实在忙不过来，便上奏请求改宴会日期。皇帝说："去年重阳节改为九月十九，并没失去重九的本意，今年上巳就改为三月十三吧。"上巳、重阳都有固定的日期，但也可延期十天。由此可知，唐朝诗人郑谷所作《十日菊》诗说："自缘今日人心别，未必秋香一夜衰。"也是重阳没有过去的意思。只有苏东坡有过"菊花开时即重阳"的诗句，是记他在海南做官时种菊花九畹，于十一月望日与客人饮酒，仍能当作"重九"来过。

# 卷 二

## 岁旦饮酒

【原文】

今人元日①饮屠苏酒，自小者起，相传已久，然固有来处②。后汉李膺、杜密以党人同系狱，值元日，于狱中饮酒，曰："正旦从小起。"《时镜新书》晋董勋云："正旦饮酒，先饮小者，何也？勋曰：'俗以小者得岁，故先酒贺之，老者失时，故后饮酒。'"《初学记》载《四民月令》云："正旦进酒次第，当从小起，以年小者起先。"唐刘梦得、白乐天元日举酒赋诗，刘云："与君同甲子③，寿酒让先杯。"白云："与君同甲子，岁酒合谁先。"白又有《岁假内命酒》一篇云："岁酒先拈辞不得，被君推作少年人。"顾况云："不觉老将春共至，更悲携手④几人全。还丹寂寞羞明镜，手把屠苏让⑤少年。"裴夷直云："自知年几偏应少，先把屠苏不让春。倘更数年逢此日，还应惆怅羡他人。"成文幹云："戴星先捧祝尧觞⑥，镜里堪惊两鬓霜。好是灯前偷失笑，屠苏应不得先尝。"方干云："才酌屠苏定年齿，坐中皆笑鬓毛斑。"然则尚矣。东坡亦云："但把穷愁博长健，不辞最后饮屠苏。"其义亦然。

【字词注解】

①元日：正月初一。

②来处：来源，典故。

③同甲子：同岁。

④携手：携手同游者，此处代指朋友。

⑤让：推让。

⑥戴星：顶着星星。觥：酒杯。

【精彩解说】

现在人在正月初一都要喝屠苏酒，由年纪小的人先喝，相传已很久了，这是有它的来历的。后汉时李膺、杜密因为都是结党的人被囚禁在牢狱中，每逢正月初一，就在狱中喝酒，说："过正月初一要从年纪小的先喝。"《时镜新书》里记载晋朝时董勋的话："正月初一时饮酒先从年纪小的开始，这是为什么？董勋说：'旧时风俗以为年纪小的，又长了一岁，所以先饮酒，以表示对他的祝贺；老年的，已失去很多岁月，所以后饮酒。'"《初学记》转引的《四民月令》说："正月初一饮酒，当从小起，从年小的人开始先喝。"唐朝刘禹锡、白居易在正月初一饮酒吟诗，刘说："和你年岁相同，寿酒请你先喝。"白说："和你年岁相同，寿酒该谁先喝？"白居易又有《岁假内命酒》一首诗说："岁酒先拈辞不得，被君推作少年人。"顾况诗里说："不觉老将春共至，更悲携手几人全。还丹寂寞羞明镜，手把屠苏让少年。"裴夷直诗里说："自知年几偏应少，先把屠苏不让春。倘更数年逢此日，还应惆怅羡他人。"成文斡诗里说："戴星先捧祝尧觥，镜里堪惊两鬓霜。好是灯前偷失笑，屠苏应不得先尝。"方干的诗里说："才酌屠苏定年齿，坐中皆笑鬓毛斑。"这些诗都可以看出正月初一饮屠苏酒的风俗。苏东坡也说："但把穷愁博长健，不辞最后饮屠苏。"其意思也是一样的。

# 存殁①绝句

## 原文

杜子美有《存殁》绝句二首云:"席谦不见近弹棋②,毕曜③仍传旧小诗。玉局他年无限笑,白杨今日几人悲。""郑公粉绘随长夜,曹霸丹青已白头。天下何曾有山水,人间不解重骅骝④。"每篇一存一没。盖席谦、曹霸存,毕、郑殁也。黄鲁直《荆江亭即事》十首,其一云:"闭门觅句陈无己⑤,对客挥毫秦少游。正字⑥不知温饱未,西风吹泪古藤州。"乃用此体。时少游殁而无己存也。近岁新安胡仔著《渔隐丛话》⑦,谓鲁直以今时人形入诗句,盖取法于少陵,遂引此句,实失于详究云。

## 【字词注解】

① 存殁:生存和死亡,生死,生者和死者。

② 席谦:道士席谦,吴人,善弹棋。弹棋:亦作弹碁。古代博戏之一。两人对局,白黑棋各六枚,先列棋相当,更先弹之。其局以石为之。至魏改用十六棋,唐又增为二十四棋。后亦称弈棋为弹棋。

③ 毕曜:肃宗时人,工诗。乾元间为监察御史,尔后以酷毒流贬黔中病辛于巴中。

④ 骅骝:周穆王八骏出游时其中之一。后泛指骏马。

⑤ 陈无己:著名诗人陈师道。《王直方诗话》:陈无己有"闭门十日雨,吟作饥鸢声"之句。

⑥ 正字:陈无己的官职名。

⑦ 《渔隐丛话》:即《苕溪渔隐丛话》诗话集,南宋胡仔编著。此书分《前集》六十卷,《后集》四十卷。所收诗话,评论对象上起春秋,下至南宋初,以人为纲,按年代先后排列。

## 【精彩解说】

杜甫作有《存殁》绝句二首说:"席谦不见近弹棋,毕曜仍传旧小诗。

玉局他年无限笑，白杨今日几人悲。""郑公粉绘随长夜，曹霸丹青已白头。天下何曾有山水，人间不解重骅骝。"每篇写一个在世的人和一个去世的人。席谦、曹霸仍活着，毕曜、郑虔却已故去。黄庭坚的《荆江亭即事》诗十首，其中一首说："闭门觅句陈无己，对客挥毫秦少游。正字不知温饱未，西风吹泪古藤州。"就是使用了这种写法。当时少游已死而无己还在世。近年来，新安（今安徽绩溪）胡仔著有《苕溪渔隐丛话》，说黄庭坚是以现代在世人的形象写诗句，是模仿杜甫的手法，才写出这样的诗句，其实胡仔未能深入考究以致弄错了。

## 汤武之事

### 原文

汤、武之事，古人言之多矣。惟汉辕固、黄生争辩最详。黄生曰："汤、武非受命，乃杀也①。"固曰："不然，桀、纣荒乱，天下之心皆归汤、武。汤、武因②天下之心而诛桀、纣，不得已而立，非受命为何？"黄生曰："冠虽敝必加于首，履虽新必贯于足。今桀、纣虽失道，君上也；汤、武虽圣，臣下也；反因过而诛之，非杀而何？"景帝曰："食肉毋食马肝③，未为不知味；言学者毋言汤、武受命，不为愚。"遂罢。颜师古注云："言汤、武为杀，是背经义，故以马肝为喻也。"《东坡志林》④云："武王非圣人也，昔孔子盖罪汤、武。伯夷、叔齐不食周粟，而孔子予之，其罪武王也甚矣。至孟轲始乱⑤之，使当时有良史，南巢之事⑥，必以叛书，牧野之事，必以弑书。汤、武仁人也，必将为法受恶。"可谓至论。然予窃考孔子之序《书》，明言伊尹相汤伐桀，成汤放桀于南巢，武王伐商，武王胜商杀受，各蔽以一语，而大指皦如⑦，所谓六艺折衷，无待于良史复书也。

【字词注解】

① 汤、武非受命，乃杀也：商汤和周武王并不是受命于天的君主，他们

都是靠杀了旧有的君王才当上君主的。

②因：顺应。

③食肉毋食马肝：古人认为马肝有毒，所以吃马肉的时候都不吃肝。

④《东坡志林》：苏轼杂说史论集。内容广泛，无所不谈，文章形式不拘。

⑤乱：淆乱，混乱。

⑥南巢之事：商汤把夏桀流放到南巢的事情。

⑦大指皦如：意旨明白清晰。

## 【精彩解说】

商汤和周武王的事情，古人议论得已经很多了。唯有汉朝的辕固和黄生二人，争辩的观点最详明。黄生说："商汤和周武王不是受命于天当上国君的，而是靠杀了旧君才当上国君的。"辕固说："不是这样的，夏桀和殷纣王是荒淫残暴的国君，当时天下人心已转向商汤和周武王，商汤和周武王是先获得天下人心才去诛杀桀、纣，这是不得已的事，民心就是天心，这不是受命于天又是什么呢？"黄生说："帽子虽然破旧，仍然得戴在头上；鞋子虽新，只能穿在脚上。如今桀、纣虽然无道，终究仍是君王；商汤和周武王虽然是圣人，终究仍是臣子，反而因为君主有过就把他们杀掉，这不是弑君又是什么？"汉景帝说："吃肉的人不吃有毒的马肝，未必就是不知道肉味；讲究学问的人不说商汤、武王是受天命当君主的，也不一定就愚昧无知。"于是争论才停止。唐朝的颜师古注解这一段话时说："主张汤、武是弑君的，违背了经书上的本义，所以才用马肝做比喻。"《东坡志林》里讲："武王不能算是圣人，过去孔子也是责备商汤和武王的。伯夷、叔齐不愿吃周朝的粟米而饿死，孔子给他们以很高的评价，这也等于狠狠责备了周武王。直到孟子的书里，才把这种看法混乱颠倒过来。假如当时有比较好的史官，商汤把夏桀流放到南巢（今安徽巢湖市西南），一定会记成商汤叛乱；周兵大战殷纣王于牧野（今河南淇县西南），一定会记成周武王弑君。商汤、武王都是仁德的人，也必然会依据法规接受弑君犯上的恶名。"这一段可以说是十分中肯的议论。但是我考察了孔子给《尚书》写的序言，明确地说过，伊尹做商汤的丞相起兵征伐夏桀，商汤把夏桀流放到南巢，武王征伐殷商，武王获胜而杀纣王，各给他们一句有好有坏的评语，把自己的观点说得十分明白透彻，这就是六艺里讲的折中方法，这样便不需要什么良史重新去评写历史了。

## 义理之说无穷

**【原文】**

经典义理之说最为无穷，以故解释传疏，自汉至今，不可概举，至有一字而数说者①。姑以《周易·革卦》言之。"已日乃孚，革而信之。"自王辅嗣以降②，大抵谓即日不孚，已日乃孚，"已"字读如"矣"音，盖其义亦止如是耳。唯朱子发③读为戊己之"己"。予昔与《易》僧昙莹论及此，问之曰："或读作'己音纪日'如何？"莹曰："岂唯此也，虽作巳音似日亦有义。"乃言曰："天元十干，自甲至己，然后为庚，庚者革也，故己日乃孚，犹云从此而革也。十二辰自子至巳六阳，数极④则变而之阴，于是为午，故巳日乃孚，犹云从此而变也。"用是知好奇者欲穿凿附会，固各有说云。

**【字词注解】**

①至有一字而数说者：甚至出现一个字有好几种说法的现象。

②自王辅嗣以降：自从王弼以来。王弼：字辅嗣，魏国山阳人（今河南焦作），三国时期有名的玄学家。他好谈儒道，文才超逸。主要论著有《周易注》《周易略例》《老子注》《老子指略》。

③发：主张。

④数极：数到极点。

**【精彩解说】**

经典著述里讲的道理是深厚无穷的，所以各种注释和讲解的本子，自汉朝到现在，多得不胜枚举，甚至一个字有好几种说法。拿《周易·革卦》

来说，其中"巳日乃孚，革而信之"一句话，自三国时王弼注释《周易》以来，大体上都把这句话解释成当日还不能取得诚信，到巳日才能孚信于天下万民，"巳"字应读为"矣"音，因这句话的意思也是这样。唯有朱熹主张读作戊己的"己"。我过去和研究《易经》的和尚昙莹讨论过这个问题，问他说："或者读作己（音纪）日行不行？"昙莹说："岂止这一种说法？就是读作巳（音似）也能解释得通。"于是他解释说："天元分为十干，从甲至己，己以后是庚，庚就是革，所以说'己日乃孚'，意思就是说从此开始变革了。十二辰从子到巳共六个数。应该为阳，数到极点就要变，变就成为阴，于是下边就是午，午属阴，所以'巳日乃孚'，可以解释为从这里开始取得诚信了。"这都是好奇的人想穿凿附会，所以各有各的说法了。

# 卷 三

## 太史慈

**原文**

三国当汉、魏之际,英雄虎争,一时豪杰志义之士,磊磊落落,皆非后人所能冀①,然太史慈者尤为可称。慈少仕东莱本郡,为奏曹吏,郡与州有隙,州章劾之,慈以计败其章,而郡得直②。孔融在北海为贼所围,慈为求救于平原,突围直出,竟得兵解融之难③。后刘繇为扬州刺史,慈往见之,会孙策至,或劝繇以慈为大将军。繇曰:"我若用子义,许子将不当笑我邪?"但使慈侦视轻重,独与一骑,卒遇策,便前斗,正与策对④,得其兜鍪。及繇奔⑤豫章,慈为策所执,捉其手曰:"宁识神亭时邪?"又称其烈义,为天下智士,释缚用之⑥,命抚安繇之子,经理其家⑦。孙权代策,使为建昌都尉,遂委以南方之事,督治⑧海昏。至卒时,才年四十一,葬于新吴,今洪府奉新县也,邑人立庙敬事。乾道中封灵惠侯,予在西掖⑨当制,其词云:"神蚤赴孔融,雅谓青州之烈士。晚从孙策,遂为吴国之信臣。立庙至今,作民司命⑩。擥一同之言状,择二美以建侯,庶几江表之间,尚忆神亭之事。"盖为是也。

**【字词注解】**

① 冀:比冀,比较。
② 而郡得直:这样郡守的冤屈才得以澄清。

③"孔融"四句：孔融在北海郡当太守时被贼寇包围，太史慈为他到平原（今属山东）求救兵，只身冲出包围，最终搬来刘备的兵马，解了孔融的围困。

④正与策对：与孙策恶斗一场。

⑤奔：奔逃。

⑥释缚用之：为太史慈松绑，并任命他为大将。

⑦经理其家：安排好他家人的生活。

⑧督治：督率治理。

⑨西掖：中书或中书省。

⑩作民司命：被人们尊敬地奉养。

## 【精彩解说】

三国时正当汉、魏两朝交替，英雄龙争虎斗，一时间有志气的豪杰们，做事礌礌落落，都不是后人比得上的，至于太史慈这个人，则尤其应当称颂。他年轻时在其故乡东莱郡（今山东半岛一带）担任奏曹吏，郡守和州官有矛盾，州官上奏章弹劾郡守，太史慈用计破坏了他的诬告，郡守的冤屈才获得澄清。孔融在北海郡（今山东潍坊等地）当太守时被贼寇包围，太史慈为他到平原（今属山东）求救兵，只身冲出包围，终于搬来刘备的兵马，解了孔融的围。后来刘繇当扬州刺史时，太史慈去求见，正好孙策领兵来攻扬州，有人劝刘繇任命太史慈为大将军，抗拒孙策，刘繇觉得太史慈资历太低，便说："我如果用子义（太史慈的字）为将，恐怕许子将要笑话我部下无能人。"于是仅派太史慈一人一马去前方侦察孙策军队的轻重，太史慈在神亭的地方与孙策相遇，双方便打起来，与孙策恶斗一场，夺得孙策的头盔回来。后来刘繇失败逃往豫章（今江西），太史慈被孙策擒获，孙策握着他的手说："还记得咱二人在神亭的那场恶斗吗？"又称赞太史慈忠义勇烈，是当今天下有才能的人，便为太史慈松绑，任用他为将，并让太史慈去安抚刘繇的儿子，安排好刘繇家属的生活。孙权代替孙策在东吴执政后，任命太史慈为建昌（今江西永修县）都尉，遂委派他管理吴国南方的军政事务，设衙门于海昏（在今江西北部）。到他去世时，年仅四十一岁，将他葬在新吴，这就是现在洪府奉新县，当地的人给他盖了庙来祭祀他。宋孝宗乾道年间，皇帝又下诏封太史慈为灵惠侯，我当时在朝廷西宫门的办公处担任起草文告的官职，写了祭太史慈庙的祭词，说："太史慈早年营救孔融，被誉为青州之烈士。晚年随从孙策，成为吴国之信臣。自从建庙祭祀到现在，为人们所尊奉。总揽所言之情状，用封侯建庙两件美善的事来敬奉。为了使长江流域一带的百姓，都记得在神亭大战的壮烈。"说的就是这个事。

## 汉文帝受言

**原文**

汉文帝即位十三年，齐太仓令淳于意有罪当刑①，其女缇萦，年十四，随至长安，上书愿没入②为官婢，以赎父刑罪。帝怜悲其意，即下令除肉刑。丞相张苍、御史大夫冯敬议，请定律，当斩右止者反弃市③，笞者杖背五百至三百，亦多死，徒有轻刑之名，实多杀人。其三族之罪④，又不乘时建明，以负天子德意，苍、敬可谓具臣⑤矣。史称文帝止辇受言⑥。今以一女子上书，躬自省览，即除数千载所行之刑，曾不留难，然则天下事岂复有稽滞不决者哉？所谓集上书囊以为殿帷⑦，盖凡囊封之书，必至前也。

【字词注解】

①有罪当刑：犯了法当受刑罚。

②没入：进入队伍，充当。

③当斩右止者反弃市：应当砍去右脚的，反而改为杀头的死刑。

④其三族之罪：古时刑法严苛，如有人犯了重罪，则不仅本人被杀，还要株连三族。

⑤具臣：用来充数的臣子，比喻不称职。

⑥止辇受言：史书记载，汉文帝善于纳谏，每次出外视察，只要有官员上书陈言者，哪怕是正在路上，也一定会停下车马，听受其言。

⑦集上书囊以为殿帷：将装意见书的袋子拿来作宫殿前的帷幕。

──•【精彩解说】

汉文帝即位的第十三年,齐地管理接收漕粮的太仓令淳于意犯了法得受刑罚,他的女儿缇萦,才十四岁,随着押淳于意的差役一同到了京城长安。缇萦上书汉文帝,愿自己去充当官婢,以换取免除父亲的刑罚。文帝怜悯她的孝顺,免了她父亲的罪,并下令废除肉刑。丞相张苍和御史大夫冯敬商议,请求重新制定刑律,结果,本来应当砍去右脚的,反而改为杀头的死刑;该定拷打的,要在脊背上打五百或三百下,有很多被打死的。空有减轻肉刑的名义,实际上反而多杀了人。至于株连三族的大罪,又不趁修订刑律时加以改变确定,结果实在是辜负了皇帝怜恤犯人的好意,张苍和冯敬真可谓是不称职的臣子了。史书称述汉文帝能停下车听取百官和人民的意见,如今以一个女子上书,能亲自批阅,并因此立即废除沿用了几千年的肉刑,没有一点留难,如像这样去处理天下的事,还有什么事会拖拉不决的呢?如果皇帝要用装意见书的囊袋来做官殿前的帷幕,那么装有奏书的袋子就会源源不断地收到了。

# 丹青引

## 原文

杜子美《丹青引赠曹将军霸》云:"先帝天马玉花骢,画工如山貌不同。是日牵来赤墀①下,迥立阊阖②生长风。诏谓将军拂绢素,意匠惨澹经营中。斯须九重真龙出,一洗万古凡马空。玉花却在御榻上,榻上廷前屹相向。至尊含笑催赐金,圉人、太仆皆惆怅③。"读者或不晓其旨,以为画马夺真,圉人、太仆所为不乐,是不然。圉人、太仆盖牧养官曹及驭者,而黄金之赐,乃画史得之,是以惆怅,杜公之意深矣。又《观曹将军画马图》云:"曾貌先帝照夜白④,龙池十日飞霹雳。内府殷红玛瑙盘,婕妤传诏才人索。"亦此意也。

【字词注解】

① 赤墀：皇宫中的台阶，因其以赤色丹漆涂饰，所以有此称呼。
② 阊阖：宫门。
③ 圉人：养马的官员。太仆：为天子执御，掌舆马畜牧的官员。
④ 照夜白：马的名字，其毛色雪白，可以在夜晚照明，故有此名。

【精彩解说】

杜甫在《丹青引赠曹将军霸》一诗中写道："先帝天马玉花骢，画工如山貌不同。是日牵来赤墀下，迥立阊阖生长风。诏谓将军拂绢素，意匠惨澹经营中。斯须九重真龙出，一洗万古凡马空。玉花却在御榻上，榻上庭前屹相向。至尊含笑催赐金，圉人、太仆皆惆怅。"读诗的人也许认为，由于画的马太过于生动形象，养马人和管马的官心中不高兴，实际并不是这样的。其实际意思是圉人和太仆是养马和管马的人，本应拿到御赐的金银，而皇帝却把黄金赏给画马的人，所以他们心里不高兴，杜甫这样说，其中还含有深意。另外杜甫在《观曹将军画马图》一诗中说："曾貌先帝照夜白，龙池十日飞霹雳。内府殷红玛瑙盘，婕妤传诏才人索。"也是赏赐画家的意思。

## 诗文当句对

### 原文

唐人诗文，或于一句中自成对偶，谓之当句对。盖起于《楚辞》"蕙烝兰藉""桂酒椒浆""桂棹兰枻""斫冰积雪"。自齐、梁以来，江文通①、庾子山②诸人亦如此。如王勃《宴滕王阁序》一篇皆然。谓若"襟③三江带五湖，控蛮荆引瓯越；龙光牛斗，徐孺陈蕃；腾蛟起凤，紫电青霜；鹤汀凫渚，桂殿兰宫，钟鸣鼎食之家，青雀黄龙之轴；落霞孤鹜，秋水长天；天高地迥，兴尽悲来；宇宙盈虚，丘墟已矣"之辞是也。于公异《破朱泚露布》亦然。如"尧、舜、禹、汤之德，统元立极之君；卧鼓偃旗，养威蓄锐；夹川陆而左旋右抽，抵丘陵而浸淫布濩；声塞宇宙，气雄钲鼓④；貙咒作威，风云动色；乘其跆藉⑤，取彼鲸鲵⑥；自卯及酉，来拒复攻；山倾河泄，霆斗雷驰；自北徂南，舆尸折首；左武右文，销锋铸镝"之辞是也。杜诗"小院回廊春寂寂，浴凫⑦飞鹭晚悠悠；清江锦石伤心丽，嫩蕊浓花满目斑；书签药裹封蛛网，野店山桥送马蹄；戎马不如归马逸，千家今有百家存；犬羊曾烂漫，宫阙尚萧条；蛟龙引子过，荷芰逐花低；干戈⑧况复尘随眼，鬓发还应雪满头；百万传深入，寰区望匪他。象床玉手，万草千花；落絮游丝，随风照日；青袍白马，金谷铜驼；竹寒沙碧，菱刺藤梢；长年三老，掾⑨桅开头；门巷荆棘底，君臣豺虎边；养拙干戈，全生麋鹿；舍舟策马，拖玉腰金；高江急峡，翠木苍藤，古庙杉松，岁时伏腊，三分割据⑩，万古云霄，伯仲之间，指挥若定，桃蹊李径，栀子红椒，庾信罗含，春来秋去，枫林橘树，复道重楼"之类，不可胜举。李义山⑪一诗，其题曰《当句有对》云："密迩平阳接上兰，秦楼鸳瓦汉宫盘。池光不定花光乱，日气初涵露气干。但觉游蜂饶舞蝶，岂知孤凤忆离鸾。三星自转三山远，紫府程遥碧落宽。"其他诗句中，如"青女素娥"对"月中霜里"，"黄叶风雨"对"青楼管弦"；"骨肉书题"对"蕙兰蹊径"，"花须柳眼"对"紫蝶黄蜂"，"重吟细把"对"已落犹开"，"急鼓疏钟"对"休灯灭烛"，"江鱼朔雁"对"秦树嵩云"，"万户千门"对"风朝露夜"。如是者⑫甚多。

—•【字词注解】

①江文通：江淹，字文通，南朝著名诗人。

②庾子山：庾信，字子山，南阳新野（治今河南新野）人。早期在梁宫廷，为宫体文学的代表作家，作品富丽冶艳；后期到了北朝，文章转而为沉郁顿挫、苍劲悲凉之风。

③襟：连接。

④钲鼓：钲和鼓。古代行军或歌舞时用以指挥进退、动静的两种乐器。

⑤跆藉：践踏。

⑥鲸鲵：本指鲸鱼，此处代指凶恶的敌人。

⑦浴凫：在水中游的野鸭。

⑧干戈：指战争。
⑨捩：扭转。
⑩三分割据：指魏蜀吴三国分天下。
⑪李义山：即李商隐，字义山，晚唐著名诗人，其诗风格纤丽哀婉，为人称道。
⑫如是者：这样的例子。

【精彩解说】

唐朝人的诗文，常有在一句当中自成对偶的，这叫作"当句对"。它起于《楚辞》里的"蕙烝兰藉""桂酒椒浆""桂棹兰枻""斫冰积雪"这些句子。自南北朝以来，诗人江淹、庾信等人，也是这样。再如唐朝王勃写的《宴滕王阁序》这篇文章中的当句对更多。像"襟三江带五湖，控蛮荆引瓯越；龙光牛斗，徐孺陈蕃；腾蛟起凤，紫电青霜；鹤汀凫渚，桂殿兰宫；钟鸣鼎食之家，青雀黄龙之轴；落霞孤鹜，秋水长天；天高地迥，兴尽悲来；宇宙盈虚，丘墟已矣"这样的辞藻。于公异《破朱泚露布》也是这样。像"尧、舜、禹、汤之德，统元立极之君；卧鼓偃旗，养威蓄锐；夹川陆而左旋右抽，抵丘陵而浸淫布濩；声塞宇宙，气雄钲鼓；貙兕作威，风云动色；乘其跆藉，取彼鲸鲵；自卯及酉，来拒复攻；山倾河泄，霆斗雷驰；自北徂南，舆尸折首；左武右文，销锋铸镝"等辞都是。杜甫的诗中有"小院回廊春寂寂，浴凫飞鹭晚悠悠；清江锦石伤心丽，嫩蕊浓花满目斑；书签药裹封蛛网，野店山桥送马蹄；戎马不如归马逸，千家今有百家存；犬羊曾烂漫，宫阙尚萧条；蛟龙引子过，荷芰逐花低；干戈况复尘随眼，鬓发还应雪满头；百万传深入，襄区望匪他。象床玉手，万草千花；落絮游丝，随风照日；青袍白马，金谷铜驼；竹寒沙碧，菱刺藤梢；长年三老，捩柂开头；门巷荆棘底，君臣豺虎边；养拙干戈，全生麋鹿；舍舟策马，拖玉腰金；高江急峡，翠木苍藤，古庙杉松，岁时伏腊，三分割据，万古云霄，伯仲之间，指挥若定，桃蹊李径，栀子红椒，庾信罗含，春来秋去，枫林橘树，复道重楼"之类，也是多得不胜枚举。李商隐写过一首诗，题目就叫《当句有对》，内言是："密迩平阳接上兰，秦楼鸳瓦汉宫盘。池光不定花光乱，日气初涵露气干。但觉游蜂饶舞蝶，岂知孤凤忆离鸾。三星自转三山远，紫府程遥碧落宽。"在他的其他诗句中，比如"青女素娥"对"月中霜里"，"黄叶风雨"对"青楼管弦"，"骨肉书题"对"蕙兰蹊径"，"花须柳眼"对"紫蝶黄蜂"，"重吟细把"对"已落犹开"，"急鼓疏钟"对"休灯灭烛"，"江鱼朔雁"对"秦树嵩云"，"万户千门"对"风朝露夜"等。这样的句子还有很多。

## 东坡明正

### 原文

东坡《明正》一篇送于仅失官东归云："子之失官，有为子悲如子之自悲者乎？有如子之父兄妻子之为子悲者乎？子之所以悲者，惑于得也。父兄妻子之所以悲者，惑于爱①也。"案，《战国策》齐邹忌谓妻曰："我孰与城北徐公美？"其妻曰："君美甚②，徐公何能及公也。"复问其妾与客，皆言"徐公不若君之美。"暮寝而思之，曰："吾妻之美我者，私③我也；妾之美我者，畏我也；客之美我者，欲有求于我也。"东坡之斡旋④，盖取诸此。然《四菩萨阁记》云："此画乃先君之所嗜⑤，既免丧，以施浮图惟简，曰：'此唐明皇帝之所不能守者，而况于余乎！余惟自度不能长守此也，是以与子。'"而其末云："轼之以是与子者，凡以为先君舍也。"与初辞意盖不同，晚学⑥所不晓也。

### 【字词注解】

①惑于爱：是因为爱护你。

②美甚：甚美，非常美。

③私：亲厚。

④斡旋：调解。

⑤嗜：珍爱。

⑥晚学：晚生后辈，对自己的谦辞。

## 【精彩解说】

苏东坡写了《明正》这篇文章,是送于仮被免官东回故乡的,文章说:"你被免去官职,有没有因此而为你悲伤,像你自己一样悲伤的人呢?有没有像你父兄妻子一样为你悲伤的人呢?你自己之所以悲伤,是被计较得失所迷惑。父兄妻子之所以为你悲伤,是因为爱护你。"根据《战国策》里的记载,齐国的邹忌曾对妻子说:"我和城北的徐公,谁更美?"他的妻子说:"当然是你长得好看多了,徐公怎能比得上你呢?"邹忌又问他的妾和客人,他们都说:"徐公不如你长得漂亮。"晚上,邹忌躺在床上想:"妻子说我比徐公好看,是因为她爱我;妾说我好看是因为怕我;客人说我好看是因为有事求我帮忙。"苏东坡用来调解于仮失官的悲伤的做法,就是从这里套来的。但他在《四菩萨阁记》那篇文章里说:"这画是我父亲生前珍爱的,既然没有失去,便布施给和尚惟简,并且说:'这是唐明皇的遗物,他尚且不能让子孙永远保存这幅画,何况我呢!我自觉不能长期拥有这幅画,所以才取出赠送给你。'"而在这篇文章末尾又说:"我之所以把这幅画送给你,都是代替我父亲施舍的。"与文章开头的意思又不相同,这是我无法理解的。

## 无望之祸

### 原文

自古无望之祸[1]玉石俱焚者,释氏谓之劫数,然固自有幸不幸者。汉武帝以望气者言长安狱中有天子气,于是遣使者分条中都官诏狱系者,亡轻重[2]一切皆杀之,独郡邸狱系者[3],赖丙吉得生。隋炀帝令嵩山道士潘诞合炼金丹不成,云无石胆石髓,若得童男女胆髓各三斛六斗,可以代之,帝怒斩诞。其后方士言李氏当为天子,劝帝尽诛海内李姓。以炀帝之无道嗜杀人,不啻[4]草莽,而二说偶[5]不行。唐太宗以李淳风言女武当王,已在宫中,欲取疑似者尽杀之,赖淳风谏而止。以太宗之贤尚如此,岂不云幸不幸哉!

## 【字词注解】

① 无望之祸：即无妄之灾，突如其来的灾祸。
② 亡轻重：不分罪行轻重。
③ 独郡邸狱系者：只有藩王亲属被关进监狱的。郡邸狱，汉朝王侯、郡守府邸中所设的监狱。属大鸿胪。
④ 不啻：不亚于。
⑤ 偶：偶尔，碰巧。

## 【精彩解说】

　　自古以来，飞来横祸会玉石俱焚，佛家称之为"劫数"，但是也有有幸或不幸的。汉武帝时，有望气来判断世间吉凶的术士对汉武帝说长安监狱里有天子气，于是汉武帝便派了使臣分头下令给京都里的有关京官，提出各狱犯人，不论罪行轻重，统统处决，只有藩王亲属被关入监狱的，靠廷尉监丙吉的帮忙才得以逃生。隋炀帝让嵩山道士潘诞合炼金丹，一直炼不成，说是缺石胆石髓，如能弄到童男童女的胆、髓各三斛六斗，可以代替，炀帝大怒，把潘诞合杀了。后来方士又对炀帝说李姓当为天子，劝炀帝把全国姓李的统统杀掉。像隋炀帝那样喜欢杀人的无道昏君，与土匪差不多，以上两件事，他不过碰巧没做罢了。唐太宗听李淳风说以后姓武的女子当为天子，并且已进了皇宫，便打算把可疑的宫女都杀掉，幸亏李淳风加以进谏，才没实行。像唐太宗这样英明的皇帝尚且如此，所以说是有幸和有不幸的。

# 卷 四

## 周世宗

周世宗英毅①雄杰，以衰乱之世，区区五六年间，威武之声②，震慑夷夏③，可谓一时贤主，而享年不及四十，身没半岁④，国随以亡。固天方⑤授宋，使之驱除。然考⑥其行事，失于好杀，用法太严，群臣职事，小有不举⑦，往往置之极刑，虽素有才干声名，无所开宥⑧，此其所短也。薛居正⑨《旧史》纪载翰林医官马道元进状，诉寿州界被贼杀其子，获正贼⑩见在宿州，本州不为勘断⑪。帝大怒，遣窦仪乘驲往按之。及狱成，坐⑫族死者二十四人。仪奉辞之日，帝旨⑬甚峻，故仪之用刑，伤于深刻，知州赵砺坐除名⑭。此事本只马氏子一人遭杀，何至于族诛二十四家，其它可以类推矣。《太祖实录·窦仪传》有此事，史臣但归咎于仪云。

【字词注解】

①英毅：英明果决。

②威武之声：威望和雄壮的名声。

③夷夏：四夷和华夏，意即整个中国。

④身没半岁：死后半年。身没，指身死。半岁，半年。

⑤天方：天意，上天。

⑥考：考察。

⑦小有不举：稍有错处。

⑧开宥：开脱，宽容，原谅。

⑨薛居正：字子平，开封人，北宋大臣，少有大志，好学不倦。曾监修《五代史》，又名《梁唐晋汉周书》。后世为别于欧阳修《新五代史》，改作《旧势胜学五代史》，通称《旧五代史》。

⑩正贼：主犯。

⑪勘断：审查判断。

⑫坐：定罪。

⑬旨：旨意。

⑭坐除名：因此受牵连而丢掉官职。

## 【精彩解说】

周世宗柴荣是个英明果决的豪杰，在五代十国的混乱时势中，仅用短短的五六年时间，赫赫威名就震慑了整个中国，可谓是一代贤明的君主，然而他却没活到四十岁，死后半年，国家就随之灭亡。这恐怕是天意选定了宋朝，让他为宋朝的建立扫清道路。然而考察他一生所为，过错在于好杀，刑法严厉，群臣掌管的事务，稍有错处，往往以极刑处置。他虽然一直有才干和名望，却并不宽容，这是他的短处。薛居正主编的《旧五代史》记载翰林医官马道元曾进状子给世宗，诉说自己的儿子在寿州（今安徽寿州）境内被贼人杀死，主犯出现在宿州（今安徽宿州），已经被捕，当地州官不认真审判此案。世宗大怒，派大臣窦仪乘驿站快马前去处理此案。到案宗定下时，宗族亲属共二十四人被定罪处死。这是因为窦仪受命之时，世宗旨意十分严厉，所以窦仪使用刑法时便过于苛刻，知州赵砺也被撤职。这件事本来只是马氏的一个儿子遭杀，怎能诛灭二十四个族人呢？其他事也可以此类推了。《太祖实录·窦仪传》记载了这件事，但史官却把这件事的过错归罪到窦仪一人身上。

# 郑 权

## 原文

唐穆宗时,以工部尚书郑权为岭南节度使,卿大夫相率为诗送之[1]。韩文公作序,言:"权功德可称道。家属百人,无数亩之宅,僦[2]屋以居,可谓贵而能贫,为仁者不富之效[3]也。"《旧唐史·权传》云:"权在京师,以家人数多,奉入不足,求为镇[4],有中人之助,南海多珍货,权颇积聚以遗之,大为朝士所嗤。"又《薛廷老传》云:"郑权因郑注得广州节度,权至镇,尽以公家珍宝赴京师,以酬恩地[5]。廷老以右拾遗上疏,请按[6]权罪,中人由是切齿[7]。"然则其为人,乃贪邪之士尔!韩公以为仁者何邪?

## 【字词注解】

① 为诗送之:写诗为他送行。

② 僦:租赁。

③ 效:仿效。

④ 求为镇:请求到镇上做地方官。

⑤ 恩地:唐以来对师门的称呼,此处指代郑注,因他帮郑权谋官,对郑权有恩。

⑥ 按:考察,探究。

⑦ 切齿:痛恨,咬牙切齿的样子。

## 【精彩解说】

唐朝穆宗时,把工部尚书郑权外调到岭南任节度使,朝内百官先后写诗为他送行。韩愈作了一篇序说:"权的功绩和道德可以称得上做人的楷模。家属有一百人,却没有一所几亩地大的住宅,只好租赁别人的房子居住,真可以说是身居显贵而又能过贫苦生活,这是那些为富不仁的人应该仿效的。"《旧唐书·郑权传》里说:"郑权在京都时,因家里人口太多,薪俸不够家庭开支,请求到地方上做地方长官,得到掌权太监们的帮助。南海有很多珍贵的特产,郑权到任后积聚了不少送给太监们,这件事受到朝内官员们的耻笑。"又有《薛廷老传》里说:"郑权因有郑注的帮助才得到广州节度使的职务,权到任后,把官库里藏的珍宝统统运到京都,用以酬谢郑注。薛廷老当时担任右拾遗,因此上奏疏给皇帝,请求把郑权治罪,为此宦官们非常痛恨廷老。"根据这些记载,可见郑权是个贪婪的赃官,韩愈却又说他仁德,又是为什么呢?

## 资治通鉴

### 原文

司马公修《资治通鉴》,辟范梦得为官属①,尝以手帖论缵述之要②,大氐欲如《左传》叙事之体。又云:"凡年号皆以后来者③为定。如武德元年,则从正月,便为唐高祖,更不称隋义宁二年。梁开平元年正月,便不称唐天祐四年。"故此书用以为法,然究其所穷,颇有窒④而不通之处。公意正以《春秋》定公为例,于未即位,即书正月为其元年。然昭公以去年十二月薨,则次年之事,不得复系于昭。故定虽未立,自当追书⑤。兼经文至简,不过一二十字,一览可以了解。若《通鉴》则不侔⑥,隋炀帝大业十三年,便以为恭皇帝上,直至下卷之末,恭帝立,始改义宁,后一卷,则为唐高祖。盖凡涉历三卷,而炀帝固存,方书其在江都时事。明皇后卷之首,标为肃宗至德元载,至一卷之半,方书太子即位。代宗下卷云:"上方励精求治,不次⑦用人。"乃是德宗也。庄宗同光四年,便系于天成,以为明宗,而卷内书命李嗣源讨邺,至次卷首,庄宗方殂⑧。潞王清泰三年,便标为晋高祖,而卷内书石敬瑭反,至卷末始为晋天福。凡此之类,殊费分说⑨。此外,如晋、宋诸胡僭⑩国,所封建王公,及除⑪拜卿相,纤悉必书⑫,有至二百字者。又如西秦丞相南川宣公出连乞都卒,魏都坐大官章安侯封懿、天部大人白马文正公崔宏、宜都文成王穆观、镇远将军平舒侯燕凤、平昌宣王和其奴卒,皆无关于社稷治乱。而周勃薨,乃不书。及书汉章帝行幸⑬

长安，进幸槐里、岐山，又幸长平，御池阳宫，东至高陵，十二月丁亥还宫；又乙未幸东阿，北登太行山，至天井关，夏四月乙卯还宫。又书魏主七月戊子如⑭鱼池，登青冈原，甲午还宫；八月己亥如弥泽，甲寅登牛头山，甲子还宫。如此行役⑮，无岁无之⑯，皆可省也。

【字词注解】

①辟：征召，聘请。官属：官员。

②缵述之要：编辑的要点。

③后来者：延续下去的那个。

④窒：窒息，阻塞。

⑤追书：追记。

⑥不侔：不能同等看待。侔，相等，齐。

⑦不次：不依寻常次序。意即超擢，破格。

⑧殂：死去。

⑨殊费分说：解释起来非常费力。殊：很。分说：解释，注解。

⑩僭：僭越，超越本分，多指地位低下者冒用上主的名义或礼仪、器物。

⑪除：任命官职。

⑫纤悉必书：连细枝末节都详尽记述。

⑬幸：帝王到达某个地方称幸或者临幸。

⑭如：到达。

⑮行役：行旅，出行。

⑯无岁无之：没有哪一岁没有，意即每年都有。

【精彩解说】

司马光奉旨编《资治通鉴》，聘请范祖禹参加编辑，常常亲笔写一些手谕给他，讲述编辑要点，大体想效仿《左传》编年叙事的体例。又说："凡同一年内的年号，都要以后来延续下去的那个为准。如唐高祖武德元年，同时又是隋恭帝义宁二年，则从正月起便是唐高祖，不称隋义宁二年。

五代梁开平元年正月，就不称唐天祐四年。"所以，这部书凡遇到同一年内有两个年号的都采用这种办法，但要仔细研究一下，就觉得有不通的地方。司马光的本意是以《春秋》鲁定公为例，在他没有即位时，就记正月是他的元年。但是，因为昭公死于上一年十二月，第二年的事，当然不能再放到昭公名下。所以这时定公虽然还没有当国君，自然得把前几个月追记在他的名下。况且，《春秋》经文十分简单，不过一二十字，一览即可知。但《资治通鉴》就不能同等看待。比如，隋炀帝大业十三年，《资治通鉴》便标为隋恭皇帝上卷，但直至下卷末尾，恭帝即位，才改元义宁；紧接着便是唐高祖武德元年。这里前后共涉及三卷，而这时候隋炀帝还在世，内文说的是他在江都（今江苏扬州）的事。唐明皇后卷的开头，标明为唐肃宗至德元年，到一卷的一半，才写到太子即位。唐朝宗下卷又说："皇上正在振奋精神努力治国，不断破格使用人才。"说的却是唐德宗的事。唐庄宗同光四年，便放到明宗纪年，而卷内却记载皇帝命李嗣源（明宗本名）去征讨邺郡（今河南安阳一带），到下一卷初，庄宗才驾崩。潞王清泰三年，便标为晋高祖，而卷内记载有石敬瑭（晋高祖本名）叛乱，直到卷末，才有晋天福的年号。像这些东西，解释起来十分费力。此外，还有晋、宋等不属正统、割据一方的少数民族国家，他们封的王公位，以及任命的大臣、宰相，记得十分详尽，有的记到二百字之多。又如西秦丞相南川宣公出连乞都病卒，魏国的章安侯封懿卒，还记有文正公崔宏、文成王穆观、平舒侯燕凤、平昌宣王和他的奴仆等人病故，都是无关国家政权和社会安定的人。而有关汉朝历史变化的周勃之死，却没有记载。还有记载汉章帝出游长安，并游槐里、岐山，又到长平，住进池阳宫，往东到高陵（以上六个地方均在今陕西），十二月丁亥回宫；又在乙未年游幸东阿（今属山东），北登太行山，到天井关（位于今山西晋城），夏天四月乙卯日回到宫里。又记有魏国国君七月戊子日到鱼池，登上青冈原，甲午日回宫；八月己亥日又到弥泽，甲寅日登牛头山游览，甲子日回宫等。像这些游览情况，每年都有，完全可以省略不记。

# 卷 五

## 秦隋之恶

**原文**

自三代讫于五季①,为天下君而得罪于民,为万世所麾斥②者,莫若③秦与隋,岂二氏之恶浮于桀、纣哉④?盖秦之后即为汉,隋之后即为唐,皆享国久长。一时论议之臣,指引前世,必首及之⑤,信而有征,是以其事暴白于方来,弥远弥彰而不可盖也⑥。尝试哀⑦举之。

张耳曰:"秦为乱政虐刑,残灭天下,北为长城之役,南有五岭之戍,外内骚动,头会箕敛⑧,重以苛法,使父子不相聊⑨。"张良曰:"秦为无道,故沛公得入关,为天下除残去贼⑩。"陆贾⑪曰:"秦任刑法不变,卒灭嬴氏⑫。"王卫尉⑬曰:"秦以不闻其过亡天下。"张释之⑭曰:"秦任刀笔之吏,争以亟疾苛察相高⑮,以故不闻其过,陵夷⑯至于二世,天下土崩。"贾山借秦为喻曰:"为宫室之丽,使其后世曾不得聚庐而托处;为驰道之丽,后世不得邪径而托足;为葬薶之丽,后世不得蓬颗而托葬。以千八百国之民自养,力罢不能胜⑰其役,财尽不能胜其求,人与之为怨,家与之为雠,天下已坏而弗自知,身死才数月耳,而宗庙⑱灭绝。"贾谊曰:"商君遗⑲礼谊,弃仁恩,并心⑳于进取,行之二岁,秦俗日败,灭四维㉑而不张,君臣乖乱㉒,六亲殃戮㉓,万民离叛,社稷为虚。"又曰:"使赵高傅㉔胡亥,而教之狱。今日即位,明日射人,其视杀人若刈草菅㉕然。置天下于法令刑罚,德泽亡一有㉗,而怨毒盈于世,下憎恶之如仇雠。"晁错曰:"秦发卒戍边,有万死之害,而亡铢两之报㉘。天下明知祸烈及己也，陈胜首倡，天下从之如流水。"又曰："任不肖而信谗贼，民力罢尽㉙，矜奋自贤，法令烦憯，刑罚暴酷，亲疏皆危，外内咸怨，绝祀亡世。"董仲舒曰："秦重禁文学㉚，不得挟书，弃捐礼谊而恶闻之㉛。其心欲尽灭先圣之道，而颛为自恣苟简之治。自古以来，未尝有以乱济乱㉜，大败天下之民如秦者也。"又曰："师申、商之法㉝，行韩非之说，憎帝王之道，以贪狼为俗㉞，赋敛亡度，竭民财力，群盗并起，死者相望，而奸不息。"淮南王安曰："秦使尉屠睢攻越，凿渠通道，旷日引久，发谪戍以备之，往者莫反，亡逃相从，群为盗贼。于是山东之难始兴。"吾丘寿王曰："秦废王道，立私议，去仁恩而任刑戮，至于赭衣塞路，群盗满山㉟。"主父偃曰："秦任㊱战胜之威，功齐三代㊲，务胜不休，暴㊳兵露师，百姓靡敝㊴，孤寡老弱，不能相养，死者相望，天下始叛。"徐乐曰："秦之末世，民困而主不恤，下怨而上不知，俗已乱而政不修，陈涉之所以为资也。此之谓土崩。"严安曰："秦一海内之政，坏诸侯之城，为知巧权利者进，笃厚忠正者退。法严令苛，意广心逸。兵祸北结于胡，南挂于越，宿兵于无用之地，进而不得退，天下大畔，灭世绝祀㊵。"司马相如曰："二世持身不谨，亡国失势，信谗不寤㊶，宗庙灭绝。"伍被曰："秦为无道，百姓欲为乱者十室而五。使徐福入海，欲为乱者十室而六。使尉佗攻百越，欲为乱者十室而七。作阿房之宫，欲为乱者十室而八。"路温舒㊷曰："秦有十失，其一尚存，治狱之吏是也。"贾捐之㊸曰："兴兵远攻，贪外虚内，天下溃畔，祸卒在于二世之末。"刘向曰："始皇葬于骊山，下锢三泉㊹，多杀宫人，生薶工匠，计以万数，天下苦其役而反之。"梅福曰："秦为无道，削仲尼之迹，绝周公之轨，礼坏乐崩，王道不通，张诽谤之罔㊺，以为汉驱除。"谷永曰："秦所以二世十六年而亡者，养生泰奢，奉终泰厚㊻也。"刘歆曰："燔经书，杀儒士，设挟书之法，行是古之罪㊼，道术由是遂灭㊽。"凡汉人之论秦恶者如此。

唐高祖曰："隋氏以主骄臣谄亡天下。"孙伏伽㊾曰："隋以恶闻其过亡天下。"《薛收传》："秦王平洛阳，观隋宫室，叹曰：'炀帝无道，殚人力以事夸侈。'收曰：'后主奢虐是矜，死一夫之手，为后世笑。'"张元素曰："自古未有如隋乱者，得非君自专，法日乱乎？造乾阳殿，伐木于豫章，一材之费，已数十万工。乾阳毕功，隋人解体。"魏徵曰:"炀帝信虞世基[50],贼遍天下而不得闻。"又曰:"隋唯贵不献食,或供奉不精,为此无限,而至于亡。方其未乱,自谓必无乱;未亡,自谓必不亡。所以甲兵亟动[51],徭役不息。"又曰:"恃其富强,不虞后患,役万物以自奉养,子女玉帛是求[52],宫室台榭是饰。外示威重,内行险忌,上下相蒙,人不堪命[53],以致陨匹夫之手。"又曰:"文帝骄其诸子,使至夷灭。"马周曰:"贮积者固有国之常,要当人有余力而后收之,岂人劳而强敛之以资寇邪?隋贮洛口仓,而李密因之;积布帛东都,而王世充据之;西京府库,亦为国家之用。"陈子昂曰:"炀帝恃四海之富,凿渠决河,疲生人之力[54],中国之难起,身死人手,宗庙为墟[55]。"杨相如曰:"炀帝自恃其强,不忧时政。言同尧、舜,迹如桀、纣,举天下之大,一掷弃之。"吴兢曰:"炀帝骄矜自负,以为尧、舜莫己若,而讳亡憎谏。乃曰:'有谏我者,当时不杀,后必杀之。'自是謇谔[56]之士去而不顾,外虽有变,朝臣钳口,帝不知也。"柳宗元曰:"隋氏环四海以为鼎,跨九垠[57]以为炉,爨以毒燎,煽以虐焰,沸涌灼烂,号呼腾蹈。"李珏曰:"隋文帝劳于小务[58],以疑待下[59],故二世而亡。"凡唐人之论隋恶者如此。

【字词注解】

①五季:即后梁、后唐、后晋、后汉、后周这五代。

②麾斥:呵责,叱骂。

③莫若:不若,不如,比不上。

④岂二氏之恶浮于桀、纣哉:难道是这两人(秦始皇、隋炀帝)的罪恶比桀、纣还要大吗?

⑤必首及之:一定首先提及他们。

⑥弥远弥彰而不可盖也:时间越久远越发明显,并不随着时间推移被掩盖。

⑦裒:聚集,集中。

⑧头会箕敛:形容赋税繁重严苛。头会,按照人头征税。箕敛,用畚箕来盛装征收来的谷物。

⑨聊：依赖，依靠。

⑩除残去贼：除去凶狠残暴的人。除残，除去凶残的人。

⑪陆贾：西汉著名政治家。早年随刘邦平定天下，善于斡旋，常出使诸侯国。刘邦即位后，他奉命出使南越，使南越向汉室称臣，被任命为太中大夫。他重视儒学，建议"行仁义，法先圣"，提出"逆取顺守，文武并用"的政治方针，并总结前代国家兴亡的经验教训，共著文十二篇，书名为《新语》。

⑫卒灭嬴氏：最终灭掉始皇及其子孙政权。

⑬亡：失去。

⑭张释之：字季，西汉著名律法官，文帝三年（公元前177年）担任廷尉，成为最高司法官。他认为廷尉是"天下之平"，严于执法，不畏权贵。时人称赞"张释之为廷尉，天下无冤民"。

⑮争以亟疾苛察相高：争相以快速处理严苛的案件来证明自己的才能高于别人。亟，急切。高，超过，优于。

⑯陵夷：衰颓，衰落。

⑰胜：能承受，能承担。

⑱宗庙：指皇朝国家。

⑲遗：丢弃，抛开。

⑳并心：专心，集中心力。

㉑四维：礼、义、廉、耻四种道德准则，古时认为这是维系国家所必需的。

㉒乖乱：不守礼教，胡作非为。

㉓殃戮：遭殃，被杀戮。

㉔傅：辅佐。

㉕而教之狱：教导他用刑狱统治天下。

㉖其视杀人若刈草菅然：胡亥将杀人当作割草那么平常的事情。刈，割，一般指割草或者谷物之类。菅，一种多年生野草，多生于山坡草地，很坚韧，可做炊帚、刷子等。

㉗德泽亡一有：福德恩惠一点都没有。

㉘有万死之害，而亡铢两之报：历尽千难万险，九死一生，但是却得不

到半点好处。

㉙民力罢尽：人民筋疲力尽。罢，通"疲"，疲累。

㉚秦重禁文学：秦朝严禁文化典籍和学术著作。

㉛弃捐礼谊而恶闻之：抛弃礼义廉耻，甚至厌恶听到类似的话。弃捐，抛弃，丢弃。

㉜以乱济乱：以乱政来治理乱世。济，治理。

㉝师申、商之法：效仿申不害、商鞅的政策。

㉞以贪狼为俗：把贪婪凶狠作为习俗。贪狼：比喻像狼一样贪婪凶狠。

㉟赭衣塞路，群盗满山：囚犯挤满了道路，盗贼充满山头。赭衣，古代的囚衣，因用赤土染成赭色所以有此称。这里代指囚犯。

㊱任：凭借。

㊲功齐三代：功绩与夏、商、周三代并齐。齐，与……一样，并齐。三代，夏、商、周三代。

㊳暴：通"曝"，晾晒，暴露。

㊴靡敝：疲惫不堪。

㊵灭世绝祀：国家灭亡，后世断绝。

㊶信谗不寤：听信谗言又不醒悟。寤，醒悟。

㊷路温舒：字长君，河北巨鹿（今属河北）人，西汉著名的司法官，推崇儒家学说，曾对西汉的司法制度做出深刻反省。

㊸贾捐之：字君房，贾谊曾孙，汉元帝时小官。

㊹三泉：也称三重泉，即地下深处。多指人死后的葬处。

㊺张诽谤之罔：诽谤他人、诋毁他人的混乱行为大肆盛行。

㊻养生泰奢，奉终泰厚：统治者生前太过奢侈，死后陪葬太过丰厚。泰，通"太"。

㊼行是古之罪：这些行为都是自古没有的罪恶。

㊽道术由是遂灭：治理国家的方法也就随之消亡了。道术，这里指治理国家的方法。

㊾孙伏伽：河北人。隋时便入朝为官，李渊称帝后，他审时度势，投奔大唐王朝。唐朝开科取士，孙伏伽中了第一名。虽然隋朝便有科举制度，但是具体情况早就湮没无闻，所以孙伏伽成为中国历史上有名可考的第一个

状元。

(50)虞世基：字茂世，余姚人，隋朝重臣，炀帝亲信。为人恬静懦弱，喜怒不形于色。在朝中负责机要文件处理。曾经跟随炀帝出征高丽，数次劝谏未果，又见大臣相继诛戮，担心祸及己身，于是不敢逆龙鳞，时时附和炀帝的意思。当时的人都对他嗤之以鼻。到后来宇文化及在江都兵变，杀隋炀帝，他也一同被杀害。

(51)甲兵亟动：兵甲经常出动，说明经常发动战争。

(52)子女玉帛是求：追求天下的美女和钱财。

(53)人不堪命：人民不堪驱使。

(54)疲生人之力：耗尽老百姓的力量。

(55)身死人手，宗庙为墟：自己死于他人之手，江山社稷也都变成一片废墟。

(56)謇谔：刚直不阿，敢于直言。

(57)九垠：九州，代指整个中国。

(58)小务：细枝末节的事情。

(59)以疑待下：对臣下心怀疑忌。

## 【精彩解说】

从夏、商、周三代到后梁、后唐、后晋、后汉、后周五代，作为统治天下的帝王而对人民犯下大罪，被世世代代所痛斥的，没有比得上秦始皇和隋炀帝的。难道这两个人的罪恶比夏桀、商纣王还大吗？这大概是因为，秦朝之后的汉朝，隋朝之后的唐朝，国家存在的时间都很长，汉朝和唐朝的大臣在议论国事及前朝得失时，必然要首先提及他们，事件真实而又有材料可考证，所以他们的所作所为就暴露得很明显，而且随着时间的推移亦掩盖不住。兹举例予以说明。

汉初诸侯王张耳说："秦朝政治混乱，刑法残酷，残害毁灭天下人民。北面修筑长城，南边开辟五岭，征调成千上万的百姓服役、戍守，国内动荡不安，赋税繁重，刑罚严酷，使天下父子不能互相依赖生存。"张良说："秦朝治国无方，所以刘邦得以进关，替天下除去最凶残暴虐的人。"陆贾说："秦朝任意使用严酷的刑法而不改变，最终招致自己灭亡。"王卫尉说："秦王因为拒绝听取他的过失，而失去天下。"张释之说："秦朝任用舞文弄法的官吏，这些人以审理案件急速苛刻来显示自己能耐高，所以朝廷听不到自己的过失，到秦二世胡亥时，国家日益衰落，最终土崩瓦解了。"贾山借秦朝打比喻说："为自己构筑华丽的宫殿，却使他的后人连草屋都住不上；为自己修筑宽阔平坦的大道，却使后人连小路都走不成；为自己修造豪华的陵墓，却使后人死无葬身之地。用一千八百个国家的人民来养活自己，人民精疲力竭也服不完他的劳役，倾家荡产也满足不了他的需求，每人、每家都和他结下怨仇，江山已经毁坏而他还不知道，秦始皇死了才几个月，国家就灭亡了。"贾谊说："商鞅丢掉礼义仁爱，一心推行他的政策，追求功名，施行了两年，秦朝风俗日益败落，不讲礼、义、廉、耻，君主、大臣乖戾、混乱，亲朋之间互相残杀，天下人民纷纷逃离叛乱，国家因此衰弱。"又说："让赵高辅佐胡亥，却只教他用刑狱统治天下。今天即位做皇帝，明天就杀人，把杀人看作像割草一样随便。把国家置于严酷的法令刑罚统治之下，恩德惠泽一点也没有，而怨恨、仇视却充盈天下，人民憎恨他，把他看作仇敌。"晁错说："秦朝调征士兵戍守边关，虽九死一生，却没有一点报酬。天下人都很清楚自己遭受的大祸，所以陈胜首先揭竿而起，天下人像流水一样追随他。"又说："秦始皇任用没有贤能的人，偏信谗言献媚的小人，使人民精疲力竭，他却自恃高大，夸耀自己贤明。而事实上法令繁多苛刻，刑罚暴虐残酷，天下的人民，无论和他关系近的还是远的，人人自危，朝廷内外都很怨恨他，国家因此灭亡了。"董仲舒说："秦朝严厉禁止礼乐典制和学术文化，严禁私人拥有儒家经典及其他历史书籍，抛弃甚至讨厌听到礼义廉耻。其用心是完全消灭前世流传下来的圣贤学说，而恣意实行苟且简单的治理国家的方法。自古以来，没有像秦朝这样以乱治乱，使天下人民深受其害的。"又说："效法申不害、商鞅提出的权术，推行韩非的法治学说，厌恶贤明君主的治国之道，把贪婪凶狠作为习俗，横征暴敛没有法度，人民精力殚竭、财力散尽，为生计所迫起而闹事的此起彼伏，死亡的人很多，但干扰朝政的邪恶之人却没有停止。"淮南王刘安说："秦朝派尉屠睢进攻越人，开凿灵渠，修筑官道，旷日持久，又征调大批被罚流放的人戍守边关，做好作战的准备。这些守边之人常常有去无回，逃跑的人一个接一个，结伙成为盗贼，于是山东的战乱开始兴起。"吾丘寿王说："秦始皇废除先贤治国之道，树立自己的观点，抛弃仁义道德而用刑罚杀人，以致使罪犯充满道路，为生活所迫，盗贼满山遍野。"主父偃说："秦始皇凭着战胜六国的威力，功绩与夏、商、周三代一样，恋战不止，军队强盛显露，老百姓却疲惫不堪，孤寡老弱不能互相救济生活下去，死亡的人很多，天下人开始背叛他。"徐乐说："秦朝末期，人民生活贫困，但君主却不给以抚恤，下边怨声载道而上边却不知道，风俗败落而政治却得不到改善，这是陈胜起义的原因啊。这就是所说的土崩瓦解。"严安说："秦朝统一中国后，毁掉原来各诸侯国的城池，投机取巧、追求功名的得以重用，忠实厚道、耿直仁义之士遭到排斥。法令严峻苛酷、野心勃勃。向北用兵攻打匈奴，向南和越人交战，把军队驻守在没有用的地方，一直向前推进而不得后退，天下人都背叛他，因此，国家便灭亡了。"司马相如说："秦二世胡亥对自己要求不严，丢掉国家，失去权势，偏信谗言而不醒悟，结果招致江山灭亡。"伍被说："秦朝统治黑暗，老百姓十户里有五户想造反。派徐福东渡日本寻求长生不老之药，老百姓中十户有六户想起来造反。派尉佗进攻东南越人，老百姓中十户有七户想起来造反。修建阿房宫，老百姓中十户有八户想起来造反。"路温舒说："秦朝有十个人死，如果有一个人活下来，这个人就是管理监狱的人。"贾捐之说："秦朝兴师远征，对外扩大地盘没完没了，弄得国力日益空虚，江山崩溃，最终在秦二世胡亥时亡国。"刘向说："秦始皇在骊山为自己修造华丽的墓葬，用熔化的金属堵住墓道缝隙，以明珠作为日月星辰，用水银作为江河湖海，杀戮宫人作为殉葬品，又活活埋进数以万计的修墓工匠，天下老百姓被繁重的徭役害苦了，便起来反抗。"梅福说："秦朝没有治理国家的良好措施，灭绝孔丘、周公旦这些先贤的学说和治国之道，礼义典乐败坏，统治天下的措施不灵活，不得力，无中生有，诋毁别人，说别人坏话大肆盛行，所以最终被汉朝所取代。"谷永说："秦朝之所以传了两代皇帝，统治天下十六年就灭亡了，是因为统治者生活过于奢侈，陪葬过于丰厚。"刘歆说："焚书坑儒，设立禁止私人藏书的法令，这些做法都是自古没有的罪恶，治理国家的方法也就随之失去。"大凡汉朝人就是这样议论秦始皇罪过的。

唐高祖李渊说："隋朝因为君主自高自大、官吏阿谀奉承而失去天下。"孙伏伽说："隋朝皇帝因为讨厌听到自己的过错而失去天下。"《新唐书·薛收传》记载:"秦王李世民平定洛阳后,观看隋朝官殿时,感叹地说:'隋炀帝不实行德政,竭尽天下人力而奢侈豪华。'薛收说:'隋炀帝如此奢侈、暴虐、夸耀,最后死于一介武夫之手,被后世耻笑。'"张元素说:"自古以来,没有像隋这么混乱的朝代,这难道不是君主专制自恣、法制日益败坏造成的吗?修建乾阳殿,到豫章(今江西南昌)大肆伐砍树木,一根木材要费去数十万工匠的精力。乾阳殿修好了,隋朝也随之灭亡了。"魏徵说:"隋炀帝偏信虞世基,盗贼满天下他却不知道。"又说:"隋炀帝肆意责备不奉献食物或供奉物品不精的人,这样没有节制,直到亡国。当天下没有动乱的时候,自己认为天下一定不会动乱;当天下没有灭亡时,自己认为天下一定不会灭亡。于是(隋炀帝)频频发动战争,不断地征派徭役。"又说:"(隋炀帝)自恃国力富强,不考虑后患,役使天下财物为自己享用,追求天下美女钱财,装饰宫殿、楼阁。对外耀武扬威,对内阴险多疑,君臣上下互相欺骗,以致最后丧命于百姓之手。"他还说:"隋文帝使他的儿子们骄逸自大,最终到他儿子统治天下时,国家灭亡。"马周说:"存储粮食本是一个国家很平常的事,但要等到人民有余粮时再收缴,哪里有把强行收缴而来的人民的口粮用来资助盗寇的呢?隋朝建洛口仓存储粮食,却被李密得去;在东都洛阳存积布匹丝织品,却被王世充据有;西京长安国库,也被国家用完。"陈子昂说:"隋炀帝自恃国家富足,开挖河渠,竭尽老百姓的力量,酿成中国的灾难,自己也死于他人之手,江山社稷变为废墟。"杨相如说:"隋炀帝自恃强大,不担忧国家政事。言语像尧、舜的一样美好,所作所为如同夏桀王、商纣王那样残暴,将偌大个国家举手扔掉。"吴兢说:"隋炀帝骄傲自负,以为尧、舜二帝也不如自己,又忌讳人们谈论亡国,拒绝听取大臣们的谏言。甚至说:'向我进谏言的人,当时不杀他,过后一定要杀他。'于是正直的人都不留恋地离开了他,朝廷之外虽然有叛乱,而朝廷大臣却紧紧闭口不言,隋炀帝根本不知道。"柳宗元说:"隋朝把中国当作一个大鼎炉,用毒火烈焰来烧煮它,鼎炉内沸水涌起,鼎炉外大火熊熊,老百姓在炉中叫骂挣扎。"李珏说:"隋文帝在细小的事情上很用心,常常以猜疑之心对待朝廷大臣,所以帝位传了两代就亡国了。"大凡唐朝的人都是这样议论隋朝罪恶的。

# 汉唐二武

## 原文

东坡云："古之君子，必忧治世而危①明主。明主有绝人②之资，而治世无可畏之防。"美哉斯言！汉之武帝，唐之武后③，不可谓不明，而巫蛊④之祸，罗织之狱⑤，天下涂炭⑥，后妃公卿，交臂就戮⑦，后世闻二武之名，则憎恶之。蔡确作诗，用郝甑山上元间事，宣仁谓以吾比武后；苏辙用武帝奢侈穷兵虚耗海内为谏疏⑧，哲宗谓至引汉武上方先朝。皆以之得罪。人君之立政，可不监⑨兹！

## 【字词注解】

①危：担心。

②绝人：过人，比一般人强。

③武后：武则天。

④巫蛊：古代称巫师以邪术加害于人为"巫蛊"。蛊，传说中的一种人工培养的毒虫，专门用来害人。

⑤罗织之狱：网罗编造罪名让人下狱。罗织，虚构种种罪名，对无辜者加以诬陷。

⑥涂炭：烂泥和炭火，比喻极端困苦的境遇。

⑦交臂就戮：因为一点小事就遭到杀戮。

⑧谏疏：谏，规劝君主使其改正错误。疏，分条说明的文字，一般指臣子向皇帝上奏。

⑨监：通"鉴"，借鉴，参考。

## 【精彩解说】

苏东坡说："古代品行高尚的人，肯定会为如何治理天下而感到忧虑，为贤明的君主如何治国而感到担心。贤明的君主即使有超出常人的才能，但在治理天下这方面不能没有敬畏和警惕之心。"这句话说得真好啊！汉朝的汉武帝，唐朝的武则天，不能够说他们不贤明，即使是这样国家仍然存在着巫蛊之术的祸患，也有胡乱编造罪名的牢狱，百姓处于水深火热之中，后宫妃子与公卿贵族也经常因为很小的事情就遭到杀害，后世之人如果听闻汉武帝和武则天的名字，就会有憎恨厌恶的情绪。蔡确写了一首诗，其中提到郝甑山正月十五元宵节的事，宣仁太后就认为蔡确把她比作武则天；苏辙以汉武帝奢侈腐化、穷兵黩武、虚耗国家财政等事例劝谏皇帝，哲宗赵煦就认为苏辙引用汉武帝的故事是把他与前朝相比。他们两人都因此而被定罪。君主治理天下，怎么能不以此为鉴呢！

## 买马牧马

【原文】

国家买马①，南边于邕管，西边于岷、黎，皆置使提督，岁所纲发者盖逾万匹②。使臣、将校得迁秩转资③，沿道数十州，驿程券食④、厩圉薪刍⑤之费，其数不赀⑥，而江、淮之间，本非骑兵所能展奋，又三衙遇暑月，放牧于苏、秀以就水草⑦，亦为逐处之患⑧。因读《五代旧史》云："唐明宗问枢密使范延光⑨内外马数。对曰：'三万五千匹。'帝叹曰：'太祖在太原，骑军不过七千。先皇自始至终，马才及万。今有铁马如是，而不能使九州混一⑩，是吾养士练将之不至也。'延光奏曰：'国家养马太多，计一骑士之费可赡步军五人，三万五千骑，抵十五万步军，既无所施，虚耗国力。'帝曰：'诚如卿言。肥骑士而瘠吾民，民何负哉？'"明宗出于蕃戎⑪，犹能以爱民为念。李克用父子以马上立国制胜，然所蓄只如此。今盖数倍之矣。尺寸之功不建⑫，可不惜哉！且明宗都洛阳，正临中州，尚以为骑士无所施。然则今虽纯用步卒，亦未为失计也。

【字词注解】

①国家买马：宋朝为了充实骑兵兵力。国家，本朝，即宋朝。

②岁所纲发者盖逾万匹：每年成批从这些地方送往内地的马匹大约超过一万。纲，唐宋时成批运送货物的组织。逾，超过。

③得迁秩转资：得以升迁。迁，指调动官职，一般指升职。秩，官职级别。

④券食：凭券供应的膳食。一般为官吏所用。

⑤厩圉薪刍：盖马厩，准备柴禾、草料。

⑥不赀：无法估算。

⑦放牧于苏、秀以就水草：为了方便马匹喝水吃草，将马匹赶到苏州、秀州地区放牧。

⑧逐处之患：给这些地方每处都造成很大的损失。

⑨范延光：字子瑰，相州临漳（今河北临漳）人，唐明宗时曾做节度使，能征善战，生性刚正，敢于直言劝谏。

⑩混一：统一天下。

⑪蕃戎：少数民族。

⑫尺寸之功不建：尺寸之功（一点功劳）都未建立。

## 【精彩解说】

国家为了充实骑兵，在南边的邕管（今广西南宁），西边的岷州（今甘肃岷县）、黎州（今四川汉源）等边远地区购置马匹，并且设有专门的机构与官员，每年成批送往内地的马大概超过一万匹，管理这一事务的使臣、将校往往因此得以升迁官职。为运送这些马匹，沿途几十个州县，准备驿站，招待官兵，盖马厩，备草料，这些费用无法估量。然而长江、淮河之间的广大地区，本来就不适合骑兵奔驰作战，遇到炎热天气，还得将马赶到苏州（今江苏苏州）、秀州（今浙江嘉兴）一带放牧，给各地造成很大损失。据《旧五代史》记载："后唐明宗李嗣源询问枢密使范延光全国的马匹数目。范延光回答说：'有三万五千匹马。'后唐明宗叹息道：'太祖在太原时，骑兵也不过才七千。先皇（庄宗李存勖）自始至终，也仅有一万匹马。现在有这么多的军马，却不能统一天下，这是我养兵和训练将帅还做得不够啊。'范延光上奏说：'国家养的马匹太多了，一个骑兵的开销，可以养活五个步兵，三万五千名骑兵的费用抵得上十五万步兵的费用，这么多骑兵既不能发挥作用,又白白消耗国家财力。'后唐明宗说:'确实像你说的那样。厚养骑兵而使人民受苦,人民怎能承受得了?'"后唐明宗出生于少数民族家庭,还能想到爱护老百姓。李克用父子靠骑马打胜仗建立国家,然而所蓄养的马匹却如此之少。而今所养的马是其祖上的好几倍,但却一点功劳也没有建立,真让人为之可惜啊!何况自后唐明宗定都洛阳,面对中原,还以为骑兵无用武之地。所以,现在虽然单纯使用步兵,也未必失策啊。

## 唐虞象刑

### 原文

《虞书》:"象刑惟明①。"象者,法也。汉文帝诏,始云:"有虞氏之时,画衣冠、异章服以为僇②,而民弗犯。"武帝③诏亦云:"唐虞画象,而民不犯。"《白虎通》云:"画象者,其衣服象五刑也。犯墨者蒙巾④,犯劓者赭著其衣⑤,犯髌者以墨蒙其髌⑥,犯宫者扉。扉,草屦⑦也。大辟者,布衣无领⑧。"其说虽未必然⑨,杨雄《法言》:"唐、虞象刑惟明。"说者引前诏以证,然则唐、虞之所以齐民⑩,礼义荣辱而已,不专于刑也。秦之末年,赭衣半道⑪,而奸不息⑫。国朝之制,减死一等及胥吏兵卒配徒者,涅⑬其面而刺之,本以示辱,且使人望而识之耳。久而益多,每郡牢城营,其额常溢⑭,殆至⑮十余万,凶盗处之恬然⑯。盖习熟而无所耻也⑰。罗隐⑱《谗书》云:"九人冠而一人髡,则髡者慕而冠者胜,九人髡而一人冠,则冠者慕而髡者胜。"正谓是欤?《老子》曰:"民常不畏死,奈何以死惧之。若使民常畏死,则为恶者吾得执而杀之,孰⑲敢?"可谓至言。荀卿谓象刑为治古不然⑳,亦正论㉑也。

【字词注解】

①明:明告天下,公之于众。

②僇:刑罚。

③武帝:指汉武帝。

④犯墨者蒙巾：犯了罪应该在脸上刺墨字的人，用布蒙住他的脸以示刑罚。

⑤犯劓者赭著其衣：犯了罪应该割去鼻子的人，让他穿赭色的衣服。

⑥犯膑者以墨蒙其膑：犯了罪应当挖去膝盖骨的人，将墨汁涂在他的膝盖骨上作为刑罚。

⑦草屦：草鞋。

⑧大辟者，布衣无领：犯了死罪的人，让他穿上没有领子的布衣以代替刑罚。大辟，五刑之一，死刑。

⑨未必然：未必是这样，不一定正确。

⑩齐民：人民治理得好。

⑪赭衣半道：囚犯几乎塞满了道路。赭衣，穿赭衣的囚犯。

⑫而奸不息：但是违反法令的事情却没有停息。

⑬涅：用黑色染东西，用墨涂东西。这里指在身上刺字，以墨涂之。

⑭其额常溢：实际的囚犯人数常常超过规定关押罪犯的名额。

⑮殆至：恐怕到了。

⑯凶盗处之恬然：社会上的凶徒盗贼依然处之泰然，毫不在乎。

⑰盖习熟而无所耻也：大概是因为习以为常，所以压根就不觉得有什么羞耻的。

⑱罗隐：字昭谏，浙江新登人，早年应试不第，曾作《谗书》，讥刺不良社会现象。黄巢起义后，归乡避祸。晚年跟随吴越王钱镠，曾任钱塘令、谏议大夫等职。

⑲孰：谁。

⑳治古：治理古代的国家。不然：不正确。

㉑正论：正确的言论。

## ━●【精彩解说】

《尚书·虞书》记载："仿照天道以制刑法，公示于众。"象，就是效法的意思。汉文帝的诏书开始说："有虞氏的时候，没有肉刑，只是画一些衣服、帽子和花纹特异的服饰象征五刑，以示耻辱，但人民却不犯法。"汉武帝的诏书也说："唐尧、虞舜时代以画衣服、帽子和花纹特异的服饰来象征五刑，然而人民不犯法。"《白虎通》一书记载："以画衣帽和花纹特异的服饰象征刑法，这些衣服象征五种刑法。处以在面部刺墨字这种刑罚的人，用布蒙盖他的面部。处以割去鼻子这种刑罚的人，让他穿赭色的衣服。处以挖去膝盖骨这种刑罚的人，用黑墨涂其膝盖骨。处以阉割生殖器这种刑罚的人，穿扉。扉，就是草鞋。处以死刑这种刑罚的人，穿的麻布上衣没有领子。"这种说法也不一定对，杨雄《法言》一书认为唐尧、虞舜时期采用象征性的刑法，这个说法引用前朝皇帝的诏书作为证据。然而唐尧、虞舜之所以与民相同，是因为懂得礼义、光荣、耻辱，而不是刻意实行刑罚啊。秦朝末年，刑罚严酷，犯人几乎堵满了道路，然而违犯法律的事却没有停止过。宋朝的法制规定，犯死罪被免死的和充军发配的人，都要染黑他们的脸面并刺上字，目的是公示于众和羞辱他们，并且让人看到后知道他们犯了罪。时间一长，这些人就多了，各郡囚禁处以流放罪犯的地方，常常超过所规定的囚禁罪犯的名额，恐怕达到了十多万人，但社会上凶犯盗贼却满不在乎。这大概是因为习以为常而不觉得耻辱了吧。罗隐《谗书》上说："如果有九个人戴帽子而有一个人用麻束发，那么用麻束发的人非常羡慕戴帽子的人，戴帽子的人也很自得；如果有九个人用麻束发而只有一个人戴帽子，那么戴帽子的人就非常羡慕用麻束发的人，用麻束发的人就很得意。"这说明了什么呢？《老子》一书上说："老百姓常常是不怕死的，为何以死刑来使老百姓害怕呢？如果让老百姓经常害怕死，那么我捉到作恶多端的人就杀了他，这样一来，谁还敢犯罪呢？"这可以说是至理名言。荀卿认为上古唐虞时代用象征性的刑罚治理国家不对，也是一种正确的论述。

# 卷 六

## 朱温三事

**原文**

义理所在，虽盗贼凶悖之人①，亦有不能违者。刘仁恭为卢龙节度使，其子守文守沧州，朱全忠引兵②攻之，城中食尽，使人说以早降。守文应之曰："仆③于幽州，父子也，梁王方以大义服天下，若子叛父而来，将安用之④？"全忠愧其辞直，为之缓攻。其后还师，悉焚诸营资粮，在舟中者凿而沉之。守文遗⑤全忠书曰："城中数万口，不食⑥数月矣，与其焚之为烟，沉之为泥，愿乞其所余以救之。"全忠为之留数囷，沧人赖以济⑦。及篡唐⑧之后，苏循及其子楷，自谓有功于梁，当不次擢用⑨。全忠薄⑩其为人，以其为唐鸱枭⑪，卖国求利，勒循致仕，斥楷归田里⑫。宋州节度使进瑞麦⑬，省之不怿⑭，曰："宋州今年水灾，百姓不足，何用此为？"遣中使诘责⑮之，县令除名。此三事，在他人为不足道，于全忠则为可书矣，所谓憎而知其善也。

**【字词注解】**

①盗贼凶悖之人：背叛朝廷的凶狠暴虐的盗贼。

②朱全忠：后梁太祖朱温，起初参加黄巢起义，降唐时被唐僖宗赐名全忠。引兵：带领军队。

③仆：我，谦辞。

④将安用之:你将如何任用、安置他呢?

⑤遗:赠送,这里表示给朱温写信。

⑥不食:没有东西吃。

⑦济:活命。

⑧篡唐:篡夺大唐江山。

⑨当不次擢用:应当被破格提拔。擢用,提拔任用。

⑩薄:轻视,鄙薄。

⑪鸱枭:同"鸱鸮",这里代指罪人。

⑫勒循致仕,斥楷归田里:勒令苏循辞官回乡,将苏楷削职为民。勒,勒令,强令。

⑬瑞麦:一株多穗或异株同穗的麦子。古时将此当作吉祥的兆头。

⑭不怿:不高兴。

⑮诘责:诘问责备。

【精彩解说】

　　义理无所不在,即使是背叛朝廷的凶恶盗贼,有时也不违背。唐朝末年,刘仁恭任卢龙节度使,他的儿子刘守文驻守沧州(今属河北),朱温(赐名全忠)率兵围攻沧州,沧州城中能吃的东西都吃完了,但(守城的人)仍苦苦坚守,朱温派人劝说刘守文早日投降。刘守文回答说:"我和刘仁恭是父子关系,梁王你正用正义征服天下,如果当儿子的背叛了父亲而投靠你,你将如何任用他呢?"朱温听了刘守文的正直言辞,感到很惭愧,就减缓了攻势。后来,朱温撤军,准备把各军营中的粮草全部烧掉,河中的粮船也都凿沉在水中。刘守文写信给朱温,说:"沧州城中几万军民,已好几个月没东西吃了,你与其把粮草烧成烟灰,沉没在水中烂成泥,不如发点慈悲,拿剩余的粮草来救活沧州城中的军民。"朱温就留了几座粮仓没有烧,沧州城中的军民靠此得以活命。到了朱温篡夺唐朝江山,做了后梁皇帝后,苏循和他的儿子苏楷,自以为对后梁有功,应该被破格提拔重用。而朱温却看不起他父子俩的人品,认为他们是唐朝的罪人,卖国求荣,牟取私利,便勒令苏循辞官回家,苏楷削职为民。宋州(今河南和山东部分市县地)节度使进奉象征吉祥的多穗麦子,朱温看了很不高兴,说:"宋州今年发水灾,老百姓缺食少衣，为什么还要进奉祥瑞征兆？"并派宫中的宦官到宋州责备节度使，还罢免了进献瑞麦的县令。这三件事，对于其他人来说不值得提及，但对朱温来说，却值得大书特书，这就是憎恨一个人也要知道他有好的一面。

## 文字润笔

### 原文

作文受谢①，自晋、宋以来有之，至唐始盛。《李邕传》："邕尤长碑颂②，中朝衣冠及天下寺观③，多赍持④金帛，往求其文。前后所制，凡数百首，受纳馈遗，亦至巨万。时议以为自古鬻文获财，未有如邕者。"故杜诗云："干谒⑤满其门，碑版照四裔。丰屋珊瑚钩，骐骥织成罽。紫骝随剑几，义取无虚岁。"又有《送斛斯六官诗》云："故人南郡去，去索作碑钱。本卖文为活，翻令室倒县。"盖笑之也。韩愈撰《平淮西碑》，宪宗以石本赐韩宏，宏寄绢五百匹；作王用碑，用男⑥寄鞍马并白玉带。刘叉持愈金数斤去，曰："此谀墓中人得耳，不若与刘君为寿。"愈不能止。刘禹锡祭愈文云："公鼎侯碑⑦，志隧表阡⑧。一字之价，辇金如山⑨。"皇甫湜为裴度作《福先寺碑》，度赠以车马缯⑩彩甚厚，湜大怒曰："碑三千字，字三缣⑪，何遇我薄邪⑫？"度笑，酬以绢九千匹。穆宗诏萧俛撰成德王士真碑，俛辞曰："王承宗事无可书。又撰进⑬之后，例得贶遗，若黾勉⑭受之，则非平生之志。"帝从其请。文宗时，长安中争为碑志，若市买然⑯。大官卒，其门如市，至有喧竞争致⑰，不由丧家。裴均之子，持万缣诣韦贯之求铭⑱。贯之曰："吾宁饿死，岂忍为此哉？"白居易《修香山寺记》曰："予与元微之定交于生死之间。微之将薨，以墓志文见托，既而⑲元氏之老，状其臧获、舆马、绫帛洎银鞍、玉带之物⑳，价当六七十万，为谢文之贽㉑。予念平生分，贽不当纳，往反再三，讫㉒不得已，回施兹寺。凡此利益功德，应归微之。"柳玭善书，自御史大夫贬泸州刺史，东川节度使顾彦晖请书德政碑。玭曰："若以润笔㉓为赠，即不敢从命。"

本朝此风犹存，唯苏坡公于天下未尝铭墓，独铭五人，皆盛德故，谓富韩公、司马温公、赵清献公、范蜀公、张文定公[24]也。此外赵康靖公、滕元发二铭，乃代文定所为者。在翰林日[25]，诏[26]撰同知枢密院赵瞻神道碑，亦辞不作。曾子开与彭器资为执友[27]，彭之亡，曾公作铭，彭之子以金带缣帛[28]为谢。却之至再[29]，曰："此文本以尽朋友之义，若以货见投，非足下所以事父执之道也。"彭子皇惧而止。此帖今藏其家。

### 【字词注解】

① 作文受谢：替人写文章而接受别人的酬劳。作文，为别人作文，替别人写文章。谢，答谢，谢礼。

② 长：擅长。碑颂：碑铭颂辞。

③ 中朝衣冠及天下寺观：朝中的官员和天下各个佛寺道观的僧人与道士。中朝，朝中，朝廷。衣冠，这里代指朝中官员。

④ 赍持：捧着，手持着。

⑤ 干谒：有目的地求见。

⑥ 用男：王用的儿子。

⑦ 公鼎侯碑：韩公你颇有盛名，位列封侯，事迹应该在石碑上铭刻。

⑧ 志隧表阡：刻在墓志铭上。

⑨ 辇金如山：用车马载运金钱，堆积成山。

⑩ 缯：泛指丝绸。

⑪ 字三缣：每个字值三匹细绢。

⑫ 何遇我薄邪：为何给我这么少的东西？遇，对待。邪，语气助词，表疑问或反诘。

⑬ 撰进：撰写好后进献给朝廷。

⑭ 贶遗：馈赠，这里指朝廷的赏赐。

⑮ 黾勉：尽力，努力。

⑯ 若市买然：就像市场上做买卖一样。

⑰ 喧竞争致：高声喧闹，互相争执（要为大官写碑文）。

⑱ 持万缣：携带一万匹细绢。诣：造访，拜访。

⑲既而：不久之后。

⑳臧获：奴婢。舆马：车马。洎：到，甚至。

㉑赟：酬劳。

㉒讫：最后。

㉓润笔：请人作诗文书画的报酬。

㉔张文定公：即张方平。

㉕在翰林日：苏轼在翰林院做学士时。

㉖诏：皇帝下诏。

㉗执友：同"挚友"。

㉘缣帛：细绢绸缎。

㉙却之至再：一再推辞。

## 【精彩解说】

替人写文章而获得酬劳，自晋朝和南朝宋以来便有了，直到唐朝才开始盛行。《李邕传》中记录："李邕擅长书写碑文，朝廷大臣和天下的寺庙道观，都会拿着金银绢帛来请他写文章。李邕前后写下的文章，数量共有几百首，所获得的财资，也高达上万。在当时的人们看来，从古至今靠出售文章而获得钱财的，没有人比得上李邕。"因此杜甫有诗说："干谒满其门，碑版照四裔。丰屋珊瑚钩，骐驎织成罽。紫骝随剑几，义取无虚岁。"又有《送斛斯六官诗》说："故人南郡去，去索作碑钱。本卖文为活，翻令室倒县。"大概是写来嘲讽他的。韩愈同样撰写了《平淮西碑》，唐宪宗将这个石本赐给了韩宏，韩宏就将五百匹绢帛作为酬劳给韩愈；韩愈给王用也写了碑文，王用的儿子给韩愈送去了鞍马和白玉带。刘叉拿走了韩愈的几斤金子，并说："这是吹诔坟墓中的人得到的，不如送给我刘某人做寿礼。"韩愈没法阻止他。刘禹锡给韩愈写的祭文中说："你韩公有盛名，官位封侯，事迹应记在石碑上，现在铭记在墓碑上，一个字的价格，就载运金钱堆成山。"皇甫湜给裴度写了《福先寺碑》文，裴度赠送给皇甫湜许多车马和绸绢，皇甫湜很气愤地说："碑文有三千字，一个字值三匹细绢，为什么给我这么少的东西？"裴度赶快赔着笑脸又送了九千匹绸绢作为酬谢。唐穆宗下诏书命萧俛为成德军节度使王士真撰写碑文，萧俛推辞说："王士真的儿子王承宗没有什么事迹可写的。再说写好进献给朝廷之后,按照惯例应得到赐物,如果勉强接受了它,那就不是我平生的志向了。"唐穆宗答应了萧俛的请示。唐文宗时,长安(今陕西西安)城中争着为别人写碑文,就好像市场上做买卖一样。如果有大官死了,他家门前就如同市场一样,要求为死者撰写碑文的人争来争去,高声喧闹,就连死者的家人也做不了主。裴均的儿子,携带一万匹细绢到韦贯之家中索求碑文,贯之说:"我宁愿饿死,也不忍心这样做。"白居易在《修香山寺记》中说:"我和元微之是生死之交的朋友。微之临死时托我给他写碑文,事过不久,元家的老人说要将他家的奴婢、车马、绫绢、银鞍、玉带等价值相当于六七十万两白银的东西送给我作为我写碑文的报酬。我想起平日和微之的交情,认为不应该接受这些礼物,元氏家前后送来多次,最后不得已而收下,施舍给香山寺。这些利益功德,应当归于元微之。"柳玭的书法很好,他从御史大夫贬为泸州刺史,东川(今四川遂宁)节度使顾彦晖请他给自己书写德政碑碑文。柳玭对他说:"如果赠送给我财物作为酬谢,我就不能答应你的请求。"

宋朝仍然存在这种风俗,只有苏轼很少给别人写碑文,只给五个人写过,而且还是因为这五人德高望重。这五个人是富弼、司马光、赵抃、范镇、张方平等人。此外赵康靖、滕元发二人的碑文,还是代张方平写的。苏轼任翰林学士时,皇帝诏令他给同知枢密院赵瞻写碑文,苏轼也推辞不写。曾子开与彭器资是挚友,彭器资死后,曾子开给他写了碑文,彭器资的儿子送给他金带绢绸作为酬谢。曾子开再三推辞,说:"这篇碑文是尽朋友之情义而写的,如果你送给我钱物,那么这就不是你对待你父亲挚友的方式了。"彭器资的儿子听了很不好意思,赶紧收回了东西。这篇碑文现在还藏在他家中。

## 汉举贤良

汉武帝建元元年,诏举贤良方正直言极谏之士①。丞相绾②奏:"所举贤良,或治申、商、韩非、苏秦、张仪之言,乱国政,请皆罢③。"奏可④。是时，对⑤者百余人，帝独善⑥庄助对，擢⑦为中大夫。后六年，当元光元年，复诏举贤良，于是董仲舒等出焉⑧。《资治通鉴》书仲舒所对为建元。案，策问⑨中云："朕亲耕籍田⑩，劝孝弟⑪，崇有德，使者冠盖相望⑫，问勤劳，恤孤独⑬，尽思极神⑭。"对策曰："阴阳错缪⑮，氛气充塞，群生寡遂，黎民未济。"必非⑯即位之始年也。

—•【字词注解】

①诏举贤良方正直言极谏之士：汉武帝下诏，命令荐举贤能、善良、刚直、敢于直言进谏的人。

②丞相绾：即卫绾，早年跟随汉文帝，护驾左右，因谨慎小心，为文帝喜爱，任中郎将。及至景帝即位后，卫绾仍为中郎将。七国之乱时，卫绾受封为侯，因他寡言敦厚，所以仍得景帝赏识。武帝继位后，行激进政策，所以不久便被罢免了官职。

③罢：罢免。

④奏可：汉武帝准许了他的奏疏。

⑤对：对答，回答汉武帝的提问。

⑥善：青睐，喜爱。

⑦擢：擢升，提拔。

⑧董仲舒：西汉时期著名的唯心主义哲学家和今文经学大师，使儒家学说得以发扬光大之人。景帝时董仲舒担任博士，讲授《公羊春秋》。汉武帝元光元年（公元前134年），董仲舒提出自己的基本学术主张，并建议"罢黜百家，独尊儒术"，被汉武帝采纳。此后，儒家学说盛行两千多年，成为人们立身行事的准则。出：出现，脱颖而出。

⑨策问：古时采用对答形式考试的一种文体，以经义、政事为主，帝王以此来选拔人才。

⑩籍田：古代帝王亲自耕作的小块农田。

⑪劝孝弟：劝勉大家要孝顺父母，尊敬兄长。

⑫冠盖相望：形容政府使者往来络绎不绝。冠盖，指官员的冠服和车盖，代指官员。相望，互相看得见。

⑬孤独：孤寡可怜之人。
⑭尽思极神：竭尽心思，集中精神。
⑮阴阳错缪：阴气与阳气交错。
⑯必非：一定不是。

【精彩解说】

汉武帝建元元年（公元前140年），汉武帝刘彻下诏，命朝廷大臣推举贤能、正直、敢于直言进谏的人士。丞相卫绾上奏说："所推举的贤良之才，在回答皇帝的问题时，有的引用申不害、商鞅、韩非、苏秦、张仪这些人的话，惑乱朝政，请求皇上都不要重用他们。"汉武帝同意了他的上奏。当时，全国参加考试回答汉武帝所提问题的有一百多人，汉武帝唯独喜爱庄助的回答，就提拔他为中大夫。六年之后，正是汉武帝元光元年（公元前134年），汉武帝又下诏推举良贤人才，于是董仲舒等人脱颖而出，得以重用。《资治通鉴》上说董仲舒是建元元年（公元前140年）参加的汉武帝选拔人才的考试。按照汉武帝所出试题中所说："我每年春天都要到田地里看望耕地的百姓，勉励大家孝顺父母，敬爱兄长，尊崇有品德的人，派出许多官员，慰问有功劳的人，抚恤孤寡的人，为此竭尽心思，全力以赴。"董仲舒回答说："阴气与阳气交错，大气团充塞，芸芸众生，少事干，黎民百姓未能得到周济。"可见，这并非汉武帝即位那一年，即建元元年（公元前140年）开始的。

## 戊为武

【原文】

十干"戊"字只与"茂"同音，俗辈呼为"务"，非也。吴中术者，又称为"武"。偶阅《旧五代史》，梁①开平元年，司天监上言日辰②，内"戊"字请改为"武"，乃知亦有所自也。今北人语多曰"武"，朱温父名诚，以"戊"类③"成"字，故司天谄④之耳。

──•【字词注解】

①梁：后梁。

②上言日辰：向皇帝上书解说历法。

③类：肖，像。

④谄：谄媚，奉承。

──•【精彩解说】

在天干中，"戊"字只和"茂"字同音，一般的人把它读成"务"这个音，这不对。吴中术士又读成"武"这个音。我有次偶然阅读《旧五代史》，看到上面说，后梁太祖开平元年（907年），司天监上书皇帝陈说历法，请求把天干中的"戊"字改用"武"，我才知道"戊"读作"武"是有其原因的。现在北方人大多读"武"这个音，后梁皇帝朱温的父亲名字叫朱诚，"戊"字像"成"字，所以司天监才上书要求把"戊"字改用"武"字，以奉承皇帝。

# 卷 七

## 女子夜绩

**原文**

《汉·食货志》云:"冬,民既入①,妇人相从夜绩②,女工一月得四十五日③。"谓一月之中,又得半夜,为四十五日也。必④相从者,所以省费燎火⑤,同巧拙而合习俗也⑥。

《战国策》甘茂亡秦⑦出关,遇苏代,曰:"江上之贫女,与富人女会绩⑧而无烛,处女相与语,欲去之。女曰,妾以无烛故,常先至扫室布席⑨,何爱⑩余明之照四壁者?幸以赐妾。"以是知三代之时,民风和厚⑪勤朴如此,非独女子也,男子亦然。

《豳风》⑫"昼尔于茅⑬,宵尔索绹",言昼日往取茅归,夜作绹索,以待时用也,夜者日之余,其为益多矣。

【字词注解】

①民既入:民众都待在家里。

②相从夜绩:聚集在一起,晚上一同纺麻织布。绩,把麻搓捻成线或绳。

③女工一月得四十五日:女子一个月可以做四十五天的活计。

④必:一定。

⑤省费燎火:节省灯火费用。

⑥同巧拙而合习俗也：相互取长补短，时间长了，便成为一种习俗。

⑦亡秦：逃离秦国。

⑧会绩：一同纺麻。

⑨扫室布席：打扫屋子，铺设席垫。

⑩爱：吝惜。

⑪和厚：和睦淳厚。

⑫《豳风》：诗经篇章，有一个系列，多反映人民的劳作场面。

⑬茅：上山砍茅草。

## 【精彩解说】

《汉书·食货志》上说："到了冬天农闲时，老百姓都待在家中，妇女们聚集在一起，晚上纺麻织布，这样做一个月可做四十五天的活。"就是说，一个月中，每天又多出半夜，这样一个月就相当于四十五天。妇女们之所以要聚集在一起，是为了节省灯火，相互取长补短，积久成俗。

《战国策》记载，甘茂逃离秦国，出了关中地区，遇见了苏代，就对苏代说："江上的一个贫家女子和富家女子一起织布，自己却没有灯烛，一起织布的女子们一起商量，想赶走她。贫家女说：'我因为没有灯，所以常常先到，打扫房屋，铺设席垫，你们何必吝啬照在四周墙壁上的余光呢？希望把多余的光亮赐给我。'"从这可以知道夏、商、周三代时，民风是如此淳厚、朴素、勤劳，不但妇女如此，男子也是这样。

《诗经·豳风》中说"昼尔于茅，宵尔索绹"，意思是说，白天男子上山采集茅草，晚上把茅草搓成绳子，以备冬日晚上用。夜晚作为白天的延续，它的好处很多啊。

## 建除十二辰

【原文】

建除十二辰，《史》《汉》历书皆不载，《日者列传》但有"建除家以为不吉"一句。惟《淮南鸿烈解·天文训》篇云："寅为建，卯为除，辰为满，巳为平，主生①；午为定，未为执，主陷；申为破，主衡；酉为危，主杓；戌为成，主少德；亥为收，主大德；子为开，主太岁；丑为闭，主太阴。"今《会元官历》，每月遇建、平、破、收日，皆不用，以建为月阳，破为月对，平、收随阴阳月递互为魁冈②也。《酉阳杂俎·梦篇》云："《周礼》以日月星辰各占六梦，谓日有甲乙，月有建破。"今注无此语。《正义》曰："案《堪舆》，黄帝问天老事③云：'四月阳建于巳，破于亥，阴建于未，破于癸，是为阳破阴，阴破阳。'"今不知何书所载，但又以十干为破，未之前闻也。

【字词注解】

① 主生：掌管生死。
② 魁冈：指河魁与天冈两颗星。
③ 问天老事：向天帝询问事情。

【精彩解说】

与十二地支：子、丑、寅、卯、辰、巳、午、未、申、酉、戌、亥相配的建、除、满、平、定、执、破、危、成、收、开、闭十二辰，《史记》《汉书》中都没有记载，《史记·日者列传》中仅有"专门研究建除十二辰的人认为不吉利"这样一句话。只有《淮南鸿烈解·天文训》篇中说："寅为建，卯为除，辰为满，巳为平，主管生；午为定，未为执，主管陷；申为破，主管衡；酉为危，主管杓；戌为成，主管少德；亥为收，主管大德；子为开，主管太岁；丑为闭，主管太阴。"现在宋朝的《会元官历》中，每月遇建、平、破、收这几天，都不用它们来与地支相配，用建为月阳，破为月对，平、收随阴阳月次递互为魁冈。《酉阳杂俎·梦篇》上说："《周礼》用日、月、星、辰各算六梦的吉凶，说日有甲乙，月有建破。"现在的注释没有此话。《正义》上说："按《堪舆》记载，黄帝向天帝询问事情时说：'四月份阳建于巳，破于亥，阴建于未，破于癸，是指阳破阴，阴破阳。'"现在不知道什么书上有记载，但是，另外又用十干为破，以前没有听说过。

# 俗语算数

## 原文

三三如①九，三四十二，二八十六，四四十六，三九二十七，四九三十六，六六三十六，五八四十，五九四十五，六九五十四，七九六十三，八九七十二，九九八十一，皆俗语算数，然《淮南子》中有之。三七二十一，苏秦说齐王之辞也②。《汉书·律历志》刘歆典领钟律，奏③其辞，亦云八八六十四。杜预④注《左传》，天子用八，云八八六十四人，又六六三十六人，四四十六人。如淳、孟康、晋灼注《汉志》，亦有二八十六，三四十二，六八四十八，八八六十四等语。

## 【字词注解】

①如：等于。
②说：游说。辞：言辞，话语。
③奏：上奏，陈说。
④杜预：字元凯，西晋杜陵（治今陕西西安市东南）人，著名的政治家和学者。他出身官宦世家，但由于受曹操等人牵连，司马懿等人掌权时，一直未能出仕。司马昭上台后，极力拉拢杜预。杜预主持修订律法，对后世法律有很大影响。杜预政绩卓越，在文学上也有很高造诣，曾为《左传》作注。

## 【精彩解说】

三三得九，三四一十二，二八一十六，四四一十六，三九二十七，四九三十六，六六三十六，五八四十，五九四十五，六九五十四，七九六十三，八九七十二，九九八十一，这些都是人们平时计算时用的口诀，但《淮南子》一书中也有记载。三七二十一，是纵横家苏秦游说齐王时说过的话。而在《汉书·律历志》记载刘歆的典领钟律，向皇帝报告的时候，也说过八八六十四。著名学者、西晋大臣杜预在给《左传》作注解时也说，天子用八，是说八八六十四人，又云六六三十六人，四四一十六人。如淳、孟康、晋灼注释的《汉书·艺文志》，也有二八一十六，三四一十二，六八四十八，八八六十四等语。

# 卷 八

## 汉表所记事

原文

《汉书·功臣表》所记列侯功状，有纪传所轶者[1]。韩信击魏，以[2]木罂缶度军，表云：祝阿侯高邑以将军属淮阴，击魏，罂度军。《史记》作"瓨"。盖此计由邑所建[3]也。信谋[4]发兵袭吕后，其舍人得罪信，信囚欲杀之。舍人弟上书变，告信欲反。晋灼注曰："《楚汉春秋》云，谢公也。"表有滇阳侯乐说，《史记》作"栾说"，以淮阴舍人告反，侯，盖非[5]谢公也。须昌侯赵衍从汉王起汉中，雍[6]军塞渭上，上计[7]欲还，衍言从它道[8]，道通。中牟侯单右车，始高祖微时[9]，有急[10]，给高祖马，故得侯。邓侯黄极忠以群盗长为临江将，已而为汉击临江王。祁侯缯贺从击项籍，汉王败走，贺击楚追骑，以故不得进，汉王顾[11]谓贺祁王。《史记》作'侯'。颜师古曰："谓之祁王，盖嘉[12]其功，故宠褒之，许[13]以为王也。"它[14]复有与《传》小异者。《史记·张良传》：项梁立韩王成，以良为韩申徒。徐广云："申徒即司徒，语音讹[15]转也。"而《汉表》，良以韩申都下韩。师古云："韩申都即韩王信也，《楚汉春秋》作'信都'，古'信''申'同字。"案，良与韩王信了不相干[16]，颜注误矣。自"司徒"讹为"申徒"，自"申徒"为"申都"，自"申都"为"信都"，展转[17]相传，古书岂复可以字义求[18]也？韩信归汉，为治粟都尉，表以为[19]票客。师古曰："与纪传参错[20]不同，或者以其票疾而宾客礼之，故云票客也。"

《史记》作"典客",《索隐》以为"粟客"。

此外又有官名非史所载者。如:孔聚以执盾从;周灶以长钑都尉;郭蒙以户卫;宣虎以重将㉑,重将者,主将领辎重也㉒;瓧跁以门尉;棘丘侯襄以执盾队史;郭亭以塞路,塞路者,主遮塞要路以备敌寇也㉓;丁礼以中涓骑;爰类以慎将,谓以谨慎为将也;许盎以骈邻说卫,骈邻者,二马曰骈,谓并两骑为军翼也,说读曰税,税卫者,军行初舍止之时主为卫也;许瘛以赵右林将,林将者,将士林,犹言羽林之将也;清侯以弩将㉔;留肦以客吏;冯解散以代大与,大与,主爵禄㉕之官也,《史记》作"太尉";靳强以郎中骑千人之类。聊纪于此㉖,以示读史者云。

── **【字词注解】**

①纪传:记述的材料。轶:散失。

②以:认为。

③建:进献,建议。

④谋:密谋。

⑤盖非:应该不是。

⑥雍:通"拥",拥挤。

⑦计:打算。

⑧从它道:从别的道路前进。

⑨微时:未显贵的时候。

⑩有急:遇见紧急之事。

⑪顾:于是。

⑫嘉:嘉奖。

⑬许:许诺。

⑭它:其他。

⑮讹:错误。

⑯案:考察,研究。这里指作者认为。了不相干:毫不相干。

⑰展转:经过许多环节。

⑱求:考求。

⑲ 为：担任。

⑳ 参错：差异，错漏。

㉑ 重将：主将。

㉒ 领：掌管。辎重：运输的物资设备。

㉓ 要路：重要的道路。寇：入侵，侵犯。

㉔ 弩将：掌管弓箭的官员。

㉕ 爵禄：官员的爵位俸禄。

㉖ 聊纪于此：暂且记录在这里。

### 【精彩解说】

在《汉书·功臣表》中所记载的关于侯官的功绩，有的材料纪传给遗漏了。韩信攻打魏国的时候，用木头和小口大肚、大口小肚的瓦器让军队过河，表上这样说：祝阿侯高邑认为将军属于淮阴，攻打魏国的时候，用瓦器让军队过河。《史记》上"罂"字作瓯，大概这条计策是由高邑所建议的。韩信打算出兵攻打吕后，有一位舍人，得罪过韩信，韩信把他囚禁起来，打算杀掉他。但这个舍人的弟弟给皇后打报告，说韩信想谋反。晋灼注释说："《楚汉春秋》上指出，是谢公。"表上有关于滇阳侯乐说，《史记》上作"栾说"，因为淮阴舍人告发这件事，这里说的侯，并不是指的谢公。须昌侯赵衍，随从汉王起事于汉中，军队拥塞在渭水之上，皇帝想退兵回去，赵衍说从别的道路前进，道路一定能通过。中牟侯单右车，开始的时候，高祖地位低微，遇到一件紧急事，把自己的马给高祖刘邦骑，因为这个原因而得了侯爵。邔侯黄极忠是盗贼的头目，后来成为临江的大将，不久，又替汉朝进攻临江王。祁侯缯贺跟着刘邦一块儿打项羽，汉王刘邦败走，缯贺用骑兵打楚王项羽，阻止项羽的军队前进。于是汉王刘邦提拔缯为祁王。《史记》上写为"侯"。颜师古说："是指祁王，都是为他庆功嘉奖的意思，所以宠爱他，说他好，答应将来封他做个王一级的官职。"其他又有与传中所记少有不同。《史记·张良传》中说项梁起兵的时候，立韩王成，用张良为韩申徒。徐广说："申徒就是司徒，是语音讹传造成的。"而《汉书·功臣表》上说张良为韩申都下韩。颜师古说："韩申都就是韩王信，《楚汉春秋》上作'信都'，古时候'信'字和'申'字相同。"我认为：张良同韩信是不相干的,是颜师古注释错了。自"司徒"讹传为"申徒",自"申徒"传为"申都",自"申都"传为"信都",这样多次辗转相传,古书难道是可用字义相考求的吗?韩信后来归到汉朝,任治粟都尉,《汉书·功臣表》认为是票客。颜师古认为:"这和纪传说的有出入,或者是因为他骁勇善战,行动敏捷,而被当作宾客对待,故说他为票客吧。"《史记》上作"典客",《索隐》上认为是"粟客"。

除此之外,有的官名并不是史书所记载的。如:孔聚是执盾官;周灶是长鈹都尉官;郭蒙是户卫官;宣虎是重要将领,重要将领就是主将,管理重要的东西;彤距是个门尉官;棘丘侯襄是个执盾的史官;郭亭是个堵路官,所谓堵路主要是堵塞道路防止敌人入侵;丁礼是个中涓骑官;爱类为慎将,是说要谨慎小心做官;许盎是个骈邻说卫官,骈邻的意思是说二马为骈,指并贺两骑为军,说读作税,税卫者,是说兵行初舍止之为的时候主为卫;许瘛为赵右林将官,林将指的就是将士林,犹如羽林的将领官;清侯是管弓箭官;留胗是个客吏;冯解散是个代大与官,大与就是管爵位俸禄的官,《史记》上作"太尉";靳强以郎中骑千人之类。暂且记录在这里,以供读史书的人做参考。

## 萧何给①韩信

> **原文**
>
> 黥布为其臣贲赫告反②,高祖以语③萧相国,相国曰:"布不宜有此④,恐仇怨妄诬⑤之,请系赫⑥,使人微验淮南⑦。"布遂反。
>
> 韩信为人告反,吕后欲召⑧,恐其不就⑨,乃与萧相国谋,诈令人称陈豨已破⑩,绐信曰:"虽病,强⑪入贺。"信入,即被诛⑫。
>
> 信之为大将军,实萧何所荐,今其死也,又出其谋⑬,故俚语有"成也萧何,败也萧何"之语。何尚能⑭救黥布,而翻忍于信如此?岂非以高祖出征⑮,吕后居内⑯,而急变⑰从中起,己为留守,故不得不亟⑱诛之,非如布之事尚在疑似之域也⑲。

## 【字词注解】

① 绐：欺骗，欺诈。

② 黥布：原名英布，因犯重罪被判黥刑，故而改名。早年跟随项梁，被项羽立为九江王。项羽兵败，黥布投奔刘邦。刘邦得天下后，黥布被封淮南王，掌管都六、九江、庐江、衡山、豫章郡。高祖刘邦和吕后先后诛杀韩信、彭越等有功之臣，黥布心下惊骇，密谋反叛。事情败露，黥布被杀。告反：控告谋反。

③ 以语：将此事告诉。以，以之。语，告诉。

④ 不宜：不应当。有此：做这种事情。

⑤ 妄诬：轻妄诬告。

⑥ 请系赫：请皇上先将贲赫关押起来。系，拘囚，关押。

⑦ 微：暗中。验：查验，探访。

⑧ 召：召他回京师。

⑨ 就：前往。

⑩ 诈令人称陈豨已破：派人假装散布陈豨叛乱已经被平定的消息。

⑪ 强：勉力，竭力。

⑫ 诛：诛杀。

⑬ 又出其谋：又出自萧何的计谋。

⑭ 尚能：尚且能够。

⑮ 岂非：如果不是。以：因为。

⑯ 居内：执掌朝中大权。

⑰ 急变：紧急的变故。

⑱ 亟：立即。

⑲ 非如：不像是。疑似：怀疑可能是，也可能不是。域：境地。

## 【精彩解说】

黥布被他的部下贲赫控告要谋反，汉高祖刘邦把这件事告诉了相国萧何，萧何说："按说黥布不应当做这种事，恐怕是仇家造谣陷害他，请皇上先把贲赫关押起来，然后派人暗中到淮南查访验证。"黥布于是起兵反叛。

韩信被人控告说他要谋反，吕后想把他召回京师，又恐怕韩信不就范，就和萧何商量计策，派人诈称陈豨的叛乱已被平定，并欺骗韩信说："陈豨的叛乱已被平定，你虽然有病，也要竭力进朝祝贺。"韩信来到京师，就被吕后杀死了。

韩信能够做大将军，实际是萧何在刘邦面前推荐的缘故，现在韩信被杀，又是萧何出的计谋，所以俗语中有"成也萧何，败也萧何"的说法。萧何尚且能救黥布，为什么这样对待韩信呢？难道是因为汉高祖刘邦带兵出征，吕后在朝中把持大权，紧急变故突然发生，萧何认为自己身为留守大臣，所以不得不立即杀掉韩信，不像黥布的事情还处于不太确定的境地，可以从长计议。

## 蜘蛛结网

### 原文

佛经云："蠢动含灵，皆有佛性。"《庄子》云："惟虫能虫，惟虫能天。"盖虽①昆虫之微，天机所运②，其善巧方便，有非人智虑③技解④所可及者。蚕之作茧，蜘蛛之结网，蜂之累⑤房，燕之营巢，蚁之筑垤，螟蛉之祝子之类是已。

虽然⑦，亦各有幸不幸存乎其间。蛛之结网也，布丝引经⑧，捷急上下⑨，其始为甚难。至于纬⑩而织之，转盼可就⑪，疏密分寸⑫，未尝不齐⑬。门槛及花梢竹间，则不终日⑭，必为人与风所败。唯闲屋圮垣，人迹罕至，乃可久久而享其安。故燕巢幕上⑮，季子以为至危。李斯见吏舍厕中鼠食不絜，近人犬，数惊恐⑯，仓中之鼠食积粟，居大庑⑰之下，不见人犬之忧，叹曰："人之贤不肖，譬如鼠矣，在所自处⑱耳！"岂不信⑲哉？

——【字词注解】

①虽：即便。

②运：联系。

③智虑：智慧和考虑。

④技解：技能，技巧。

⑤累：通"垒"，建造。

⑥ 坯：蚂蚁做窝时堆在洞口的土。

⑦ 虽：虽然。然：这样。

⑧ 布丝引经：布置蛛丝，牵引经线。

⑨ 上下：上下爬动。

⑩ 纬：与"经"相对，编织东西时的横线。

⑪ 转盼可就：转眼之间就织成了。

⑫ 疏密分寸：宽窄疏密很有分寸。

⑬ 未尝不齐：没有不整齐的。

⑭ 不终日：一日未完，不到一天。

⑮ 燕巢幕上：燕子在帷帐上筑巢。

⑯ 数惊恐之：常常为之惊恐害怕。

⑰ 大庑：大房子。庑，堂下周围的廊屋。

⑱ 在所自处：在于自己所处的位置。

⑲ 信：正确，有道理。

【精彩解说】

佛经说："蠢动含灵，皆有佛性。"《庄子》中也说："惟虫能虫，惟虫能天。"说的是昆虫虽然微小，但仍然与天机有关，它们擅长做精巧方便的事情，有着超越人类的智慧和技能。例如，蚕化作茧蛹，蜘蛛结密网，蜜蜂造房子，燕子筑鸟巢，蚂蚁建巢穴，螟蛉祝子等，都是这样的。

虽然如此，它们当中也会有幸运与不幸的事情发生。例如蜘蛛织网，需要布好丝线，牵引好蛛丝经线，快速地爬上爬下，开始的时候很困难。到了织纬线的时候，就马上织好了，丝网的宽窄都疏密有致，没有不整齐的。如果织在门槛和花木、竹林之中，往往不到一天就会被人或者被风破坏掉。只有织在没人住的空屋里和残垣断壁之间，没有人迹的地方，才可以长时间地安然无事。所以，燕子在帷幕上筑巢，苏秦认为这样很危险。李斯看见衙门的厕所中老鼠吃不干净的食物，人和狗接近时，常常惊慌害怕，粮仓中的老鼠吃仓中积储的粮食，住在大房子下面，没有人和狗接近时的惊恐，李斯由此感叹地说："人贤能或没有才能，就像这老鼠一样，在于它所处的位置不同啊！"难道这话没有道理吗？

# 孙权称至尊

## 原文

陈寿《三国志》，固多出于一时杂史，然独《吴书》称孙权为至尊，方在汉建安为将军时，已如此，至于诸葛亮、周瑜，见之于文字间亦皆然。

周瑜病困，与权书曰："曹公在北，刘备寄寓，此至尊垂虑之日①也。"鲁肃破曹公②还，权迎之③，肃曰："愿至尊威德加乎四海。"吕蒙遣邓玄之说郝普曰："关羽在南郡④，至尊身自临之⑤。"又曰："至尊遣兵，相继于道⑥。"蒙谋取关羽，密陈计策⑦，曰："羽所以未便东向者⑧，以至尊圣明，蒙等尚存也。"陆逊谓蒙曰："下⑨见至尊，宜好为计。"甘宁欲图荆州，曰："刘表虑既不远，儿子又劣，至尊当早规⑩之。"权为张辽掩袭⑪，贺齐曰："至尊人主，常当持重。"权欲以诸葛恪典掌军粮⑫，诸葛亮书与陆逊曰："家兄年老，而恪性疏⑬，粮谷军之要最⑭，足下特为启至尊转⑮之。"逊以白权。

凡此之类，皆非所宜称⑯，若以为陈寿作史虚辞，则魏、蜀不然也。

## 【字词注解】

①垂虑之日：日日思考的事情。

②鲁肃破曹公：鲁肃和周瑜联合诸葛亮在赤壁大败曹操。

③权迎之：孙权出去迎接鲁肃。

④南郡：今湖北荆州市江陵一带。

⑤身自临之：离得很近，就像面对着一样。

⑥相继于道：已经出发，相继在路上了。

⑦密陈计策：暗地里筹划布置计策。

⑧羽所以未便东向者：关羽之所以没有非常便利地向东扩展势力。便，便利，顺利。东向，向东扩展势力。

⑨下：我，谦辞。

⑩规：规划，谋划。

⑪掩袭：偷袭。

⑫诸葛恪：诸葛亮之兄诸葛瑾的长子，才思敏捷，善于应对。孙亮继位后，诸葛恪掌握了吴国大权，骄奢轻敌，被孙峻联合孙亮设计杀害，夷灭三族。典掌：掌管。

⑬性疏：性格疏懒、散漫。

⑭要最：最重要的东西。

⑮足下：对同辈、朋友或者上级的敬称。

⑯所宜称：适当的称呼。

【精彩解说】

陈寿编撰的《三国志》，资料多来源于当地的杂史，但是唯独在《三国志·吴书》中称孙权为"至尊"，当初孙权在汉朝建安年间做将军时，就是这样了，至于诸葛亮、周瑜二人，见于文字记载也和孙权一样。

周瑜病重时，给孙权写信说："曹操占据北方，刘备借口寄身驻扎荆州，这二人是至尊您日夜思考的事啊。"鲁肃奉命和诸葛亮合兵在赤壁大破曹操，得胜而归，孙权去迎接他，鲁肃说："祝愿至尊您的威望恩德泽被天下。"吕蒙派邓玄之游说郝普时说："关羽统领南郡，至尊所在的地方离他很近，就像面对着他，很不安全。"又说："至尊调派了军队，已相继出发，现在已在路上了。"吕蒙想用计谋攻打关羽，秘密地布置计谋策略，他说："关羽之所以没有很顺利地向东扩展势力，是因为至尊圣明，而且我等一干人还在。"陆逊对吕蒙说："我见到至尊，应当很好地为他出谋划策。"甘宁想夺取荆州，他说："既然刘表考虑事情不甚长远，他的儿子又弱小不成才，至尊您应当早日谋划。"孙权被曹操的大将张辽偷袭，贺齐说："至尊您身为主公，应当时常稳重固守。"孙权想让诸葛恪掌管军中粮草大权，诸葛亮写信给陆逊说："我的哥哥诸葛瑾年纪大了，而且他的儿子诸葛恪性情疏散，粮草是军中至关重要的物资，他不宜掌管，特地请您转告至尊，另换他人。"陆逊把这话转告了孙权。

所有这些，都不是适宜的称呼，如果认为陈寿写《三国志》这部史书时，用的是不真实的言词，那么魏国、蜀国就不是那回事了。

# 卷 九

## 深沟高垒

**原文**

韩信伐赵，赵陈馀聚兵井陉口御之①。李左车说馀曰："信乘胜而去国远斗②，其锋不可当。愿假奇兵从间道绝其辎重③，而深沟高垒④勿与战。彼前⑤不得斗，退不得还，不至十日，信之头可致麾下⑥。"馀不听，一战成禽。

七国反，周亚夫将兵往击⑦，会兵荥阳，邓都尉曰："吴、楚兵锐甚，难与争锋。愿以梁委⑧之，而东北壁昌邑，深沟高垒，使轻兵塞其饷道⑨，以全制其极。"亚夫从之，吴果败亡。

李、邓之策一⑩也，而用与不用则异耳。

秦军武安西，以攻阏与。赵奢救之，去⑪邯郸三十里，坚壁⑫，二十八日不行，复益增垒。既乃卷甲而趋之，大破秦军。奢之将略⑬，所谓玩敌于股掌之上，虽未合战而胜形已著矣⑭。前所云邓都尉者，亚夫故父绛侯客也。《晁错传》云："错已死，谒者仆射邓公为校尉，击吴、楚为将。还，上书言军事，拜为城阳中尉。"邓公者，岂非邓都尉乎？《亚夫传》以为此策乃自请而后行，颜师古疑其不同，然以事料之，必非出于己也。

【字词注解】

①聚兵：屯兵。御：抵抗。

②去国远斗：远离本国来开战。

③假：借用，利用。奇兵：出其不意突然袭击的军队。间道：偏僻的小道。绝：断绝。辎重：出门携带的物资，常指军用物资。

④深沟高垒：深挖战壕，高筑壁垒。

⑤前：前进。

⑥麾下：将帅的大旗之下。

⑦将兵往击：带领军队前往镇压。

⑧委：托付，交付。

⑨使轻兵塞其饷道：用轻兵控制他们的干道，截断他们的粮草运输通道。

⑩一：一样，相同。

⑪去：距离。

⑫坚壁：安营扎寨，构筑工事。

⑬将略：带兵的韬略。

⑭形：形势。著：显著，明显。

【精彩解说】

韩信带兵攻打赵国，赵将陈馀屯兵在井陉口（今河北井陉西北）抵御他。李左车劝陈馀说："韩信的军队远离本国，乘胜而来，要与我军决战，其势锐不可当。我请求交给我一支精兵，从小道前进，直播交通线上，切断韩军的粮饷运输。然后，动员士兵深挖战壕，高筑壁垒，严密防守，使韩军处于进攻不能靠前，退走无路可还的地步。这样，要不了十天，韩信的头就可以挂在将军您的战旗之下。"陈馀没有听取这一建议，贸然与韩信进行决战，结果一败涂地，陈馀本人也成了俘虏。

汉景帝即位三年，以吴王刘濞为首的吴、楚等七国发动叛乱。周亚夫率兵前往镇压。两军在荥阳（今属河南）相遇。周亚夫部下的邓都尉说："吴楚七国的叛军非常精锐，我军与他们展开决战，很难取胜。我建议先把梁国之地让给他们，在昌邑深挖壕沟，高筑壁垒，严阵以待。同时派轻兵迅速控制交通干线，截断他们的粮饷运送通道，使他们无法施展威力。"周亚夫采纳了这一建议，结果使叛军大败。

李左车与邓都尉都是在战前为其主将献计献策的，这一点是共同的，但是采用还是不用，其结果则大不相同。

战国时期，秦国将军队聚集在武安（今属河北）的西面，准备进攻阏与（今山西和顺）。赵国派大将赵奢带兵前往救援，在距邯郸（今属河北）三十里的地方，安营扎寨，构筑工事，一直驻扎了二十八天，没有出击，并且继续构筑工事。不久，赵军倾巢出动，大举进攻，来势凶猛，结果秦军被打得落花流水。赵奢的用兵韬略，被人们称之为"玩敌于股掌之上"，在未交战之前一定取胜的形势就很明确了。前面所说的邓都尉，是周亚夫亡父绛侯的门客。《晁错传》中说："晁错死后，谒者仆射邓公担任校尉，在平定吴楚七国之乱中任为将军。叛乱被平定之后，回京，上书论述军事，升为城阳中尉。"这里所说的邓公，岂不是邓都尉吗？《周亚夫传》中以为这一策略是周亚夫自己提出而后实行的，颜师古对于此说表示怀疑。然而，从当时的实际情况来看，这一策略必定不是出于周亚夫本人。

## 生之徒十有三

**原文**

《老子》"出生入死"章云："出生入死，生①之徒十有三，死之徒十有三，人之生，动之死地②十有三，夫何故？以其生生之厚③。"王弼注曰："十有三，犹云十分有三分取其生道，全生之极，十分有三耳；取死之道，全死之极，十分亦有三耳。而民生生之厚，更④之无生之地焉。"其说甚浅，且不解释后一节。唯苏子由⑤以谓："生死之道，以十言之，三者各居其三矣，岂非生死之道九，而不生不死之道一而已乎？《老子》言其九不言其一，使人自得之⑥，以寄无思无为之妙。"其论可谓尽矣。

—•【字词注解】

①生：生长。

②动之死地：因为活动而招致灾祸。

③生生之厚：对生活丰厚的物质享受。

④更：更改。

⑤苏子由：苏辙，字子由，苏轼胞弟，也是文学大家，且对哲学研究十分深入。

⑥使人自得之：让人自己去体悟。

【精彩解说】

《老子》在"出生入死"这章说："当人出现在世上便是生，进入坟墓的时候就是死。生命的延续之途，十有其三，走向死亡之途，亦十有其三，人在成长过程中，由于活动而招致灾祸，亦十有其三。这是什么原因？因为他们对生活之享受过于丰厚呀。"王弼作注说："十有三，是说走向生长道路的只有十分之三；保住生命达到终点，十分只能取其三分；致人于死地之道，加速走向死亡的终点的，也只有十分之三。而人们对生活的享受太过丰厚，反而会使他们置于无生之地。"王弼的解释比较浅薄，而且没有解释后面一节。只有苏辙（字子由）的解释比较详尽。他说："人们生死的途径，如果以十分讲，三种途径各占三分，这难道不是说关于生死的途径大概有九，而不生不死的途径只有一条而已吗？《老子》只说其九，而不讲其一，是让人们自己去体悟，来寄托无思无为的妙处。"这番论断可谓是尽善尽美了。

# 有扈氏

## 原文

《夏书·甘誓》，启与有扈大战于甘，以其"威侮五行①，怠弃三正②，天用剿绝其命"为辞，孔安国传云："有扈与夏同姓，恃亲而不恭③。"其罪如此耳。而《淮南子·齐俗训》曰："有扈氏为义而亡，知义而不知宜④也。"高诱注云："有扈，夏启之庶兄也，以尧、舜举贤，禹独与子，故伐启。启亡之。"此事不见于他书，不知诱何以知之。传记散轶，其必有以为据⑤矣。庄子以为"禹攻有扈，国为虚厉"，非也。

## 【字词注解】

① 威侮五行：侮辱五常。五行，即五常，指仁、义、礼、智、信。
② 怠弃三正：抛弃三纲。三正，即三纲，君为臣纲，父为子纲，夫为妻纲。
③ 恃亲而不恭：有扈凭借是夏启的亲戚，所以对启没有恭敬的神色。
④ 宜：合适。
⑤ 据：根据。

## 【精彩解说】

《夏书·甘誓》中记载，启和有扈在甘地打仗，启讨伐有扈的理由是："侮辱了五常，抛弃了三纲，因此上天要置之于死地。"孔安国解释说："有扈和夏同姓，他恃亲而对夏启不恭敬。"其罪恶就是这些。但《淮南子·齐俗训》中说："有扈氏是为仁义而死亡的，他只知道仁义而不知道怎样才合适。"高诱作注说："有扈是夏启的兄长，是庶出，以尧、舜能举荐贤人，而禹单单把统治者之位让给启为借口讨伐启，被启灭了。"这件事在别的书里见不到，不知道高诱是怎么知道的。虽然传记都散失了，但他做出如此判断一定是有根据的。庄子认为"禹攻打有扈，国家因而异常空虚"，看来这不是事实。

# 太公丹书

## 原文

太公《丹书》今罕见于世，黄鲁直于礼书得其诸铭而书①之，然不著其本始②。予读《大戴礼·武王践阼③篇》，载之甚备，故悉纪录以遗好古君子云："武王践阼三日，召士大夫而问焉，曰：'恶有藏之约，行之行④，万世可以为子孙恒者乎？'皆曰：'未得闻也。'然后召师尚父而问焉，曰：'黄帝、颛顼之道可得见与？'师尚父曰：'在《丹书》。王欲闻之，则斋矣。'王斋三日，尚父端冕奉书⑤，道书之言曰：'"敬胜怠者吉，怠胜敬者灭；义胜欲者从，欲胜义者凶。凡事不强则枉，弗敬则不正，枉者灭废，敬者万世。"藏之约，行之行，可以为子孙恒者，此言之谓也。'又曰：'以仁得之，以仁守之，其量百世；以不仁得之，以仁守之，其量十世；以不仁得之，以不仁守之，必及其世。'王闻《书》之言，惕若恐惧。退而为《戒书》，于席之四端为铭。前左端曰：'安乐必敬'。'前右端曰：'无行可悔'。'后左端曰：'一反一侧，亦不可以忘。'后右端曰：'所监不远，视尔所代'。'机之铭曰：'皇皇惟敬口，口生敬，口生垢，口戕口'。'鉴之铭曰：'见尔前，虑尔后'。'盥盘之铭曰：'与其溺于人也，宁溺于渊。溺于渊，犹可游也；溺于人，不可救也。'楹之铭曰：'毋曰胡残，其祸将然；毋曰胡害，其祸将大；毋曰胡伤，其祸将长。'杖之铭曰：'恶乎危？於忿疐。恶乎失道？於嗜欲。恶乎相忘？於富贵。'带之铭曰：'火灭修容，慎戒必共，共则寿。'屦之铭曰：'慎之劳，劳则富。'觞豆之铭曰：'食自杖，食自杖，戒之憍，憍则逃。'户之铭曰：'夫名难得而易失。无勤弗志，而曰我知之乎？无勤弗及，而曰我杖之乎？扰阻以泥之，若风将至，必先摇摇，虽有圣人，不能为谋也。'牖之铭曰：'随天之时，以地之财，敬祀皇天，敬以先时。'剑之铭曰：'带之以为服，动必行德，行德则兴，倍德则崩。'弓之铭曰：'屈申之义，发之行之，无忘自过。'矛之铭曰：'造矛造矛，少间弗忍，终身之羞。予一人所闻，以戒后世子孙。'"凡十六铭。贾谊《政事书》所陈教太子一节千余言，皆此书《保傅篇》之文，然及胡亥、赵高之事，则为汉儒所作可知矣。《汉昭帝纪》"通《保傅传》"，文颖注曰："贾谊作，在《礼·大戴记》。"其此书乎？荀卿《议兵篇》："敬胜怠则吉，怠胜敬则灭；计胜欲则从，欲胜计则凶。"盖出诸此。《左传》晋斐豹"著于丹书"，谓以丹书其罪也。其名偶与之同耳。汉祖有丹书铁契以待功臣，盖又不同也。

【字词注解】

①书：书写，抄写。

②著：标明。本始：起源，源头。

③践阼：继位。践，登上。阼，皇位。

④恶有藏之约，行之行：有没有保存下来的古代规约，行动方法。恶，同"乌"，疑问词，哪，何。藏，保存。行之行：行动方法。

⑤端冕奉书：端着官冕，手捧书本。奉，通"捧"。

⑥凡事不强则枉：凡是办事情不努力就会出偏差。枉，偏差。

⑦弗敬则不正：不恭敬就会导致歪门邪道。不正，偏门，歪门邪道。

⑧可以为子孙恒者：可以永远指导子孙后代的东西。

⑨以仁得之，以仁守之，其量百世：靠仁义得到国家，靠仁义保护国家，就会有百世不变的江山。量，持续。

⑩惕若：胆战心惊的样子。

⑪于席之四端为铭：贴在座席的四端作为座右铭。

⑫安乐必敬：即便是身处安乐之中也一定要恭敬谨慎。

⑬无行可悔：没有让人后悔的行为。

⑭一反一侧：一点一滴的思考所得。

⑮所监不远，视尔所代：如不能高瞻远瞩，就只能看到眼前。

⑯皇皇惟敬：诚惶诚恐只有恭敬。

⑰口戕口：口能戕害自己。意即祸从口出。

⑱见尔前，虑尔后：事前要有所预见，事后要有所思考。尔，代指事情。

⑲毋曰胡残：不要说自己不残忍。胡，不。

⑳其祸将然：祸事就将到来。

㉑毋曰胡伤：不要说自己没有伤害。

㉒恶乎相忘：什么时候互相忘却。

㉓火灭修容：火灭后要维修盛水的容器。

㉔慎戒必共：谨慎提防一定会平安。共，此处指平安。

㉕屦：古代用麻葛制成的一种鞋。

㉖籩豆：籩与豆。代指酒食、筵席。

㉗食自杖：贪食就自我惩罚，自我反省。杖，杖刑，此处代指惩罚。

㉘名：美好的名声。

㉙志：志气。

㉚泥：拘泥。

㉛牖：窗户。

㉜倍德则崩：违背道德就会崩溃。

㉝少间弗忍，终身之羞：如有瞬息不能容忍，就会终身羞愧。少间，瞬息，极短时间。

㉞敬胜怠则吉：恭敬胜过懈怠就吉祥。

㉟计胜欲则从：计谋胜过欲望就顺利。从，顺利。与后文"凶"相对。

㊱著：著述，写。

㊲待：待遇，加赏。

【精彩解说】

姜太公的《丹书》如今在世上很罕见，黄庭坚从礼书中的各种铭文上抄了下来，但是没注明最原始的来源。我阅读《大戴礼·武王践阼篇》，其中记载得很详细，所以全部记录下来赠给喜好古代文化的人们："周武王刚登基三天，就召集士大夫们问他们：'有没有保存的古代规约，行动方法，特别是那些可以永远指导子孙后代的呢？'士大夫们都说：'没听说过。'然后（周武王）又召来太师姜尚父问道：'您看见过黄帝、颛顼治国之道吗？'太师姜尚父说：'在《丹书》上见过。大王要想听，就斋戒吧。'武王斋戒了三天，姜尚父端着官冕，手捧书本，为武王读书中的话：'"恭敬胜过懈怠的就会吉祥，懈怠胜过恭敬的就会灭亡；仁义胜过欲望的就顺利，欲望胜过仁义的就凶险。凡是办事情不努力就会出偏差，不恭敬就会导致歪门邪道，偏差歪邪就会毁灭，恭敬认真就会永世长存。"所谓保存的古代规约，行为方法，可以永远指导子孙后代的东西，说的就是这些。'书中又说：'靠仁义得到国家，靠仁义保护国家，就会有百世不变的江山；靠不仁得到国家，用仁义保护国家，就会有十世江山；靠不仁得到国家，用不仁不义的东西保护国家，祸害马上就来了。'武王听了《丹书》中的话，胆战心惊。退朝后就写了《戒书》，贴在座席的四端作为座右铭。左前方的铭文为：'处在安乐之中也一定要恭敬谨慎。'右前方的铭文是：'没有让人后悔的行为。'左后方的铭文是：'一点一滴的思考所得，也不应忘记。'右后方的铭文是：'如不能高瞻远瞩，就只能看到眼前。'桌几上的铭文是:'诚惶诚恐只有恭敬,口生耻辱,口能戕害自己。'镜子上的铭文是:'事前要有所预见,事后要有所思考。'盥盘上的铭文是:'与其被人所溺,不如溺于深渊。溺于深渊,还可以游出;而被人所陷害,就不可救了。'门槛上的铭文是:'不要说自己不残忍,那会导致灾祸;不要说自己没为害,那会有大祸;不要说自己没有伤害,那会有长久祸害。'手杖上的铭文是:'什么时间危险?当因挫折而愤怒时;什么时候失去常道?当贪图物欲的时候;什么时候互相忘却?当富贵的时候。'带子上的铭文是:'火灭后要维修盛水的容器,谨慎提防一定会平安,平安就会长寿。'履上的铭文是:'贪食就自我惩罚,自我惩罚,要提防不得已的喝酒,遇到这种情况就逃避。'门户上的铭文是:'人的美名难得而容易失去。一个人既不勤劳又没有志气,能说自己聪明吗?不经常反思自我,而能说自己能自审吗?各种阻碍干扰对人来说,好像风就要来了,一定会先有树的摇摆,有时即使是圣人,也不能深谋熟虑。'窗上的铭文是:'要遵从天时,利用地利,以此来敬祀皇天,敬祀先时。'剑上的铭文是:'带上它的时候,行动一定要讲道德,行动合乎道德就会兴旺,违背道德就会崩溃。'弓上的铭文是:'屈和申的大义,在于发射和行动都不要忘记自我反思。'矛上的铭文是:'制造矛制作矛,如有瞬息的不能容忍,就会终身羞愧。我一个人所听到的,告诫后世子孙。'一共十六种铭文。贾谊在《政事书》中所讲的教太子的一段话一千多字,都是出自这本书中的《保傅篇》,然而到了胡亥,赵高的事情,则是由汉代文人所作的。《汉书·昭帝纪》"通《保傅传》",文颖的注解说:"贾谊所作,在《礼记·大戴记》中。"难道说的是《丹书》吗?荀子《议兵篇》说:"恭敬胜过懈怠就吉祥,懈怠胜过恭敬就灭亡;计谋胜过欲望就顺利,欲望压倒计谋就凶险。"这话大概也是出于《丹书》。《左传》中说晋斐豹"写在丹书里",说因丹书而获罪。这只不过是偶然的同名书而已。汉高祖有用丹书铁契对待功臣的事情,大概又不同于《丹书》。

# 汉景帝

## 原文

汉景帝为人，甚有可议。晁错为内史，门东出，不便，更穿一门南出①，南出者，太上皇庙壖垣也。丞相申屠嘉闻错穿宗庙垣，为奏请诛错。错恐，夜入宫上谒，自归。上至朝，嘉请诛错。上曰："错所穿非真庙垣，乃外壖垣，且又我使为之，错无罪。"临江王荣以皇太子废为王，坐侵太宗庙壖地为宫②，诣中尉府对簿责讯，王遂自杀。两者均为侵宗庙，荣以废黜失宠，至于杀之，错方贵幸③，故略不问罪，其不公不慈④如此！及用爰盎一言，错即夷族，其寡恩忍杀⑤复如此。

## 【字词注解】

① 更：又，另外。穿：洞穿，开凿。
② 坐：由于，因为。侵：侵占。为宫：建造宫殿。
③ 方贵幸：刚刚显贵受宠。
④ 不公不慈：不公平不仁慈。
⑤ 寡恩忍杀：薄情寡义，残忍。

## 【精彩解说】

汉景帝的为人，大有争议。晁错当内史时，门从东边走，不方便，就另开一门从南边出入，从南门出来，是汉代太上皇的宗庙坟垣。丞相申屠嘉听说这件事后，启奏景帝请求诛杀晁错。晁错害怕，当夜入宫谒见皇帝，然后独自回来。皇上临朝，申屠嘉又请求诛杀晁错。景帝说："晁错出南门走过的地方并非真的宗庙坟垣，而是外墙，而且又是朕同意他干的，晁错无罪。"临江王刘荣是被废除了的皇太子，因为他在太宗庙地上建宫殿，景帝便到中尉府指责其行为，临江王忧惧自杀了。这两件事都是侵犯宗庙，刘荣因为被废黜失宠而导致杀身之祸，晁错刚刚显贵受宠，于是就不问罪，这是多么不公平不仁慈啊！到了因为爰盎一句话，把晁错家灭九族，这又是多么寡恩残忍啊！

# 卷 十

## 曹参不荐士

【原文】

曹参代萧何为汉相国，日夜饮酒不事事，自云："高皇帝与何定天下，法令既明，遵而勿失，不亦可乎！"是则然矣，然以其时考之，承暴秦之后，高帝创业尚浅，日不暇给，岂无一事可关心者哉？其初相齐，闻胶西盖公善治黄、老言，使人厚币请之。盖公为言治道贵清净而民自定。参于是避正堂以舍之①，其治要用黄、老术。故相齐九年，齐国安集。然入相汉时，未尝引盖公为助也。齐处士东郭先生、梁石君②隐居深山，蒯彻③为参客，或谓彻曰："先生之于曹相国，拾遗举过，显贤进能④，二人者，世俗所不及，何不进之于相国乎？"彻以告参，参皆以为上宾。彻善齐人安其生⑤，尝干项羽，羽不能用其策。羽欲封此两人，两人卒不受。凡此数贤，参皆不之用，若非史策失其传，则参不荐士之过多矣。

【字词注解】

①避正堂以舍之：让出正屋给盖公居住。

②东郭先生、梁石君：二人都是齐国人。齐王田荣反项羽，挟持齐国士人，不从者皆杀之。东郭先生与梁石君也在其中，等到田荣兵败，二人以跟从田荣为耻，故隐居深山。后蒯通向曹参推荐，曹参将二人奉为座上宾。

③蒯彻：即蒯通，本名彻，后为避汉武帝忌讳，更名为通。西汉范阳人，善机谋权变。韩信采纳其计策平定齐帝，曹参也对其十分器重。后劝韩信反，韩信被杀，蒯通在高祖面前极力为韩信申辩。高祖敬佩，赦免其无罪。

④拾遗举过，显贤进能：指出他（曹参）思虑欠周之处，纠正他犯下的过失并选举贤才，推荐能人。拾遗，纠正过失。

⑤安其生：即安期生，据传为秦汉间齐人，与蒯通交好，曾经以策干项羽，未见用。后来的方士、道家称之为千岁翁。

## 【精彩解说】

曹参继萧何之后担任汉惠帝的丞相，上任后日夜饮酒，不处理事务，而且还为自己辩解："高祖刘邦与萧何丞相平定了天下，已经制定出严明周密的法令，我完全遵照执行，不出差错，难道不行吗？"这话当然没错，但是考察他所处的时代，当时正值残暴的秦朝灭亡后不久，高祖皇帝创下基业的时间还不长，百废待兴，事务繁忙，没有空闲，难道会没有一件事情值得丞相大人关心吗？曹参刚任齐国相时，听说胶西（今山东高密西南）的盖公精通黄老之术，便派人以厚礼邀请。盖公对他说，治国之道，最重要的是要清静无为，不多生事端，这样老百姓自然会安居乐业，没有异心。曹参当即腾出正房供盖公居住，并且实实在在地以黄老学说为指导思想治理国家。所以他任齐国相九年，齐国平安无事。不过，曹参就任西汉王朝的丞相时，并没有以盖公为助手。齐国的东郭先生和梁石君是两位世外高人，隐居在深山老林之中。有人对曹参的宾客蒯彻说："先生与曹相国关系莫逆，能够为他指出思虑欠周之处及所犯的过失，并能荐举才德优异之人，这两位隐士都是普通世人所无法比拟的人物，您为什么不把他们推荐给曹相国呢？"蒯彻向曹参推荐后，曹参把他们都待为上宾。蒯彻与齐国的安期生关系很好，他们曾经向楚霸王项羽献计献策，但项羽不予采纳。项羽想给他们两个封官授爵，二人始终不接受。连这几位大贤，曹参都不能重用，如果史书记载无误的话，曹参不能荐举士人的过错可就太严重了。

## 汉武留意郡守

**原文**

汉武帝天资高明，政自己出，故辅相之任，不甚择人，若但①使之奉行文书而已。其于除用②郡守，尤所留意。庄助③为会稽太守，数年不闻问，赐书曰："君厌承明之庐④，怀⑤故土，出为郡吏。间者，阔焉久不闻问。"吾丘寿王为东郡都尉，上以寿王为都尉，不复置太守，诏赐玺书曰："子在朕前之时，知略辐凑，及至连十余城之守，任四千石之重，职事并废，盗贼纵横，甚不称⑥在前时，何也？"汲黯⑦拜淮阳太守，不受印绶，上曰："君薄⑧淮阳邪？吾今召君矣，顾淮阳吏民不相得⑨，吾徒得君重，卧而治之。"观此三者，则知郡国之事无细大，未尝不深知之，为长吏者常若亲临其上，又安有不尽力者乎？惜其为征伐、奢侈所移，使民间不见德泽，为可恨耳！

【字词注解】

①但：只是，不过。

②除用：任用。

③庄助：字详，会稽（今浙江绍兴）吴人，汉武帝时人，有才名，被武帝擢为大夫。善于辩论，曾与大臣辩，文辞、义理相间，大臣屡为之屈。建元中，拜会稽太守。淮南王刘安对其十分赏识，暗地里与之相交。

④承明之庐：承明庐，汉承明殿旁侍臣值宿所居之屋。后以承明庐代指入朝为官。

⑤怀：怀念，想念。

⑥不称：不相称。

⑦汲黯：字长孺，濮阳人，孝景帝时为太子洗马，武帝即位后为谒者，后任荥阳令、东海太守、主爵都尉，位列九卿。

⑧薄：鄙薄，瞧不起。

⑨顾：因为。不相得：不融洽。

### 【精彩解说】

汉武帝天资聪明过人，他亲自处理国家政事，一切自己说了算，因而对辅政的宰相人选，不太重视，似乎只是让他们奉行成命而已。但是，对于任用郡守一级的高级地方官员，汉武帝却十分留心。辞赋家庄助任会稽太守后汉武帝数年没有得到他的问候，于是给庄助写了一封信说："你厌倦了京师豪华的住宅，怀恋故乡绍兴的山水，因而出任会稽郡守。转眼间，我已经很久没有得到你的问候了。"吾丘寿王任东郡（治今河南濮阳西南）都尉，武帝鉴于寿王任都尉，就未再设置郡太守，后来又写了一封盖御玺的书信说："你在我面前的时候，足智多谋，有很多建树，可是现在到地方上治理十几个城池，肩负着品级都是两千石的郡太守和郡都尉两项重任，却荒废了所有的政事，使得盗贼横行，民不聊生，这样的表现与在我面前时很不相称，究竟是什么缘故？"汲黯被任命为淮阳太守，却不接受印绶，汉武帝说："莫非你看不起淮阳？我现在召命你，是因为看到淮阳的官民关系很不融洽，所以特意借重你的威名，躺着就能把政事处理好了。"从这三件事可以看出，诸侯国和郡中之事，无论大小，汉武帝都十分熟悉，做地方官的常常感到皇帝好像就在自己的面前，又怎能不尽心尽力呢？可惜，这位具有雄才大略的帝王后来被对外征战和奢侈腐化迷住了心窍，使得老百姓看不到他的恩泽，实在是可恨之极！

## 民不畏死

### 原文

老子曰："民常不畏死，奈何以死惧之？若使人常畏死，则为奇者吾得执①而杀之，孰敢？"读者至此，多以为老氏好杀。夫老氏岂好杀者哉！旨意盖以戒时君，世主视民为至愚、至贱，轻尽其命，若刈草菅，使之知民情状，人人能与我为敌国，懔乎常有朽索驭六马之惧②。故继之曰："常有司③杀者杀。夫代司杀者杀，是谓代大匠斲④。夫代大匠斲，希⑤有不伤其手矣。"下篇又曰："人之轻死，以其生生之厚，是以轻死。"且人情莫不欲寿，虽衰贫至骨⑥，濒于饿隶，其与受僇而死有间矣，乌有不畏者哉？

自古以来，时运倥扰，至于空天下而为盗贼，及夷考⑦其故，乱之始生，民未尝有不靖之心也。秦、汉、隋、唐之末，土崩鱼烂，比屋可诛。然凶暴如王仙芝、黄巢，不过侥觊⑧一官而已，使君相御之得其道，岂复有滔天之患哉！龚遂之清渤海，冯异之定关中，高仁厚之平蜀盗，王先成之说王宗侃，民情可见。世之君子，能深味老氏之训，思过半矣。

## 【字词注解】

① 得执：可以抓起来。

② 憬乎：凛然警惕的样子。常有朽索驭六马之惧：常常有像用腐朽的绳索去套六匹马拉的破车这样的忧虑和恐惧。

③ 司：掌管。

④ 斲：砍伐。

⑤ 希：少。

⑥ 衰贫至骨：穷困潦倒到极点。

⑦ 考：探究。

⑧ 侥觊：觊觎。

## 【精彩解说】

老子说："老百姓经常不怕死，用死来吓唬他们有什么用呢？如果真能使人们都怕死，那么对于极少数胆敢作奸犯科、不顾身家性命的人，我就可以把他们抓起来统统处死，这样谁还敢违法取死呢？"读到这里，多数人都会认为老子是个好杀之人。实际上，老子哪里是什么好杀之人呢！他的本意只不过是想告诫那些高高在上的统治者，千万不要把老百姓视为最愚蠢、最卑贱之人，随心所欲地处死他们就如同铲除小草一样。老子希望君主们能全面了解老百姓的真实情况，明白每一个人都可能像敌对国家一样对自己构成严重的威胁，因而时刻提心吊胆，高度警惕，犹如用腐朽的绳索套着六匹马拉的一辆破车。所以他接着说道："经常有专管杀人的人去杀人。代替专管杀人的人去杀人，就如同代替木匠砍木头。代替木匠砍木头，很少有不砍伤自己手指的。"老子在下一篇中又说道："老百姓之所以轻率地不惜以生命去冒险，是因为统治者拼命地想使自己生活得更加舒适，以致逼得百姓不吝惜生命去冒险。"况且希望长寿是人之常情，即使是穷困潦倒到了极点的人，其处境已与饥寒交迫的奴隶相似，但是和受戮而死仍然是大不相同的，难道会有人不怕吗？自古以来，时运多变，甚至普天之下的人都揭竿而起，铤而走险，可是仔细地探究事变发生的原因后就会发现，事变初起时，老百姓并没有不安分之心。秦、汉、隋、唐末期，形势犹如土崩瓦解、鱼腐肉烂，几乎家家有罪，人人可杀。可是像王仙芝、黄巢这样的罪魁祸首，所觊觎的只不过是一官半职而已。如果国君和宰相御下有方，难道会造成无法收拾的局面吗？从西汉龚遂之肃清渤海郡（治今河北南皮北），东汉冯异平定关中，高仁厚镇压蜀盗，王先成劝说王宗侃等事，可以清楚地看出民情，只要能够活下去，他们并不愿意犯上作乱。世上的君子，如果能够仔细地玩味老子的这番话，就可以少犯很多错误。

## 天下有奇士

### 原文

天下未尝无魁奇智略之士，当乱离之际①，虽一旅之聚，数城之地，必有策策知名者出其间，史传所书，尚可考也。郑烛之武②、弦高③从容立计，以存其国。后世至不可胜纪，在唐尤多，姑摭④其小小者数人载于此。

武德⑤初，北海贼帅綦公顺攻郡城，为郡兵所败，后得刘兰成以为谋主，才用数十百⑥人，出奇再奋，北海即降。海州臧君相帅众五万⑦来争，兰成以敢死士二十人夜袭之，扫空其众。

徐圆朗据海岱，或说之曰："有刘世彻者，才略不世出，名高东夏⑧，若迎而奉之，天下指挥可定。"圆朗使迎之。世彻至，已有众数千，圆朗使徇谯、杞，东人素闻其名，所向皆下⑨。

裘甫乱浙东⑩，朝廷遣王式往讨，其党刘暀劝甫引兵取越，凭城郭，据府库，循⑪浙江筑垒以拒之，得间⑫则长驱进取浙西，过大江，掠⑬扬州，还修石头城而守之，宣、歙、江西必有响应者，别⑮以万人循海而南，袭取福建，则国家贡赋之地，尽入于我⑯矣。甫不能用。

高骈之将毕师铎攻骈,乞师[17]于宣州秦彦,彦兵至,遂下扬州。师铎遣使趣彦过江,将奉以为主。或说之曰:"仆射顺众心为一方去害,宜复奉高公而佐之,总其兵权,谁敢不服?且秦司空为节度使,庐州、寿州其肯为之下乎?切恐功名成败未可知也。不若亟止秦司空勿使过江,彼若粗识安危[18],必未敢轻进,就使[19]他日责我以负约,犹不失为高氏忠臣也。"师铎不以为然,明日,以告郑汉章,汉章曰:"此智士也。"求之,弗获。

王建镇成都,攻杨晟于彭州,久不下,民皆窜匿山谷[20],诸寨日出抄掠[21]之。王先成往说其将王宗侃曰:"民入山谷,以俟招安,今乃从而掠之,与盗贼无异。且出淘虏[22],薄暮乃返,曾无[23]守备之意,万一城中有智者为之画策,使乘虚奔突[24],先伏精兵于门内,望淘虏者稍远,出弓弩手炮各百人,攻寨之一面,又于三面各出耀兵,诸寨咸[25]自备御,无暇相救,如此能无败乎?"宗侃矍然[26]。先成为条列七事为状,以白王建,建即施行之。榜至三日,山中之民,竞出如归市,浸[27]还故业。

观此五者,则其他姓名不传,与草木俱腐者,盖不可胜计矣。

## 【字词注解】

①乱离之际:社会动荡不安的时候。

②郑烛之武:郑国的烛之武。鲁僖公三十年(公元前630年),秦、晋两国攻郑,郑国派烛之武出使秦国,游说秦王退兵。烛之武为秦王分析形势,晓之以利,秦国退兵。晋国见此情况,也鸣金收兵。

③弦高:本是郑国商人,以贩牛为业。经商途中遇到秦军出发去袭郑,他一方面火速派人回国报告,一方面伪装成郑国特使,以十二头牛作为礼物,犒劳秦军。秦军以为郑国已经知道偷袭之事,只好班师返回。

④姑摭:姑且选取。

⑤武德:唐高祖李渊的年号。

⑥数十百:数千。

⑦帅众五万:率领五万兵马。

⑧东夏:中原东部地区。

⑨所向皆下：所到之处，都望风披靡。

⑩乱浙东：在浙东地区起事。

⑪循：沿着。

⑫得间：如果有机会。

⑬过大江：渡过长江。

⑭掠：占领。

⑮别：另外。

⑯尽入于我：全部归入我的版图。

⑰乞师：向人借兵。

⑱彼若粗识安危：他若是稍微懂得进退安危的时势。粗识，稍微懂得。

⑲就使：即便是。

⑳窜匿山谷：逃到山谷中躲起来。

㉑抄掠：四处掳掠。

㉒旦：早晨。淘：搜捕。

㉓曾无：完全没有。

㉔奔突：攻击，出击。

㉕咸：都。

㉖矍然：惊悚。

㉗浸：逐渐。

【精彩解说】

　　天下并不缺乏具有雄才大略的智识之士，每当社会动荡不安之时，即使只有数百人聚在一起，或者在只有数城之地，也必定会涌现出能够出奇谋划异策的高人，这从史书的记载中可以轻易地查到。比如在先秦时期，郑国的烛之武和弦高，沉着冷静地定计，最终保全了自己的国家。后代的此类事例举不胜举，在唐朝尤其多，这里姑且选几个名不见经传的小人物作为例子。唐高祖武德初年，北海郡（今山东潍坊等地）义军首领綦公顺到处攻城略地，在攻打郡城时却被郡兵所败，后来得到刘兰成作为谋士，仅用了数千人，出奇兵抖擞精神再战，北海郡便宣布投降。海州（今江苏连云港等地）的臧君相率领五万人马来争夺北海，刘兰成派遣二十名敢死队员趁夜色发动突然袭击，一举击溃了敌兵。

徐圆朗占据今山东、江苏一带，有人劝告他："有个叫刘世彻的人，才智超群，举世罕见，在东部地区声名卓著，如果能把他请出来并且奉之为主，那么天下就唾手可得。"徐圆朗接受了建议，马上派人去迎请刘世彻。当刘世彻到来时，帐下已有数千名愿意听从号令的人。徐圆朗派他去攻取谯（治今安徽亳州）、杞（今河南杞县）一带，由于东方的人早就听说过他的大名，所以刘世彻所到之处，无不望风披靡。

裘甫在浙东地区起事，朝廷派遣王式前去讨伐。裘甫的副手刘暀劝他率兵攻取越州（今浙江绍兴一带），凭借那里高大的城墙，利用那里充实的仓库，并且沿浙江构筑防御工事以抵抗官军，如果有机会就长驱进取浙西，且渡过长江，占领扬州，然后回头整修、加固石头城（今江苏南京）的防御设施，准备在这里坚守，宣（今安徽宣城）、歙（今安徽歙县）一带及江西一带必有人起来响应，再分出一万人马沿海南下，袭取福州和建州（今属福建）一带。这样，国家赋税的主要供应地，就全部归入他们的版图了。然而，裘甫拒不接受刘暀的计策。

淮南节度使高骈的部将毕师铎进攻高骈，因为兵力不足，便向宣州的秦彦借兵，从而攻克了高骈坐镇的扬州。毕师铎派人催促秦彦及早过江，准备推他为主。有人劝告师铎，说："假若您想顺应民心为一方减少灾难，就应当重新奉高骈为主。在外人看来，您仍然在辅佐高骈，而实际上，您掌握着他的全部兵权，谁敢不服？况且秦彦任节度使，庐州（治今安徽合肥）、寿州的人难道能服气吗？我实在担心功名成败难以预料。当今之计，不如立即派人制止秦彦渡江，他如果稍有头脑，懂得进退安危之势，就必定不敢贸然前来，即使他将来指责咱们不守信用，您仍然不失为高骈的忠臣。"毕师铎很不以为然，次日，他将此事告诉了郑汉章，郑汉章说："这是位有识之士。"他们再派人去寻那人，可惜没有寻到。

王建镇守成都，大举进攻盘踞在彭州（今四川彭州）的杨晟，可是久攻不下，老百姓多逃入山谷之中藏身。于是，王建手下的各寨士兵每天都四处掳掠他们。王先成见此情形，便前去劝说王建的部将王宗侃，道："老百姓逃入山谷，就是为了等候国家招安，现在你们追踪掳掠他们，这种行径与强盗没有什么不同。你们一大早出去搜捕抢掠，直到天快黑时才返回营寨，根本没有防敌之意，万一城内有智识之士为他们出谋划策，让他们乘虚反击，先把精兵埋伏在城门内，当望见外出搜捕抢掠的军队渐渐走远，然后出动弓弩手和炮手各百人，攻打军营的一面，并在其余三面都设有疑兵，使得各寨的士兵都全力忙于自保，无暇救援其他军寨，这样你们能不吃败仗吗？"王宗侃闻听大惊，幡然醒悟。王先成为此列举了七条写成状子，以便提交给王建，向他提出建议。王建当即采纳，并付诸行动。公告贴出去才三天，藏在山中的百姓争先恐后地出来回到城镇，都逐渐地恢复了原来的职业。

读了这五条记载，我不禁想到，其他姓名不传、与草木同化为土灰的人，必定数不胜数。

# 卷十一

## 兵部名存

**原文**

唐因隋制，尚书置六曹。吏部、兵部分掌铨选，文属吏部，武属兵部。自三品以上官册授，五品以上制授，六品以下敕授，皆委尚书省奏拟。两部各列三铨：曰尚书铨，尚书主之。曰东铨；曰西铨，侍郎二人主之。吏居左，兵居右，是为前行①。故兵部班级在户、刑、礼之上。睿宗初政②，以宋璟为吏部尚书，李乂、卢从愿为侍郎；姚元之为兵部尚书，陆象先、卢怀慎为侍郎。六人皆名臣，二选称治③。其后用人不能悉得贤，然兵部为甚。其变而为三班流外铨，不知自何时。元丰④官制行，一切更改，凡选事⑤，无论文武，悉以付吏部。苏东坡当元祐中拜兵书，谢表云："恭惟先帝复六卿之名，本欲后人识三代之旧，古今殊制⑥，闲剧异宜，武选隶于天官，兵政总于枢辅，故司马之职，独省文书。"盖纪其实也。今本曹所掌，惟诸州厢军名籍，及每大礼，则书写蕃官加恩告。虽⑦有所辖司局，如金吾街仗司、骐骥车辂象院、法物库、仪鸾司，不过每季郎官一往⑧耳。名存实亡，一至于是⑨！

【字词注解】

①是为前行：这就是朝廷官制的前身。

②初政:刚开始执掌政权。

③称治:治理得非常好,得到人民的普遍赞扬。

④元丰:宋神宗的年号。

⑤凡选事:凡涉及选举的事情。

⑥古今殊制:古今制度有很大不同。

⑦虽:即使。

⑧一往:前往一次。

⑨一至于是:竟然到了这种程度。

【精彩解说】

　　唐朝沿袭隋朝的制度,在尚书省设置六曹。吏部和兵部分掌选授官职,量才授官,文职属吏部,武职属兵部。三品以上的官员实行册封,五品以上的制封,六品以下的敕封,文武官员都由尚书省奏批。两部各设三铨,即尚书铨,东铨,西铨。尚书铨由尚书主管,东、西铨各由一名侍郎负责。吏部居左,兵部居右,这就是朝廷官制的前身。所以,兵部的班次在户部、刑部、礼部之上。睿宗刚开始执政时,任命宋璟为吏部尚书,李乂、卢从愿为吏部侍郎;任命姚元之(姚崇)为兵部尚书,陆象先、卢怀慎为兵部侍郎。这六个人都是一代名臣,文、武二选的事务都被处理得妥妥帖帖,有条有理,得到了人民的普遍赞扬。此后所用的人并不全是德才兼备的人,尤其是兵部。不知从什么时候开始,这种制度变成了三班流外铨。宋神宗元丰年间全面改革官制,一切更改,有关选举之事,无论文武,全由吏部负责。苏东坡在哲宗元祐年间被委任为兵部尚书,他上给皇帝的谢恩表说:"先帝恢复六卿之名,本来是想让后人了解夏、商、周三代的旧制,明白古今制度不同,宽猛因时而异,现在将武选划归天官(吏部)负责,兵政由枢密院总领,因而司马(兵部尚书)之职,仅仅是省览文书而已。"苏轼所说的大约是当时的实际情况。今天兵部所主管的事务,只是各州厢军的花名册,以及每当有重大庆典时,负责拟写蕃官的加恩告。即使是兵部所辖的司局,如金吾街仗司、骐骥车辂象院、法物库、仪鸾司等,也只不过是由郎官每季前去转一圈而已。名存实亡,竟至如此程度!

## 武官名不正

**原文**

文官郎、大夫，武官将军、校尉，自秦、汉以来有之。至于阶秩品著①，则由晋、魏至唐始定。唐文散阶二十九，自开府、特进之下，为大夫者十一，为郎者十六。武散阶四十五，为将军者十二，为校尉者十六。此外怀化、归德大将军，讫于②司戈、执戟，皆以待③蕃戎之君长臣仆。本朝因之。元丰正④官制，废文散阶，而易旧省部寺监名，称为郎、大夫，曰寄禄官。政和中，改选人七阶亦为郎，欲以将军、校尉易横行以下诸使至三班借职，而西班用事者嫌其涂辙太殊⑤，亦请改为郎、大夫，于是以卒伍厮圉⑥玷污此名，又以节度使至刺史专为武臣正任。且郎、大夫，汉以处⑦名流，观察使在唐为方伯，刺史在汉为监司，在唐为郡守，岂介胄恩幸所得处哉⑧？此其名尤不正者也。

**【字词注解】**

①阶秩品著：官员的等级、俸禄和服饰。阶秩，指官吏的职位和品级。品，等级，种类。著，通"着"，衣着服饰。

②讫于：截至，到。

③待：专门授给。同"虚位以待"。

④正：改革，革新。

⑤用事者：当权者。殊：差别。

⑥卒伍厮圉：士卒、杂役等低贱之人。圉，养马的地方。

⑦处：安置。

⑧介胄：甲胄之士，指武士。恩幸：被皇帝宠幸的小人。

**【精彩解说】**

文官郎、大夫，武官将军、校尉，从秦汉以后一直都有。至于官吏的品级、俸禄和衣饰，则从晋、魏到唐朝才逐渐确定下来。在唐朝，文散阶有二十九级，自开府、特进以下，大夫有十一级，郎有十六级。武散阶有四十五级，其中将军十二级，校尉十六级。此外，从怀化、归德大将军至司戈、执戟，都是专门授给少数民族的酋长以及臣仆的。我们大宋朝继续沿用这种制度。元丰年间改革官制时，废除了文散阶，而改为过去的省、部、寺、监名，称郎、大夫等，这就是所谓的寄禄官。宋徽宗政和年间，将选人七阶也改为郎，计划用将军、校尉等名称取代横行以下诸使至三班借职，可是西班的当权者嫌两种仕途太悬殊，也请求将本系统的官名改为郎、大夫，于是以军人、杂役等玷污这些官名，又以节度使至刺史专门作为武臣的正任。况且，郎、大夫之职在汉代是用来安置名流的，观察使在唐朝是一方最高长官，刺史在汉代是监察官，在唐朝是郡守，哪里是武夫和受宠的小人所能充任的？这是武官中名实尤其不符的。

## 名将晚谬

**原文**

自古威名之将，立盖世之勋①，而晚谬不克终者②，多失于恃功矜能③而轻敌也。关羽手杀袁绍二将颜良、文丑于万众之中。及攻曹仁于樊，于禁等七军皆没，羽威震华夏，曹操议徙许都以避其锐，其功名盛矣。而不悟吕蒙、陆逊之诈，竟堕孙权计中，父子成禽，以败大事。西魏王思政镇守玉壁，高欢连营四十里攻围之，饥冻而退。及思政徙荆州，举韦孝宽代己，欢举山东之众来攻，凡五十日，复以败归，皆思政功也。其后欲以长社为行台治所，致书于崔猷，猷曰："襄城控带京洛，当今要地，如其动静，易相应接。颍川邻寇境，又无山川之固，莫若顿兵④襄城，而遣良将守颍川，则表里胶固，人心易安，纵有不虞⑤，岂足为患。"宇文泰令依猷策，思政固请，且约，贼水攻期年⑥，陆攻三年之内，朝廷不烦赴救。已而陷于高澄，身为俘虏。慕容绍宗挫败侯景，一时将帅皆莫及，而攻围颍川，不知进退，赴水而死。吴明彻当陈国衰削之余，北伐高齐，将略人才⑦，公卿以为举首⑧，师之所至，前无坚城，数月之间，尽复⑨江北之地。然其后攻周彭城，为王轨所困，欲遏⑩归路。萧摩诃请击之，明彻不听，曰："搴旗陷陈⑪，将军事也，长算远略，老夫事也。"一旬之间⑫，水路遂断。摩诃又请潜军突围⑬，复不许，遂为周人所执⑭，将士三万皆没焉。此四人之过，如出一辙。

## 【字词注解】

① 勋：功勋，功劳。

② 晚谬不克终者：晚年出现失误所以不能得到善终者。谬，失误。

③ 恃功矜能：居功自傲，任气使才。

④ 顿兵：派重兵驻守。

⑤ 不虞：不测，出乎意料的事情，多指不好的事。

⑥ 期年：一年。

⑦ 将略人才：韬略才学。

⑧ 以为举首：认为（吴明彻的才能）属当时之首。

⑨ 复：收复。

⑩ 遏：阻遏，堵截。

⑪ 搴旗陷陈：夺取敌军大旗，冲锋陷阵。

⑫ 一旬之间：不过十天的时间。一旬，十天。

⑬ 潜军突围：派军队悄悄突围。

⑭ 所执：被俘虏。

## 【精彩解说】

自古以来，威名赫赫、功高盖世的将领，在晚年出现失误以致不能善终的，大多数是失于居功自傲、大意轻敌。蜀汉的关羽，在千军万马之中亲手杀掉袁绍帐下的名将颜良、文丑。在攻打樊城（今湖北襄樊）的曹仁时，（关羽）又大破于禁等七支队伍，威震华夏，竟使得曹操准备迁都许昌以避其锋芒，其威名可谓鼎盛之极。可是，骄傲的关羽竟没有识破吕蒙、陆逊的欺诈，竟然陷入了孙权的圈套，以致父子同时被擒，不仅自己身败名裂，而且也坏了刘备的大事。西魏的王思政镇守玉壁（今山西稷山西南）

时，高欢连营四十里围攻他，最终因天气寒冷、粮草缺乏而被迫退兵。等到王思政移镇荆州（今湖北江陵）时，举荐韦孝宽接替自己守卫玉壁城，高欢趁机率领东魏重兵大举围攻玉壁，经过五十天的激战，东魏损兵折将，大败而归，都是王思政的功劳。后来，王思政想以长社县（今河南长葛市东）为行台治所，特意给崔猷写了一封信，崔猷回答："襄城郡控带京师和洛阳，是当今的战略要地，如有特殊情况，便于相互接应。颍川郡（治今河南许昌）临近敌境，又无山川之险以为屏障，不如派重兵驻守襄城，同时派遣良将守卫颍川，这样表里俱固，人心易安，即使有出乎意料的事件发生，又有什么可担心的？"西魏丞相宇文泰命令依照崔猷的策略行事，可是王思政再三坚决请求而且保证：敌人水攻一年、陆攻三年之内，不麻烦朝廷发兵救援。不久，颍川郡被东魏大将军高澄攻破，王思政自己也做了俘虏。东魏将领慕容绍宗曾击败侯景，当时的将帅都无法与之相比，但是在进攻颍川时，却不知进退，最终因战败投水而死。吴明彻在陈国已经相当衰弱的情况下，率领陈兵大举北伐高齐（北齐）。吴明彻的将略和才学被公卿们认为是一时之冠，他的军队所到之处，攻无不克，战无不胜，数月之间就完全收复了江北之地。然而，后来在进攻北周的彭城（今江苏徐州）时，被王轨所困，并计划切断陈军的归路。萧摩诃请求发兵击退王轨，可吴明彻不听，并且傲慢地说："冲锋陷阵，勇夺敌旗，是将军你的事，而深谋远虑、运筹帷幄，则是老夫我的事。"还不到十天，陈军的水上归路便被切断。萧摩诃又请求悄悄突围，可吴明彻仍然不答应。结果，陈军大败，吴明彻与将士三万人都做了周军的俘虏。不难看出，上述四人所犯的错误如出一辙。

# 卷十二

## 无用之用

**【原文】**

庄子云:"人皆知有用之用,而莫知无用之用。"又云:"知无用,而始可与言用矣。夫地非不广且大也,人之所用,容足①耳。然则厕足而垫之致黄泉,所谓无用之为用也亦明矣。"此义本起于《老子》"三十辐共一毂②,当其无,有车之用"一章。《学记》:"鼓无当于五声③,五声弗得不备④;水无当于五色⑤,五色弗得不章⑥。"其理一也。今夫飞者以翼为用,絷⑦其足,则不能飞。走者以足为用,缚其手,则不能走。举场较艺⑧,所务者才也,而拙钝者亦为之用。战陈角胜⑨,所先者勇也,而老怯者亦为之用。则有用、无用,若之何⑩而可分别哉?故为国者⑪,其勿以无用待天之下士,则善矣!

**【字词注解】**

① 容足:立足之地。

② 三十辐共一毂:三十根辐条集中到一个车毂上。

③ 五声:宫、商、角、徵、羽。

④ 备:完备,完美。

⑤ 五色:青、黄、赤、白、黑。

⑥ 章:彰显。

⑦ 絷：用绳索拴住或绊住马脚。
⑧ 举场较艺：科举考场上较量技艺。
⑨ 战陈角胜：在战场上取得胜利。战陈，通"战阵"，战场。
⑩ 若之何：怎么办，如何。
⑪ 为国者：治理国家的人。

【精彩解说】

庄子说："人们都知道有用的作用，却没有人知道无用的作用。"又说："知道无用，然后才可以与你谈论有用。土地不是不广大啊，可是人所使用的地方只不过是立足之地而已。既然只有这一小块立足之地有用，那么，把此外无用的土地都挖掉，一直挖到黄泉，这时人所站立的这一小块立足之地难道还有用处吗？由此看来，所谓无用的用处也就很明显了。"这种说法起源于《老子》一书中"三十辐共一毂，当其无，有车之用"一章。《初学记》中说："鼓声虽然不在五声（宫、商、角、徵、羽）之列，但是如果没有它，五声就不完美；水色虽然不在五色（青、黄、赤、白、黑）之列，可是如果没有它，五色就难以彰显。"其道理是一样的。现在，那些会飞的动物是使用翅膀飞的，可是如果捆住它们的腿，它们就飞不起来。人们走路是用脚的，可是如果捆住双手，他们就跑不快。在科场上比试技艺，所注重的是真才实学，而才智平常的人也有用处。在战场上克敌制胜，需要的是勇力，而年老胆怯的人也有用处。如此，有用和无用，怎么能一概而分呢？所以，治国的人如果能不以"无用"来看待天下的士人，事情就好办了！

## 唐制举科目

**原文**

唐世制举，科目猥多①，徒异其名尔②，其实与诸科等也。张九龄以道侔伊、吕策高第③，以《登科记》及《会要》考之，盖先天元年九月，明皇初即位，宣劳使所举诸科九人，经邦治国、材可经国、才堪刺史、贤良方正与此科各一人，藻思清华、兴化变俗科各二人。其道侔伊、吕策问殊平平④，但云："兴化致理，必俟得人⑤；求贤审官，莫先任举。欲远循汉、魏之规，复存州郡之选，虑牧守之明⑥，不能必鉴。"次及"越骑伙飞，皆出畿甸⑦，欲均井田于要服⑧，遵丘赋于革车"，并安人重谷⑨，编户农桑之事，殊不及为天下国家之要道⑩。则其所以待伊、吕者亦狭矣。九龄于神龙二年中材堪经邦科，本传不书，计⑪亦此类耳。

—●【字词注解】

①科目猥多：开考的科目种类繁多。

②徒异其名尔：只不过名称不一样罢了。

③道侔伊：即伊尹。吕：吕尚，姜尚。

④殊平平：十分平常。

⑤得人：得到人才。

⑥虑：担心。牧守：州牧、郡守。

⑦畿甸：京城地区。

⑧欲均井田于要服：想要在全国推行井田制。

⑨安人重谷：安抚百姓，重视农桑。

⑩要道：要旨。

⑪计：估计。

—●【精彩解说】

在唐朝的科举中，临时开考的科目名目繁多，其实质与其他各科并没有多大区别，只不过是名称不同罢了。名相张九龄以"道侔伊（指伊尹）、吕（指吕尚，即姜尚）科"高中，参阅《登科记》和《唐会要》可知，这大概是唐玄宗先天元年（712年）九月的事。当时，唐明皇刚即位，宣劳使所举诸科共取九人，其中经邦治国、材可经国、才堪刺史、贤良方正以及道侔伊、吕科等各一人，藻思清华、兴化变俗科各二人。实际上，道侔伊、吕科皇帝策问所涉及的问题十分平常，只是说："兴化治国，必须得到人才；求贤审官，莫先于任子、察举。要想远循汉、魏之制，恢复州、郡选拔官吏的做法，又恐怕州牧、郡守的能力无法明鉴一切。"又说到"越骑、伙飞等禁军，都出京师很远活动，准备在全国各主要地区推行井田，使兵农合一"，以及安民重农、百姓农桑之事，根本称不上是治国平天下的要旨。由此看来，政府等待伊尹、姜尚这样的贤才去做的，也是很狭隘的。张九龄于唐中宗神龙二年（706年）考中材堪经邦科，而正史的本传中没有记载，估计也与此相类似。

# 东坡论庄子

## 原文

东坡先生作《庄子祠堂记》，辨其不诋訾①孔子。"尝疑《盗跖》《渔父》则真若②诋孔子者，至于《让王》《说剑》，皆浅陋不入于道③。反复观之，得其《寓言》之终曰：'阳子居④西游于秦，遇老子。其往也，舍者将迎其家，公执席⑤，妻执巾栉⑥，舍者避席⑦，炀者避灶⑧。其反⑨也，与之争席矣。'去其《让王》《说剑》《渔父》《盗跖》四篇，以合于《列御寇》之篇，曰：'列御寇之齐，中道而反，曰："吾惊焉，吾食于十浆，而五浆先馈。"'然后悟而笑曰：'是固一章也。'庄子之言未终，而昧者剿之⑩，以入其言尔。"东坡之识见至矣，尽矣。故其《祭徐君猷文》云："争席满前，无复十浆而五馈。"用为一事。今之庄周书《寓言》第二十七，继之以《让王》《盗跖》《说剑》《渔父》，乃至《列御寇》为第三十二篇，读之者可以涣然冰释也。

予案，《列子》书第二篇内首载御寇馈浆事数百言，即缀以杨朱争席一节，正与东坡之旨异世同符，而坡公记不及此，岂非作文时偶忘之乎！

陆德明《释文》："郭子玄云，一曲之才，妄窜奇说⑪，若《阏弈》《意修》之首，《危言》《游凫》《子胥》之篇，凡诸巧杂，十分有三。《汉·艺文志》《庄子》五十二篇，即司马彪、孟氏所注是也，言多诡诞⑫，或似《山海经》，或类占梦书，故注者以意去取，其《内篇》众家并同。"予参以此说，坡公所谓昧者，其然乎？《阏弈》《游凫》诸篇，今无复存矣。

─● 【字词注解】

① 诋訾：诋毁。

② 真若：真的像，的确像。

③ 皆浅陋不入于道：都很浅薄简陋，与道家思想不相合。

④ 阳子居：杨朱，字子居，战国时期魏国人。他的学说核心思想是爱己，拔一毛而为天下利亦不为也，所以遭到儒家的贬斥，被儒家学说斥为异端。

⑤ 公执席：男主人拿着席子，请他坐在席子上。

⑥ 妻执巾栉：女主人恭恭敬敬地拿来盥洗的毛巾、梳子等用品。巾栉，巾和梳篦，泛指盥洗用具。

⑦ 舍者避席：许多原来的客人都赶紧离席而去。

⑧ 炀者避灶：烤火的人也都离开灶膛而去。炀，烤火。

⑨ 反：通"返"，返回。

⑩ 昧者剿之：蒙昧无知的人将它（杨朱的话语）割裂开来。剿，将别人的话语作为自己的。

⑪ 妄窜奇说：任意窜改前人的文章，发表一些离奇的观点。

⑫ 诡诞：荒诞怪异。

─● 【精彩解说】

苏东坡先生曾写了一篇《庄子祠堂记》，辨明庄子并不是诋毁孔子。他说："我曾怀疑《盗跖》与《渔父》二篇的确像是诋毁孔子的，至于《让王》《说剑》二篇则结构松散，文辞浅陋，其思想与庄子的道家思想格格不入，显系伪作。我经过反复的阅读、揣摩，发现《寓言》篇的结尾说：'阳子居（杨朱，字子居）向西游历秦国，半道上遇见老子。当他到达沛城的时候，馆舍的客人出来迎接他到客舍；男主人拿着席子侍候他坐下休息；女主人则送来梳洗用品，毕恭毕敬；有的客人连忙离席而去；烤火的人也离开灶台悄悄溜走。当阳子居从沛地返回时，馆舍的客人们都同他随意争席而坐，不分彼此了。'下面如果去掉《让王》《说剑》《渔父》《盗跖》四篇，直接与《列御寇》的首段相接，文意是非常通顺的。《列御寇》的第一段说：

'列御寇前往齐国，半道就返回来了，说："我碰到了令人惊异的事情，我曾在十家茶馆喝茶，竟有五家争先把茶水送上来。"'经过揣摩，我恍然大悟，不禁说道：'这本来就是同一篇的内容。'庄子的话还没有说完，蒙昧无知的人就将它强行割裂开来，以便插入自己的作品。"苏东坡的见解实在是太高明，太周全了。所以，他的《祭徐君猷文》说："人人争先恐后地抢占座位，不再有到十家吃饭而五家抢先上菜的情景。"将杨朱和列御寇的事用作一件事。今天看到的《庄子》中，《寓言》为第二十七篇，接着是《让王》《盗跖》《说剑》《渔父》四篇，《列御寇》被列为第三十二篇，阅读时隔过中间四篇，将《寓言》与《列御寇》两篇直接连在一起读，就会感到许多疑点都涣然冰释，不复存在。

在《列子》第二篇中，先记载了列御寇被店家先行馈饷饮品的事，竟用了数百字，紧接着便记述杨朱争席一事，正好与苏东坡的意思完全相同，尽管两人的时代相差一千余年。不过，在苏东坡的文章中只字未提《列子》的记载，莫非写文章时偶然忘记了吗？

陆德明的《经典释文》载："郭子玄说，个别有点歪才的学者，不知天高地厚，竟然在《庄子》中大量掺假，如《阏弈》《意修》两篇的开头和《危言》《游凫》《子胥》等篇中，被巧妙地掺入的伪作，竟有十分之三以上。《汉书·艺文志》说《庄子》有五十二篇，也就是司马彪和孟氏所注的那个本子，语言多有诡诞之处，有些像是《山海经》，有些像是占梦书，因此，作注的人根据自己的见解随意取舍，只有《庄子》的《内篇》，各家都是一样的。"我参考了这种说法，苏东坡先生所说的愚昧无知之人，莫非指的就是这些人？《阏弈》《游凫》等篇，今天已经不复存在了。

# 卷十三

## 科举恩数

**原文**

国朝科举取士,自太平兴国以来,恩典始重。然各出一时制旨,未尝辄同,士子随所得而受之,初不以官之大小有所祈诉也。太平之二年,进士一百九人,吕蒙正以下四人得将作丞,余皆大理评事,充诸州通判①。三年,七十四人,胡旦以下四人将作丞,余并为评事,充通判及监当。五年,一百二十一人,苏易简以下二十三人皆将作丞、通判。八年,二百三十九人,自王世则以下十八人,以评事知县,余授判司簿尉。未几,世则等移通判,簿尉改知令录。明年,并迁守评事。雍熙二年,二百五十八人,自梁颢以下二十一人,才得节察推官。端拱元年,二十八人,自程宿以下,但权知诸县簿尉。二年,一百八十六人,陈尧叟、曾会至得光禄丞、直史馆,而第三人姚揆,但防御推官。淳化三年,三百五十三人,孙何以下,二人将作丞,二人评事②,第五人以下,皆吏部注拟。咸平元年,孙仅但得防推。二年,孙暨以下,但免选注官。盖此两榜,真宗在谅闇③,礼部所放,故杀其礼。及三年,陈尧咨登第,然后六人将作丞,四十二人评事;第二甲一百三十四人,节度推官、军事判官;第三甲八十人,防团军事推官。

## 【字词注解】

①通判：官名。在知府下掌管粮运、家田、水利和诉讼等事项。

②评事：官名。隋炀帝置，大理寺的属员。秩正九品，掌同司直，出使推按，参决疑狱，隋员额四十八。唐、宋沿设，减为十二，唐掌出使推按，秩从八品下，宋改为正八品，与司直详断疑案。民国北洋军阀统治时期办理行政诉讼案件的平政院，设评事十五人，系简任官，掌审理案件。

③谅闇：帝王居丧。

## 【精彩解说】

我大宋朝以科举取士，从太宗太平兴国以后，恩典开始日益受到重视。然而，这些恩典都是出于皇帝一时的谕旨，从来没有完全一样的。起初，士人们考中后朝廷授予什么官职，他们就接受什么官职，并不计较官位的高低。太平兴国二年（977年），取恩科进士一百零九人，吕蒙正以下的四人被授予将作丞之职，其余的人都被授予大理评事一职，充任诸州通判。三年，取进士七十四人，胡旦以下四人授将作丞，其余的人都授大理评事，充各州通判及监当。五年，取一百二十一人，苏易简以下二十三人都授将作丞、通判。八年，取二百三十九人，从王世则以下的十八人都以评事的身份任知县，其他的人都授判司簿尉。不久，王世则等升任通判，司簿尉改为知令录。次年，这些知令录们都被破格提升为守评事。雍熙二年（985年），取二百五十八人，自梁颢以下二十一人，仅被授为节察推官。端拱元年（988年），取二十八人，从程宿以下，都仅被授为权知诸县簿尉。第二年，取一百八十六人，名列前茅的陈尧叟、曾会至被授为光禄丞、直史馆，而第三名姚揆仅被授为防御推官。淳化三年（992年），取进士三百五十三人，孙何以下，有两人授将作丞，二人授评事，从第五名以后，都由吏部负责登记，俟后安排。真宗咸平元年（998年），孙仅作为第一名仅被授为防御推官。咸平二年（999年），从孙暨以下，仅得免选入官罢了。大概当时真宗居丧，这两榜都是由礼部所放，因而大大降低了规格。到了咸平三年（1000年），陈尧咨登第，在他之后有六人授将作丞，四十二人授评事；第二甲一百三十四人，都授节度推官、军事判官；第三甲八十人，都授防团军事推官。

# 贞元制科

唐德宗贞元十年，贤良方正科十六人，裴垍为举首，王播次之，隔一名而裴度、崔群、皇甫镈继之。六名之中，连得五相，可谓盛矣！而邪正复不侔①。度、群同为元和宰相，而镈以聚敛贿赂亦居之，度、群极陈其不可②，度耻其同列，表求自退③，两人竟为镈所毁而去。且三相同时登科，不可谓无事分，而玉石杂糅④，薰莸同器⑤，若默默充位，则是固宠患失，以私妨公，裴、崔之贤，谊难以处也。本朝韩康公、王岐公、王荆公亦同年联名，熙宁间，康公、荆公为相，岐公参政，故有"一时同榜用三人"之语，颇类此云。

——【字词注解】

①不侔：不相等，不等同，引申为不可比较，不能同日而语。
②极陈其不可：极力向皇上呈说他不可用。陈，陈请，陈说。
③表求自退：上表请求离职归隐。表，上书，上表。
④玉石杂糅：美玉和石头混杂在一起。
⑤薰莸同器：香花和臭草放在同一个器皿里。薰，一种香草，又泛指花草的香气。莸，一种有臭味的草。

——【精彩解说】

唐德宗贞元十年（794年），考中贤良方正科的有十六人，其中裴垍为第一名，王播次之，裴度、崔群、皇甫镈分别居第四、第五、第六名。在前六名中，竟然有五人先后担任宰相，可谓是古今罕见的盛事！而五人的忠奸正邪却不可同日而语。裴度、崔群同在宪宗元和年间任宰相，而皇甫镈凭借横征暴敛和贿赂也被任命为宰相，裴、崔二人极力向皇帝呈说此人不可重用，却没有被接受。裴度耻于同皇甫镈共事，因而上表请求辞职，最后两人因为受到皇甫镈的诋毁而离开相位。裴度、崔群、皇甫镈三位宰相同时登科,不可谓没有情分,然而美玉和石头混杂在一起,香花和臭草放在同一个器皿里,如果默默地填充着相位,则是贪恋富贵,明哲保身,以私害公,因为裴、崔贤能,是不可能这样做的。大宋朝的韩康公(韩绛)、王岐公(王珪)、王荆公(王安石)三人也是同年登科的,神宗熙宁年间,韩康公、王荆公任宰相,王岐公任参知政事,因此当时有"一时同榜用三人"的说法,这种情况与唐宪宗元和年间的事非常相似。

## 金花帖子

**原文**

唐进士登科,有金花帖子,相传已久,而世不多见①。予家藏咸平元年孙仅榜②盛京所得小录,犹用唐制,以素绫为轴,贴以金花,先列主司③四人衔,曰:翰林学士给事中杨,兵部郎中知制诰李,右司谏直史馆梁,秘书丞直史馆朱,皆押字。次书四人甲子,年若干,某月某日生,祖讳某,父讳某,私忌④某日。然后书状元孙仅,其所纪与今正同。别用高四寸绫,阔二寸,书"盛京"二字,四主司花书于下,粘于卷首,其规范如此,不知以⑤何年而废也。但此榜五十人,自第一至十四人,惟第九名刘烨为河南人,余皆贯开封府,其下又二十五人亦然。不应都人士中选若是⑥之多,疑亦外方人寄名托籍,以为进取之便⑦耳。四主司乃杨砺、李若拙、梁颢、朱台符,皆只为同知举。

【字词注解】

① 而世不多见:而当今世上却很少有人能看到原件。
② 榜:科举考试中榜。
③ 主司:主考官。
④ 私忌:私家的忌日。指父母及祖父母、曾祖父母死去的日期。
⑤ 以:到。

⑥若是：如此，这么。
⑦便：方便，便利。

● 【精彩解说】

在唐朝，进士登科后都会得到一本精美的金花帖子，此制相传已久，而当今世上却很少能够看到原件。我家收藏有宋真宗咸平元年（998年）孙仅在盛京（指北宋东京开封）考中时所得的小录，它仍然使用唐制，以白绫为轴，上贴金花，先列四位主考官的头衔，即翰林学士给事中杨，兵部郎中知制诰李，右司谏直史馆梁，秘书丞直史馆朱，每个人都签署自己的名字。接着写的是四位主考官的年龄，某月某日生，祖父的名字，父亲的名字，私忌某日。然后写状元孙仅，所记的内容与现在的完全相同。另外，又用一张长四寸、宽二寸的绫子，上写"盛京"两个大字，下面是四位主考官的花书，然后将它粘贴在帖子的卷首。金花帖子的规范就是这样，不知从哪一年开始被废除了。但是，此榜的五十个人中，从第一到第十四名，除第九名刘烨是河南府人之外，其余的籍贯都是东京开封府。从第十五名以后，又有二十五人的籍贯是开封府。京师士人考中的竟如此之多，显而易见是不合情理的，估计有不少外地士人寄名托籍，假称是京城人，以便于在仕途上发展。帖子上的四位主考官是杨砺、李若拙、梁颢、朱台符，当时都任同知举。

## 物之小大

### 原文

列御寇①，庄周大言小言，皆出于物理之外②。《列子》所载"夏革曰：渤海之东，几亿万里，有大壑焉，实惟无底之谷。中有五山，高下周旋三万里③，山之中间相去七万里，而五山之根无所连著。帝使巨鳌④十五举首而戴之，叠为三番，六万岁一交⑤焉。而龙伯之国有大人⑥，举足不盈数千而暨⑦山所，一钓而连六鳌，合负而趣归其国。于是岱舆、员峤二山，沉⑧于大海。"张湛注云："以高下周围三万里山，而一鳌头之所戴，而六鳌复为一钓之所引，龙伯之人能并而负之。计此人之形当百余万里，鲲鹏方之⁹,犹蚊蚋蚤虱耳。太虚之所受,亦奚所不容哉!"《庄子·逍遥游》,首著鲲鹏事云:"北冥有鱼,其名为鲲。鲲之大,不知其几千里也;化而为鸟,其名为鹏。鹏之徙¹⁰于南冥,水击三千里,抟¹¹扶摇而上者九万里。"二子之语大若此。

至于小言,则《庄子》谓:"有国于蜗之左角,曰触氏,右角曰蛮氏,相与争地而战,伏尸数万,逐北旬有五日而后反¹²。"《列子》曰:"江浦之间生么虫¹³,其名曰焦螟,群飞而集于蚊睫¹⁴,弗相触也,栖宿去来¹⁵,蚊弗觉也。黄帝与容成子¹⁶同斋三月,徐以神视¹⁷,块然见之,若嵩山之阿¹⁸,徐以气听,砰然闻之¹⁹,若雷霆之声。"二子之语小如此。释氏维摩诘长者居丈室而容九百万菩萨并师子座²⁰,一芥子之细而能纳须弥²¹。皆一理²²也。张湛不悟其寓言,而窃窃然以太虚无所不容为说,亦隘矣!若吾儒《中庸》之书,但云:"天地之大也,人犹有所憾²³,故君子语大,天下莫能载焉;语小,天下莫能破焉。"则明白洞达,归于至当²⁴,非二氏之学一偏所及也。

【字词注解】

①列御寇:即列子,战国时期郑国人,他安于贫寒,不求名利,不进官场,隐居郑地,潜心著书。列子继承了老子的学说,又加以发扬光大。庄子在《逍遥游》中说,列子可以"御风而行",常"乘风游八荒"。他主张贵虚,流传下来的有《列子》一书。

②皆出于物理之外:都出于事物的常理之外。

③高下周旋三万里:高低方圆各有三万里。

④巨鳌:巨龟。

⑤六万岁一交:每六万年一次交班。

⑥大人:巨人。

⑦暨:至,到。

⑧沉:陷落。

⑨鲲鹏方之:鲲鹏与之(龙伯国巨人)相比。

⑩徙:迁徙。

⑪抟：环绕，盘旋。

⑫逐北旬有五日而后反：追击败军，半个月才能撤兵返回。逐北，追击败军。旬，一旬为十日。有，通"又"。反，通"返"，返回。

⑬么虫：小虫子。

⑭群飞而集于蚊睫：成群的焦螟一起飞到蚊子的睫毛上。

⑮栖宿去来：在蚊子的睫毛上栖息过夜，来回飞舞。

⑯容成子：古代传说中的仙人，据说是指导黄帝学习养生术的老师之一。

⑰徐以神视：平心静气、屏住呼吸凝神观察。

⑱若嵩山之阿：像嵩山下的丘陵。

⑲砰然闻之：听到砰砰的声音。

⑳释氏维摩诘：佛教徒维摩诘。丈室：一丈见方的屋子。

㉑须弥：佛教用语，须弥山。佛教说，世人所住的世界中心是一座大山，叫须弥山。

㉒皆一理：都是同样的道理。

㉓憾：觉得缺憾，不满足。

㉔归于至当：十分恰当。

## 【精彩解说】

列御寇和庄子所说的"大"与"小"，都出于事物的常理之外。《列子》载"夏革对商汤说：渤海之东不知几亿万里远的地方，有个大沟，实际上就是一个无底之谷。谷中有五座山，高低方圆各有三万里，每座山相距七万里，这五座大山的根基都无所依托。天帝派十五只巨龟抬头顶着五山。这些龟分为三班轮流托山，每六万年一换班。龙伯之国有个巨人，抬脚不到数十步就来到五座大山的所在地，下一次钩竟钓起六只巨龟，然后将它们拢在一起扛回本国。于是五大山中的岱舆、员峤二山从此沉入大海。"张湛注释说："一座高低方圆达三万里的大山，竟被一只巨龟用头轻而易举地顶托着，而力能托山的六只巨龟却又被一钩钓出，然后并在一起扛走。由此估算，龙伯之国巨人的身材当有一百余万里，鲲鹏与之相比，简直就像蚊蚋蚕虱一样。看来太虚（指深玄之理）之所受，也可谓是无所不容！"《庄子·逍遥游》记述鲲鹏的事说:"北方的海中有一种大鱼,它的名字叫鲲。鲲的大小,不知道有几千里;变为鸟后,名叫鹏。当鹏向南海迁徙时,扇动翅膀,击水达三千余里;盘旋而上,离地达九万里。"列子和庄子所说的"大",竟有如此之大。

至于说"小",则《庄子》称:"在蜗牛壳的左角有个小国,名叫触氏,在右角也有个小国名叫蛮氏,两国为了争夺地盘而爆发战争,以致伏尸数万。得胜的一方穷追猛打,长驱直入,深入敌境半个月后才撤兵回返。"《列子》说:"江浦之间有一种小虫,它的名字叫焦螟。大群的焦螟落脚于蚊子的一根眼睫毛上,谁也不会碰着谁。它们飞来飞去,在蚊子的睫毛上休息、过夜,蚊子也毫无感觉。黄帝和容成子一起斋戒三个月,然后平心静气地凝神观察,清晰地看见了焦螟,就像是嵩山下的大丘陵一样;他们又平心静气地凝神倾听,听到了焦螟发出的'砰、砰'之声,就像是震耳欲聋的霹雷一样。"庄子和列子所说的"小",竟小到这种程度。佛教徒维摩诘长者自居的斗室可容纳九百万尊菩萨及其狮子座,一粒芥子那样小的地方竟能容纳须弥那样的高山,其道理都是一样的。张湛不明白列子的寓言中所包含的深刻哲理,却喋喋不休地说什么太虚无所不容,真是太狭隘、太没有见识了!至于我们儒家经典《中庸》一书中只是说:"天地是最为广阔的,但是人们还是感到不满意,因此君子所谈论的'大',大得天下根本无法容纳;君子所谈论的'小',小得天下没有任何东西可以进得去。"这话说得明白透彻,恰如其分,绝不是列子和庄子的偏颇学说所能比拟的。

# 卷十四

## 帝王训俭

> **原文**

　　帝王创业垂统①，规②以节俭，贻训③子孙，必其继世④象贤，而后可以循其教，不然，正足取侮笑耳。宋孝武大治宫室⑤，坏高祖所居阴室⑥，于其处⑦起玉烛殿，与群臣观之。床头有土障，上挂葛灯笼、麻蝇拂。侍中袁顗因盛称⑧高祖俭素之德，上不答，独曰："田舍公⑨得此，已为过矣！"唐高力士于太宗陵寝宫，见梳箱一、柞木梳一、黑角篦一、草根刷子一，叹曰："先帝亲正皇极⑩，以致升平⑪，随身服用，唯留此物。将欲传示子孙，永存节俭。"具以奏闻⑫。明皇诣陵，至寝宫，问："所留示者何在？"力士捧跪上，上跪奉，肃敬如不可胜⑭，曰："夜光之珍，垂棘之璧⑮，将何以喻此⑯？"即命史官书之典册⑰。是时，明皇履位⑱未久，厉精为治，故见太宗故物而惕然有感⑲。及侈心一动，穷天下之力不足以副⑳其求，尚何有于此哉？宋孝武不足责也，若㉑齐高帝、周武帝、陈高祖、隋文帝，皆有俭德，而东昏、天元、叔宝、炀帝之淫侈，浮于桀、纣㉒，又不可以语㉓此云。

• 【字词注解】

①垂统：指帝位代代相传。

②规：规劝。

③贻训：先人留下的训诫、格言。

④继世：后辈，后人。

⑤宋孝武：南朝宋孝武帝刘骏。大治宫室：大营宫室，建造宫殿。

⑥阴室：即私室。南朝皇帝死后，以其所居殿为阴室，藏生前衣着等日用物品。

⑦于其处：在这个地方（高祖刘裕的阴室）。

⑧盛称：盛赞，极力称赞。

⑨田舍公：种田的老头。

⑩亲正皇极：亲手匡正做帝王的准则。极，准则。

⑪以致升平：让天下呈现出歌舞升平的景象。

⑫具以奏闻：（高力士）一五一十地将这事向玄宗做了汇报。

⑬所留示者：太宗遗留下来的东西。

⑭肃敬如不可胜：严肃恭敬到了无以复加的地步。

⑮垂棘之璧：垂棘之地的美玉。垂棘，春秋时期晋国的一个地区，以产美玉著称，后借指美玉。

⑯将何以喻此：又怎么能超过这些呢？

⑰书之典册：记录到典册中去。

⑱履位：继承皇位。

⑲惕然有感：受震动，有很深的感触。

⑳副：符合，满足。

㉑若：像。

㉒浮于桀、纣：超过桀、纣。

㉓语：谈论。

【精彩解说】

帝王创立基业后，为了使江山牢固，世代相传，总要规劝子孙们过节俭的生活，给他们留下训诫。然而，只有他们的后人比较贤明时，才会遵从前辈的教诲，否则的话，正好是自取侮辱和嘲笑而已。南朝宋孝武帝刘骏大兴土木，建造宫殿，他毁坏了宋高祖刘裕曾居住过的阴室，准备在那里新建玉烛殿。当他与群臣一起去观看时，只见高祖的床头有一道土障，上面挂的是葛条编的灯笼和用麻做的驱蝇掸子。侍中袁𫖮于是盛赞高祖的俭朴之德，孝武帝并不答话，只是淡淡地说："种田的老头用这些东西，已经太过分了！"唐朝宦官高力士在太宗陵的寝宫中看到梳箱一只、柞木梳子一把、黑角篦子一把、草根刷子一把，感叹地说："太宗皇帝亲手匡正了做帝王的准则，使得天下呈现出一派歌舞升平的景象，而他自己随身所穿所用的，却只留下这些。他是想以此传示子孙，告诫他们永保节俭之德。"高力士将这件事一五一十地向玄宗皇帝做了汇报。唐明皇闻报，马上亲赴太宗陵，到寝宫问："太宗所留下的东西在哪儿？"高力士手捧这些东西跪着献给玄宗，玄宗跪拜接受，肃敬到了无以复加的程度，并且说："珍奇的夜光宝珠，垂棘的稀世美玉，又怎能比这些更好？"玄宗当即命令史官记载到典册上。当时，唐玄宗刚继位不久，雄心勃勃，励精图治，因而见到太宗的遗物后感触良深。等到他的奢侈心一动，即使竭尽天下的财力人力也无法满足其要求，哪里还有一丁点儿对太宗遗物的印象？宋孝武帝不值得指责，至于像齐高帝、周武帝、陈高祖、隋文帝等，都有节俭的美德，可是他们的后代东昏侯萧宝卷、天元皇帝宇文赟、陈后主叔宝、隋炀帝杨广等人的骄奢淫逸，穷奢极欲，其程度超过了夏桀、商纣，对他们就不必谈什么节俭之德了。

## 用计臣为相

**原文**

唐自贞观定制，以省台寺监理天下之务，官修其方①，未之或改②。明皇因时极盛，好大喜功，于财利之事尤切③，故宇文融、韦坚、杨慎矜、王鉷，皆以聚敛刻剥进④，然其职不出⑤户部也。杨国忠得志，乃以御史大夫判度支，权知太府卿及两京司农太府出纳，是时，犹未立判使之名也。肃宗以后，兵兴费广⑥，第五琦、刘晏始以户部侍郎判诸使，因之拜相，于是盐铁有使，度支有判。元琇、班宏、裴延龄、李巽之徒踵相蹑⑦，遂浸浸以他官主之⑧，权任益重。

宪宗季年，皇甫镈由判度支，程异由卫尉卿盐铁使，并命为相，公论沸腾，不恤也。逮于⑨宣宗，率⑩由此涂大用，马植、裴休、夏侯孜以盐铁，卢商、崔元式、周墀、崔龟从、萧邺、刘瑑以度支，魏扶、魏謩、崔慎由、蒋伸以户部，自是计相不可胜书矣。惟裴度判度支，上言调兵食非宰相事，请以归有司⑪，其识量宏正⑫，不可同日语也。

【字词注解】

①官修其方：政府制定官制的具体方案。官，政府。修，制定。方，方案。

②未之或改：没有修改过。

③切：关切，关注。

④皆以聚敛刻剥进：都因为好聚敛财产、强征赋税而得到重用。刻剥，侵夺剥削。

⑤不出：没有超过。

⑥兵兴费广：战争兴起，所以军备开销很大。

⑦踵相蹑：相继步其后尘。

⑧遂浸浸以他官主之：于是逐渐用其他官员来掌管。

⑨逮于：及至到了。

⑩率：全部。

⑪有司：有关部门。

⑫识量宏正：见识深远，正直宽厚。

【精彩解说】

唐朝从太宗贞观年间确定官制，以省、台、寺、监等机构处理天下的各项事务，政府制订了具体方案，此后没有修改过。唐玄宗时期国家极盛，他自己又好大喜功，对钱财之事尤为关切，于是，宇文融、韦坚、杨慎矜、王铁等都凭聚财苛薄而得以重用，然而其职责范围都没有超出户部。杨国忠得志，就以御史大夫的身份判度支尚书，权知太府卿及两京司农太府出纳，不过当时还没有立判、使之名。唐肃宗以后，由于战争连绵，费用浩繁，第五琦、刘晏才开始以户部侍郎判诸使，接着又被拜为宰相，从此盐铁有使，度支有判。元琇、班宏、裴延龄、李巽等人又相继步其后尘，于是逐渐用其他的官员来主管财赋之事，权势越来越重。

宪宗末年，皇甫镈以判度支，程异由卫尉卿盐铁使，同时被任命为宰相，引起舆论大哗，但皇帝不予理会，一意孤行。到了唐宣宗时期，宰相全由此途而得，马植、裴休、夏侯孜是以盐铁使，卢商、崔元式、周墀、崔龟从、萧邺、刘瑑是以度支，魏扶、魏謩、崔慎由、蒋伸是以户部长官，从此以后计相不可胜数。只有裴度判度支时，对皇帝说调军粮并非宰相的分内事，请求把职权归还给有关部门。裴度的正直与远见卓识，其他众人与之相比，真是不可同日而语。

## 陈涉不可轻

### 原文

《扬子①法言》："或问陈胜、吴广，曰：'乱。'曰：'不若是则秦不亡。'曰：'亡秦乎？恐秦未亡而先亡矣。'"李轨以为："轻用其身，而要乎非命之运，不足为福先，适足以为祸始。"予谓不然。秦以无道毒天下，六王皆万乘之国，相踵灭亡，岂无孝子慈孙、故家遗俗？皆奉头鼠伏。自张良狙击之外，更无一人敢西向窥其锋者。陈胜出于戍卒，一旦奋发不顾，海内豪杰之士，乃始云合响应，并起而诛之。数月之间，一战失利，不幸陨命于御者之手。身虽已死，其所置遣侯王将相竟亡秦。项氏之起江东，亦矫称陈王之令而渡江。秦之社稷为墟，谁之力也？且其称王之初，万事草创，能从陈馀之言，迎孔子之孙鲋为博士，至尊为太师，所与谋议，皆非庸人崛起者可及，此其志岂小小者哉！汉高帝为之置守冢于砀，血食二百年乃绝。子云指以为乱，何邪？若乃杀吴广，诛故人，寡恩忘旧，无帝王之度，此其所以败也。

—•【字词注解】

①扬子：即杨雄（公元前53—18年），一作"扬雄"，字子云，西汉蜀郡成都（今属四川）人，汉族。西汉学者、辞赋家、语言学家。杨雄少时好学，博览多识，酷好辞赋。口吃，不善言谈，而好深思。家贫，不慕富贵。

【精彩解说】

　　西汉扬雄在《扬子法言》中说："有人问陈胜、吴广是什么样的人，我的回答是：'乱臣。'对方又说：'如果他们不首先起事，那么残暴的秦朝就不会灭亡。'我说：'灭亡秦朝吗？恐怕秦朝未灭而他们自己就已经死了。'"隋朝的李轨认为："陈胜和吴广在时机尚未成熟的情况下，轻举妄动，铤而走险，不但不能为人民带来幸福，相反却造成了深重的灾难。"我的看法与扬雄、李轨有别。无道的秦朝残害天下，涂炭生灵，原来的齐、楚、燕、韩、赵、魏等六国也都是实力雄厚的大国，却相继为暴秦所灭，难道这六国的人都没有孝子贤孙和家族传统吗？为什么都恭恭敬敬地拜伏在秦人的脚下呢？除了韩国的张良曾在博浪沙狙击过秦始皇之外，竟没有一个人敢于挑战秦王朝。陈胜只是一个普普通通的老百姓，微不足道的小戍卒，一旦奋不顾身地揭竿而起，天下的英雄豪杰才开始云集响应，共同伐秦。数月之间，因一战失利，陈胜不幸被车夫所杀。虽然死了，但是他所任命和派出的王侯将相最终却推翻了秦朝。项梁和项羽在江东起兵后，也是假借陈王的命令渡过长江的。秦朝的残暴统治被推翻，这究竟是谁的功劳呢？难道不主要是陈胜、吴广的功劳吗？而且，陈胜称王建国之初，万事草创，忙得焦头烂额，却能听从陈馀的话，迎立孔子的后人为博士，以至尊奉他为太师，他们在一起所商议的事情，绝非平庸之辈崛起后所能想到和做到的。就凭这一点，难道不足以说明陈胜的志向之远大吗？汉高祖刘邦为他在砀县设置守冢户，使他享用祭祀达二百年才告断绝。扬雄指斥陈胜为乱臣，不知是何缘故？至于杀吴广，诛杀老朋友，寡恩少义，忘记旧情，缺乏帝王的度量，这才是陈胜之所以失败的真正原因。

# 卷十五

## 李林甫秦桧（节选）

【原文】

李林甫①为宰相，妒贤嫉能，以裴耀卿、张九龄在己上，以李适之争权，设诡计去之。若其所引用，如牛仙客至终于位，陈希烈及见其死，皆共政六七年。虽两人伴食谄事，所以能久，然林甫以忮心贼害，亦不朝愠暮喜，尚能容之。秦桧则不然，其始也，见其能助我，自冗散小官，不三二年至执政。史才由御史检法官超右正言，迁谏议大夫，遂签书枢密。施钜由中书检正、郑仲熊由正言，同除权吏部侍郎。方受告正谢，施即参知政事，郑为签枢。宋朴为殿中侍御史，欲骤用之，令台中申称本台缺检法主簿，须长贰乃可辟。即就状奏除侍御史，许荐举，遽拜中丞，谢日除签枢，其捷如此。然数人者不能数月而罢。

——•【字词注解】

①李林甫：唐玄宗李隆基时著名奸相。善音律，无才学，会机变，善钻营。出身于李唐宗室，是李渊叔伯兄弟李叔良的曾孙。

——•【精彩解说】

李林甫任宰相，妒贤嫉能，因为宰相裴耀卿和张九龄的资历在他之上，左相李适之与之争权，他就设诡计把这些人都挤离相位。至于李林甫自己所荐用的官员，如牛仙客最终死于任上，陈希烈直到李林甫死时仍在做官，他们都与李共事达六七年之久。虽然牛、陈二人时常陪吃献媚，曲意逢迎，以至能久保禄位，然而在另一方面，这也是由于李林甫虽然以嫉妒之心残害贤能，却并不朝三暮四，所以尚能长期容忍他们。本朝的秦桧则不然，一开始，他如果发现谁可以为自己卖命，不出两三年的工夫，就可以将此人从一个不为人知的闲散小官，越级提拔为执政大臣。如史才由御史检法官跳过右正言一级直接升任谏议大夫，紧接着就任签书枢密院事。施钜由中书检正、郑仲熊由正言，一同被破格提拔为吏部侍郎。正当他们受命谢恩时，施钜被任命为参知政事，郑仲熊被任命为签书枢密院事。宋朴本是殿中侍御史，秦桧想尽快提拔他，便授意御史台提出建议，说本台缺少检法主簿，只有本台的正副长官才可以推荐人选。秦桧随即趁御史台的建议呈上之机，向皇帝建议任命宋朴为御史，宋朴所荐举的人也就被顺利通过。很快，宋朴又被任命为御史中丞，谢恩之日又被委任为签书枢密院事。在如此之短的时间内，宋朴竟连升数级，其速度之快，着实令世人惊讶不已。然而，这些人没过几个月就被秦桧罢免了。

## 注书难

**原文**

注书至难，虽孔安国、马融、郑康成、王弼之解经，杜元凯之解《左传》，颜师古之注《汉书》，亦不能无失。王荆公《诗新经》，"八月剥枣"解云："剥者，剥其皮而进之，所以养老也。"毛公本注云："剥，击也。"陆德明音普卜反。公皆不用。后从蒋山郊步至民家，问其翁安在？曰："去扑枣。"始悟前非。即具奏乞除去十三字，故今本无之。

洪庆善注《楚辞·九歌·东君篇》："缅瑟兮交鼓，萧钟兮瑶簴。"引《仪礼·乡饮酒》章"间歌《鱼丽》，笙《由庚》。歌《南有嘉鱼》，笙《崇丘》"为比，云："萧钟者，取二乐声之相应者互奏之。"既镂板，置于坟庵，一蜀客过而见之，曰："一本萧作攩，《广韵》训为击也。盖是击钟，正与缅瑟为对耳。"庆善谢而亟改之。

政和初，蔡京禁苏氏学，蕲春一士独杜门注其诗，不与人往还。钱伸仲为黄冈尉，因考校上舍，往来其乡，三进谒然后得见。首请借阅其书，士人指案侧巨编数十，使随意抽读，适得《和杨公济梅花十绝》："月地云阶漫一尊，玉奴终不负东昏。临春结绮荒荆棘，谁信幽香是返魂。"注云："玉奴，齐东昏侯潘妃小字。临春、结绮者，陈后主三阁之名也。"伸仲曰："所引止于此耳？"曰："然。"伸仲曰："唐牛僧孺所作《周秦行纪》①，记入薄太后庙，见古后妃辈，所谓'月地云阶见洞仙'，东昏以玉儿故，身死国除，不拟负他。乃是此篇所用。先生何为没而不书？"士人恍然失色，不复一语，顾其子然纸炬悉焚之。伸仲劝使姑留之，竟不可。曰："吾枉用工夫十年，非君几贻士林嗤笑。"伸仲每谈其事，以戒后生。但玉奴乃杨贵妃自称，潘妃则名玉儿也。剥枣之说，得于吴说、傅朋，箫钟则庆善自言也。绍兴初，又有傅洪秀才注坡词，镂板钱塘，至于"不知天上宫阙，今夕是何年"，不能引"共道人间惆怅事，不知今夕是何年"之句。"笑怕蔷薇罥""学画鸦黄未就"，不能引《南部烟花录》，如此甚多。

── ●【字词注解】

①《周秦行纪》：唐朝传奇。旧题牛僧孺撰。故事写迷途的奇遇。篇中以牛僧孺自述口吻，说他在德宗贞元间举进士落第，经洛阳，将归宛叶，过鸣皋山时，因暮色苍茫而迷路，忽为异香吸引，夜入汉文帝母薄太后庙的传奇故事。以虚构故事写艳遇，在唐人小说中并不罕见，但本篇涉及当朝妃子，故与众不同。作品情节简单，人物刻画着墨不多。

── ●【精彩解说】

为前人的书籍作注释是件很难的事，即使像孔安国、马融、郑康成、王弼这样的巨儒解释经书，杜元凯解《左传》，颜师古注释《汉书》，也难免有差错。在荆国公王安石所作的《诗新经》中，"八月剥枣"一句中的"剥"字被解释为："剥，剥掉枣皮然后进献，其目的是敬养老人。"而毛公本《诗经》的注释说："剥，即击打。"陆德明的《经典释文》

说：" 剥，音普卜反。"但是，王安石对这些说法都弃之不用。后来有一天，他随蒋山到郊外散步时，走到一户农家，见男主人不在家，便问他去哪儿了。家人回答："去扑枣了。"王安石这才知道此前自己搞错了，于是上奏朝廷，请求删去自己所解释的那十三个字，所以现在的版本没有这句话。

洪庆善为《楚辞·九歌·东君篇》"缅瑟兮交鼓，萧钟兮瑶簴"一句作注时，引用《仪礼·乡饮酒》一章中"间歌《鱼丽》，笙《由庚》。演《南有嘉鱼》，笙《崇丘》"作比，说："萧钟就是从这两种乐器中选取两种声音和谐的，合作演奏乐曲。"书版刻好后，放置在坟庵，有一位路过的蜀人看见后说："还有一种版本'萧'字作'擽'，《广韵》解释此字的意思是击。也就是击钟，正好与缅瑟相对应。"洪庆善非常感激，当即更正过来。

徽宗政和初年，奸臣蔡京下令禁绝苏轼的著作，不许人们传看学习，可是蕲春却有一位学者闭门谢客，专心注释苏轼的诗，几乎断绝与人的来往。钱伸仲任黄冈县尉时，因为考试太学生，多次往来于其乡，先后拜访了三次才见到那位学者。钱伸仲首先请求借阅其所注的书，学者指着案边的数十大本书稿，让他随意抽读，钱伸仲正好抽得《和杨公济梅花十绝》，其中："月地云阶漫一尊，玉奴终不负东昏。临春结绮荒荆棘，谁信幽香是返魂。"几句的注释说："玉奴，南朝齐东昏侯萧宝卷潘妃的小名。临春和结绮，乃南朝陈后主三阁的名称。"钱伸仲问："您所引用的资料只有这些吗？"学者回答："是的。"钱伸仲说："唐朝宰相牛僧孺所著的《周秦行纪》记载他进入西汉的薄太后庙，看到了古代后妃们栩栩如生的形象，也就是所谓'月地云阶见洞仙'，东昏侯因玉儿，身死国灭，玉儿由此暗下决心绝不背叛他。这才是此诗所用的典故。先生为何将之埋没不写呢？"学者闻听恍然失色，一句话也不说，只是示意儿子将书稿付之一炬。钱伸仲极力劝说将书稿暂且留下，但学者坚决不听。他说："我白花了十年工夫，如果不是遇见你，我几乎要给天下的读书人留下笑柄。"钱伸仲经常提起此事，以警示后人。但是，可能他也不知道，玉奴乃是唐朝杨贵妃的自称，玉儿则是东昏侯潘妃的名字。剥枣的说法，得于吴说、傅朋，箫钟则是洪庆善自己的"创见"。高宗绍兴初年，又有一位名叫傅洪的秀才为苏东坡的词作注，最后在钱塘刻版印刷，注释者甚至在"不知天上宫阙，今夕是何年？"两句之下，不能引用"共道人间惆怅事，不知今夕是何年"两句。在"笑怕蔷薇罥""学画鸦黄未就"下，不知引用《南部烟花录》，像这样的例子还有很多，是举不胜举的。

# 卷十六

## 高德儒

**原文**

唐高祖起兵太原,使子建成、世民将兵①击西河郡,执②郡丞高德儒,世民数之曰③:"汝指野鸟为鸾,以欺人主取高官,吾兴义兵,正为诛佞人耳。"遂斩之,自余④不戮一人。读史不熟者,但以为史氏虚设此语⑤,以与指鹿为马作对耳。案,隋大业十一年,有二孔雀飞集宝城朝堂前,亲卫校尉高德儒等十余人见之,奏以为鸾⑥,时孔雀已飞去,无可得验⑦。诏以德儒诚心冥会,肇见嘉祥⑧,擢拜朝散大夫,余人皆赐束帛;仍于其地造仪鸾殿。距此时财二年余。盖唐温大雅所著《创业起居注》载之,不追书前事故也。《新唐书·太宗纪》,但书云:"率兵徇西河,斩其郡丞高德儒。"尤为简略,赖⑨《通鉴》尽纪其详。范氏《唐鉴》只论其被诛一节云。

【字词注解】

①将兵:率领军队。

②执:逮捕,捉拿俘虏。

③数之曰:一一列举他的罪状说。

④自余:除此之外。

⑤但:只是。史氏:撰写史书的人。

⑥鸾:传说中凤凰一类的神鸟。

⑦无可得验：无从验证。

⑧诏以德儒诚心冥会，肇见嘉祥：隋炀帝不明真相，于是下诏褒奖高德儒对隋朝的一片诚心和预知吉祥的能力。

⑨赖：幸好。

### 【精彩解说】

唐高祖李渊在太原起兵后，就派儿子李建成、李世民率兵进攻西河郡，攻克之后，抓获了郡丞高德儒。李世民一一列举高德儒之罪，说："你指鸟为鸾，靠欺瞒隋炀帝获取高官，我们兴义兵，正是为了除掉像你这些欺上瞒下的奸佞小人！"于是就将高德儒斩首，除此之外绝不屠戮一人。后世不熟悉唐史的人，只认为是修史者虚构了这段故事，是为了和秦朝赵高的指鹿为马相对照罢了。然而事实确系如此。隋炀帝大业十一年（615年），有一天，有两只孔雀飞落在宫城朝堂前，亲卫校尉高德儒等十余人见到这一景观，趁机上奏隋炀帝，声称有两只鸾鸟飞落朝堂前，是吉祥之兆。此时孔雀已飞走了，高德儒的话也无从验证。隋炀帝不明真相，就下诏褒扬高德儒对隋朝的一片诚心和预知吉祥的才能，并擢拔他为朝散大夫，其余的人也都被赐予丝织品，还在所谓两只鸾鸟飞落的朝堂前建造了一座仪鸾殿。此事距李世民杀高德儒仅有两年多。人们认为此事是虚构的，大概是唐人温大雅所著的《创业起居注》只记述了李世民杀高德儒之事，而没有追述高德儒指孔雀为鸾鸟一事的缘故。《新唐书·太宗纪》中只写道："李建成、李世民率军攻克西河郡，将郡丞高德儒斩首。"更为简略，幸亏《资治通鉴》将此事做了详尽的记述。而北宋范祖禹写的《唐鉴》也只记载了高德儒被杀一事。

## 唐朝士俸微

### 原文

唐世朝士俸钱至微①，除一项之外，更无所谓料券、添给之类者。白乐天为校书郎，作诗曰："幸逢太平代，天子好文儒。小才难大用，典校在秘书。俸钱万六千，月给亦有余。遂使少年心，日日常晏如。"及为翰林学士,当迁官,援姜公辅故事,但乞兼京兆府户曹参军,既除此职,喜而言志,至云:"诏授户曹掾,捧诏感君恩。弟兄俱簪笏,新妇俨衣巾。罗列高堂下,拜庆正纷纷。喧喧车马来,贺客满我门。置酒延贺客,不复忧空樽。"而其所得者,亦俸钱四五万,廪禄二百石而已。今之主簿、尉,占优饫②处,固有倍蓰于此者矣,亦未尝以为足,古今异宜,不可一概论也。杨文公在真宗朝为翰林学士,而云:"虚忝甘泉之从臣,终作若敖之馁鬼。"盖是时尚为鲜薄,非后来比也。

【字词注解】

① 至微:很少的意思。
② 优饫:富庶的意思。

【精彩解说】

唐朝官员的俸禄微薄,除了固定的俸钱之外,根本没有那些所谓的料券、添给之类的额外福利。白居易担任校书郎期间,曾经写诗说:"幸逢太平代,天子好文儒。小才难大用,典校在秘书。俸钱万六千,月给亦有余。遂使少年心,日日常晏如。"在他担任翰林学士即将升迁时,曾援引姜公在朝辅政时兼任外官的故事,只向皇上请求兼任京兆府户曹参军一职,以增加自己的收入。当他被授官后,喜悦地传达内心想法,甚至写诗道:"诏授户曹掾,捧诏感君恩。弟兄俱簪笏,新妇俨衣巾。罗列高堂下,拜庆正纷纷。喧喧车马来,贺客满我门。置酒延贺客,不复忧空樽。"但是,他每年增加的收入,实际上也不过四五万俸钱,二百石禄米罢了。今天的小官主簿、县尉,只要是在富庶之地为官,其收入都会三倍、五倍于白居易的俸禄,但他们仍然不知足。可见,古今官吏俸禄制度有很大的不同,不可一概而论。真宗时,杨文公曾担任翰林学士之职,他说:"虚忝甘泉之从臣,终作若敖之馁鬼。"大概当时官员的俸禄还相当微薄,与现在是无法相比的。

# 酒肆旗望

## 【原文】

今都城与郡县酒务,及凡鬻①酒之肆,皆揭大帘于外,以青白布数幅为之,微者随其高卑小大,村店或挂瓶瓢,标帚秆,唐人多咏于诗,然其制盖自古以然矣,《韩非子》②云:"宋人有酤酒者,斗概甚平,遇客甚谨,为酒甚美,悬帜甚高,而酒不售,遂至于酸。"所谓悬帜者此也。

## 【字词注解】

①鬻:卖。

②《韩非子》:韩非(约公元前280—公元前233年),战国晚期韩国人,是中国古代著名的哲学家、思想家和散文家,法家思想的集大成者,世称"韩非子"。今存《韩非子》五十五篇。

## 【精彩解说】

现今在都城和郡县的酒馆,以及所有卖酒的店铺,一般都在门外挂一幅大帘,大帘用很多幅青布或白布做成,小店的幌子高低大小很随意,而有些乡村小店或者挂酒瓶,或者挂酒瓢,还有用扫帚秆做标志的,唐朝人在诗文中都有反映。这种规矩大概自古以来就有,《韩非子》中说:"宋国有个卖酒的人,酒具中盛得很满,对待客人十分小心恭敬,酿制的酒也非常香醇,悬挂的旗帜很高很显眼,然而酒就是卖不出去,以至于酒都腐败变酸了。"其中所说的悬挂旗帜,就是酒幌子。

## 贤宰相遭谗

### 原文

一代宗臣①，当代天理物之任②，君上委国而听之③，固为社稷之福，然必不使邪人④参其间乃可，不然必为所胜。姑以唐世及本朝之事显显者言之，若褚遂良、长孙无忌之遭李义府、许敬宗，张九龄之遭李林甫是已。裴晋公⑤相宪宗，立淮、蔡、青、郓之功，唐之威令纪纲，既坏而复振，可谓名宰矣。皇甫镈一共政，则去不旋踵，迨穆、敬、文三宗，主既不明，而元稹、李逢吉、宗闵更撼⑥之，使不得一日安厥⑦位。赵韩王以佐命元勋，而为卢多逊所胜⑧，寇莱公为丁谓所胜，杜祁公、韩、范为陈执中、贾昌朝所胜，富韩公为王介甫所胜，范忠宣为章子厚所胜，赵忠简为秦桧之所胜，大抵皆然也。

### 【字词注解】

①宗臣：世所敬仰的大臣。

②当代天理物之任：应当代替上天将治理国家当作自己的责任。理物，治理国家。

③听之：给予他们充分的信任，同"听之任之"。

④邪人：奸佞小人。

⑤裴晋公：晋国公裴度。

⑥撼：摇撼，动摇。

⑦厥：其。

⑧胜：排挤，陷害。

### 【精彩解说】

作为一朝有名望的大臣，应当以天下为己任，君主也应当把治理国家的重任委托给大臣并给予他们充分的信任。这样便是国家的福分，但是，君主在任用贤臣时，还必须严禁奸佞小人参与朝政才行，否则，忠臣必然会被奸佞之臣所排挤。我们姑且以唐朝和宋朝的几个典型事件为例来说明，像唐朝的名臣褚遂良、长孙无忌曾遭到奸臣李义府、许敬宗的陷害，张九龄曾遭到李林甫的陷害就是如此。晋国公裴度曾是唐宪宗时的宰相，对收复被藩镇势力控制的淮、蔡、青、郓等地，立下了汗马功劳，使安史之乱后遭到破坏的政令、纲纪得以重振，真可以称得上是一代名相。但皇甫镈参议朝政后，裴度很快就被排挤出朝廷，到了穆宗、敬宗和文宗时，君主昏庸，元稹、李逢吉、宗闵等人又屡进谗言，使得裴度一日也不得安宁。我朝这类事也不少，如开国元勋韩王赵普遭卢多逊谗言；寇准遭丁谓的陷害，杜衍、韩琦、范仲淹遭陈执中、贾昌朝的谗言，富韩公遭王安石的排挤，范纯正遭章子厚的排挤，赵鼎遭秦桧的陷害等，大概都是如此。

容斋三笔

# 概 论

　　《容斋三笔》对赋税、杂税制度以及官私债务赦免制度进行了评议。在卷四的《省钱百陌》中，介绍了何为"省钱"和"头子钱"，间接指出这些政策的实施加重了百姓的负担。在卷九的《赦放债务》中介绍了政府赦免租赁债务的情况，认为宋宁宗时期赦放债负的政策并没有实际效用，因为这一时期的税、物老百姓都已经缴纳，并未享受恩惠，由此可见，洪迈实际上是反对官私债务对百姓的盘剥的。同时对于政府的赦免制度，在卷十六的《多赦长恶》中，洪迈认为要保证国家稳定，不能经常大赦天下，否则奸恶之人不能得到处罚，会助长社会的不正风气，不利于治理国家。

　　总体来说，"以民为本，藏富于民"这是洪迈在经济领域内提出的民本思想，他呼吁减轻百姓租税负担，根本目的是维护统治阶级的利益，保证政权的稳固。

# 卷 一

## 武成之书

【原文】

孔子言:"周之德,其可谓至德也已矣。三分天下有其二,以服事① 殷。"所谓服事者,美其能于纣之世尽臣道②也。而《史记·周本纪》云西伯盖受命之年称王③,而断虞芮之讼④,其后改法度,制正朔⑤,追尊古公、公季为王。是说之非,自唐梁肃至于欧阳、东坡公、孙明复皆尝著论,然其失自《武成》始也。孟子曰:"吾于《武成》,取二三策而已矣。"今考其书,云"大王肇基王迹⑥,文王诞膺天命⑦,以抚方夏⑧",及武王自称曰"周王发",皆纣尚在位之辞。且大王居邠,犹为狄所迫逐,安有"肇基王迹"之事?文王但称西伯,焉得言"诞膺天命"乎?武王未代⑨商,已称周王,可乎?则《武成》之书不可尽信,非止"血流漂杵⑩"一端也。至编简舛误⑪,特其小小者云。

【字词注解】

①服事:五服之内所封诸侯定期朝贡,各依服数以事天子。也泛指尽臣道。

②美其能于纣之世尽臣道:赞美周能在殷纣王统治时期做到尽臣子的道义。

③西伯：西伯侯，即文王姬昌。受命：受命于天，接受上天任命。

④断：裁断。虞芮之讼：虞国和芮国交界，两国因为田地起了纠纷，争执不下，于是决定去找文王裁定。等到了周国，看见周国人人礼让，虞、芮两国国君惭愧，便让出所争之地，作为公共的疆界。

⑤制正朔：制定历法。

⑥肇基王迹：肇基，刚刚创立基业。王迹，帝王功业。

⑦诞：诞生。膺：服膺，禀受。

⑧方夏：华夏四方。

⑨代：取代，覆灭。

⑩血流漂杵：形容战争的惨烈，征战双方直杀得血流成河，连盾牌都漂了起来。出自《尚书·武成》："会于牧野，罔有敌于我师，前徒倒戈，攻于后以北，血流漂杵。"主要讲述武王伐纣、征战于牧野的情景。

⑪编简：书籍编纂。舛误：错误。

## ●【精彩解说】

孔子说："周朝的道德，可说是最高的道德境界了。三分天下拥有了其中的两分，还来服侍殷朝。"这里所说的"服侍"，是赞美周能在殷纣王统治时期尽力做到臣子的道义。而《史记·周本纪》却说西伯在禀受天命那年就已称王，并开始掌握裁断虞国芮国诉讼的大权，接着修改法律、制度，制定历法，追尊古公亶父、季历为先王。这种说法的错误，从唐朝梁肃到宋代欧阳修、苏东坡、孙明复都曾著文指出过。然而它的失实是从《尚书·武成》这部书开始的。孟子说："我对于《尚书·武成》这部书，只取用其中的十分之二三罢了。"现在考察这部书，其中"大王开始奠定王业的根基，文王诞生禀受天命，来安抚华夏四方"，以及武王自称"周武王姬发"等，都是殷纣王尚且还在位时的话。而且太王古公亶父的时候，还常常被戎狄胁迫追逐，哪有"开始奠定王业根基"的事呢？周文王当时只称西伯，怎么能说"诞生禀受天命"呢？周武王还未覆灭商朝就已经称周王，这可能吗？所以《武成》这部书不可全信，还不只是像"血流漂杵"这种一两处失真的记载。至于该书体例编纂的错乱，倒是小问题了。

# 管晏之言

　　《孟子》所书："齐景公问于晏子曰①：'吾欲观于转附、朝儛，遵海而南，放于琅邪，吾何修而可以比于先王观也？'晏子对曰：'天子诸侯，无非事②者。春省耕而补不足，秋省敛而助不给③。今也不然。师行而粮食④。从流下而忘反谓之流⑤。从流上而忘反谓之连⑥。从兽无厌谓之荒。乐酒无厌谓之亡。先王无流连之乐，荒亡之行。'景公说⑦，大戒于国。"《管子·内言·戒》篇曰："桓公将东游，问于管仲曰：'我游犹轴转斛，南至琅邪。司马曰：亦先王之游已。何谓也？'对曰：'先王之游也，春出原农事之不本者，谓之游⑧。秋出补人之不足者，谓之夕⑨。夫师行而粮食其民者，谓之亡。从乐而不反者，谓之荒。先王有游夕之业于民，无荒亡之行于身。'桓公退再拜，命曰宝法。"观管、晏二子之语，一何相似，岂非传记所载容有相犯⑩乎？管氏既自为一书，必不误，当更⑪考之《晏子春秋》也。

【字词注解】

①齐景公：名杵臼，齐灵公之子，在位时由名相晏婴辅政。他善于纳谏，在位五十八年，国内政治相对稳定，是齐国执政时间最长的一位国君。晏子，即晏婴。

②事：处理事务。

③省：检查。耕：耕种。敛：收成。不给：不足，不够。

④师行而粮食：国王出巡，劳师动众，征收出巡所费粮食。

⑤从流下而忘反谓之流：由上游向下游的游玩乐而忘归叫作流。

⑥从流上而忘反谓之连：由下游向上游的游玩乐而忘归叫作连。

⑦说：通"悦"，高兴。

⑧春出原农事之不本者，谓之游：春天出巡考察农事不保本的，叫

作游。

⑨秋出补人之不足者,谓之夕:秋天出巡补助缺粮的农户的,叫作夕。

⑩犯:冲突。

⑪更:再,重新。

——•【精彩解说】

　　《孟子·梁惠王章句下》写道:"齐景公问晏子说:'我想到转附(今山东芝罘山)、朝儛(今山东召石山)两座山上去巡游,然后沿着海岸向南行,一直到琅邪(山名,在今山东诸城)。我该怎样才能和过去的圣贤之君的巡游相比拟呢?'晏子答道:'天子和诸侯出巡,没有不和工作相结合的。春天巡视耕种情况,对贫穷农户加以补助;秋天考察收获情况,对缺粮户加以补助。现在可不这样了。国王一出巡,兴师动众,到处筹粮运米。由上游向下游的游玩乐而忘归叫作流,由下游向上游的游玩乐而忘归叫作连,无厌倦地打猎叫作荒,不知节制地喝酒叫作亡。过去的圣贤之君都没有这种流连的游乐和荒亡的行为。'齐景公大为高兴,在都城内大规模做好救济穷人的准备。"《管子·内言·戒》说:"齐桓公将要到东部去巡游,问管仲说:'我拟巡游的路线是从轴山到斛山,再向南到琅邪。司马说,这也是过去的圣贤之君的巡游呀。为什么这样说呢?'管仲回答:'过去的圣贤之君的巡游,春天出巡考察农事不保本的,叫作游。秋天出巡补助缺粮的农户的,叫作夕。出巡兴师动众,筹措搬运老百姓的粮米的,叫作亡。游玩乐而忘返的,叫作荒。过去的贤圣之君对百姓有游夕的职责,对自身没有荒亡的权利。'齐桓公退堂后又一次礼拜管仲,下令称管仲的意见为宝法。"管仲、晏子二人的话,是何等相似!难道不是传记所记载的内容相冲突吗?既然《管子》一书是管仲自己撰写的,一定没有误载他的话,这就应当重新考证一下《晏子春秋》这部书了。

# 共工氏

## 原文

《礼记·祭法》《汉书·郊祀志》，皆言共工氏霸九州，以其无录而王①，故谓之霸。《历志》则云："虽有水德，在火木之间，非其序也②。任知刑以强③，故伯而不王。周人黜其行序，故《易》不载。"注言："以其非次故去之。"《史记·律书》："颛顼有共工之陈④，以平水害。"文颖曰："共工，主水官也。少昊氏衰，秉政作虐⑤，故颛顼伐之。本主水官，因为水行也。"然《左传》郯子所叙黄帝、炎帝五代所名官，共工氏以水纪，故为水师而水名。杜预云："共工氏以诸侯霸有九州者，在神农之前，太昊之后，亦受水瑞，以水名官。"盖其与炎、黄诸帝，均受五行之瑞，无所低昂⑥，是亦为王明矣。其子曰后土，能平九州，至今祀以为社。前所纪谓"周人去其行序"，恐非也。至于怒触不周之山，天倾西北，地不满东南，此说尤为诞罔⑦。洪氏出于此，本曰"共"，《左传》所书晋左行共华、鲁共刘，皆其裔也。后又推本水德之绪加水于左而为"洪"云。《尧典》所称"共工方鸠僝功"，即舜所流者，非此也。时以名官，故舜命垂为之。

【字词注解】

①无录而王：没有受命于天，而自己称王。

②非其序也：不符合五行的正常次序。

③任知刑以强：只知道用严酷的刑罚来彰显自己的强大。

④陈：陈述，说明。

⑤秉政作虐：执掌政权，肆意作恶。

⑥无所低昂：没有高下之分。

⑦诞罔：荒诞无稽。

## 【精彩解说】

《礼记·祭法》和《汉书·郊祀志》两部书上都说共工氏霸占了九州大地，因为他没有禀受上天的任命而自己称王统治九州，所以称他为"霸"。《历志》则说："共工虽然有水德，但他的水德在火德和木德的中间，不符合五行的正常次序。共工治九州只懂得用严酷的刑罚来显示自己的强大，不懂得为政以德，所以他只能做到伯的爵位，没能称王。因周朝人变动了共工在五行中的次序，所以《周易》所载诸帝中没有他的名字。"《历志》的注文说："因为共工不符合五行的次序，所以《周易》去掉了他。"《史记·律书》说："颛顼帝因为有了水官共工的陈述，才去治理水害的。"文颖则说："共工是主管水利的官。少昊氏衰败以后，他掌握政权作恶肆虐，所以颛顼帝便兴师讨伐他。他本来是掌管水利的，因此是五行中的水行。"然而《左传》中郯子所叙述的黄帝、炎帝等五帝时代上天所命名的官名中，共工氏因以水治理天下，所以被任命为水师并以水名做官名。杜预说："共工氏是以诸侯中伯位的身份拥有九州的，次序在神农之前，太昊之后，他也禀受了五行中水的祥瑞吉兆，所以用水的名字做他的官职名。"可见，共工和炎帝、黄帝都禀受过五行的吉兆，没有高下之分，这说明他做过王是很清楚的了。他的儿子叫后土，曾平定过九州，到现在人们还把他作为社神来供奉祭祀。前面《历志》上所说的"周朝人去掉了共工在五行中的排列次序"，恐怕是不对的。至于说共工曾为争夺九州而愤怒地用头去撞不周山，使天向西北倾斜，大地覆盖不住东南方，这种说法就更是荒诞无稽了。"洪"这个姓氏就来源于共工氏，这个姓本来叫作"共"，《左传》中所记载的晋国的左行共华、鲁国的共刘，都是共工氏的后裔。后来人们又推演探究出"共"字的水德本源，便在共字左边添了个"水"字而成为"洪"了。《尚书·尧典》所称颂的"共工在他所统治过的每一个地方，都能集善事以显示他的功德"，也就是虞舜时所流行的说法，这种说法指的不是前面所谈的共工氏是否禀受过五行吉兆的问题。因舜时实行的是对官员的任命制，不再是天授官职了，所以舜任命垂治理地方。

# 卷 二

## 汉宣帝不用儒

**【原文】**

汉宣帝不好儒,至云俗儒不达时宜①,好是古非今,使人眩于名实②,不知所守,何足委任。匡衡为平原文学,学者多上书荐衡经明③,当世少双,不宜在远方④。事下萧望之、梁丘贺。望之奏衡经学精习⑤,说有师道,可观览⑥。宣帝不甚用儒,遣衡归故官。司马温公谓俗儒诚不可与为治,独不可求真儒而用之乎?且是古非今之说,秦始皇、李斯所禁也,何为而效之邪?既不用儒生而专委中书宦官,弘恭、石显因以擅政事,卒为后世之祸,人主心术,可不戒哉!

**【字词注解】**

①不达时宜:不通人情世故。

②名实:名称与实际。这里偏重于实际。

③经明:通经明世。

④远方:远离首都的偏远地区。

⑤精习:精通、熟习。

⑥可观览:值得参阅。

── ●【精彩解说】

汉宣帝刘询不喜好儒学,因此说俗儒不通达人情事故,喜欢不加分析地肯定古代的,否定现代的,使人们在实质问题上迷惑,不知道信守什么,怎么能够对他们委以重任。匡衡当时是平原郡(今属山东)的文官,学者们多上书推荐他,称其通经明世,在当世少有人能与他并肩,不适合待在偏远之处。于是汉宣帝把匡衡放到萧望之、梁丘贺手下做事。萧望之上奏称匡衡对于经学的研究精通练达,其学说有师道传承,值得参阅。但是汉宣帝不大重用儒士,最终还是将匡衡遣返,担任原来的官职。司马温公曾说普通的儒士确实不能够与他谈论治理天下的事情,难道不可以寻求真正的儒者而任用他们吗?况且颂古非今的说法,是秦始皇、李斯为了禁止儒生所做的解释,为什么要效仿他们呢?既然不任用儒生而专门委任中书令宦官,所以弘恭、石显得以擅权执掌国事,死后给汉朝后世留下灾祸。作为君主,在考虑治国方针时,难道不应该以此为戒吗?

## 刘项成败

**原文**

汉高帝、项羽起兵之始,相与北面共事怀王①。及入关破秦,子婴出降,诸将或言诛秦王。高帝曰:"始怀王遣我,固以能宽容,且人已服降②,杀之不祥。"乃以属吏③。至羽则不然,既杀子婴,屠咸阳,使人致命于怀王。王使如初约,先入关者王其地④。羽乃曰:"怀王者,吾家武信君⑤所立耳,非有功伐,何以得颛主约⑥?今定天下,皆将相诸君与籍力也,怀王亡功,固当分其地而王之。"于是阳⑦尊王为义帝,卒至⑧杀之。观此二事,高帝既成功,犹敬佩王之戒⑨,羽背主约,其末至于如此,成败之端,不待智者而后知也。高帝微时,尝繇⑩咸阳,纵观秦皇帝,喟然太息曰:"大丈夫当如此矣!"至羽观始皇,则曰:"彼可取而代也。"虽史家所载,容有文饰⑪,然其大旨,固可见云。

【字词注解】

① 相与：共同。北面：面向北。指臣服于人。
② 服降：归服投降。
③ 乃以属吏：于是将子婴当作属吏。
④ 王其地：统治这块地。王，统治。
⑤ 武信君：项羽叔父项梁。
⑥ 颛主约：专断把持盟约。颛，通"专"。
⑦ 阳：表面上。
⑧ 卒至：最终。
⑨ 戒：告诫。
⑩ 繇：同"徭"，徭役。
⑪ 容有文饰：或许有文字上的修饰夸张。

【精彩解说】

汉高祖刘邦、西楚霸王项羽刚起兵的时候，曾相约一起追随楚怀王。等到刘邦打败秦国，进入关中（今陕西西安一带）击破了秦军，秦王子婴出来投降，有的将领建议杀掉秦王。刘邦说："刚开始怀王就告诉我，待人要能够宽厚，并且人家已经归服投降，杀了他不吉利。"于是就把子婴当作属吏。而项羽则不是这样，先杀了子婴，接着屠杀咸阳百姓，最后才向楚怀王复命。怀王让他遵守当初的约定，先进入关中者统治这块京畿之地。项羽却说："楚怀王，是我叔父武信君项梁册封的，没有任何战功，为什么能够滥用职权维持盟约呢？现在天下安定，都是靠各位将领和我项羽本人合力完成，怀王没有功劳，本来就应该分割他的地盘来称王。"于是表面上尊怀王为义帝，最终还是杀害了他。观察刘邦、项羽这两件事，汉高祖已经灭秦成功了，还恭敬地信守怀王的告诫，而项羽却违背盟约，后来竟发展到这种地步，成功失败的苗头，聪明的人是不用等到最后才看清楚的。汉高祖微贱的时候，曾经到咸阳服徭役，从远处望到秦始皇，感慨地叹息说："大丈夫就应当这样啊！"等到项羽看见秦始皇，却说："这个人我可以取代他。"这虽然是史家的记载，或许有文字修饰夸张，然而它的主要意思，却于此可见。

# 占术致祸

## 原文

吉凶祸福之事,盖未尝不先见①其祥。然固有知之信之,而翻取②杀身亡族之害者。汉昭帝时,昌邑石自立③,上林僵柳复起④,虫食叶曰:"公孙病已立"。眭孟上书,言当有从匹夫为天子者,劝帝索贤人而禅位,孟坐袄言诛⑤,而其应⑥乃在孝宣,正名病已。哀帝时,夏贺良以为汉历中衰,当更受命。遂有陈圣刘太平皇帝之事,贺良坐不道诛。及王莽篡窃,自谓陈后,而光武实应之。

宋文帝时,孔熙先以天文图谶,知帝必以非道晏驾⑦,由骨肉相残,江州当出天子,遂谋大逆,欲奉江州刺史、彭城王义康。熙先既诛,义康亦被害,而帝竟有子祸,孝武帝乃以江州起兵而即尊位。薄姬在魏王豹宫,许负相之当生天子,豹闻言心喜,因背汉,致夷灭⑧,而其应乃在汉文帝。唐李锜据润州反,有相者言,丹阳郑氏女当生天子,锜闻之,纳为侍人。锜败,没入掖庭,得幸宪宗而生宣宗。五代李守贞为河中节度使,有术者善听人声,闻其子妇符氏声,惊曰:"此天下之母也。"守贞曰:"吾妇犹为天下母,吾取天下,复何疑哉?"于是决反,已而覆亡,而符氏乃为周世宗后。

## 【字词注解】

①见:通"现",现出,呈现。

②翻取:反而招致。

③昌邑石自立:昌邑县的一块大石自己立了起来。

④起:生。

⑤孟坐袄言诛:眭孟因为妖言惑众的罪名而被处死。

⑥应:应验。

⑦非道晏驾:不会以正常的方式寿终正寝。

⑧致夷灭:招致夷灭九族的灾祸。

### 【精彩解说】

　　吉凶祸福一类的事情，大凡开始的时候就呈现出吉祥的征兆。然而必有懂得这种吉兆又相信它，最终反招致杀身亡族之祸的人。西汉昭帝刘弗陵的时候，昌邑县（治今山东巨野南）的一块大石自己立了起来，京城长安附近，皇上游猎的上林苑中的一棵干枯的柳树又起死回生了，虫吃树叶被称为"公孙病已立"。眭孟上书说，应当有从平民百姓中成为天子的人出现，他劝昭帝到民间去搜寻贤人而将皇位禅让给他，眭孟被以妖言惑众的罪名处死了，而这件事却应验在汉宣帝刘询身上。他幼时流落民间后，曾改名叫刘病已。汉哀帝刘欣时，阴阳家夏贺良推算认为，汉朝国运到汉哀帝时中衰，要有新的人物出现禀受天命。于是就发生了私立陈圣刘太平皇帝的事件，夏贺良以大逆不道的罪名被处死。等到王莽篡位，他自称是陈姓的后代，而实际上东汉光武帝刘秀应验了陈取代刘而致平安的说法。

　　南朝宋文帝刘义隆的时候，孔熙先因分析天文图谶，知道文帝必定要非正常死亡，必定要死于骨肉相残，江州（今江西九江）应当出天子，于是就谋划大举反叛刘宋朝廷，想拥立江州刺史、彭城（今江苏徐州）王义康为帝。孔熙先被杀以后，王义康也被杀害，而宋文帝最终真的遭受子祸而亡，孝武帝刘骏从江州起兵登上皇帝宝座。西汉初年，薄姬在西魏王魏豹宫中，许负为她看相说她当生一个天子，魏豹听了这话心里很高兴，因此就背叛汉朝而自立，最终招致了夷灭九族的灾祸，这个预言却在汉文帝身上应验了，薄姬生了汉文帝刘恒。唐朝的李锜割据润州（今江苏镇江）而反唐，有看相的人对他说，丹阳（今安徽当涂）的郑氏女应当生天子，李锜听了这话，便把丹阳郑氏女子纳为侍人。李锜失败后，郑氏女被籍没收入唐朝皇宫，得以受到唐宪宗李纯的宠爱而生下了唐宣宗李忱。五代时李守贞任河中（治今山西永济）节度使，有懂阴阳术的人善于听人的声音，听到李守贞儿媳妇符氏的声音，惊奇地说："这个人是天子的母亲。"李守贞说："我的儿媳是天子的母亲，我夺取天下还有什么可怀疑的呢？"于是他下决心反叛，不久全军覆灭，而符氏却做了周世宗的皇后。

# 无名杀臣下

## 原文

《传》曰："欲加之罪，其无辞①乎？"古者置人于死地，必求其所以死②。然固有无罪杀之，而必为之名③者。张汤为汉武造白鹿皮币，大农颜异以为本末不相称，天子不悦。汤又与异有隙④。异与客语初令下有不便者，异不应⑤，微反唇。汤奏当异九卿，见令不便⑥，不入言而腹非⑦，论死。自是后有腹非之法。曹操始用崔琰，后为人所谮，罚为徒隶，使人视之，词色不挠。操令曰："琰虽见刑⑧，而对宾客，虬须直视，若有所瞋。"遂赐琰死。隋炀帝杀高颎之后，议新令，久不决。薛道衡谓朝士曰："向使高颎不死，令决当久行⑨。"有人奏之，帝怒，付执法者推⑩之。裴蕴奏："道衡有无君之心，推恶于国⑪，妄造祸端。论其罪名，似如隐昧，原⑫其情意，深为悖逆。"帝曰："公论其逆，妙体本心。"遂令自尽。冤哉，此三臣之死也！

— 【字词注解】

① 辞：托辞，借口。

② 所以死：这样死的理由。

③ 名：罗织罪名。

④ 有隙：有矛盾。

⑤ 不应：不逢迎应和。

⑥ 不便：不太合适。

⑦ 不入言而腹非：不表态却在心里非议。腹非，通"腹诽"。

⑧ 见刑：服刑。

⑨ 令决当久行：法令早就决断执行了。

⑩ 推：推想、罗织罪名。

⑪ 推恶于国：诬蔑国家。

⑫ 原：探究，推究，考查。

## 【精彩解说】

《左传》说:"想要加害一个人,难道还怕找不到借口吗?"古人要把人置于死地,必定要寻求一个让他这样死的理由。可是也有本来无罪而遭杀害又必定为被杀者罗织罪名的现象。张汤为汉武帝制造白鹿皮币,大司农颜异以为这种钱和实际价值不相称,汉武帝就不高兴了。又加上张汤与颜异有矛盾。颜异曾与客人谈道,刚拟颁布的食货令有不大合适的地方,颜异没有逢场迎合,与张汤稍有顶嘴。张汤便上奏朝廷说:见诏令不大合适,不表态却在内心非议,罪当处死。从此以后便有了"腹非"的法律条文。曹操开始重用崔琰,后来崔琰被人谗毁,受处罚做了徒隶,曹操派人去监视他,崔琰没有说谦恭的话。曹操便下令说:"崔琰虽然服刑,但面对宾客,满脸卷曲的络腮胡子,正眼直视,好像愤怒的样子。"于是就赐崔琰自杀。隋炀帝杀害了高颎之后,议论新的法令,长期不能决断。薛道衡对大臣说:"假如高颎不死的话,法令早就决断执行了。"有人把这话上奏给了隋炀帝,炀帝大怒,将薛道衡交付给执法官推想罪名。裴蕴上奏说:"薛道衡有无君之心,诬蔑国家,妄想制造祸乱挑起事端。定他的罪名,好像隐蔽不明确,但推究他的本意,实在是属于大逆不道。"炀帝说:"公定他叛逆之罪,绝妙地体现了我的本意。"立刻赐薛道衡自尽。这三人死得实在是冤枉啊!

## 平天冠

### 原文

祭服①之冕,自天子至于下士执事者皆②服之,特以梁数及旒之多少为别③。俗呼为平天冠,盖指言至尊乃得用。范纯礼知开封府,中旨鞫④淳泽村民谋逆事。审其故⑤,乃尝入戏场观优,归涂⑥见匠者作桶,取而戴于首,曰:"与刘先主如何?"遂为匠擒。明日入对,徽宗问何以处⑦。对曰:"愚人村野无所知,若以叛逆蔽罪,恐辜好生之德⑧,以不应为杖之,足矣。"案《后汉·舆服志》蔡邕注冕冠曰:"鄙人不识,谓之平天冠。"然则其名之传久矣。

● 【字词注解】

①祭服：祭祀的礼服。

②皆：全，都。

③旒：古代帝王礼帽前后悬垂的玉串。别：等级区别。

④鞫：审讯，审问。

⑤故：事件的缘由。

⑥归涂：回家的途中。

⑦何以处：如何处置。

⑧恐辜好生之德：恐怕会损害了皇上乐于救助生命的美德。

● 【精彩解说】

　　祭祀礼服中的冠冕，从天子到下面主持祭祀的人都戴，特别从冠梁和冠冕前后悬挂的玉串多少区别等级。通常称它为平天冠，大意是指最尊贵的人才能戴。范纯礼任开封府尹，奉旨审讯淳泽一个村民谋逆造反的事。审问事情的缘故，原来是这个村民到戏场去看倡优表演（表演的许是有关刘备的故事），回家途中看见一个工匠造水桶，他便拿起水桶戴在头上，问道："我与刘先主刘备比怎么样？"于是他就被工匠抓住了。第二天范纯礼上朝向皇上禀报审理情况，宋徽宗问怎么处理。范纯礼回答说："愚民山村野夫什么都不懂，如果以叛逆定罪的话，恐怕有损皇上乐于救助生命的美德，不如用木棒打他几下，足够了。"考察《后汉书·舆服志》蔡邕注冕冠道："鄙人不识，谓之平天冠。"可见平天冠的名字流传很久了。

# 卷 三

## 东坡和陶诗

**原文**

《陶渊明集·归园田居》六诗，其末"种苗在东皋"一篇，乃江文通①杂体三十篇之一，明言②敩陶征君《田居》，盖陶之三章云："种豆南山下，草盛豆苗稀。晨兴理荒秽，带月荷③锄归。"故文通云："虽有荷锄倦，浊酒聊自适。"正拟其意也。今《陶集》误编入，东坡据而和④之。又，《东方有一士》诗十六句，复重载于《拟古》九篇中，坡公遂亦两和之，皆随意即成，不复细考耳。陶之首章云："荣荣窗下兰，密密堂前柳。初与君别时，不谓行当久。出门万里客，中道逢嘉友。未言心先醉，不在接杯酒。兰枯柳亦衰，遂令此言负。"坡和云："有客扣我门，系马庭前柳。庭空鸟雀噪，门闭客立久。主人枕书卧，梦我平生友。忽闻剥啄声，惊散一杯酒。倒裳起谢⑤客，梦觉两愧负。"二者金石合奏，如出一手，何止子由所谓遂与"比辙"者哉！

**【字词注解】**

①江文通：即江淹，字文通，南朝文学家。其诗文典丽工整，最有名的作品当属《别赋》。两个著名的成语"妙笔生花"和"江郎才尽"，都与江淹有关。

② 明言：明确说明。

③ 荷：扛，担。

④ 和：依照别人诗词的格律或内容作诗词。

⑤ 谢：道歉。

## 【精彩解说】

《陶渊明集》中《归园田居》共六首诗，其中最后"种苗在东皋"一篇，是江淹的杂体诗三十篇中的一篇，江淹直接说明这首诗是仿照陶渊明的《归园田居》而写，陶渊明在诗中的第三章说："种豆南山下，草盛豆苗稀。晨兴理荒秽，带月荷锄归。"因此江文通有诗说："虽有荷锄倦，浊酒聊自适。"正是仿照陶渊明的诗意。如今《陶渊明集》将这首诗误编了进去，而苏东坡以这首诗为依据和诗一首。又如《东方有一士》诗十六句，又重复载在《拟古》诗九篇当中，于是苏东坡也两次和诗，都是随意写，没有细心考订。陶渊明《归园田居》首章写道："荣荣窗下兰，密密堂前柳。初与君别时，不谓行当久。出门万里客，中道逢嘉友。未言心先醉，不在接杯酒。兰枯柳亦衰，遂令此言负。"东坡和道："有客扣我门，系马庭前柳。庭空鸟雀噪，门闭客立久。主人枕书卧，梦我平生友。忽闻剥啄声，惊散一杯酒。倒裳起谢客，梦觉两愧负。"这两首诗可算得上是金石合奏，好像出自一个人的手笔，哪像东坡之弟苏子由所说的仅仅止于合辙同韵而已呢！

# 陈季常

## 原文

陈慥，字季常，公弼之子，居于黄州之岐亭，自称"龙丘先生"，又曰"方山子"。好宾客，喜畜声妓①，然其妻柳氏绝②凶妒，故东坡有诗云："龙丘居士亦可怜，谈空说有夜不眠。忽闻河东师子吼，拄杖落手心茫然。"河东师子，指柳氏也。坡又尝醉中与季常书云："一绝乞秀英君③。"想是其妾小字。黄鲁直元祐中有与季常简④曰:"审柳夫人时须医药,今已安平否?公暮年来想渐求清净之乐,姬媵⑤无新进矣,柳夫人比何所念以致疾邪?"又一帖云:"承谕⑥老境情味,法当如此,所苦⑦既不妨游观山川,自可损⑧药石,调护起居饮食而已。河东夫人亦能哀怜老大⑨,一任放不解事⑩邪?"则柳氏之妒名,固彰著于外,是以二公皆言之云。

【字词注解】

① 喜畜声妓:喜欢蓄养歌舞乐伎。
② 绝:极,非常。
③ 一绝:一首绝句。乞:请求。
④ 简:书简,书信。
⑤ 姬媵:姬妾。
⑥ 承谕:承蒙您告诉我。
⑦ 所苦:苦闷的时候。
⑧ 损:减少。
⑨ 哀怜老大:体谅您年纪太大。
⑩ 一任放不解事:任凭您放荡不羁,不解世事。

【精彩解说】

陈慥,字季常,是陈公弼的儿子,隐居在黄州(今湖北黄冈)的岐亭山,自称为"龙丘先生",又给自己起名叫"方山子"。他喜好请客,宴会时又爱安排歌女唱歌,然而他的妻子柳氏是一个妒忌心很重的人,因此苏轼有首诗说:"龙丘居士亦可怜,谈空说有夜不眠。忽闻河东师子吼,拄杖落手心茫然。"河东师子,指的就是柳氏。苏东坡也曾经在醉酒后写给陈季常的信中说:"写一首绝句希望能够得到秀英君。"这么看秀英君可能是陈季常妾的小字。黄庭坚在北宋哲宗元祐年间与陈季常通讯过程中,说:"了解到柳夫人需要时时服药,现在是否安康?您晚年如果想要渐渐求得清静生活中的乐趣,美妾没有继续增加,那么柳夫人还有什么烦恼以至于生病呢？"又有一帖写道："承蒙您告诉我老境的情趣，做法应当像您说的那样，苦闷时不妨游览一下山川风光，自然可以起到减少药石、调护起居饮食的作用。河东夫人也还能够哀怜您年龄太大，任随您放荡不通世故吗？"可见柳氏的妒名，早就彰著于外了，所以苏轼、黄庭坚二公都谈到了这事。

## 文用谥字

**原文**

先王谥①以尊名，节以壹惠，故谓为易名。然则谥之为义，正训名②也。司马长卿③《谕蜀文》曰："身死无名，谥为至愚。"颜注云："终以愚死，后叶④传称，故谓之谥。"柳子厚《招海贾文》曰："君不返兮谥为愚。"二人所用，其意则同。唯王子渊《箫赋》曰："幸得谥为洞箫兮，蒙圣主之渥⑤恩。"李善谓："谥者号也，言得谥为箫而常施用之。"以器物名为谥，其语可谓奇矣。

——【字词注解】

①谥：古代帝王、贵族或大官等死后评给的称号。
②训名：父亲或者师长所命之名。如同今天所说的学名。
③司马长卿：即司马相如，字长卿，汉代著名大赋家。
④后叶：后世。
⑤渥：浓，厚。

——【精彩解说】

先王去世后追加了一个尊贵的名字作为谥号，节省一字方便一些，因此被称之为换名。可见"谥"这个词的意思，是尊者所命之名。汉司马相如的《谕蜀文》说："在世间也没有留下名号，因此死后被叫作'至愚'。"颜师古在注释里说："直到死去都被认为是愚昧的，在后世一直流传着这样的称谓，因此被叫作这个谥号。"唐柳宗元《招海贾文》中说："你离开后一去不回，将你命名为'至愚'。"这二人使用相同意思的谥号。只有王子渊的《箫赋》中有说："很幸运能够被称为'洞箫'，是承蒙主上厚爱的恩泽。"李善说："谥，就是号的意思，是说死后起名为洞箫而经常使用它。"用器物的名字做谥号，这话可算是很奇了。

# 高唐神女赋

## 原文

宋玉《高唐》《神女》二赋，其为寓言托兴①甚明。予尝即其词而味其旨②，盖所谓发乎情，止乎礼义③，真得诗人风化之本。前赋云："楚襄王望高唐之上有云气，问玉曰：'此何气也？'对曰：'所谓朝云者也。昔者先王尝游高唐，梦见一妇人，曰，妾巫山之女也，愿荐枕席④。王因幸之⑤。'"后赋云："襄王既使玉赋高唐之事，其夜王寝，梦与神女遇⑥，复命玉赋之。"若如所言，则是王父子皆与此女荒淫，殆近于聚麀之丑矣。然其赋虽篇首极道神女之美丽，至其中则云："澹清静其愔嫕兮⑦，性沉详而不烦⑧。意似近而若远兮，若将来而复旋⑨。褰余帱⑩而请御兮，愿尽心之惓惓。怀贞亮之洁清兮⑪，卒与我乎相难。頩薄怒以自持兮，曾不可乎犯干。欢情未接，将辞而去。迁延引身⑫，不可亲附。愿假须臾，神女称遽⑬。闇然而冥⑭，忽不知处。"然则神女但与怀王交御，虽见梦于襄，而未尝及乱也。玉之意可谓正矣。今人诗词，顾以襄王藉口，考其实则非是。頩，音匹零反，敛容怒色⑮也。柳子厚《谪龙说》有"奇女頩尔怒"之语，正用此也。

【字词注解】

①托兴：托物兴寓，有所寄托。
②即其词而味其旨：读里面的词句玩味作者的旨意。
③发乎情，止乎礼义：从男女之情出发，又不越过礼教的界线。

④愿荐枕席：愿意和您共度枕席之欢。

⑤王因幸之：王因而临幸那个女子。

⑥遇：相遇。

⑦淡清静其愔嫕兮：恬淡清静而和善。

⑧性沉详而不烦：性情沉静安详而不焦躁。

⑨若将来而复旋：好像是要翩翩到来却又忽然转回。

⑩褰余帱：撩开我的车帷。

⑪怀贞亮之洁清兮：怀有贤贞明亮的纯洁节操。

⑫迁延引身：我退却避开。

⑬愿假须臾，神女称遽：我心中唯愿留住这短暂的美好时光，神女却骤然离开。

⑭闇然而冥：眼前忽然一片黑暗。

⑮敛容怒色：收敛笑容表现出愤怒的神色。

### 【精彩解说】

宋玉的《高唐赋》和《神女赋》，显然是两篇有所寄托的寓言。我曾读到里面的词句玩味作者的意图，可以说作品既从写男女之情出发，又不越过礼教的界线，宋玉真正领会了《诗经》作者"有益风化"的精髓。前一篇赋写道："楚襄王望见云梦高唐台上面有云气，就问宋玉说：'这是什么气呀？'宋玉回答：'这就是人们所说的朝云。过去先王（指襄王之父怀王）曾经巡游高唐，梦见了一位美貌女子，女子说，我是巫山（在今四川巫山）上的神女，愿意和您共度枕席之欢。于是先王就宠幸了那个女子。'"后一篇则写道："楚襄王命宋玉赋了高唐的浪漫故事，当晚他就寝后，便在梦中与那位神女相遇了，梦后又命宋玉赋这件事。"若真像上面所说的那样，则说明楚怀王和楚襄王父子二人都和这位女子淫乱了，这几乎和群兽交配一样丑陋。然而赋的开头虽然极力描写神女的美丽，但到了中间却写道："这女子恬淡清静而和善，性情沉静安详而不焦躁。她好像离我很近又好像很遥远，好像是要翩翩到来却又忽然转回。她用纤手撩开我的车帷请求共载，我多想向她奉献真诚的心怀。她怀有贤贞明亮的纯洁节操，终究与我相为难。她收敛笑容微露怒色自保尊严，曾使得我不可能对她有所冒犯。欢情未能接洽，她却要告辞离去。我退却避开，不敢亲昵偎依。但心中唯愿留住这短暂的美好时光，神女却骤然离开。忽然眼前一片黑暗，忽不知她已飘向何处。"可见神女只与楚怀王进行了交媾，虽然也在梦境中见到楚襄王，却未曾涉及淫乱。宋玉表达的意旨可算是很纯正了。现在人的诗词，反以楚襄王的事为借口，考察宋玉作品的意图而非议它的不纯。瓾，音匹零反，收敛笑容表现怒色的意思。唐朝柳宗元的《谪龙说》中有"奇特的女子收敛笑容怒视你"的话，正是用的这个词。

# 卷 四

## 三竖子

赵为秦所围,使平原君求救于楚,楚王未肯定从①。毛遂曰:"白起,小竖子②耳!兴师以与楚战,举鄢、郢,烧夷陵,辱王之先人,此百世之怨③也。"是时,起已数立大功,且胜于长平矣。人告韩信反,汉祖以问诸将,皆曰:"亟发兵坑竖子④耳!"帝默然。唯陈平以为兵不如楚精,诸将用兵不能及信。英布反,书闻⑤,上召诸将问计,又曰:"发兵击之,坑竖子耳!"夫白起、信、布之为人,材能不可掩,以此三人为竖子,是天下无复有壮士也。毛遂之言,只欲激怒楚王,使之知合纵之利害,故不得不以起为懦夫。至如高帝诸将,不过周勃、樊哙之俦。韩信因执而归,栖栖然处长安为列侯,盖一匹夫也。而哙喜其过己,趋拜送迎,言称臣,况于据有全楚万乘之地,事力强弱,安可同日而语?英布固尝言:"诸将独患淮阴、彭越,今皆已死,余不足畏。"则竖子之对,可谓勇而无谋,殆与张仪诋苏秦为反覆之人相似。高帝默然,顾深知其非⑥也。至于陈平,则不然矣。若乃韩信谓魏将柏直为竖子,则诚然。柏直庸庸无所知名,汉王亦称其口尚乳臭,直一竖子也。阮籍登广武,叹曰:"时无英雄,使竖子成名。"盖叹是时⑦无英雄如昔人者。俗士不达,以为籍讥汉祖,虽李太白亦有是言,失之矣。

【字词注解】

① 未肯定从：没有确定要不要出兵。
② 竖子：小子，家伙，表示对人非常不屑。
③ 此百世之怨：这是百世都难化解的仇怨。
④ 亟发兵坑竖子：赶紧发兵攻打他，活埋这个家伙。
⑤ 书闻：文书交与高祖知道。
⑥ 顾深知其非：因为深知这种说法并不确切。
⑦ 是时：当时。

【精彩解说】

战国时赵国被秦国包围，赵国国王派平原君赵胜向楚国求救，楚王确定不下来出兵与否。

平原君的食客毛遂说："秦将白起，臭小子而已！曾发兵与楚作战，攻取了楚国的鄢（今河南鄢陵）、首都郢（今湖北荆州市荆州区西北）两城，在夷陵（今湖北宜昌市东南），焚烧了楚国先王墓，侮辱您的先王，这是百世难解的宿怨。"这时候，白起已多次立下战功，而且在与赵国的长平（今山西高平西北）之战中已大获全胜。有人告发韩信谋反，汉高祖刘邦就此事向各位将领询问解决办法，都说："急速发兵活埋这个臭小子！"高祖默默无语。只有陈平认为汉朝军队没有楚军精干，各位将领用兵的本领赶不上韩信。英布谋反，文书传递给汉高祖，高祖召见各位将领询问计策，将领们又回答："发兵攻打他，活埋这个臭小子！"白起、韩信、英布三位将领，才能绝不可掩盖，把这三个人当作臭小子，这天下就再也没有壮士了。毛遂的话，只是想激怒楚王，让他明白合纵抗秦的好处，所以不得不把白起当作懦夫。至于像汉高祖的各位将领，都不过是周勃、樊哙一类的水平。当初韩信因萧何追赶而回归刘邦手下，在不安中处长安为列侯，那时他仅仅是一介匹夫，而樊哙惊喜他的才能超过自己，趋奉拜谒高送远迎，说话必称臣，更何况现在占据全楚万辆战车的地盘，其实力的强弱，今昔怎么能同日而语？英布本来就曾说过："在各位将领中，我只害怕淮阴侯韩信、梁王彭越，现在他二人都已经被杀死了，剩下的没有值得害怕的了。"用"臭小子"这个称呼回答问题，可算得上是有勇无谋，几乎和张仪诋毁苏秦为反复无常的小人差不多。汉高祖默然无语，是深知他们说得不对。至于陈平，则不像其他将领那样。如果是韩信称魏将柏直为臭小子，则确实是这样。柏直庸庸碌碌没有什么知名之处，汉王也称他为口中尚含乳臭，真正的一个臭小子。三国时魏国阮籍登广武山（在今河南荥阳），感叹说："时代没有英雄，使臭小子成就功名！"这是感叹他那个时代没有产生像古代那样的英雄。世俗之士不通晓事理，以为这是阮籍讥讽汉高祖。即使李太白也有这样的说法，这话说错了。

## 省钱百陌

### 原文

用钱为币①，本皆足陌②。梁武帝时，以铁钱③之故，商贾浸以奸诈自破④，岭以东，八十为百，名曰"东钱"；江、郢以上，七十为百，名曰"西钱"；京师以九十为百，名曰"长钱"。大同元年，诏通用足陌，诏下而人不从，钱陌益少⑤，至于末年，遂以三十五为百。唐之盛际，纯用足钱。天祐中，以兵乱窘乏，始令以八十五为百。后唐天成，又减其五。汉乾祐中，王章为三司使，复减三。皇朝因汉制，其输官者，亦用八十，或八十五，然诸州私用，犹有随俗至于四十八钱。太平兴国二年，始诏民间缗钱⑥，定以七十七为百。自是以来，天下承用⑦，公私出⑧纳皆然，故名"省钱"。但数十年来，有所谓"头子钱"，每贯五十六，除中都及军兵俸料外，自余州县官民所当得，其出者每百才得七十一钱四分，其入⑨者每百为八十二钱四分，元无所谓七十七矣。民间所用，多寡又益不均云。

【字词注解】

①用钱为币：拿铜钱来做货币流通。

②足陌：即足陌钱，古代制钱每贯十足为百枚，称"足陌钱"。陌

通"佰"。

③铁钱：将流通货币由铜钱改为铁钱。

④商贾浸以奸诈自破：商人便私下里行奸使诈破坏了足钱为百的规矩。

⑤钱陌益少：货币分量都不足，且越来越少。

⑥缗钱：用绳穿连成串的钱。

⑦承用：承袭沿用。

⑧出：支出。

⑨入：收入。

【精彩解说】

用铜钱做货币流通，本来都足够一百文。南朝梁武帝的时候，因铜钱改为铁钱的缘故，商贾便私下作奸行诈自行破坏了一百文的规矩。在萌渚岭以东，以八十文为一百文，起名叫"东钱"；长江、郢（今湖北江陵）以西，以七十文为一百文，起名叫"西钱"；京师（今江苏南京）以九十文为一百文，起名叫"长钱"。梁武帝大同元年（535年），下诏统一用足数的百文流通，虽然下了诏书，但人们并不实行，钱陌越来越少，到了大同末年，最终以三十五文为一百。唐朝兴盛时期，全部通行足一百文的钱。唐哀帝天祐年间因战乱导致经济困乏，国家开始允许以八十五文为一百文。后唐天成年间又减去了其中五文（以八十文为一百文），五代时后汉高祖刘嵩乾祐年间，王章任三司使，又减去了三文（以七十七文为一百文）。宋朝沿袭后汉的制度，其中输官的人，也以八十或八十五文（为一百），然而各州私下使用，还有随当地习俗达到以四十八文为一百文的。宋太宗太平兴国二年（977年），开始下诏书规定民间用绳子穿的缗钱，全部以七十七文为百文。从这时开始，全国承袭沿用，国家和个人支出或收回都使用这个数，所以起名叫"省钱"。但几十年来，有所说的"头子钱"，每贯五十六文，除了首都以及军队中的士兵领军饷以外，剩余各州县的官吏和百姓应当得到的是，支出的每百文才得七十一钱四分文，收回的每百文得八十二钱四分文，本来就没有所说七十七文（为一百文）。民间所用的数目，多少就更不均匀了。

# 卷 五

## 舜事①瞽叟

**原文**

《孟子》之书，上配②《论语》，唯记舜事多误，故自国朝以来，司马公、李泰伯及吕南公皆有疑非③之说。其最大者④，证万章涂廪、浚井、象⑤入舜宫之问以为然也。《孟子》既自云尧使九男事之，二女女焉，百官牛羊仓廪备，以事舜于畎亩之中。则井、廪贱役，岂不能使一夫任其事？尧为天子，象一民耳，处心积虑杀兄而据其妻，是为公朝无复有纪纲法制矣！六艺折中于天子，四岳⑥之荐舜，固曰："瞽子。父顽，母嚚，象傲⑦，克谐以孝，烝烝乂，不格奸⑧。"然则尧试舜之时，顽傲者既已格乂⑨矣。舜履位⑩之后，命禹征有苗，益曰："帝初于历山，往于田，日号泣于旻天，于父母，负罪引慝⑪，祗载见瞽瞍，夔夔斋慄⑫，瞽亦允若⑬。"既言允若，岂得复有杀之之意乎？司马公亦引九男、百官之语，烝烝之对，而不及益赞禹之辞，故详叙之以示子侄辈。若司马迁《史记》、刘向《列女传》所载，盖相承而不察⑭耳。至于桃应有瞽瞍杀人之问，虽曰设疑似而请，然亦可谓无稽之言。孟子拒而不答可也，顾再三为之辞⑮，宜其起后学之惑。

---

**【字词注解】**

①事：侍奉，供养。

②配：匹配。

③疑非：怀疑非难。

④其最大者：其中最主要的事情。

⑤象：舜后母所带来的弟弟。

⑥四岳：相传是尧臣，羲和四子——羲仲、羲叔、和仲、和叔。舜派他们分管四方的诸侯，所以叫四岳。

⑦顽：愚钝，愚妄无知。嚚：愚蠢。傲：狂傲。

⑧不格奸：不限制邪恶。

⑨已格乂：已得到处理。

⑩履位：登上王位。

⑪负罪引慝：蔡沈说："自服其罪，不敢以为父母之罪。"引慝：蔡沈说："自引其慝，不敢以为父母之慝也。"慝：邪恶，恶念。

⑫夔夔斋慄：表现出恐惧谨慎的样子。夔夔，恐惧谨慎的样子。

⑬允若：允诺，答允，应承。

⑭不察：没有仔细查阅、分辨。

⑮顾再三为之辞：但是再三为舜辩护。

【精彩解说】

《孟子》一书，上可以和《论语》相匹配，只有记载虞舜的事情多有缺误，因此自宋朝以来，司马光、李觏以及吕南公都有怀疑非难的说法。其中最主要的是，孟子证明他的弟子万章说舜曾经修理过粮仓、挖过井，舜的异母弟弟象曾进入舜的宫中问过舜的事情以为是真有其事。《孟子》既然亲自说过尧曾经使自己的九个儿子来服侍舜，把两个女儿嫁给舜，百官、牛羊、仓廪也都具备了，用来服侍舜于田地之间。舜既然亲自做挖井、修理粮仓这样的下贱劳动，怎么就不能使用一位农夫去做这样的事呢？尧当天子时，象不过是一个百姓，他千方百计要杀死哥哥舜而占据他的妻子，真是公庭之上没有纲纪法制了！《诗经》《尚书》《周易》《礼记》《乐经》《春秋》六艺的道义是孔子判断是非的准则，四方部落首领推荐舜，本来《尚书·尧典》就说："舜是瞽瞍的儿子。他的父亲很愚钝，母亲很愚蠢，弟弟象很傲狠，舜能克制自己调和矛盾以尽孝道，达到了蒸蒸日上太平安定的地步，又不限制邪恶。"那么尧试用舜的时候,舜的父亲和弟弟象已经得到处理了。舜即帝位以后,命令禹去征伐有苗,益说:"帝舜当初在历山时,到田地里去,每日对天号啕痛哭,求救于父母,他父母负罪隐藏起来,舜恭敬地再去见他父亲瞽瞍,对此表示非常恐惧谨慎,瞽瞍也表示允诺。"既然说出允诺的话,怎么还会有再杀舜的意思呢?司马光也引用了尧帝九个儿子、百官的言语,淳厚地对答,却不如益赞美禹的话,所以详细加以叙述以给子侄这辈人看。如司马迁的《史记》、刘向的《列女传》所记载舜的事,大概都是承袭《孟子》的话而没有详审吧。至于桃应有瞽瞍杀人的问话,虽然说是他假设的疑问而请孟子回答,也可以说是无稽之谈。孟子拒绝回答他的问题是可以的,却再三为他辩解,这样就会引起后辈学生的感触了。

# 孔子正名

## 原文

子路曰:"卫君待子而为政①,子将奚先②?"子曰:"必也正名③乎!"子路曰:"子之迂④也!奚其正?"夫子责数之以为"野"。盖是时夫子在卫,当辄为君之际,留连最久,以其拒父而窃位,故欲正之,此意明白。然子欲适⑤晋,闻其杀鸣犊⑥,临河而还,谓其无罪而杀士也。里名胜母,曾子不入,邑称朝歌,墨子回车,邑里之名不善,两贤去之,安有命世圣人,而肯居无父之国,事不孝之君哉?是可知已!夫子所过者化,不令而行,不言而信,卫辄待以为政,当非下愚而不移者。苟其用我,必将异之以天理,而趣反其真,所谓命驾虚左⑦而迎其父不难也。则其有补于名义,岂不大哉!为是故不忍亟去以须之。既不吾用,于是慨然反鲁。则辄之冥顽悖乱,无所逃于天地之间矣!子路曾不能详味⑧圣言,执迷不悟,竟于身死其难。惜哉!

——【字词注解】

①待子而为政:等待您并且让您去处理国家政事。

② 子将奚先：您打算首先做什么事情？

③ 正名：纠正名分上不当的现象。

④ 迂：迂腐。

⑤ 适：到。

⑥ 闻其杀鸣犊：听说晋国的赵简子杀死了窦鸣犊。窦鸣犊，即窦犨，号鸣犊，晋国大夫，提倡德治、教化，反对苛政、杀戮，提出"不患寡而患不均，不患贫而患不安"的施政主张。因政见不合，被正卿赵简子杀害。

⑦ 虚左：空着左边的位置。古代以左为尊，虚左表示对宾客的尊敬。

⑧ 详味：仔细体味。

【精彩解说】

子路对孔子说："假如卫出公辄等待您去治国理政，您准备首先干什么事情？"孔子道："那一定是纠正名分上不当的现象！"子路道："您竟迂阔到如此地步了！这有什么纠正的必要呢？"孔夫子责备数落子路，认为他太鲁莽。那时孔夫子在卫国，当辄为卫国国君之时，留恋在卫国最久，因为辄抗拒其父蒯聩而窃取王位，所以孔夫子想纠正这种名分不当的现象，这里的意思是很明白的。但是孔子想到晋国去，听说晋国的赵简子杀死了窦鸣犊，到了黄河边就返回来了，声称晋国杀死了无罪的贤大夫。里名有叫胜母的，因其名不顺，曾参拒不进入该里，邑名有叫朝歌（今河南淇县）的，因为不合时宜，墨翟坐着车又回来了，因为邑里的名字不美，两位贤人都不去那里，为何会有闻名于世的圣人，竟肯居住在没有父亲的国家里，服侍不孝的国君呢？这是可以知道的了！孔夫子所经过的地方，那里的百姓都得到了感化，没有命令就可以执行，不用言语就可以得到信任，卫出公辄等待孔子执政，应该不是上智下愚不可改变的。假如卫出公辄用我的话，我必将用天理启发他们，用行动返其本真，命人驾车空着左边的位置前往迎接他父亲蒯聩并不是难事。如果这样做就可以挽回自己的名誉，岂不受到尊重吗？为此所以不忍心急切离去等待着。既然不用我，于是再慨然离开卫国返回鲁国。而卫出公辄愚昧无知狂悖忤逆，他不能逃脱天地之间的惩罚！子路曾经不能玩味孔夫子的圣言，执迷不悟，竟然在卫国以身殉难。可惜呀！

# 王裒嵇绍

## 原文

舜之罪也殛鲧①,其举也兴禹。鲧之罪足以死,舜徇②天下之公议以诛之,故禹不敢怨,而终治水之功,以盖③父之恶。魏王裒、嵇绍④,其父死于非命。裒之父仪,犹以为司马昭安东司马之故,因语言受害⑤,裒为之终身不西向而坐⑥。绍之父康以魏臣,钟会谮⑦之于昭,昭方谋篡魏,阴忌之,以故而及诛。绍乃仕于晋武之世,至为惠帝尽节而死。绍之事亲,视⑧王裒远矣!温公《通鉴》,犹取其荡阴之忠,盖不足道也。

## 【字词注解】

① 鲧:大禹的父亲。也是水官。

② 徇:顺从,遵从。

③ 盖:掩盖。

④ 嵇绍:嵇康之子,体态魁伟,聪明英俊,在同伴中非常突出。一次有宾客对王戎说:"昨天稠人中始见嵇绍,昂昂然若野鹤之在鸡群。"鹤立鸡群由此而来。

⑤ 因语言受害:因话语招致杀身之祸。

⑥ 西向而坐:不做官。古时皇帝是面朝南而坐,所以臣下对着皇帝都是面北而立。西向而坐是跟皇帝没有正面相对,以示毫无瓜葛,无君臣主辅关系。

⑦ 谮:说人坏话,诬陷别人。

⑧ 视:比较。

## 【精彩解说】

舜的罪过是流放了鲧,他的做法又兴起了禹的事业。鲧的罪过足够构成死罪,舜屈从天下的公议而杀死鲧,所以禹不敢怨恨,禹终因治水有功,用来掩盖他父亲的罪恶。魏国的王裒、嵇绍,他们的父亲都死于意外的灾祸。王裒的父亲王仪,就因为做了司马昭的安东司马,说话不慎而遭杀害,王裒为此终身不做官。嵇绍的父亲嵇康为魏国的臣子,钟会进谗言于司马昭,司马昭当时正谋划篡夺魏国,暗地里忌恨他,因此借故杀了他。嵇绍却在晋武帝的时候做了官,甚至为晋惠帝尽到臣子的节操而死。嵇绍侍奉他父亲,比王裒差远了!司马光作《资治通鉴》时,只取嵇绍在荡阴的忠节,是不足称道的。

## 绯紫假服

**原文**

唐宣宗重惜服章①,牛丛自司勋员外郎为睦州刺史,上赐之紫,丛既谢,前言曰:"臣所服绯,刺史所借也。"上遽曰:"且赐绯。"然则唐制借服色得于君前服之④,国朝之制,到阙则不许。乾道二年,予以起居舍人侍立,见浙西提刑姚宪入对,紫袍金鱼。既退,一阁门吏踵其后唼嚅⑤。后两日,宪辞归平江,乃绯袍。予疑焉,以问知阁曾觌曰:"闻临安守与本路监司皆许服所借,而宪昨紫今绯,何也?"觌曰:"监司惟置局在辇下⑥则许服,漕臣是也;若外郡则否。前日姚误紫,而谒吏不告,已申其罚,且备牒使知之,故今日只本色以入。"姚盖失于审也,然考功格令⑦既不颁于外,亦自难晓。文惠公知徽州日,借紫,及除江东提举常平,告身不借。予闻尝借者当如旧,与郎官薛良朋言之,于是给公据改借。后于江西见转运判官张坚衣绯,张尝知泉州,紫袍矣,予举前说,张欣然即以申考功,已而部符下,不许,扣其故,曰:"唯知州借紫而就除本路,虽运判、提举皆得如初,若它路则不可。"竟不知法如何该说也。若曾因知州府借紫,而后知军,则其服亦借,不以本路它路也。近吴镒以知郴州除提举湖南茶盐,遂仍借紫,正用前比云⑧。

—●【字词注解】

① 重惜服章：看重珍惜按照身份等级来规定不同服饰的制度。
② 既：已经。
③ 前言曰：上前对皇帝说。
④ 借服色得于君前服之：借来的服饰必须在皇上面前穿上它。
⑤ 蹑其后喋嚅：跟在他的后面窃窃私语。
⑥ 辇下：皇帝的车辇下，代指都城。
⑦ 考功格令：考察官员功过的标准。
⑧ 正用前比云：正是按照之前的惯例来说的。

—●【精彩解说】

　　唐宣宗很重视珍惜按身份等级不同所规定的服饰制度，牛丛自司勋员外郎调为睦州（治今浙江淳安）刺史时，皇上赐给他一套紫服，牛丛已经谢过皇上了，又上前对皇上说："臣所穿的大红色的朝服，是刺史借的。"皇上急忙说："姑且把这件大红色朝服赐给你。"那么按照唐朝服饰制度，借服饰必须在皇上面前穿上它，宋朝的服制，到了官位之后就不许穿了。宋孝宗乾道二年（1166年），我被用为起居舍人侍立在皇上一边，看见浙西路提点刑狱姚宪入朝问对，穿着绣有金鱼的紫袍朝服。退朝之后，官署门吏都跟在他后面窃窃私语。过了两天，姚宪辞别皇上回归平江（今属江苏），却穿着大红色朝袍。我产生了疑问，就问主持官署的曾觌："听说临安知府和本路监察州县的地方长官都允许穿所借的朝服，而姚宪昨天穿紫袍今天穿大红色的袍子，是什么原因呢？"曾觌回答："监察州县的地方长官仅设置机关在京都的就允许穿，漕运大臣就是这样；如果在外郡就不能穿。前天姚宪误穿紫服，而引见臣下传达使命的谒吏没有告诉他，已经决定要处罚他，并且已备好公文使官员知道，所以今天姚宪只穿他本来的大红色朝服进入朝堂。"姚宪大概有失于审慎，然而考察官吏功过的标准既不对外颁布，自己也难以知晓。洪适出知徽州时，向朝廷借了紫色朝服，到了他任命江东路提举常平官时，只授给任命状而不借给朝服。我听说曾经借服的人当和以往一样，我与郎官薛良朋谈过这件事，于是给他凭据改借。后来我于江西路看见转运判官张坚穿着大红色朝服,张坚曾经做过泉州知州,那时他穿的是紫袍,我给他列举以前的说法,张坚欣然同意立即申报他的功绩,旋即主管部门下了命令,不加批准,推敲其原因,说:"除知州借紫服而任命为本路的,即使是转运判官、提举官都得和以前一样,如果任命为其他路官员就不可了。"这样竟然不知道服制该怎么说才算对了。如果曾经因为知州、知府借紫服,而后知军,他的朝服也可以借,就不应该分本路他路了。近来吴镒知郴州(在今湖南)又任命为提举湖南茶盐的官,于是仍然可以借紫服,正是按照以前的旧例说的。

## 枢密名称更易

**原文**

国朝枢密之名,其长为使,则其贰①为副使;其长为知院,则其贰为同知院。如柴禹锡知院,向敏中同知,及曹彬为使,则敏中改副使。王继英知院,王旦同知,继冯拯、陈尧叟亦同知,及继英为使,拯、尧叟乃改签书院事,而恩例②同副使。王钦若、陈尧叟知院,马知节签书,及王、陈为使,知节迁副使,其后知节知院,则任中正、周起同知。惟熙宁初,文彦博、吕公弼已为使,而陈升之过阙,留,王安石以升之曾再入枢府,遂除③知院。知院与使并置,非故事④也,安石之意以沮⑤彦博耳。绍兴以来,唯韩世忠、张俊为使,岳飞为副使。此后除使固多,而其贰只为同知,亦非故事也。又使班视宰相,而乾道职制杂压,令副使反在同知院之下,尤为未然⑥。

【字词注解】

①贰:副手,副职。

②恩例:指帝王为宣示恩德而颁布的条例、规定。

③除:任命。

④故事:既定的条例。

⑤沮：阻止。
⑥尤为未然：更加从来没有过先例。

### 【精彩解说】

宋朝枢密的名字，如果它的长官称枢密使，副职称为枢密副使；如果它的长官为知院，副长官称同知院。如柴禹锡做过枢密院知院的官，向敏中做过同知的官，到曹彬为枢密使时，向敏中就改为枢密副使。王继英为知院时，王旦为同知，继而冯拯、陈尧叟也为同知。到王继英为枢密使时，冯拯、陈尧叟就改签书院事，而它的待遇和枢密副使相同。王钦若、陈尧叟任知院，马知节做签书。到了王钦若、陈尧叟为枢密使时，马知节改为副使，其后马知节做了知院的官，任中正、周起就任同知。仅宋神宗熙宁初年，文彦博、吕公弼已经为枢密使，而陈升之因为过错，加以滞留，王安石因为陈升之的滞留曾经再次进入枢密府，于是任命为知院。知院和枢密使同时设置，并不是成例，王安石的意思是要阻止文彦博进入枢密院。宋高宗绍兴以来，只有韩世忠、张俊为枢密使，岳飞为枢密副使。从此以后任命为枢密使的固然很多，而其副职只有同知，也不是成例。又枢密使的位置被视为宰相，而孝宗乾道时期官职制度杂乱，使枢密副使反而位在同知院之下，更是没有听说过。

# 卷 六

## 贤士隐居者

**原文**

士子修己笃学①，独善其身，不求知于人，人亦莫能知者②，所至或有之③，予每惜其无传④。比得上虞李孟传录示四事，故谨书之。

其一曰，慈溪蒋季庄，当宣和间，鄙王氏之学⑤，不事科举，闭门穷经⑥，不妄与人接⑦。高抑崇居明州城中，率一岁四五访其庐⑧。季庄闻其至，必倒屣出迎⑨，相对小室，极意⑩讲论，自昼竟夜⑪，殆忘寝食。告去则送之数里，相得欢甚。或问抑崇曰："蒋君不多与人周旋，而独厚于公，公亦倦倦于彼，愿闻其故？"抑崇曰："闳终岁读书，凡有疑而未判，与所缺而未知者，每积至数十，辄一扣之⑫，无不迎刃而解。"而蒋之所长，他人未必能知之。世之所谓知己其是乎？

其二曰，王茂刚，居明之林村，在岩壑深处，有弟不甚学问，使颛治生以糊口，而刻意⑬读书，足迹未尝妄出，尤邃⑭于《周易》。沈焕通判州事，尝访之，其见趣绝出于传注之外⑮云。气象严重⑯，窥其所得，盖进而未已⑰也。

其三曰，顾主簿，不知何许人，南渡后寓于慈溪⑱。廉介有常⑲，安于贫贱，不蕲人之知⑳。至于践履㉑间，虽细事不苟也。平旦起㉒，俟卖菜者过门，问菜把直几何㉓，随所言酬之㉔。它饮食布帛亦然。久之人皆信服，不忍欺。苟一日之用足，则玩心坟典㉕，不事交游。里中有不安其分、武断强伎㉖者，相与讥之，曰："汝岂顾主簿耶？"

其四曰，周日章，信州永丰人。操行介洁，为邑人所敬。开门授徒，仅有以自给，非其义一毫不取。家至㉗贫，常终日绝食㉘，邻里或以薄少致馈，时时不继，宁与妻子忍饿，卒不以求人。隆寒披纸裘㉙，客有就访，亦欣然延纳。望其容貌，听其论议，莫不耸然㉚。县尉谢生遗以袭衣，曰："先生未尝有求，吾自欲致其勤勤耳，受之无伤也。"日章笑答曰："一衣与万钟等耳，傥㉛无名受之，是不辨礼义也。"卒辞之。汪圣锡亦知其贤，以为近于古之所谓独行者㉜。

是四君子，真可书史策云。

## 【字词注解】

① 士子：学子，读书人。修己：提高自己的道德修养。笃学：好学。

② 人亦莫能知者：别人也不能了解他。莫，不。

③ 所至或有之：能达到这样（上文所述）的也有。

④ 无传：没有见于记载。

⑤ 鄙王氏之学：鄙薄王安石的学问。王氏，王安石。

⑥ 闭门穷经：闭门不出，在家考究经书。

⑦ 不妄与人接：不轻易与人接触。

⑧ 率：大概。访其庐：到他家去拜访。

⑨ 必倒屣出迎：因为急着出去迎接他，将鞋子都穿倒了。

⑩ 极意：尽情，尽意。

⑪ 自昼竟夜：从白天到晚上。

⑫ 扣：求教，探问。

⑬ 刻意：一心一意，用尽心思。

⑭ 邃：深邃，精深。

⑮ 其见趣绝出于传注之外：他的见识旨趣绝对超出有传注的那些人。

⑯ 气象严重：气质谨严持重。

⑰ 进而未已：一直有所精进。

⑱ 南渡后寓于慈溪：宋高宗南渡后他也到慈溪寓居。

⑲ 廉介有常：保持廉洁正直的操守。

⑳ 不蕲人之知：不希求别人知道他。

㉑践履：穿鞋。

㉒平旦起：天明起床。平旦，清晨，天刚亮。

㉓直几何：值多少钱。

㉔随所言酬之：按照别人（卖菜者）所说的价格给人家报酬。

㉕玩心坟典：专心研究典籍著作。

㉖强愎：刚愎，刚强。

㉗至：非常，极端。

㉘绝食：没有吃的。

㉙纸裘：像纸一样薄的棉裘。

㉚竦然：端正尊敬的样子。

㉛傥：倘若。

㉜独行者：唯一能够保持操守者。

【精彩解说】

　　学子提高自己的品德专心治学，维护自己的名声，不向人求助、学习，别人也不能了解他，能做到这些的人是有的，我时常痛惜他们没有记载。近见上虞（今属浙江）李孟传录载有四件事，于是谨慎书写他们的事迹。

　　其一说，慈溪（今浙江宁波）人蒋季庄，在宋徽宗宣和年间，鄙视王安石的学问，不参加科举考试，闭门考究经书，不轻易和人接触。高抑崇居住在明州（今浙江宁波）城中，大概一年四五次到他家去拜访。蒋季庄听说高抑崇到了，由于急于迎客把鞋子都穿倒了，二人相对坐在小屋，尽情讲论，自白天一直到夜里，废寝忘食。高抑崇告辞时，蒋季庄必送出数里之外，二人相得甚欢。有人问高抑崇："蒋季庄不怎么与别人交际，而只看重你，你也诚恳对待他，愿听其中的缘由。"高抑崇说："我终年读书，有疑问而不能决定的与自己欠缺而不知道的，每次都积累数十条，就一起请教他，没有不迎刃而解的。"而蒋季庄的长处，其他的人未必能知道。世上所说的知己不就是这样的吗？

　　其二说，王茂刚，居住在明州的林村，在山涧深处，他有个弟弟没什么学问，让他经商来糊口，而自己则用尽心思读书，轻易不出门，尤其精深于《周易》一书。沈焕为明州通判时，曾拜访过他，说他的见识旨趣绝对超出有传注的那些人。气质谨严持重,看他所得到的知识,大概是进而未止了。

其三说,顾主簿,不知道是哪里人士,宋高宗南渡之后他也南渡寓居于慈溪。他保持廉洁正直的操行,安于贫贱,不希求别人知道他。甚至他穿鞋子时,虽是小事也一丝不苟。天明即起,等卖菜的过门时,问了菜价多少钱,随卖菜的所说而付给菜钱。他的饮食、穿的布帛也是这样。时间一长人们都信服他了,不忍心欺骗他。假如东西够一天使用了,他就专心研究典籍,不好交游。里中有不安分守己、武断刚愎的人,共同讥笑他,说:"你难道就是顾主簿吗?"

其四说,周日章,是信州永丰县人。他操行廉洁,为县里的人所尊敬。他开门教授生徒,自己仅仅够自给的,不义之财一毫不取。家中很贫穷,经常整天没有吃的,邻里就用微薄的东西相馈送。家中时时上顿不接下顿,(他)宁愿和妻子忍饥挨饿,最终也不求人。隆冬寒天披着纸一样的薄衾,有客人来访,也高兴地延请接纳。观察他的容貌,聆听他的论议,无不使人尊敬。县尉谢生给他一件皮衣,说:"先生未曾有求于我,是我自己献的殷勤,接受它没有什么妨碍。"周日章笑着回答:"一件皮衣和万钟(量器)粮食一样,如若没有正当的名义就接受它,是我不能分辨礼义的大事。"最终还是推辞掉了。汪圣锡也知道他贤能,认为是近于古代的能独持操守的人。

这四位君子,真可以写进史书里。

# 杜诗命意

## 原文

杜公诗命意用事①,旨趣②深远,若随口一读,往往不能晓解,姑纪一二篇以示好事者。如:"能画毛延寿③,投壶郭舍人④。每蒙天一笑,复似物皆春。政化平如水,皇恩断若神。时时用抵戏,亦未杂风尘。"第三联意味颇与前语不相联贯,读者或以为疑。按,杜之旨本谓技艺倡优,不应蒙人主顾盼赏接,然使政化如水,皇恩若神,为治大要既无所损,则时时用此辈,亦亡害⑤也。又如:"乱后碧井废,时清瑶殿深。铜瓶未失水,百丈有哀音。侧想美人意，应悲寒磬沉。蛟龙半缺落，犹得折黄金。"此篇盖见故宫井内汲者得铜瓶而作，然首句便说废井，则下文翻覆铺叙为难，而曲折宛转如是，它人毕一生模写⑥不能到也。又一篇云："斗鸡初赐锦，舞马既登床，帘下宫人出，楼前御柳长。仙游终一闋，女乐久无香。寂寞骊山道，清秋草木黄。"先忠宣公在北方，得唐人画《骊山宫殿图》一轴，华清宫居山颠，殿外垂帘，宫人无数，穴帘隙而窥，一时伶官戏剧，品类杂沓⑦，皆列于下⑧。杜一诗真所谓亲见之也。

【字词注解】

①命意用事：构思和所用的典故。

②旨趣：旨意，宗旨。

③毛延寿：西汉元帝时宫廷画师。元帝选妃时，根据毛延寿的画像来定夺，因此许多宫娥向他行贿，唯独王昭君没有。毛延寿便将王昭君画得极丑，致使王独居宫中，一直未被宠幸。后匈奴议和，元帝将王昭君嫁给匈奴王。待看清王昭君的面容时，元帝后悔不迭，于是在王昭君出塞之后，下诏杀死了毛延寿。

④郭舍人：汉武帝身边的戏子，深受武帝宠幸。

⑤亦亡害也：也没什么害处。

⑥模写：通"摹写"，模仿。

⑦杂沓：众多杂乱的样子。

⑧下：大殿之下。

【精彩解说】

杜甫诗歌的构思和用典，旨意和宗旨往往深远，如果随意品读，通常并不能了解其中的内涵，我暂且呈现一两篇给那些好事的人看。例如："能画毛延寿，投壶郭舍人。每蒙天一笑，复似物皆春。政化平如水，皇恩断若神。时时用抵戏，亦未杂风尘。"这首诗第三联的意思与前文颇为不连贯，读者可能会有困惑。按照杜甫的意思，是在表达莺歌燕舞的艺伎，不应该承受皇上的眷顾，接受赏赐，但如果政教风化如水般温和，皇恩浩荡，治国的宗旨没有缺失,那么欣赏歌伎的表演,也是没有坏处的。又如:"乱后碧井废,时清瑶殿深。铜瓶未失水,百丈有哀音。侧想美人意,应悲寒甃沉。蛟龙半缺落,犹得折黄金。"这篇大概是杜甫见到旧官殿内汲水的人得到铜瓶而作的诗,但头一句便说废井,下文反复铺叙实在很难,而曲折婉转如此,是别人用毕生精力模仿也不能做到的。又有一篇说:"斗鸡初赐锦,舞马既登床。帘下宫人出,楼前御柳长。仙游终一阕,女乐久无香。寂寞骊山道,清秋草木黄。"早先洪皓在北方时,得到唐人画《骊山宫殿图》一轴,华清宫在山顶,殿外垂着帘子,宫人无数,从帘缝中往里窥视,一时乐官戏剧,品种众多杂乱,都排列于殿下。杜甫的这一首诗,真和他亲眼见到的一样。

## 择福莫若重

**原文**

《国语》载范文子曰:"择福莫若重,择祸莫若轻。"且士君子乐天知命①,全身远害②,避祸就福,安有迨于祸至择而处之之理③哉?韦昭注云:"有两福择取其重,有两祸择取其轻。"盖以不幸而与祸会,势不容但已,则权④其轻重,顺受⑤其一焉。《庄子·养生主篇》云:"为善无近⑥名,为恶无近刑。"夫孳孳为善,君子之所固然,何至于纵意为恶,而特以不丽⑦于刑为得计哉?是又有说矣,其所谓恶者,盖与善相对之辞,虽于德为愆义⑧,非若小人以身试祸自速百殃之比也。故下文云:"可以全生,可以保身,可以尽年。"其旨昭矣。

—●【字词注解】

①乐天知命:安于自己的命运,顺应天道,没有过多的忧虑。

②全身远害:保全生命,远离祸害。

③安有迨于祸至择而处之之理:怎么会有等到灾祸降临时再选择轻重而处理的道理?迨于,等到。择而处之,选择灾祸的轻重而处理。

④权:权衡,比较。

⑤顺受：顺从，承受。
⑥近：求取。
⑦丽：遭受，遭遇。
⑧愆义：违反道义。

【精彩解说】

《国语》记载范士燮说："选择福不如重，选择祸不如轻。"况且这些士大夫君子们能顺应天道的安排，懂得性命的限度，保全自己的身体，远离祸害之地，避免灾祸而归之福地，怎么会有等到灾祸降临时再选择轻重而处理的道理呢？韦昭在注解《国语》时："同时有两种福要选择其中的重者，同时有两种祸要选择其中的轻者。"推究起来因不幸而与灾祸相遇，形势不容许自己选择，就权衡轻重，顺从承受其中一种灾祸啊。《庄子·养生主篇》说："做善事没有求名之心，做恶事没有求刑的想法。"努力不懈做好事，这是君子应当做的，何必恣意作恶，而又特别因为不系于刑罚为得计呢？这又有其他的说法了，所谓恶这种事，与善是相对而言，虽然对德来说是过失之义，不是像小人拿性命去触犯灾难自己招致灾祸可以相比的。所以《庄子·养生主篇》下文说："可以保全性命，可以保全自身，可以终结人的一生。"这里的宗旨是很明白的。

# 卷 七

## 执政辞转官

原文

真宗天禧元年，合祭天地，礼毕，推恩①百僚，宰相以下迁官一等。时参知政事三人，陈彭年自刑部侍郎迁兵部，王曾自左谏议大夫迁给事中，张知白自给事中迁工部侍郎。而知白独恳辞数四，上敷谕②，终不能夺③。王曾闻之，亦乞寝④恩命。上曰："知白无他意，但以卿为谏议大夫，班在上，已为给事中，在下，所以固辞，欲品秩有序尔。"于是从知白所请，而优加名数，进阶金紫光禄大夫，并赐功臣爵邑。元祐三年四月，宰执⑤七人，自文彦博仍前太师外，右仆射吕公著除司空、同平章军国事，中书侍郎吕大防除左仆射，同知枢密院范纯仁除右仆射，尚书左丞刘挚除中书侍郎，右丞王存除左丞，唯知枢密院安焘不迁，乃自正议大夫特转右光禄。焘上章辞，令学士院降诏不允。学士苏轼以为："朝廷岂以执政六人，五人进用，故加迁秩⑥以慰其心？既无授受之名，仅似姑息之政，欲奉命草诏，不知所以为词，伏望从其所请。"御宝批："可。且用一意度作不许诏书进入。"焘竟辞⑦，始免⑧。绍兴三十一年，陈康伯自右相拜左相，朱倬自参政拜右相，时叶义问知枢密院，元居倬上，不得迁，朝论谓宜进为使。学士何溥面受草制之旨⑨，曾以为言，高宗不许。绍熙五年七月，主上登极，拜知枢密院赵妆愚为右相，参政陈骙除知院，同知院事余端礼除参政，而左丞相留正以少保进少傅，乃系特迁，且非覃恩⑩，正固辞，乃止。

## 【字词注解】

①推恩：施恩惠于人。

②上敷谕：皇上向他陈述谕旨。敷，铺陈，陈述。

③终不能夺：终究不能改变他的志向。

④寝：停止，平息。

⑤宰执：宰相及相当于宰相的执政官。

⑥迁秩：变动官阶、品级。

⑦竟辞：一直推辞。竟，一直，始终。

⑧始免：方才被免于转官。

⑨面受草制之旨：当面授予他起草合旨意的诏书。

⑩覃恩：广施恩泽。旧时多用以称帝王对臣民的封赏、赦免等。

## 【精彩解说】

宋真宗天禧元年（1017年），合祭天地，礼毕以后，皇上施恩惠于百官，自宰相以下升官一个等级。当时参知政事有三人，陈彭年自刑部侍郎迁官兵部，王曾自左谏议大夫迁官给事中，张知白自给事中迁官工部侍郎。张知白独自恳切辞谢数回，皇上陈述谕旨，但终究不能改变他的志向。王曾听说后，也乞求停止恩命。皇上说："张知白没有其他的意思，但用你为谏议大夫，等级在上，张知白为给事中，等级在下，所以他推辞，想品级有所区分排列。"于是皇上听从张知白的请求，又多加了几数，晋升他为金紫光禄大夫，并赐给功臣爵位封地。宋哲宗元祐三年（1088年）四月，宰相七人，自文彦博仍是以前太师外，右仆射吕公著任司空、同平章军国事，中书侍郎吕大防任左仆射，同知枢密院范纯仁任右仆射，尚书左丞刘挚任中书侍郎，右丞王存任左丞。唯有知枢密院安焘没有升官，只自正议大夫转为右光禄。安焘上奏章辞谢，皇上令学士院下诏书不许。学士苏轼认为："朝廷岂能以执政的六人，五个人升官，对其中一人只加变动官阶来安慰他的心情呢？既因没有接受的名义，仅给姑息迁就的政令，想奉命起草诏书，不知如何用词，希望听从他的请求。"皇上用御玺批道："可。暂用一意制作不许诏书进入。"安焘始终推辞，才免于转官。高宗绍兴三十一年（1161年），陈康伯自右丞相官拜左丞相，朱倬自参政任右丞相，当时叶义问掌管枢密院，原居于朱倬之上，不得升官，朝中议论应该晋升为使。学士何溥，皇上当面授予他起草诏书的旨意，他曾为叶义问讲情，高宗不允许。光宗绍熙五年（1194年）七月，宁宗登基，拜掌管枢密院的赵妆愚为右丞相，参政陈骙任知院，同知院事余端礼任参政，而左丞相留正以少保升为少傅，也是特升，况且不是广布恩泽，留正坚绝推辞不接受，于是停止他升任少傅的事。

## 孙宣公谏封禅等

**原文**

景德、祥符之间，北戎结好①，宇内乂宁，一时邪谀②之臣，唱为瑞应祺祥③，以罔④明主，王钦若、陈彭年辈实主张之。天书既降，于是东封、西祀、太清之行，以次丕讲，满朝耆老方正之士⑤，鲜有肯启昌言以遏其奸焰⑥，虽寇莱公⑦亦为之。而孙宣公奭独上疏争救，于再于三⑧。《真录》出于钦若提纲，故不能尽载⑨，以故后人罕称之。予略摘⑩其大概纪于此。

一章论西祀，曰："汾阴后土，事不经见。汉都雍⑫，去⑬汾阴至近；河东者，唐王业所起⑭之地，且又都雍，故武帝、明皇行之。今陛下经重关⑮，越险阻⑯，远离京师根本之固，其为不可甚矣⑰。古者圣王先成民而后致力于神⑱，今土木⑲之功，累年未息，水旱作沴，饥馑⑳居多，乃欲劳民事神，神其享之乎！明皇嬖宠害政㉑，奸佞当涂㉒，以至身播国屯。今议者引开元故事以为盛烈，臣窃不取。今之奸臣，以先帝诏停封禅，故赞陛下，以为继承先志。且先帝欲北平幽朔，西取继迁㉔，则未尝献一谋、画一策以佐陛下。而乃卑辞重币㉕，求和于契丹，蹙国縻爵㉖，姑息于保吉。谓主辱臣死为空言，以诬下罔上为己任，撰造祥瑞，假托鬼神，才毕东封㉗，便议西幸㉘。以祖宗艰难之业，为佞邪侥幸之资，臣所以长叹而痛哭也！"

二章论争言符瑞㉙，曰："今野雕山鹿，并形奏简㉚，秋旱冬雷，率皆称贺。将以欺上天，则上天不可欺；将以愚下民，则下民不可愚；将以惑后世，则后世必不信。腹非窃笑，有识尽然㉛。"

三章论将幸亳州，曰："国家近日多效唐明皇所为。且明皇非令德之君㉜，观其祸败，足为深戒，而陛下反希慕㉝之！近臣知而不谏，得非奸佞乎？明皇奔至马嵬，杨国忠既诛，乃谕军士曰：'朕识理不明，寄任失所㉞，近亦觉寤。'然则已晚矣，陛下宜早觉寤，斥远邪佞，不袭㉟危乱之迹，社稷之福也！"

四章论朱能天书，曰："奸憸小人，妄言符瑞，而陛下崇信之，屈至尊以迎拜㊱，归秘殿以奉安。百僚黎庶，痛心疾首㊲，反唇腹非㊳，不敢直言。臣不避死亡之诛，听之罪之㊴，惟在圣断。昔汉文成、五利，妄言不雠，汉武诛之。先帝时，侯莫、陈利用方术奸发，诛于郑州。唐明皇得灵符宝券，皆王钅共、田同秀等所为，不能显戮㊵，今日见老君于阁上，明日见老君于山中，大臣尸禄㊶以将迎，端士畏威而缄默。及禄山兆乱，辅国劫迁㊷，大命既倾，前功并弃。今朱能所为是已。愿远思汉武之雄材，近法先帝之英断，中鉴明皇之召祸，庶几灾害不生，祸乱不作。"

奭之论谏，虽魏郑公、陆宣公不能过也。

【字词注解】

①北戎结好：辽国与宋议和。北戎：北边的少数民族，特指辽国。

②邪谀：奸邪阿谀。

③唱：通"倡"，倡导。祺祥：幸福吉祥的征兆。

④罔：欺瞒。

⑤耆老：老年人。方正：正直不阿。

⑥鲜有肯启昌言以遏其奸焰：很少有敢于直言不讳地加以遏制这种奸邪势焰的。鲜有，少有。昌言，善言，正言。奸焰，奸邪的势头。

⑦寇莱公：寇准，字平仲，北宋著名大臣。政治才能过人，为人耿直不阿。宋太宗时，为参知政事；宋真宗时，曾任同中书门下平章事。辽国侵宋时，寇准力主抵抗，不久，被大臣王钦若排挤罢相。晚年再度被起用。被封为莱国公。

⑧于再于三：一而再再而三地这样做。

⑨尽载：详尽记载。

⑩摘：摘略。

⑪经：经常。

⑫汉都雍：西汉建都长安。

⑬去：距离。

⑭起：兴起。

⑮经重关：历经重重关口。

⑯越险阻：翻越险阻。

⑰不可：不应当。甚：很，非常。

⑱先成民而后致力于神：先安抚百姓然后再致力于神佛学说。

⑲土木：宫室建造。

⑳饥馑：饥荒、荒年。

㉑嬖宠害政：宠爱女色，因此危及国家政事。

㉒涂：通"途"，道路。

㉓北平幽朔：在北面平定幽朔等边远地区。

㉔西取继迁：往西消灭西夏。

㉕卑辞重币：用谄媚讨好的话语，赏赐大量货币。

㉖蹙国：丧失国土。縻：捆，缚。

㉗毕东封：东面泰山封禅。

㉘西幸：向西临幸。

㉙符瑞：天降符瑞附和人事。

㉚并形奏简：一并以奏简的形式上呈皇帝。

㉛尽然：都这个样子。

㉜令德之君：德行高洁的君主。

㉝希慕：仰慕。

㉞寄任失所：将大任寄托给不称职的臣子。

㉟袭：承袭，因袭。

㊱屈至尊以迎拜：弯曲极尊贵的身体来迎拜它。

㊲痛心疾首：痛恨到了极点。

㊳反唇腹非：不管是嘴上还是内心都极力反对，但是只敢在心里非议而

不敢说出来。

㉟ 听之罪之：听从还是怪罪。

㊵ 不能显戮：不能明正典刑，即将他们当众处决。

㊶ 尸禄：空食俸禄而不尽职。

㊷ 辅国劫迁：李辅国威逼迁都。李辅国，唐肃宗时当权宦官，曾参加随从将士杀杨国忠的兵谏。肃宗继位，李辅国受到宠幸，执掌朝中大权。当时宰相和百官除日常朝见外，奏事必须经由李辅国才能面见皇帝。朝中大事皆由李辅国决断。后玄宗自蜀返京，被尊为太上皇，居南内兴庆宫。李辅国以肃宗的名义逼太上皇迁居西内太极宫。

【精彩解说】

宋真宗景德、大中祥符年间，辽国结好于宋，天下安宁，一时奸邪阿谀之臣，倡导瑞应吉祥的征兆，用来欺骗英明的君主，王钦若、陈彭年等确实是这一主张的倡导人。皇上下的天书既已降下，于是东封泰山、西祀汾阴、太清宫祭祀老子之行，依照顺序进行。满朝老臣端平方正之士，很少有敢于直言不讳地加以遏制这种奸邪势焰的，即使是寇准这样的人也主张祥瑞封禅。而孙奭独自上书规劝，一而再再而三地这样做。《真宗真录》出于王钦若的提纲，所以不能详尽记载孙奭尚书的全部内容，因为后人很少对他有所赞扬。我略摘他的奏疏记载于这里。

第一章论述西祀汾阴的事，说："汾阴祭祀地神，事情并不经常见到。西汉建都长安，距离汾阴很近；河东这个地方，是唐朝帝业兴起的地方，况且又建都长安，所以汉武帝、唐玄宗到汾阴祭祀过后土祠。现在陛下经过重重关口翻越险阻，远离京师根本之地，很不应当这样做。古代圣明君主都是先成就百姓然后再致力于神，现在大兴土木之功，几年不止，水旱作害，灾荒很多，只想劳民以侍奉神，神能享受吗？唐玄宗宠爱女色危害政治，奸佞之臣当道，以至于自身流亡，国家屯兵艰难。现在议论封禅的人引用玄宗开元时期旧事，认为这是盛大的功业，臣认为这样做并不可取。现在的奸臣，认为先帝下诏停止封禅，因而来赞扬陛下，以为能继承先帝意志。况且先帝想北面平定幽朔边远地区，西取西夏，他们不曾进献过一谋一策，来辅佐陛下。他们只用卑下的语言、大量货币，求和于契丹，收缩国土束缚爵位，迁就姑息辽国。说什么主辱臣死不过为一句空话，以诬陷下面欺骗皇上为自己的职责，制造祥瑞，假托鬼神，东封泰山才完，便讨论向西巡幸。用祖宗艰难创业的大业，为谄媚取宠官员的资本，臣因此长叹而痛哭！"

第二章论述直言天降符瑞附和人事的事，说："现在野雕山鹿，都可以奏明皇上，秋天发生旱灾，冬天雷声隆隆，都加以称贺。如果用它欺骗上天，上天是不可欺辱的；如果用它愚弄下民，而下民是不可愚弄的；如果用它迷惑后代，而后世必然不相信这些说法。心里不说私下好笑，有识之士都是这样的。"

第三章论述将行幸亳州，说："国家近来多仿效唐玄宗的所作所为。况且唐玄宗并非有美德的君主，观察他的所作所为引发的祸端，足以深戒，而陛下反而仰慕他！近臣明知这样还不加谏阻，怎能不是奸佞之臣呢？唐玄宗逃到马嵬坡，杨国忠被杀，于是告谕军士说：'我不明事理，寄任大臣有失所望，近来我也觉悟了。'然而已经晚了，陛下应早觉悟，斥逐远离奸佞大臣，不因承袭危亡败乱的事迹，这是国家的大福呀！"

第四章论述朱能所制造的天书，说："奸佞小人，乱言符瑞，而陛下却相信它，弯曲极尊贵的身体来迎拜它，拿到秘殿用来供奉它。百官和黎民，痛心疾首，口和心都反对这样做，而不敢直言相劝。臣不躲避被杀的危险，听从还是责怪，只在皇上做出决断。过去汉朝文成将军少翁、五利将军栾大，乱言符瑞而不应，汉武帝杀死他们。在先帝时候，侯莫、陈利用因有方术其邪恶被发觉，被诛杀在郑州。唐玄宗得到的灵符宝券，都是王钦、田同秀等人所作所为，不能明正典刑，当众处决，今天朝见老君于阁上，明天朝见老君于山中，大臣安于禄位而逢迎老君，端士因害怕威严都默不作声。至安禄山叛乱时，李辅国威逼迁都，帝王的命令已经倾衰，前功尽弃。现在朱能的所作所为正是这样。愿陛下远思汉武帝的雄才大略，就近效法先帝的英明决断，中间借鉴唐明皇招来的祸害，也许可以灾害不生，祸乱不发作。"

孙先生的论谏，即使是魏徵、陆贽也不能超过他。

## 赦恩为害

【原文】

赦过宥罪①，自古不废，然行之太频，则惠奸长恶②，引小人于大谴之域③，其为害固不胜言矣。唐庄宗同光二年大赦，前云："罪无轻重，常赦所不原④者，咸赦除之。"而又曰："十恶、五逆、屠牛、铸钱、故杀人、合造毒药、持仗行劫、官典犯赃⑤，不在此限。"此制正得其中⑥。当乱离之朝，乃能如是⑦，亦可取也，而今时或不然。

【字词注解】

①赦过宥罪：赦免过错，宽宥罪行。宥，宽宥，原谅。

②惠奸长恶：姑息奸佞，助长邪恶。

③引小人于大谴之域：将小人引导至犯罪的地步。

④不原：不加以追究。

⑤十恶：法律规定的不可赦免的十种重大罪名，包括谋反、谋大逆、谋叛、恶逆、不道、大不敬、不孝、不睦、不义、内乱。五逆：泛指各种逆伦之罪。屠牛：宰杀耕牛。铸钱：私自铸造钱币。故杀人：故意杀人。官典犯赃：官吏贪赃枉法。

⑥中：宗旨。

⑦乃能如是：尚且能做到这样。

【精彩解说】

赦免过错，宽宥罪行，自古没有废除过，但实行得太频繁，就会仁慈奸人，助长邪恶，引导小人陷入犯罪之地，这种危害固然不能一个一个地说出来。后唐庄宗同光二年（924年）大赦，前面说："罪过不论轻重，平常的赦免可以不加追究的，都赦免它。"他又说："谋反、谋叛、恶逆、不道、大不敬、不孝、不义等十恶、五逆、屠杀耕牛、私自铸钱、故意杀人、合造毒药、持杖抢劫、官吏贪赃犯法，不在大赦之内。"这一诏书正符合大赦的宗旨。后唐庄宗在紊乱离散的朝代，尚且能如此，也有可取之处，而现在有时就不是这样了。

# 周武帝宣帝

## 原文

周武帝平齐，中原尽入舆地①，陈国不足平也，而雅志节俭，至是愈笃②。后宫唯置妃二人，世妇三人，御妻三人，则其下保林、良使辈，度不过数十耳。一传而至宣帝，奢淫酗纵③，自比于天，广搜美女，以实后宫，仪同以上女不许辄嫁，遂同时立五皇后。父子之贤否④不同，一至于此！

## —●【字词注解】

①尽入舆地：都成为他的领土。
②愈笃：越发专一坚定。
③奢淫酗纵：奢侈荒淫醉酒放纵。
④贤否：贤明与奸恶。

## —●【精彩解说】

北周武帝宇文邕灭掉北齐后，中原地区都成了他的领土，地处江南的陈国就容易平定了，而他向来节俭，到这个时候意志就更加坚定。后宫仅设置妃子二人，世妇三人，御妻三人，保林、良使等女官，大概不过数十人。传到他儿子宣帝时，就奢侈荒淫醉酒放纵，自比于天，广泛搜寻美女，用来充实后宫，仪同三司官员以上的女儿不许出嫁，于是同时立有五个皇后。他们父子贤和恶的不同，竟然达到这种程度！

# 唐观察使

## 原文

唐世于诸道置按察使，后改为采访处置使，治于所部之大郡①。既又改为观察，其有戎旅②之地，即置节度使。分天下为四十余道，大者十余州，小者二三州，但令访察善恶，举其大纲。然兵甲、财赋、民俗之事，无所不领③，谓之都府，权势不胜其重，能生杀人④，或专私⑤其所领州，而虐视支郡。元结为道州刺史，作《舂陵行》，以为"诸使诛求符牒二百余通"，又作《贼退示官吏》一篇，以为"忍苦哀敛⑥"。阳城守道州，赋税不时⑦，观察使数诮责⑧，又遣判官督赋，城自囚于狱。判官去，复遣官来按举。韩愈《送许郢州序》云："为刺史者常私于其民，不以实应乎府，为观察使者常急于其赋，不以情信乎州，财已竭而敛不休，人已穷而赋愈急。"韩皋为浙西观察使，封杖决安吉令孙澥至死。一时所行大抵类此，然每道不过一使临之耳。今之州郡控制按刺者，率五六人，而台省不预，毁誉善否⑨，随其意好，又非唐日一观察使比也。

【字词注解】

①治于所部之大郡：治理各道的大郡。
②戎旅：军队。
③无所不领：没有什么不管的。
④能生杀人：掌握生杀大权。
⑤专私：专门偏私。
⑥哀敛：聚敛财物。
⑦赋税不时：官府不定时征收赋税。
⑧诮责：责问。
⑨毁誉善否：诽谤或者称赞。

## 【精彩解说】

唐朝于各道设置按察使,后来改为采访处置使,治理各道的大郡。不久又改为观察使,有军队的地方,即设置节度使。唐朝划分全国为四十多道,大的管辖十多个州,小的管辖两三个州,仅命令其访察善恶,总领一道的大事。但是他们连兵甲、财货贡赋、民俗的事都管,当称为都府,权势极重,有生杀大权,或专门偏私自己所在的州而侵害其他各州。元结任道州(治今湖南道县)刺史时,曾作有《舂陵行》一篇,认为"各使索要传达命令的凭证有二百多道";又作《贼退示官吏》一篇,认为观察使"忍心百姓痛苦加以聚敛"。阳城为道州刺史时,官府对赋税不定时加以征收,观察使数次加以责问,又派遣判官亲自监督收税,阳城没有办法,只好自己把自己囚禁于狱中。判官走了以后,又派遣官吏来审察他。韩愈《送许郢州序》说:"任刺史的人常常偏私于本州百姓,不以实情报于府,任观察使的人常常急于收取赋税,不以实情对待州府,财力已经枯竭而赋敛不止,人民已经贫穷而税收更加紧急。"韩皋为浙西观察使时,用大杖将安吉县令孙澥打死。一时所为大致如此,但当时每道不过一个观察使。现在的州郡控制按察使、刺史的人通常是五六人,而中央机构的官吏不加干预,诽谤也好,称赞也好,随他们的喜好,又不是唐朝一个观察使可以相比的。

# 卷 八

## 忠宣公谢表

**原文**

建炎①三年，先忠宣公衔命使北方②，以淮甸贼蜂起，除兼淮南、京东等路抚谕使，俾李成以兵护至南京。

公遣书抵成，成方与耿坚围楚州，答书曰："汴③涸，虹有红巾，非五千骑不可往。军食绝，不克唯命④。"公阴遣客说坚，坚强成敛兵。公行未至泗，谍云："有迎骑甲而来。"副使龚璹惮之，送兵亦不肯前，遂反旆。即上疏言："李成以馈饷稽缓⑤，有引众纳命建康之语。今靳赛、薛庆方横，万一三叛连衡⑥，何以待之？方含垢养晦⑦之时，宜选辩士谕意，优加抚纳。"疏奏，高宗即遣使抚谕成，给米五万斛。初，公戒⑧所遣持奏吏，须疏从中出，乃诣政事堂白⑨副封。时方禁直达⑩，忤宰辅意，以托事滞留为罪，特贬两秩，而许出滁阳路。绍兴十三年使回，始复元官。时已出知饶州，命予作谢表，直叙其故，曰："论事见从⑪，犹获稽留之戾⑫。出疆滋久⑬，屡沾旷荡之恩⑭。始拜明纶⑮，得仍旧秩。伏念臣顷緜乏使，不敢辞难。值三盗之连衡，阻两淮而荐食，深虞猖獗之患，或起呼吸之间，辄露便宜⑯，冀加勤恤。虽玺书赐报，乐闻充国⑰之建言，而吏议不容，见谓陈汤之生事。亏除宦簿，绵历岁时⑱，敢自意⑲于来归，遂悉还于所夺。兹盖忘人之过，与天同功。念臣昔丽于微文，蔽罪本无于它意，故从数赦，俾获自新。"书印既毕，父兄复共议，秦桧方擅国，见此表语言，未必不怒，乃别草⑳一通引咎曰："使指稽留，宜速亏除之戾㉑。圣恩深厚，卒从拔拭之科。仰服矜怜[22]，唯知感戴。伏念臣早繇乏使，遂俾行成，值巨寇之临冲[23]，欲搏人而肆毒，仗节[24]宜图于报称，引车何事于逡巡。徐偃出疆，既失受辞之体；申舟假道，初无必死之心。虽蒙贬秩以小惩，尚许立功而自赎。徒行万里，无补一毫[25]，敢妄冀于隆宽，乃悉还于旧贯。兹盖忘人之过，抚下以仁。阳为德而阴为刑，未尝私意；赏有功而赦有罪，皆本好生。坐使孤臣，尽湔宿负[26]。"云云。前后奉使，无有不转官者[27]。先公以朝散郎被命，不沾恩凡十五年，而归仅复所贬，而合磨勘[28]五官，刑部皆不引用，秦志也。遂终于此阶[29]。

## 【字词注解】

①建炎：宋高宗的年号。

②忠宣公：洪皓。衔命使：奉皇上旨意出使。

③汴：汴河。

④不克唯命：不能承担这个任务。

⑤稽缓：延误，迟缓。

⑥连衡：联合起来。

⑦含垢养晦：韬光养晦，隐忍不发。

⑧戒：命令。

⑨白：交出。

⑩时方禁直达：当时正禁止奏疏直接交与皇上。

⑪论事见从：议论的事情被迫服从。

⑫戾：罪名。

⑬出疆滋久：出使金国许久。

⑭旷荡之恩：皇帝给予的恩惠。

⑮始拜明纶：开始担任显要的官职。明纶，帝王的诏令。

⑯辄露便宜：依靠道路的方便。

⑰充国：赵充国，汉朝将军，曾率兵平定氐族人的反叛。

⑱绵历岁时：延续岁月。

⑲自意：自愿。

⑳ 别草：另外起草。

㉑ 宜速亏除之戾：应该赶紧改变枉任的罪名。

㉒ 仰服矜怜：仰首感怀圣上的怜悯之心。

㉓ 值巨寇之临冲：当时正值贼寇攻城略地。

㉔ 仗节：我作为朝廷的使节。

㉕ 无补一毫：未能有任何补救。

㉖ 尽湔宿负：洗去平时的忧虑。湔：洗去。

㉗ 无有不转官：没有不升迁调动官职的。

㉘ 磨勘：唐宋官员考绩升迁的制度。官员被反复查验后，根据考绩决定官职的升降。

㉙ 遂终于此阶：于是最后死在这个官职上。

【精彩解说】

宋高宗建炎三年（1129年），先是洪皓奉命出使金国，因淮河一带盗贼纷然并起，任兼淮南、京都等路抚谕使，使李成用兵护卫到南京（今河南商丘）。

洪皓先发送书信到李成那里，当时李成与耿坚正围攻楚州，回信说："汴河已经干涸，虹地（今安徽泗县）有红巾军，除非有五千兵马不可往那里去。军队绝粮，不能胜任此命。"洪皓就暗中派遣说客说服耿坚，让他强迫李成收兵。洪皓行走到泗州，刺探敌情的兵士说："有骑兵往这边迎面而来。"副使龚璹很害怕，护送的士兵也不肯前进，于是返回。龚立即上书高宗，说："李成因军饷迟缓，有领军回建康交差的话。现在靳赛、薛庆正横行一时，万一他们三股叛军联合起来，如何对待他们？正忍受耻辱隐藏待起之时，应选择舌辩之士以晓谕皇上的意思，给予优厚待遇抚慰收纳他们。"高宗接到奏疏后，就派遣使臣安抚李成，给米五万斛。当初，洪皓命令所派遣的送书官吏，奏疏必须从省中出，才能前往正事堂交出副件。当时正禁止奏疏直达皇上，违背宰相心意，宰相就以借故拖延的罪名，特此贬官两级，才许出任滁阳路官员。高宗绍兴十三年（1143年）出使金国的使臣回国，才恢复他原来的官职。当时洪皓已经出任饶州知府，命我做感谢的表章，我直叙其中的原因，说："建议已被朝廷采纳，仍然获得了办事拖拉停留的罪名。出使金国日久，屡次获得宏大的恩惠。开始任显官时，得到的仍然是旧俸禄。考虑臣顷刻之间被任命为无能的使节，又不敢推辞畏难。当时正值李成等三股盗贼联合之时，阻隔淮北、淮南而不断侵略土地，深感忧虑猖狂的祸患，或起于一瞬之间。依靠道路方便，希望勤加抚恤。虽然皇上下诏书加以赏赐，乐于听从像汉代赵充国平定武都氐人反叛那样的建议，而官吏议论不容许时，会有陈汤那样的事情发生。枉任朝臣，延续岁月，敢于自愿归来，于是全部归还所夺去的官秩。这大概是朝廷忘记了别人的过错，和天有同样的功劳。思念臣过去系于小文，遮盖自己的罪过本来没有其他的意思，所以听从数次赦免，使我改过自新。"书写盖印既已完毕，父兄共同商议，担心秦桧正专擅国政，见此上表中的语言，未必不发怒，就另外起草一通引罪自责的上表，说："命令指责停留，应速改变枉任的罪名。皇恩深厚，终于擦拭眼泪。敬服怜悯之心，仅知感恩戴德。念臣早年被任命为无能的使节，于是使我出使求和，当时正值贼寇攻城略地，残害无辜。拿着凭证应图报于朝廷，牵免车辆怎么会迟疑不决？徐偃王走出自己的疆土，既失去国家又受到人们的指责；楚国的申舟借道于宋，最初并没有必死的决心。虽然承蒙朝廷贬官给予小的惩处，尚允许立功赎罪。徒步行程万里，对国家没有丝毫补益，竟敢妄自希望于宽恕，于是朝廷归还于原官。这大概是忘记别人的过错，安抚下面以显示仁德。阳是德，阴是刑，不曾有私心，奖赏有功者，赦免有罪者，人本性都是喜好生存的，将使孤臣尽洗平时忧虑。"如此等。前后奉使的人，没有不升调官职的。先父以朝散郎被任命为出使官员以来，不沾皇恩已经有十五年，而回来后仅恢复所贬的官职，而与磨勘相合，五次授官，刑部都没有任用，这是秦桧的意志。最终死于任上。

## 唐贤启状

**原文**

故书中有《唐贤启状》一册，皆泛泛缄题①。其间标为独孤常州及、刘信州太真、陆中丞长源、吕衡州温者，各数十篇，亦无可传诵。时人以其名士，故流行至今。独孤有《与第五相公书》云："垂示《送丘郎中》两诗，词清兴深②，常情所不及。'阴天闻断雁，夜浦送归人。'酣丽闲远之外，文句窈窕悽恻③，比顷来所示者，才又加等。但吟诵叹咏，大谈于吴中文人耳。"又云："昨见《送梁侍御》六韵，清丽妍雅，妙绝今时，掩映风骚，吟讽不足。"案，第五琦乃聚敛之臣，不以文称④，而独孤奖重之如此。观表出十字，诚为佳句，乃知唐人工诗者多，不必专门名家而后可称也。

【字词注解】

① 泛泛缄题：扣题不够深入。
② 词清兴深：文辞清丽，比兴深刻。
③ 文句窈窕凄恻：诗文笔触文静而哀婉。
④ 不以文称：不以诗文著称于后世。

【精彩解说】

古书中有《唐贤启状》一册，内容都是泛泛而谈，并没有紧扣主题。其中类似独孤常州及、刘信州太真、陆中丞长源、吕衡州温者等篇目，共有数十篇，都没有在世间被传诵。在当时的人们看来他们是名士，因此他们的诗句流传到了今天。独孤及在《与第五相公书》中说："留传下来的《送丘郎中》这两首诗，文辞清丽，运用比兴的修辞手法内有深意，是一般常情所达不到的。'阴天闻断雁，夜浦送归人。'除了醇重华丽闲适致远的景象以外，诗文笔触文静而哀婉，比一直以来所展示的，才情又有所增益。特吟诵叹咏，与吴地文人大谈起这首诗来。"又说："昨天见到《送梁侍御》六韵，清丽妍雅，是当代的绝妙之句，隐约映衬《诗经》和《楚辞》，吟诵不足。"按：唐人第五琦是搜刮民脂民膏的贪官，诗文并不被人们称道，而独孤及却如此褒奖他。看他《送丘郎中》诗中仅十字，诚然是佳句，就知唐人善于作诗的人太多了，不必是专门名家，在他们之后也有可以称道的。

# 卷 九

## 赦放债负

【原文】

淳熙十六年二月登极赦："凡民间所欠债负，不以久近多少，一切除放①。"遂有方出钱旬日，未得一息，而并本尽失之者，人不以为便②。何澹为谏大夫，尝论其事，遂令只偿本钱，小人无义③，几至喧譟。绍熙五年七月覃赦，乃只为蠲④三年以前者。案，晋高祖天福六年八月，赦云："私下债负取利及一倍者并放。"此最为得⑤。又云："天福五年终已前，残税并放。"而今时所放官物，常是以前二年为断⑥，则民已输纳，无及于惠矣。唯民间房赁欠负，则从一年以前皆免。比之区区五代，翻有所不若也。

【字词注解】

①除放：免除。

②人不以为便：人们不认为这是可行的事情。

③小人无义：一些小人贪利忘义。

④蠲：除去，减免。引伸为赦免。

⑤得：适当，得益。

⑥断：限期。

【精彩解说】

宋孝宗淳熙十六年（1189年）二月登位赦说："凡是民间所欠国债，不因年代远近、数量多少，一切加以免除。"于是有刚借出去的钱还不到十天，没得到一点利息，而连本都失去了，人们不认为是可行之事。何澹任谏议大夫，曾经议论过这件事，于是又下令只偿还本钱，一些小人贪利无义，几乎达到喧闹的地步。光宗绍熙五年（1194年）七月，皇上对百姓进行赦免，但只是赦免三年以前所欠的债。按：后晋高祖天福六年（941年）八月，赦令说："私人欠债以及已经收取利息一倍的都加以免除。"此赦令颇为得体。又说："天福五年（940年）十二月以前，过去残留的赋税一并免除。"而今天所放官物，常是以前两年为限，而百姓已经交纳给官府，百姓没有得到实惠。仅民间租赁房子所欠债，则从一年以前都加以赦免。今天和不足道的五代相比，反而有所不如。

## 周玄豹相

**原文**

唐庄宗时，术士周玄豹以相法①言人事，多中。时明宗为内衙指挥使，安重诲使他人易服②而坐，召玄豹相之。玄豹曰："内衙，贵将也，此不足当③之。"乃指明宗于下坐，曰："此是也。"因为明宗言其后贵不可言。明宗即位，思玄豹以为神。将召至京师，宰相赵凤谏，乃止。观此事，则玄豹之方术可知。然冯道初自燕归太原，监军使张承业辟为本院巡官，甚重之，玄豹谓承业曰："冯生无前程，不可过用④。"书记卢质曰："我曾见杜黄裳写真图，道之状貌酷类焉，将来必副⑤大用，玄豹之言不足信也。"承业于是荐道为霸府从事。其后位极人臣，考终牖下⑥，五代诸臣皆莫能及，则玄豹未得擅唐、许之誉也。道在晋天福中为上相，诏赐生辰器币。道以幼属乱离⑦，早丧父母，不记生日，狠辞不受。然则道终身不可问命⑧，独有形状可相，而善工⑨亦失之如此。

── • 【字词注解】

①相法：相面的方法。

②易服：改变服装。

③当：担当。

④不可过用：不可太过任用。

⑤副：辅佐。

⑥考终牖下：寿终正寝，老死家中。

⑦幼属乱离：幼年时饱经离乱。

⑧然则道终身不可问命：然则冯道终生都不能询问自己的命运。古时人按照生辰八字推算命运，冯道不记得自己的生辰，所以说他终生都不能询问自己的命运。

⑨善工：善于绘画的人。

── • 【精彩解说】

后唐庄宗时期，精通道术的周玄豹用相面的方法来预言人事，有很多被说中的。当时明宗还是内衙指挥使，安重诲让他人换了服装坐在那里，召周玄豹来为他相面。周玄豹说："内衙是贵将，此人不能当此重任。"于是指着下坐的明宗说："这个人可当此重任。"因为明宗听说他日后将富贵逼人。明宗即位后，想到周玄豹相面如神，想要召他到京师来，宰相赵凤加以谏阻，就停止召他来。观察此事，周玄豹的方术是出名的。但冯道当初自幽州投归太原时，监军使张承业担任本院巡官，很重视他，周玄豹对张承业说："冯道没有什么前程，不可过于任用。"书上记载卢质说："我曾经见过唐人杜黄裳的画像，冯道的相貌和他十分相似，将来必能辅佐人君得到大用，周玄豹的言论不足以相信。"张承业于是推荐冯道任霸府从事。其后位居宰相，老死于家中，五代时期各位大臣都不能超过他，于是周玄豹不得专擅术士名誉。冯道在后晋天福年间任上相，皇上下诏赐给他生辰器物币帛。冯道因幼年遭丧乱，父母早死，不记得自己的生日，诚恳推辞不接受。那么冯道终身不可询问命运，只有形貌可以观察，而善于画像的画师也失掉了挣钱的机会。

# 钴鉧沧浪

柳子厚《钴鉧潭西小丘记》云:"丘之小不能一亩。问其主。曰:'唐氏之弃地,货而不售。'问其价,曰:'止四百。'予怜而售之。以兹丘之胜,致之沣水、鄠、杜,则贵游之士争买者,日增千金而愈不可得。今弃是州也,农夫渔父过而陋之,贾四百①,连岁②不能售。"苏子美③《沧浪亭记》云:"予游吴中,过郡学东,顾草树郁然,崇阜广水④,不类乎城中。并水得微径于杂花修竹之间,东趋数百步,有弃地,三向皆水⑤,旁无民居,左右皆林木相亏蔽。予爱而裴回⑥,遂以钱四万得之。"予谓二境之胜绝如此,至于人弃不售,安知其后卒为名人赏践?如沧浪亭⑦者,今为韩蕲王家所有,价直数百万矣,但钴鉧复埋没不可识。士之处世,遇与不遇⑧,其亦如是哉!

【字词注解】

①贾四百:标出四百的价钱。

②连岁:连年。

③苏子美:即苏舜钦,字子美,北宋著名诗人。其诗直刺现实,意气高昂。

④崇阜广水:高丘广水。崇,高大。阜,土山。

⑤三向皆水:三面环水。

⑥裴回:通"徘徊",流连不能去。

⑦沧浪亭:即苏舜钦以四万钱所购这片土地后修筑的园林。当时苏舜钦被贬官,在吴中购得这片废园,又在水旁建亭,取《楚辞》中"沧浪之水清兮,可以濯吾缨,沧浪之水浊兮,可以濯吾足"之意,名曰"沧浪亭",自号沧浪翁,并作《沧浪亭记》,后欧阳修应邀写长诗《沧浪亭》。自此,沧浪亭名留千古。南宋时沧浪亭为抗金名将韩世忠所得,改名"韩园"。

⑧不遇：没有合适的机会。

## 【精彩解说】

柳宗元《钴𬭁潭西小丘记》说："土丘之小不到一亩。问它的主人。主人说：'姓唐的人不要的地方，买而售不出。'问它的价钱，说：'仅要四百钱。'我怜惜而买下它。因这个小丘有名胜，到了沣水、姓鄠、姓杜的人家手里，则无官职的人士争着买它，一天就增价千金而愈加不能得到它。而今却成了废弃的州了，农夫和渔夫经过这里都鄙视它，价钱四百，连续几年都不能出售。"苏舜钦《沧浪亭记》说："我游览吴地，经过郡中设立的学校的东面，回过头来看草木茂盛，高丘广水，不似城中。傍水有小径通于杂花长竹之间，东走数百步，有一片废弃的地方，三面临水，旁边没有居民，左右都是林木，相互遮蔽。我喜爱它，徘徊忘返，于是用四万钱买下了这块地方。"我认为这两处风景都很出色，至于当时的人放弃它而不出售，怎么会知道后来终有名人来欣赏它呢？如沧浪亭，现在为韩世忠家所有，价值数百万，但钴𬭁潭又重新埋没不可识了。士人在世上，有机遇和没有机遇，也是这样呀！

# 卷十

## 唐夜试进士

**原文**

唐进士入举场得用烛，故或者以为自平旦至通宵。刘虚白有"二十年前此夜中，一般灯烛一般风"之句，及三条烛尽①之说。按《旧五代史·选举志》云："长兴二年，礼部贡院奏当司奉堂帖②夜试进士，有何条格者。敕旨③：'秋来赴举，备有常程④，夜后为文，曾无旧制⑤。王道以明规是设，公事须白昼显行，其进士并令排门齐入就试⑥，至闭门时试毕，内有先了者，上历画时，旋令先出，其入策亦须昼试，应诸科对策，并依此例。'"则昼试进士，非前例也。清泰二年，贡院又请进士试杂文，并点门入省⑦，经宿⑧就试。至晋开运元年，又因礼部尚书知贡举窦贞固奏，自前考试进士，皆以三条烛为限，并诸色举人有怀藏书册不令就试。未知于何时复有更革。白乐天集中奏状云："进士许用书册，兼得通宵。"但不明言入试朝暮也。

**【字词注解】**

①三条烛尽：考试时间以三条蜡烛为限。
②堂帖：文件，规定。
③敕旨：皇帝的诏令。

④常程：一般的规程。

⑤旧制：惯例。

⑥其进士并令排门齐入就试：参加考试的人都要服从命令在门外排好次序一齐进入考场。

⑦点门入省：指定进入特别的官署部门。

⑧经宿：经过一宿，即第二天。

──•【精彩解说】

唐朝进士入考场得用蜡烛，因而有人以为要从天刚亮考到第二天通宵。刘虚白有"二十年前此夜中，一般灯烛一般风"的诗句，又有三支蜡烛燃尽为限之说。《旧五代史·选举志》中说："后唐明宗长兴二年（931年），礼部贡院奏当司奉宰相下的文件（堂贴）夜间考试进士，专门有人拿着文件的条款。皇帝的诏令说：'秋天来参加考试，准备有一般规程，入夜后才写文章，不曾有旧的制度。王道都是按明确的常规设立的，公事必须在白昼公开进行，参加考试的人都要服从命令，在门外排好次序一齐进入考场，到关门时考试结束，其中如有先考完的人，记好他的时间，就令他先出去，他们入策也必须白天考试，应试各科对策，并仍照此例。'"白天考试进士，不是以前的惯例。后唐末帝清泰二年（935年），贡院又请示进士考试杂文，并且指定进入特别官署部门，过一宿就参加考试。到了后晋出帝开运元年（944年），又因为礼部尚书知贡推举窦贞固的奏折，以前考试进士，都以三支蜡烛的时间为限，并且各种举人有怀藏书本的就不让他参加考试。不知道到什么时候再有革新。白居易集中奏状说："进士允许参考书册，并且得通宵达旦。"但没有明确说入试的时间是清晨还是晚上。

## 纳绸绢尺度

【原文】

周显德三年。敕，旧制织造䌷绸、绢布、绫罗、锦绮、纱縠等，幅阔二尺起，来年后并须及二尺五分。宜令①诸道州府，来年所纳官绢，每匹须及一十二两,其绝绸只要夹密停匀,不定斤两。其纳官绝绸绢,依旧长四十二尺。乃知今之税绢,尺度长短阔狭,斤两轻重,颇本②于此。

【字词注解】

① 宜令:命令。
② 本:根源。

【精彩解说】

后周太祖显德三年(956年)。皇帝下诏,按旧方法织造的粗绸、绢布、绫罗、锦缎、绉纱等,幅宽二尺以上,第二年后一定要达到宽二尺五分。命令各道、州、府,来年缴纳给官府的绢,每匹必须达到十二两重,粗绸只要稀密均匀,不定斤两。缴纳给官府的绸绢,依旧长四十二尺。于是才知道如今纳税的绸绢,尺寸长短、宽窄,斤两轻重,都根源于此。

## 朱梁轻赋

原文

朱梁之恶,最为欧阳公《五代史记》所斥詈①。然轻赋②一事,《旧史》取之,而《新书》不为拈出。其语云:"梁祖之开国也,属黄巢大乱之余,以夷门一镇,外严烽候③,内辟污莱④,厉以耕桑⑤,薄其租赋⑥,士虽苦战,民则乐输⑦,二纪之间⑧,俄成霸业。及末帝与庄宗对垒于河上,河南之民,虽困于辇运⑨,亦未至流亡。其义无他,盖赋敛轻而丘园可恋故也。及庄宗平定梁室,任吏人孔谦为租庸使,峻法以剥下⑩,厚敛以奉上,民产虽竭,军食尚亏,加之以兵革,因之以饥馑,不四三年,以致颠陨⑪。其义无他,盖赋役重而寰区⑫失望故也。"予以事考之,此论诚然,有国有家者之龟鉴也。《资治通鉴》亦不载此一节。

──●【字词注解】

①斥詈：斥责。

②轻赋：减轻赋税。

③外严烽候：对外严密注视烽火台，防止外敌入侵。烽候，古时有烽火台，专门用来关注外族的动向。

④内辟污莱：对内避免自然灾害和盗贼。辟，避免。莱，田地荒芜。

⑤厉以耕桑：严格要求农民努力耕织。

⑥薄其租赋：减轻他们的赋税。

⑦民则乐输：百姓乐于为士兵输送给养。

⑧二纪之间：二十四年后。岁星十二年运行一周天为一纪。

⑨辇运：军用物资的运输。

⑩峻法以剥下：用严苛的法令来盘剥民众。

⑪颠陨：坠落、衰败。

⑫寰区：犹言天下，指国家全境。

──●【精彩解说】

　　朱梁的罪恶，最为欧阳修先生在《五代史记》中所斥责。然而朱梁主张减轻赋税一事，《旧史》上有记载，而《新书》却没有注意这一点。朱梁说："梁朝的先祖开国的时候，正是黄巢起义大乱将要结束之时，先祖凭借夷门一个城镇，对外严密注视烽火台防止外敌入侵，对内要避免自然灾害和盗贼，严格要求农民努力耕织，减轻他们的赋税，士兵虽然饱尝战争之苦，百姓们却乐于为之输送给养，二十四年间，很快成就了霸业。到了末帝与后唐庄宗两军对垒于黄河上时，黄河以南的民众，虽然被运送军物搞得疲惫不堪，也没有逃亡的。民众思想上没别的，都因为赋税轻而且家乡故土值得留恋。到了庄宗平定梁朝王室时，任用官吏孔谦为租庸使，以严苛法度来盘剥民众，厚征暴敛来奉献皇上，民众的物产虽被榨取干净，可军队的食品还不够用，再加上战事频繁，又因为饥荒严重，不到三四年，国家就面临崩溃的边缘。造成这种局面没别的原因，全是赋税劳役惨重而广大民众失望的缘故。"我用历史事实考证，这一论点真实可信，这是拥有国家的人应当借鉴的。《资治通鉴》也没记载这一点。

## 祢衡轻曹操

**原文**

孔融荐祢衡，以为"淑质贞亮，英才卓砾①，志怀霜雪，疾恶若雠，任座、史鱼，殆无以过，若②衡等辈，不可多得"。数称述于曹操。操欲见之，衡素相轻疾③，不肯往，而数有恣言④，操怀忿，因召之击鼓，裸身辱之。融为见操，说其狂疾⑤，求得自谢。操喜，敕门者有客便通，待之极宴，衡乃坐于营门，言语悖逆，操怒，送与刘表。衡为融所荐，东坡谓融视操，特鬼蜮之雄，其势决不两立，非融诛操，则操害融。而衡平生唯善⑥融及杨修，常称曰："大儿孔文举，小儿杨德祖。"融、修皆死于操手，衡无由得全。《汉史》言其尚气刚傲，矫时慢物，此盖不知其鄙贱曹操，故陷身危机，所谓语言狂悖者，必诵斥其有僭篡⑦之志耳。刘表复不能容，以与黄祖。观其所著《鹦鹉赋》，专以自况⑧，一篇之中，三致意焉。如云："嬉游高峻，栖峙幽深。飞不妄集⑨，翔必择林。虽周旋于羽毛，固殊智而异心。配鸾皇而等美⑩，焉比翼于众禽？"又云："彼贤哲之逢患，犹栖迟以羁旅。矧⑪禽鸟之微物，能驯扰以安处。"又云："嗟禄命之衰薄，奚遭时之崄巇。岂言语以阶乱⑫，将不密以致危。"又云："顾六翮⑬之残毁，虽奋迅其焉如。心怀归而弗果，徒怨毒于一隅。"卒章云："苟竭心于所事，敢背惠以忘初。期守死以报德，甘尽辞以效愚。"予每三复其文而悲伤之。李太白诗云："魏帝营八极，蚁观一祢衡。黄祖斗筲人，杀之受恶名。吴江赋鹦鹉，落笔超群英。锵锵振金石，句句欲飞鸣。挚鹗啄孤凤，千春伤我情！"此论最为精当也。

## 【字词注解】

① 淑质贞亮，英才卓跞：品质光明磊落，英才超绝。贞亮，忠贞诚信。卓跞，卓越出众。

② 若：类似。

③ 衡素相轻疾：祢衡向来就轻视厌恶曹操。

④ 忩言：不恭敬的话语。

⑤ 疾：病。

⑥ 善：友好，亲善。

⑦ 僭篡：篡夺皇位。僭，僭越，下犯上。篡，篡夺。

⑧ 自况：自比。

⑨ 妄：盲目。集：集结。

⑩ 配鸾皇而等美：要与鸾凰相匹共美。

⑪ 矧：况且。

⑫ 阶乱：招致灾祸。

⑬ 六翮：本指鸟翅上的大羽毛，此处代指鸟。

## 【精彩解说】

孔融（向曹操）举荐祢衡，认为他"品质光明磊落，英才超绝，志怀纯洁，疾恶如仇，他比任座、史鱼有过之而无不及，像祢衡这样的人，实不可多得"。孔融多次在曹操面前称赞祢衡。曹操打算见祢衡，祢衡向来就轻视厌恶曹操，不肯前往，而且数次说不恭敬的话。曹操很气愤，就召他击鼓，并以赤身裸体表示污辱。孔融因而又见曹操，说祢衡有疯狂病，现在愿登门谢罪。曹操高兴了，就告诉守门人有来客就让进，用上等宴席招待。祢衡来后就坐在营门口，说话极不礼貌，曹操大怒，把祢衡送给了刘表。祢衡被孔融所举荐，苏东坡说在孔融看来，曹操只不过是鬼蜮之雄，他们二人势不两立，不是孔融杀掉曹操，就是曹操害了孔融。祢衡平生只与孔融和杨修交好，他常常声称："我的大儿子是孔融，小儿子是杨修。"孔融、杨修都死于曹操之手，祢衡并没有办法保全他们。《汉史》说祢衡志气高傲，卓尔不群，这大概是不知他看不起曹操，所以才身陷危机。所谓语言狂放不羁的人，一定会被斥责为有篡夺大权的野心。刘表也不能容纳祢衡，又把他推荐给了黄祖。仔细看祢衡所写的《鹦鹉赋》，看来是专门写自己的，一篇赋里，三番五次表达了自己的意志。如说："嬉游于高山峻岭，栖息在幽林深山。飞行不盲目集结，翱翔定选择树林。虽然都是用羽毛飞翔，可本来就殊志异心。要与鸾凰相匹共美，怎能与众禽比翼齐飞？"又说："看那些圣哲遭遇祸患，还是暂时休养生息。况且禽鸟这些小东西，怎能在驯扰中平安处世。"又说："可叹那爵禄之命运多么衰微薄弱，为什么会遭到这么艰难的道路。哪里是言语造成的祸乱，完全是不靠近权贵才带来的危险。"又说："看到翅膀已经残毁，虽然想奋飞又不知向何处。内心想归去又没有结果，躲在一隅怨恨又有什么用。"文章结尾又说："即使想尽心竭力于所干的事业，又怎能违背良心忘掉初衷。只有等待用死来报答恩德，甘愿把话说完来尽力而为。"我每次读都要反复吟诵这些文字，而且为之悲伤不已。李白的诗说："魏帝营八极，蚁观一祢衡。黄祖斗筲人，杀之受恶名。吴江赋鹦鹉，落笔超群英。锵锵振金石，句句欲飞鸣。挚鹗啄孤凤，千春伤我情！"这一论述最为精当。

# 卷十一

## 汉文帝不用兵

**原文**

《史记·律书》云:"高祖厌苦军事,偃武①休息。孝文即位,将军陈武等议曰:'南越、朝鲜,拥兵阻阨②,选蠕观望③。宜及士民乐用④,征讨逆党,以一封疆⑤。'孝文曰:'朕能任衣冠,念不到此。会吕氏之乱,误居正位,常战战栗栗,恐事之不终。且兵凶器,虽克所愿,动亦耗病,谓百姓远方何?今匈奴内侵,边吏无功,边民父子荷兵⑥日久,朕常为动心伤痛,无日忘之。愿且坚边设候,结和通使,休宁北陲⑦,为功多矣。且无议军。'故百姓无内外之繇,得息肩于田亩⑧,天下富盛,粟至十余钱。"予谓孝文之仁德如此,与武帝黩武穷兵,为霄壤不侔⑨矣。然班史略不及此事。《资治通鉴》亦不编入,使其事不甚暴白,惜哉!

---

**【字词注解】**

① 偃武:停止战斗。

② 拥兵阻阨:派重兵扼守险要的地势。

③ 选蠕观望:选择时机观望。

④ 宜及士民乐用:应当调动兵马。

⑤ 以一封疆:以平定边疆。

⑥荷兵：征战。

⑦休宁北陲：使北方边境安宁。

⑧得息肩于田亩：得以休养生息，鼓励农耕。

⑨为霄壤不侔：是天壤之别。侔，相比。

【精彩解说】

　　《史记·律书》中说："汉高祖厌恶打仗，于是停止战斗，休养生息。孝文帝即位后，将军陈武等人提议说：'南越、朝鲜，掌握重兵把守险地，选择时机观望。我军应当调动兵马，征讨叛贼，以平定边疆。'孝文帝说：'朕虽穿着皇上的衣冠，但没想到这一点。恰逢吕氏之乱，我误坐皇位，经常战战栗栗，恐怕大事没有结果。况且动用兵器，虽能克敌如愿，但打仗也会损伤自身，想到百姓的长远利益我又该如何打算呢？如今匈奴侵入内地，守边的官吏无功，边疆的百姓抗敌已久，朕常常为他们感到伤心不安，没有一天能忘记。我希望一边巩固边防，一边派使节讲和，使北方边境安宁，这才是大的功德。暂不要谈论用兵的事。'所以他取消了百姓内外的徭役，使百姓得以休养生息，鼓励农耕，天下富强繁盛，粮食非常便宜。"所以，我说孝文帝如此仁德，和汉武帝穷兵黩武，真是天壤之别啊！然而班固的史书却对此事略而不记。《资治通鉴》也未将此项功绩编入，使这件事不能很好地传播天下，真是可惜。

# 帝王讳名

【原文】

　　帝王讳名，自周世始有此制，然只避之于本庙中①耳。"克昌厥后，骏发尔私。"成王时所作诗。昌、发不为文、武讳也。宣王名诵而"吉甫作诵"之句，正在其时。厉王名胡，而"胡为虺蜴""胡然厉矣"之句，在其孙幽王时。小国曰胡，亦自若也。襄王名郑，而郑不改封。至于出居其国②，使者告于秦、晋曰："鄙在郑地。"受晋文公朝，而郑伯傅王。唯秦始皇以父庄襄王名楚，称楚曰荆，其名曰政，自避其嫌，以正月为一月。盖已非周礼矣。汉代所谓邦之字曰国，盈之字曰满，彻之字曰通，虽但讳本字，而吏民犯者有刑。唐太宗名世民，在位之日不偏讳③。故戴胄、唐俭为民部尚书，虞世南、李世勣在朝。至于高宗，始改民部为户部，世勣但为勣。韩公《讳辨》云："今上书及诏，不闻讳浒、势、秉、机，惟宦官宫妾，乃不敢言喻及机，以为触犯。"此数者皆其先世嫌名也。本朝尚文之习大盛，故礼官讨论，每欲其多，庙讳遂有五十字者。举场试卷，小涉疑似，士人辄不敢用，一或犯之，往往暗行黜落④。方州科举尤甚，此风殆不可革。然太祖讳下字内有从木从匀者，《广韵》于进字中亦收。张魏公以名其子，而音为进。太宗讳字内有从耳从火者，又有梗音，今为人姓如故。高宗讳内从宀从口者亦然。真宗讳从心从亘，音胡登切。若缺其下画，则为恒，遂并恒字不敢用，而易为常矣。

## 【字词注解】

① 庙中：宗族。
② 出居其国：出国在外。
③ 不偏讳：不避忌讳。
④ 黜落：取消资格。

## 【精彩解说】

对帝王的名字要避讳，从周朝开始便有了，然而只是在本宗族中避讳罢了。"克昌厥后，骏发尔私。"这是周成王时所作的诗。昌、发并不被文王（名姬昌）、武王（名姬发）避讳。周宣王名字叫诵而当时就有"吉甫作诵"的诗句，正在宣王统治时代。周厉王名字叫胡，然而"胡为虺蜴""胡然厉矣"的句子，是在其孙周幽王的时代。小国叫胡，也是自此时而起。周襄王名字叫郑，而郑地不改封。至于出国在外，使者对秦国、晋国说："鄙人在郑地。"接受晋文公朝拜时，郑伯任傅王。只有到了秦始皇时因其父庄襄王名字叫楚，才称楚地为荆。秦始皇自己的名字叫政，为了自避其嫌，才改正月为一月。这大概已经不是周朝的礼节了。汉代所谓邦字叫国，盈字叫满，彻字叫通，虽只避讳本字，而官吏百姓违犯了就要判刑。唐太宗名叫世民，他在位期间不搞避讳。所以戴胄、唐俭为民部尚书，虞世南、李世勣在朝做官。到了唐高宗时，开始把民部改为户部，把李世勣改为李勣。韩愈在《讳辩》中说："如今下级官员上书以及皇上诏书，没有听说有对浒、势、秉、机的避讳，只有宦官宫妾，才不敢说喻和机等字，以免犯了避讳。"这几个字都是唐朝皇室先辈的名字中的字或音。宋朝崇尚文章的风俗十分旺盛，所以礼官讨论，每次都想多些，避讳的字就有五十个。科举考场的试卷，只要有稍微涉及避讳的字，读书人就不敢用，一旦有人触犯，往往会被在暗中取消资格。国内科举之风更加强盛了，这种避讳风大概不可能革掉。然而宋太祖名字内有从木从匀的字需要避讳，《广韵》中在进字中收入了。张魏公给儿子起名，音为进。宋太宗讳字内有从耳从火的字，又有梗音，现在成为人的姓氏就是这个缘故。宋高宗的名字讳从冂从口的字也是这样。宋真宗的名字讳从心从亘的字，读为胡登切。恒字如少下面一画就成了恒，于是恒字也不必再用，而改为常字。

## 东坡三诗

**原文**

东坡初赴惠州，过峡山寺，不值①主人，故其诗云："山僧本幽独，乞食况未还。云碓水自舂，松门风为关。石泉解娱客，琴筑鸣空山。"既至惠州，残腊②独出，至栖禅寺，亦不逢一僧，故其诗云："江边有微行，诘曲背城市。平湖春草合，步到栖禅寺。堂空不见人，老稚掩关睡。所营在一食，食已宁复事。客行岂无得？施子净扫地。风松独不静，送我作鼓吹。"后在儋耳作《观棋》诗，记游庐山白鹤观，观中人皆阖户昼寝③，独闻棋声，云："五老峰前，白鹤遗址。长松荫庭，风日清美。我时独游，不逢一士。谁欤棋者？户外屦二。不闻人声，时闻落子。"其寂寞冷落之味，可以想见，句语之妙，一至于此。

## 【字词注解】

① 值：遇，遇到。
② 残腊：腊月要过完的时候。
③ 阖户昼寝：关上大门，白天睡觉。

## 【精彩解说】

苏轼第一次去惠州时，路过峡山寺，没有碰到僧人，因此他题诗一首："山僧本幽独，乞食况未还。云碓水自舂，松门风为关。石泉解娱客，琴筑鸣空山。"到了惠州后，在腊月末他孤身一人游玩时，来到了栖禅寺，也没有碰到一个僧人，因此又赋诗一首："江边有微行，诘曲背城市。平湖春草合，步到栖禅寺。堂空不见人，老稚掩关睡。所营在一食，食已宁复事。客行岂无得？施子净扫地。风松独不静，送我作鼓吹。"这之后他在儋耳又作了一首《观棋》诗，写的是在庐山游山玩水到了白鹤观时，观中的人白日闭门睡觉，只能耳闻下棋的声音。于是他写道："五老峰前，白鹤遗址。长松荫庭，风日清美。我时独游，不逢一士。谁欤棋者？户外屦二。不闻人声，时闻落子。"诗中孤独疏冷之意，真是能够想象得到，苏轼语句之精妙，已经达到了这种地步。

# 天文七政

### 原文

《尚书·舜典》："以齐七政。"孔安国本注谓"日月五星也"。而马融云："七政者，北斗七星，各有所主。第一主①日；第二主月；第三曰命火，谓荧惑也；第四曰煞土，谓填星也；第五曰伐水，谓辰星也；第六曰危木，谓岁星也；第七曰剽金，谓太白也。日月五星各异，故曰七政。"《尚书大传》一说又以为："七政者，谓春、秋、冬、夏、天文、地理、人道，所以为政也，人道正而万事顺成。"三说不同，然不若孔氏②之明白也。

【字词注解】

①主：掌管。
②孔氏：孔安国。

【精彩解说】

《尚书·舜典》中说："以齐七政。"孔安国注本认为，这是说的"日月五星"。而马融认为："七政就是指的北斗七星，它们各有自己所主管的。第一个主管日；第二个主管月；第三个就是命火，叫作荧惑；第四个就是煞土，叫作填星；第五个就是代水，叫作辰星；第六个就是危木，叫作岁星；第七个就是剽金，叫作太白。日月五星各有不同，所以叫作七政。"《尚书大传》又有一种说法，认为："七政，就是春、秋、冬、夏、天文、地理、人道，之所以叫作政，是说人道正确就万事顺利成功。"三种说法各不相同，我看还是孔安国的说法最为明白。

# 卷十二

## 颜鲁公祠堂诗

**【原文】**

予家藏《云林绘监》册,有颜鲁公画像,徐师川题诗曰:"公生开元间,壮及天宝乱。捐躯范阳胡,竟死蔡州叛。其贤似魏徵,天下非贞观①。四帝数十年,一身逢百难。少时读书史,此事心已断。老来鬓发衰,慨叹功名晚。嗟哉忠义途,捷去不可缓。初无当年悲,只令后世叹。一朝绝霖雨,南亩常亢旱。小夫计虽得,斯民盖涂炭。长歌咏君节,千载勇夫懊。敬书子张绅,庶几古人半。"师川以诗鸣江西,然此篇不为工。尝记李德远举似童敏德游湖州题公祠堂长句曰:"挂帆一纵疾于鸟,长兴夜发吴兴晓。杖藜上访鲁公祠,一见目明心皦皦。未说邦人怀使君,且为前古惜忠臣。德宗更用卢杞相,出当斯世诚艰辛。生逆龙鳞死虎口,要与乃兄同不朽。狂童希烈何足罪,奸邪嫉忠假渠手。乃知成仁或杀身,保身不必皆哲人。此公安得世复有,洗空凡马须骐骥②。"童之诗,语意皆超拔,亦临川人,而终身不得仕,为可惜也!

---
**【字词注解】**

① 贞观:唐太宗的年号。唐太宗任用贤能,所以魏徵能够直言进谏。
② 骐骥:即麒麟,传说中的祥兽。

## 【精彩解说】

我家藏书中有一本《云林绘监》,其中有颜鲁公的画像,徐师川在上面题诗说:"颜公生在开元间,壮年正遇天宝乱。战在范阳胡,竟然死于蔡州叛。公之贤德似魏徵,可惜天下非贞观。侍奉帝王数十年,一身百难真可怜。少时饱读经史书,可叹此事心已断。老来鬓白毛发衰,慨叹功名已为晚。壮志誓走忠义途,直截了当不可缓。开始并无当年悲,只令后人倍感叹。一朝断绝甘霖雨,南亩农田常干旱。小小官吏计难得,平民百姓遭涂炭。长歌咏诵君之节,可叫千载勇夫愧。世人反复歌颂您,几乎就是古人半。"徐师川因诗才出名于江西,但这首诗并不是上乘之作。我曾记得李德举荐童敏德出游湖州时题公祠堂的一首长句。其中说:"挂帆一纵疾于鸟,长兴夜发吴兴晓。杖藜上访鲁公祠,一见目明心皦皦。未说邦人怀使君,且为前古惜忠臣。德宗更用卢杞相,出当斯世诚艰辛。生逆龙鳞死虎口,要与乃兄同不朽。狂童希烈何足罪,奸邪嫉忠假渠手。乃知成仁或杀身,保身不必皆哲人。此公安得世复有,洗空凡马须骐骥。"童敏德的这首诗,语言和意义都是超凡脱俗的,他也是江西临川人,可是终身没有做官,真是有点可惜!

## 闵子不名

### 原文

《论语》所记孔子与人语及门弟子并对其人问答,皆斥[1]其名,未有称字者,虽颜、冉高弟,亦曰回,曰雍,唯至闵子,独云子骞,终此书无指名。昔贤谓《论语》出于曾子、有子之门人[2],予意亦出于闵氏。观所言闵子侍侧之辞,与冉有、子贡、子路不同,则可见矣。

## 【字词注解】

①斥:称呼。
②门人:门徒,门下弟子。

— •【精彩解说】

　　《论语》中所记载的孔子和人们的谈话以及门下弟子并对他人提出问题的回答，都是直称其名，没有称字的，即使是颜回、冉雍之类的高徒，也叫回，叫雍。只有到了闵子，才称为子骞，直到这部书结束都没有称他的名。昔时的贤士说《论语》是曾子、有子的门徒所作，我觉得也出自闵子。阅读《论语》中所说的闵子侍侧时说的话，和冉有、子贡、子路不同，就可以看出来了。

## 曾皙待子不慈

　　传记所载曾皙待其子参不慈，至云因锄菜误伤瓜，以大杖击之仆地①。孔子谓参不能如虞舜小杖则受②，大杖则避，以为陷父于不义，戒③门人曰："参来，勿内。"予切疑无此事，殆战国时学者妄为之辞。且曾皙与子路、冉有、公西华侍坐，有"浴乎沂，风乎舞雩"之言，涵泳圣教④，有超然独见之妙，于四人之中，独蒙"吾与"之褒，则其为人之贤可知矣。有子如此，而几置之死地，庸人且犹不忍，而谓皙为之乎？孟子称曾子养曾皙酒肉养志，未尝有此等语也。

— •【字词注解】

　　①仆地：扑倒在地。
　　②受：忍受，经受。
　　③戒：告诫。
　　④涵泳圣教：受圣人（孔子）的教育。

— •【精彩解说】

　　传记中记载，曾皙对待儿子曾参很不慈爱，以至于因为锄菜地误把瓜给碰伤了，就用大杖打得他趴在地下不能动。孔子听说后说，曾参怎么不像虞舜那样，小杖打就忍受，大杖打就躲避，这是害得他父亲落了个无情无义的名声，并告诫守门人说："曾参来了不让他进。"我私下里怀疑这件事，很可能是战国时代的学者胡编乱造的。《论语》中有关于曾晳和子路、冉有、公西华侍坐的记载，还有"沐浴于沂，在风中跳祈雨的舞蹈"的话，可见曾晳受圣人教育，涵养很深，有智慧卓绝、见解独到之才。在这四个人中，只有曾晳承蒙孔夫子"吾与"之褒奖，那么他为人的贤德就可知了。有这样的儿子，几乎把他置于死地，平庸的人尚且不忍心，更何况曾晳呢？孟子讲曾晳是以酒肉养志，我认为未曾有这种话语。

## 渊明孤松

**原文**

渊明诗文率皆纪实，虽寓兴花竹间亦然。《归去来辞》云："景翳翳①以将入，抚孤松而盘（旋）【桓】。"其《饮酒诗》二十首中一篇云："青松在东园，众草没②其姿。凝霜殄异类，卓然见高枝。连林人不觉，独树众乃奇。"所谓孤松者是已，此意盖以自况也。

【字词注解】

① 翳翳：昏暗的样子。
② 没：掩盖，湮没。

【精彩解说】

陶渊明的诗文大多都是写实的作品，即使是寄情于花草竹林之中也不例外。他在《归去来辞》中写道："夕阳暗淡将坠入大地，我仍抚着孤松盘桓流连。"《饮酒诗》二十首中的一篇写道："青松在东园，众草没其姿。凝霜殄异类，卓然见高枝。连林人不觉，独树众乃奇。"这就是关于孤松的诗句，也大概是用孤松来比喻自己。

# 卷十三

## 僧官试卿

【原文】

唐代宗以胡僧不空为鸿胪卿、开府仪同三司,予已论之矣。自其后习以为常,至本朝尚尔。元丰①三年,详定官制所言,译经僧官,有授试光禄鸿胪卿、少卿者,请自今试卿者,改赐三藏大法师,试少卿者,赐三藏法师。诏试卿改赐六字法师,少卿四字,并冠以译经三藏。久之复罢。

——【字词注解】

①元丰:年号。指1078—1085年,是宋神宗赵顼的一个年号,共计八年。

——【精彩解说】

唐代宗任命胡僧不空担任鸿胪卿、开府仪同三司之职,我已经在前面论述过了。从此以后习以为常,到宋朝仍然如此。神宗元丰三年(1080年),根据详定官制的规定,译经的僧官,有授命考试光禄鸿胪卿、少卿的,请求从今以后,考试卿官的,改为赐给三藏大法师之职,考试少卿的,赐三藏法师之职。皇上下诏把试卿改为赐给六字法师,少卿赐给四字法师,前面要加上译经三藏四字。可能时间长了,就又免除了。

# 大观算学

### 原文

大观中,置算学如庠序①之制,三年三月,诏以文宣王为先师,兖、邹、荆三国公配飨,十哲从祀,而列自昔著名算数之人,绘像于两廊,加赐五等之爵。于是中书舍人张邦昌定其名,风后、大桡、隶首、容成、箕子、商高、常仆、鬼臾区、巫咸九人封公,史苏、卜徒父、卜偃、梓慎、卜楚丘、史赵、史墨、裨灶、荣方、甘德、石申、鲜于妄人、耿寿昌、夏侯胜、京房、翼奉、李寻、张衡、周兴、单飏、樊英、郭璞、何承天、宋景业、萧吉、临孝恭、张曾元、王朴二十八人封伯,邓平、刘洪、管辂、赵达、祖冲之、殷绍、信都芳、许遵、耿询、刘焯、刘炫、傅仁均、王孝通、瞿昙罗、李淳风、王希明、李鼎祚、边冈、郎颛、襄楷二十人封子,司马季主、洛下闳、严君平、刘徽、姜岌、张立建、夏侯阳、甄鸾、卢太翼九人封男。考其所条具,固有于传记无闻者,而高下等差,殊为乖谬。如司马季主、严君平止于男爵,鲜于妄人、洛下闳同定《太初历》,而妄人封伯,下闳封男,尤可笑也。十一月又改以黄帝为先师云。

### 【字词注解】

①庠序:古代的乡学,后也泛称学校。设庠序以化于邑,学子愤慨于庠序,商贾喧噪于廛市。《孟子·滕文公上》:"夏曰校,殷曰庠,周曰序。"

### 【精彩解说】

宋徽宗大观年间,把算学列入学校的制度里,大观三年(1109年)三月,皇上下诏把文宣王孔子当作先师,兖、邹、荆三国公为配享,以孔子弟子颜渊、闵子骞、冉伯牛、仲弓、宰我、子贡、冉有、季路、子路、子夏十个哲人随从祭祀,而把古代以来的著名术数学家罗列出来,绘出画像挂在两边走廊上,再加赐五等爵位。于是中书舍人张邦昌确定风后、大桡、隶首、容成、箕子、商高、常仆、鬼臾区、巫咸九人封为公爵，史苏、卜徒父、卜偃、梓慎、卜楚丘、史赵、史墨、裨灶、荣方、甘德、石申、鲜于妄人、耿寿昌、夏侯胜、京房、翼奉、李寻、张衡、周兴、单飏、樊英、郭璞、何承天、宋景业、萧吉、临孝恭、张曾元、王朴二十八人封伯，邓平、刘洪、管辂、赵达、祖冲之、殷绍、信都芳、许遵、耿询、刘焯、刘炫、傅仁均、王孝通、瞿昙罗、李淳风、王希明、李鼎祚、边冈、郎颉、襄楷二十人封为子爵，司马季主、洛下闳、严君平、刘徽、姜岌、张立建、夏侯阳、甄鸾、卢太翼九人封男爵。考察以上这些人，有的在传记中没有听说过，而且所定的等级高低更是荒谬悖理。如司马季主、严君平仅仅封为男爵；鲜于妄人和洛下闳两人共同制定《太初历》，可鲜于妄人封了伯爵，而洛下闳不过封为男爵，特别可笑。到十一月时，又改为以黄帝为先师了。

## 钟鼎铭识

### 原文

三代钟鼎彝器存于今者，其间款识①，唯"眉寿万年""子子孙孙永宝用"之语，差②可辨认，余皆茫昧不可读，谈者以为古文质朴固如此，予切有疑焉。商、周文章，见于《诗》《书》，三《盘》五《诰》，虽诘曲聱牙③，尚可精求其义④，它⑤皆坦然明白，如与人言。自武王《丹书》诸铭外，其见于经传者，如汤之盘铭曰："苟日新，日日新，又日新。"逸鼎之铭曰："昧旦丕显，后世犹怠。"正考父鼎铭曰："一命而偻，再命而伛，三命而俯，循墙而走，亦莫余敢侮⑥。饘于是，鬻于是，以糊余口。"栾氏量铭曰："时文思索，允臻⑦其极。嘉量⑧既成，以⑨观四国。永启⑩厥后，兹器维则⑪。"祭射侯辞曰："惟若宁侯，毋或若女⑫不宁侯，不属于王所，故抗而射⑬女。"卫礼至铭曰："余掖杀国子，莫余敢止。"孔悝鼎铭曰："六月丁亥，公假于大庙。公曰：'叔舅，乃祖⑭庄叔，左右成公，成公乃命庄叔，随难于汉阳，即宫于宗周，奔走无射，启若献公，献公乃命成叔，纂乃祖服⑮。乃考文叔，兴旧嗜欲，作率庆士，躬恤⑯卫国，其勤公家，夙夜不解，民咸曰休哉'！公曰：'叔舅，予女铭，若纂乃考服。'恒拜稽首曰：'对扬以辟之勤大命，施于烝鼎彝。'"扶风美阳鼎铭曰："王命尸臣，官此栒邑，赐尔旂鸾，黼黻雕戈。尸臣拜手稽首曰：'敢对扬天子丕显休命。'"此诸铭未尝不粲然，何为传于今者，艰涩无绪⑰乃尔。汉去周未远，武、宣以来，郡国每获一鼎，至于荐告宗庙，群臣上寿。窦宪出征，南单于遗以古鼎，容五斗，其铭曰："仲山甫鼎，其万年子子孙孙永保用。"宪乃上之，盖以其难得故也。今世去汉千年，而器宝之出不可胜计，又为不可晓已。武帝获汾阴脽上鼎，无款识，而备礼迎享，宣帝获美阳鼎，下群臣议，张敞乃以有款识之故绌之，又何也？

【字词注解】

① 款识：落款标识。

② 差：隐约，差不多。

③ 诘曲聱牙：形容文句艰涩，不通顺畅达。

④ 尚可精求其义：但是还能用心探求体味其意义。

⑤ 它：其他文章。

⑥ "一命而偻……亦莫余敢侮"句：听一道命令就低头，两道命令就弯腰，三道命令趴在地上，然后顺着墙走，也就没有人敢侮辱我了。偻，弯腰，曲身。伛，驼背。俯，低头，屈身。

⑦ 臻：达到。

⑧ 嘉量：美好广阔的心胸。嘉，美好。量，肚量，心胸。

⑨ 以：可以。

⑩ 启：启发。

⑪ 兹器维则：只有这种方法。则，方法。

⑫ 女：通"汝"，你。

⑬ 射：攻击。

⑭ 乃祖：你的祖宗。乃，你。

⑮ 纂乃祖服：穿上你祖宗的衣服。

⑯ 躬恤：鞠躬尽瘁。

⑰ 无绪：杂乱无序。

⑱容：容量。

⑲绌之：轻视它。

## 【精彩解说】

夏、商、周三代的钟鼎彝器保存至今的，上面落款文字，只有"眉寿万年""子子孙孙永宝用"之类的话，差不多可以辨认出来，其余的都字形古怪无法辨认了，评论者认为古文质朴本来就是如此，我私下里却有些怀疑。商、周代的文章，从《诗经》《尚书》中见到的，像三《盘》五《诰》，虽然诘屈聱牙，但是还可以用心捉摸其意义，其他文章大都显然清楚，就像与一般人谈话一样。除周武王的《丹书》诸铭外，见于经传的铭文，如汤代的盘铭说："如果每天有新的，就会日日新，又日新。"逸鼎上的铭文说："日夜有大的显贵，后世还会懈怠。"正考父的鼎铭说："听一道命令就低头，两道命令就弯腰，三道命令趴在地上，然后顺着墙走，也就没有人敢侮辱我了。吃的靠这，卖的也靠这，以此来养家糊口。"桌氏量铭说："经常慎重思索，就会达到极点。美好的心胸已经养成，就可以观察周围的国家。永远启迪后代，只有这种办法。"祭射侯辞说："只有像宁侯那样，不要像你而不像宁侯，不属于王的处所，所以抵抗你攻击你。"卫礼至铭说："我想杀国子，没人敢制止。"孔悝鼎铭曰："六月丁亥，公在大庙举行祭祀。公说：'叔舅，你的祖宗是庄叔，在庄叔左右的是成公，成公就命令庄叔，跟随其赴难到汉阳，就安官在宗周，奔走而无射，启若献公，献公就命令成叔，穿上祖宗的衣服。你的父亲考文叔，重振祖宗的心志，为庆士做表率，为卫国鞠躬尽瘁，为公家勤劳，昼夜不停，民众都说他的德行真是美好！'公说：'叔舅，给你这篇铭文，你要继承你父亲的事业。'孔悝行稽首拜礼说：'为了发扬光大您的精神，特制成烝鼎彝。'"扶风县的美阳鼎铭说："君王命令臣下，在此梅邑做官，赐给你旂鸾，还有雕刻着黼黻的戈。臣下低头叩拜说：'敢于发扬天子的精神不断宏大显贵。'"以上各种铭文未尝不灿烂，为什么传到今天，不过是因为它们艰涩杂乱罢了。汉代离周朝不远，汉武帝、宣帝以来，各郡国每获得一鼎，都要祭祀告慰于宗庙，群臣上寿。窦宪出征时，南单于国送给一口古鼎，有五斗大的容量，上面有铭文说："仲山甫鼎，其万年子子孙孙永保用。"窦宪就把它献给皇上，大概是它太难得的缘故。如今离汉代已有千年，而收藏的宝器不可计数，这也是很多铭文不可知晓的原因。汉武帝获得汾阴脽上鼎，上面没有落款文字，还准备了大礼迎享。汉宣帝获得美阳鼎，让下边群臣评议如何，张敞就因为上面有落款文字的原因提议把它扔掉，这又是为什么呢？

## 牺尊象尊

**原文**

《周礼》司尊彝："裸用鸡彝、鸟彝[①]，其朝献用两献尊，其再献用两象尊。"汉儒注曰："鸡彝、鸟彝，谓刻而画之为鸡、凤凰之形。献读为牺，牺尊饰以翡翠，象尊以象凤凰。"或曰："以象骨饰尊。"又云："献音娑，有婆娑之义。"惟王肃云："牺、象二尊，并全牛、象之形，而凿背为尊。"陆德明释《周礼》献尊之献，音素何反。而于《左氏传》"牺象不出门"，释牺为许宜反，又素何反。予案今世所存故物，《宣和博古图》所写，牺尊纯为牛形，象尊纯为象形，而尊在背，正合王肃之说。然则"牺"字只当读如本音，郑司农诸人所云，殊与古制不类[②]。则知目所未睹而臆[③]为之说者，何止此哉！又今所用爵，除太常礼器之外，郡县至以木刻一雀，别置杯于背以承酒，不复有两柱、三足、只耳、侈口之状，向在福州见之，尤为可笑也。

【字词注解】

①鸡彝、鸟彝：刻有鸡的形状和鸟的形状的礼器。
②殊与古制不类：与古人的惯例很不相同。类，类似。
③臆：主观臆断。

【精彩解说】

《周礼》司尊彝上说："祭祀时往地上洒酒要用刻有鸡形和鸟形的礼器，早晨祭祀要用两个饰有翡翠的酒杯，再一次祭祀要用两个形状像凤凰的酒杯。"汉代的大学问家注释说："鸡彝、鸟彝，就是酒器上刻画有鸡和凤凰的形状。献应读作牺，牺尊用翡翠装饰，象尊形状像凤凰。"有人说："象尊就是用象骨装饰的酒杯。"还有人说："献音娑，有婆娑的意思。"只有王肃说："牺、象二尊，以完整的牛和大象的形状，在背上凿洞制成酒杯。"陆德明释《周礼》的献尊的献，读音是素何反。而对《左传》中的"牺象不出门"的牺解释为许宜切，又是素何反。我认为现今所保存的古物，根据《宣和博古图》中的记载，牺尊全是牛形，象尊纯为象形，而且盛酒的地方在背部，正好与王肃的解释一致。然而"牺"字只应当读作本音，郑司农等人所说，与古人的惯例很不相同。那么就可以知道没有亲眼看见而靠主观臆断，又何止这些呢！又如现在所使用的爵，除了祭祀用的礼器之外，郡县里用的是用木刻成雀状，另外在背上放置酒杯，不再有两根柱、三只足、一只耳朵、张口的形状，过去我在福州见过，特别可笑。

# 卷十四

## 三教论衡

**原文**

　　唐德宗以诞日岁岁诏佛、老者大论麟德殿，并召给事中徐岱及赵需、许孟容、韦渠牟讲说。始三家若矛楯，然卒而同归于善，帝大悦，赍予有差。此《新书》列传所载也。白乐天集有《三教论衡》一篇，云："太和元年十月，皇帝降诞日，奉敕召入麟德殿内道场，对御三教谈论，略录大端。第一座：秘书监白居易，安国寺引驾沙门义林，太清宫道士杨弘元。"其序曰："谈论之先，多陈三教，赞扬演说，以启谈端。臣学浅才微，猥登讲座。窃以义林法师明大小乘，通内外学，于大众中能师子吼。臣稽先王典籍，假陛下威灵，发问既来，敢不响答。"然予观义林所问，首以《毛诗》①称六义，《论语》列四科，请备陈名数而已。居易对以孔门之徒三千，其贤者列为四科，《毛诗》之篇三百，其要者分为六义。然后言六义之数，四科之目，十哲之名。复引佛法比方，以六义可比十二部经，四科可比六度，以十哲可比十大弟子。僧难云："曾参至孝，百行之先，何故不列于四科？"居易又为辩析，乃曰："儒书奥义，既已讨论，释典微言，亦宜发问。"然所问者不过芥子纳须弥山一节而已。后问道士《黄庭经》中养气存神长生久视之道，道士却问敬一人而千万人悦。观其问答旨意，初非幽深微妙，不可测知，唐帝岁以此为诞日上仪，殊为可省。国朝命僧升座祝圣，盖本于此。

## 【字词注解】

①《毛诗》：战国末年鲁人（一说河间人）毛亨和赵人毛苌辑注的古文《诗》，也就是今天的《诗经》。

## 【精彩解说】

唐德宗在每年诞辰日的时候，都要诏佛教徒、道家在麟德殿展开辩论，并召来给事中徐岱以及赵需、许孟容、韦渠牟一干人等参加。开始时三家有些矛盾，但最终和好，皇帝十分高兴，赏赐各异。见于《新唐书》列传中的记载。白居易文集中有一篇文章叫《三教论衡》，记载："唐文宗太和元年（827年）十月，皇帝生日，奉皇帝旨意召入麟德殿内道场对着皇帝三教进行辩论。这里大记其略。第一座：秘书监白居易、安国寺引驾沙门义林、太清宫道士杨弘元。"这篇文章在序中说："在谈论之前，先陈述三教，赞扬阐述，用来启发谈话开始。我白居易才疏学浅，不自量地登上讲座。我认为义林法师能阐明大小乘，精通内外学，在大众中能发生像狮子吼一样的声音震惊世界。于是，我就考证先王典籍，借助于陛下的威灵，面对提出的问题，认真回答。"然而我观察义林提出的问题，开始从《毛诗》里引出六义，又从《论语》列出四科，让对方把它们一一陈述出来。白居易回答是孔门有学生三千，其中的贤者可分为四科；《毛诗》有三百篇，其中主要的分为六义。接着说六义都是什么，四科都是什么，还有各个哲人的名字。然后又引用佛法做比方，说六义可比为十二部经书，四科可比为六度，十哲可相当于十大弟子。老僧又发难说："孔子的学生曾参最孝顺，各种品行也最优，为何却没有列入四科之中？"白居易又进行了辨析。他说："儒家著作的深刻意义，已经讨论过了，佛学经典一些精微的地方，也可以提出问题。"然而所问的不过是芥子纳须弥山一节罢了。后来又问道士《黄庭经》中养气存神的长生久视之道如何？道士问起《孝经》中尊敬一人就会使千万人高兴。综观他们问答的情况，原本不在幽深微妙，不可测知，唐德宗皇帝每年把这当作诞辰庆典上的重要仪式之一，特别能引起人们的思考。本朝皇上生日时让僧人上朝祝圣颂安，大概也是由此而来的。

# 政和文忌

蔡京颛国①，以学校科举箝制多士，而为之鹰犬者，又从而羽翼之。士子程文②，一言一字稍涉疑忌，必暗黜之。有鲍辉卿者言："今州县学考试，未校③文学精弱，先问时忌有无，苟语涉时忌，虽甚工不敢取。若曰：'休兵以息民，节用以丰财，罢不急之役，清入仕之流。'诸如此语，熙、丰、绍圣间，试者共用，不以为忌，今悉绌之，所宜禁止。"诏可。政和三年，臣僚又言："比者④试文，有以圣经之言辄为时忌而避之者，如曰'大哉尧之为君''君哉舜也'，与夫'制治于未乱，保邦于未危''吉凶悔吝生乎动''吉凶与民同患'。以为'哉'音与'灾'同，而危乱凶悔非人乐闻，皆避。今当不讳之朝，岂宜有此？"诏禁之。以二者之言考之，知当时试文无辜而坐⑤黜者多矣，其事载于《四朝志》。

【字词注解】

① 颛国：把持国家政权。颛，通"专"，专擅。
② 程文：写文章。
③ 校：考核，考察。
④ 比者：参加考试者。
⑤ 坐：招致。

【精彩解说】

蔡京把持国家大权时，通过学校和科举制度箝制很多儒生，而那些当了他鹰犬的人，又必须服从他并在他的羽翼之下。儒生们考试时写文章，一字一句都不敢大意，如果稍涉疑忌，就一定会被暗中废除录用资格。有一个叫鲍辉卿的谏言说："如今的州县学考试，还没有考察文学水平的精弱高下，倒先看有无时忌，假如语言中涉及时下忌讳，即使文章写得特别好也不敢录取。如果在文章中说：'休兵以息民，节用以丰财，罢不急之役，清入仕之流。'诸如这样的话，在熙宁、元丰和绍圣年间，考试的人可以共用不必忌讳，如今却全都禁止使用。"皇上下诏认可了他的意见。徽宗政和三年（1113年），臣僚们又进言说："考试者写文章，有用圣经之言但又是时下忌讳的字，如说'大哉尧之为君''君哉舜也'，以及'制治于未乱，保邦于未危''吉凶悔吝生乎动''吉凶与民同患'。认为'哉'读音和'灾'相同，而危机、混乱、凶残、悔辱都不是人们乐于听到的，都避讳了。如今正当不忌讳的朝代，难道还适宜有这些吗？"皇上下诏禁止避讳。根据这两段话考证，知道当时考试文章无辜而被取消录取资格的人多了，这些事记载在《四朝志》中。

## 瞬息须臾

**原文**

瞬息、须臾、顷刻，皆不久之辞，与释氏"一弹指间""一刹那顷"之义同，而释书分别甚备①。《新婆沙论》云："百二十刹那，成一怛刹那，六十怛刹那，成一腊缚，二十腊缚，成一牟呼麦多，三十牟呼麦多，成一昼夜。"又《毗昙论》云："一刹那者翻为一念，一怛刹那翻为一瞬，六十怛刹那为一息，一息为一罗婆，三十罗婆为一摩睺罗，翻为一须臾。"又《僧祇律》云："二十念为一瞬，二十瞬名一弹指，二十弹指名一罗预，二十罗预名一须臾，一日一夜有三十须臾。"

**【字词注解】**

①而释书分别甚备：但佛教典籍对这些词的区分又很详细。释书，佛教典籍。分别，区分。备，完备，详尽。

**【精彩解说】**

瞬息、须臾、顷刻，都是表示不久的词，与佛家的"一弹指间""一刹那顷"的意思相同，但佛教典籍对这些词的区分又很详细。《新婆沙论》中说："一百二十个刹那组成一怛刹那，六十怛刹那组成一腊缚，二十腊缚组成一牟呼麦多，三十个牟呼麦多组成一昼夜。"还有《毗昙论》中说："一刹那就是一念，一怛刹那就是一瞬，六十怛刹那就是一息，一息就是一罗婆，三十罗婆就是一摩睺罗，也就一须臾。"另外，《僧祇律》中说："二十念是一瞬，二十瞬叫一弹指，二十弹指叫一罗预，二十罗预叫一须臾，一日一夜有三十须臾。"

## 神宗待文武臣

**【原文】**

元丰三年，诏知州军不应举京官职官者，许通判举之。盖诸州守臣有以小使臣为之，而通判官入京朝，故许之荐举。今以小使臣守沿边小郡，而公然荐人改官，盖有司不举行故事也。神宗初即位，以刑部郎中刘述（今朝散大夫）久不磨勘①，特命为吏部郎中（今朝请大夫）。枢密院言："左藏库副使陈昉恬静，久应磨勘，不肯自言。"帝曰："右职若效朝士养名，而奖进之，则将习以为高，非便也。"翌日，以兵部员外郎张问（今朝请郎）十年不磨勘，特迁礼部郎中（今朝奉大夫）。其旌赏贺御，各自有宜，此所以为综核名实之善政。（见《四朝志》）

**【字词注解】**

①磨勘：提拔的意思。

**【精彩解说】**

宋神宗元丰三年（1080年），下诏让那些知州军不应试京官职位的人，可以由通判举荐。可能各州的守臣有的以小使臣的身份充当，而通判官由京官充任，可以入京朝见圣上，所以让他们举荐。叫小使臣驻守沿边小郡，而且还可以公开举荐改官，可能是有关当局不实行惯例的缘故。神宗继位之初，因为刑部郎中刘述（今之朝散大夫）长时间未受政绩考评，特任命为吏部郎中（今之朝请大夫）。枢密院进言说："左藏库副使陈昉为人安分，久未提拔，自己又不肯申诉。"皇上说："重要职位如果效法过去的朝士培养名声，而又受到奖励晋升，这样就将培养人们沽名钓誉的恶习，绝非妥善的办法。"第二天，因兵部员外郎张问（今之朝请郎）十年不曾提拔，特晋升为礼部郎中（今之朝奉大夫）。这种表彰奖励，各自有它们的稳妥之处，这就叫作能综核名实的善政。（见于《四朝志》）

## 夫人宗女请受

**【原文】**

戚里宗妇封郡国夫人，宗女封郡县主，皆有月俸钱米，春冬绢绵，其数甚多，《嘉祐禄令》所不备载。顷见张抡娶仲儡女，封遂安县主，月入近百千，内人请给，除粮料院帮勘、左藏库所支之外，内帑又有添给，外庭不复得知。因记熙宁初，神宗与王安石言，今财赋非不多，但用不节，何由给足？宫中一私身之奉，有及八十贯者，嫁一公主，至用七十万缗，沈贵妃料钱月八百贯。闻太宗时，宫人惟系皂绸襜，元德皇后尝以金线缘襜而怒其奢。仁宗初定公主俸料，以问献穆大主，再三始言，其初仅得五贯耳。异时①，中官月有止七百钱者。礼与其奢宁俭，自是美事也。一时旨意如此，不闻奉行。以今度之，何止百十倍也。

— •【字词注解】

①异时：过去，从前。

— •【精彩解说】

皇帝亲戚的宗妇被封为郡国夫人，宗女封郡县主，都有月俸钱米，春冬绢绵，而且数量很多，《嘉祐禄令》记载的不够完备。不久前看到张抡娶了赵仲儡的女儿，封为遂安县主，每月收入近十万，内人的供给，除粮料院帮助审核、左藏库所支之外，国家内库还有添给，其数额多少外庭就不得而知了。因而想起神宗熙宁初年，神宗曾对王安石说，如今财富并不是不丰富，但不能节制使用，这如何能供给充足呢？宫中一个私人的俸禄，有达八十贯的，嫁一个公主，费用就达七十万缗，沈贵妃的食料钱每月有八百贯。听说太宗时，宫中的人只穿黑色粗绸短便衣，即使这样元德皇后还常由于有人穿金线的衣服而怒斥其奢侈。仁宗初定了公主的俸禄，开始问献穆大公主。问了几遍才说了个数，当时仅有五贯。过去，宦官的月俸只有七百钱罢了。从礼节上说是与其奢侈毋宁俭朴，这是好事。一时皇上旨意如此，但没有多少人遵照执行。与今天相比，超过从前何止十倍百倍！

# 卷十五

## 蔡京①除吏

**原文**

　　唐天宝之季，杨国忠以右相兼吏部尚书，大集选人注拟于私第②。故事，注官讫，过门下侍中、给事中，国忠呼左相陈希烈于座隅（时改侍中为左相）。给事中在列，曰："既对注拟，过门下了矣。"吏部侍郎二人与郎官同咨事，趋走于前，国忠夸谓诸妹曰："两个紫袍主事何如？"史策书此，以见国忠颛政舞权③也。然犹令侍中、给事同坐，以明非矫。若蔡京之盗弄威柄，则又过之。政和中，以太师领三省事，得治事于家。弟卞以开府在经筵，尝挟所亲将仕郎吴说往见，坐于便室，设一桌，陈笔砚，置玉版纸阔三寸者数十片于上。卞言常州教授某人之淹滞，曰："自初登科作教官，今已朝奉郎，尚未脱故职。"京问："何以处之？"卞曰："须与一提学。"京取一纸，书其姓名及提举学事字而缺其路分④，顾曰："要何处？"卞曰："其家极贫，非得俸入优厚处不可。"于是书"河北西路"字，付老兵持出。俄⑤别有一兵赍一双缄及紫匣来，乃福建转运判官直龙图阁郑可简，以新茶献，即就可漏上书"秘撰运副"四字授之。卞方语及吴说曰："是安中司谏之子，颇能自立。且王逢原外孙，与舒王夫人姻眷，其母老，欲求一见阙省局。"京问："吴曾踏逐⑥得未？"对曰："打套局适⑦缺。"又书一纸付出。少顷，卞目⑧吴使先退。吴之从姊嫁门下侍郎薛昂，因馆其家，才还舍，具以告昂，叹所见除目之迅速。昂曰："此三者已节次书黄矣。"始知国忠犹落第二义也。

── ●【字词注解】

①蔡京：北宋奸臣。字元常。兴化军仙游（今属福建）人。与北宋政治家、书法家蔡襄是同乡。蔡京是王安石变法的坚决拥护者和得力干将。熙宁二年（1069年），在满朝保守派大臣的反对中，王安石被宋神宗任命为宰相，实行变法；次年，兴化军仙游县蔡京进京应试，得中进士，开始步入仕途。此时蔡襄已经去世，蔡京妄想攀附名门，于是自称是蔡襄的族弟。蔡京对权力的欲望极强，但并无固定的政治见解，其言行以向上爬为终极目标，是个典型的政治投机分子。

②注拟：唐时选举官员，凡应试获选者，要先经尚书省考询，之后再按其才能拟定官职。私第：官员私人住所。此处代指杨国忠结党营私。

③舞权：耍弄权术。

④路分：任职之地。

⑤俄：俄尔，不久。

⑥踏逐：打听，寻访。

⑦适：刚好。

⑧目：以目示意。

── ●【精彩解说】

唐玄宗天宝年间，杨国忠为右丞相兼吏部尚书，大量选人结党营私。按先例，官员登记完后，要见门下侍中、给事中，杨国忠把左丞相陈希烈叫到家中，给事中也在座，说："已经核对注册了，过门下算了。"两位吏部侍郎和郎官共同咨询事情，急步走到跟前，杨国忠对其妹夸口说："两个紫袍主事怎么样？"史册上对此有记载，可见杨国忠专权营私的行为。但还要命令侍中、给事同坐，以表明自己并不骄横。如果谈到蔡京的盗弄威权，那就更过分了。徽宗政和年间，蔡京以太师的身份统领三省事务，能够在家里处理事情。他弟弟蔡卞以开府的身份在经筵，曾经带自己的亲朋仕郎吴说去见蔡京，坐在便室里，设有一张桌子，放着笔砚，还放着三寸宽的玉版纸几十片。蔡卞说到常州教授某人长期未受提拔，他说："从初登科就做教官，如今已经是朝奉郎了，还没有换掉原来的职务。"蔡京问："怎么安排他呢？"蔡卞说："须给他一个提学的职务。"蔡京取一张纸，把那人的姓名和提拔为举学的事写上而没写在何地任职，又说："要在什么地方任职?"蔡卞说:"他家里很穷,非得到比较优厚的地方不可。"于是就在条子上加上"河北西路"四字,交给老兵拿出。不久有一个士兵抱着一对紫匣子和一封信来见,原来是福建转运判官直龙图阁的郑可送来信和两盒新茶,于是立即就在条子上写另封郑可为"秘撰运副"四字交给来人。这时蔡卞才提到吴说,说:"他是安中司谏的儿子,有很强的自立的能力。而且也是王逢原的外孙,和舒王夫人是亲眷,他母亲老了,想谋求一个空缺的省局官职。"蔡京问:"吴曾经打听过哪儿有空缺吗?"回答:"打套局正好缺官职。"于是蔡京又写一张纸交给下人拿出。停了一会儿,蔡卞目示吴说让他先退下去。吴说的姐姐嫁给了蔡京的门下侍郎薛昂,他姐回家刚返回,就把吴说的情况告诉了薛昂,她感叹所看到的晋升非常迅速。薛昂说:"这三个人已经陆续被封为不同官职了。"这才知道杨国忠与蔡京比,还是落了个第二。

## 题先圣庙诗

**原文**

兖州先圣庙壁,尝有题诗者云:"灵光殿古生秋草,曲阜城荒噪晚鸦。惟有孔林残照日,至今犹属仲尼家。"不显姓名,颇为士大夫传诵。予顷在福州,于吕虚已处,见邵武上官校书诗一册,内一篇题为《州西行》,州西①者,蔡京所居处也。注云:"靖康元年作。时京谪湖湘,子孙分窜外郡,所居第摧毁,索寞殆无人迹,故为古调以伤之。"凡三十余韵,今但记其末联云:"君不见乔木参天独乐园,至今仍是温公宅。"其意甚与前相类。绍兴二十五年冬,秦桧死,空其赐宅,明年,开河,役夫輦泥土堆于墙下。天台士人左君作诗云:"格天阁在人何在?偃月堂深恨亦深。不见洛阳图白发,但知鄘坞积黄金。直言动便遭罗织,举目宁知有照临。炙手附炎俱不见,可怜泥滓满墙阴。"语虽纪实,然太露筋骨,不若前两章浑成也。左颇有才,最善谑,二十八年,杨和王之子偰,除权工部侍郎,时张循王之子子颜、子正,皆带集英修撰,且进待制矣。会叶审言自侍御史、杨元老自给事中,徙为吏、兵侍郎,盖以缴论之故。左用歇后语作绝句曰:"木易已为工部侍,弓长肯作集英修。如今台省无杨叶,豚犬超升卒未休。"左居西湖上，好事请谒，人或畏其口，后竟终于布衣。

## ●【字词注解】

① 州西：蔡京所居住的地方。

## ●【精彩解说】

兖州先圣庙的墙壁上，曾有人题诗："灵光殿古生秋草，曲阜城荒噪晚鸦。惟有孔林残照日，至今犹属仲尼家。"作者没有署姓名，却为文人士大夫所传诵。我不久前在福州的吕虚己家里，见到有邵武人上官校书的一本诗，其中有一篇题目是《州西行》，所谓州西，就是蔡京曾经居住的地方。在这里作者自注说："钦宗靖康元年（1126年）作。此时蔡京被贬到湖湘，子孙分别逃往外郡，他原来居住的房子被拆毁，冷冷清清，无人问津。所以写一首古调抒发哀伤之情。"这首诗共有三十多韵，如今只记得最后一联是："君不见乔木参天独乐园，至今仍是温公宅。"表达的意思和前面的那首诗很类似。高宗绍兴二十五年（1155年）冬天，秦桧死去，他住的地方变成了空宅，第二年挖河时，民工用车把泥土堆到秦宅墙下。天台文人左君为此作诗说："格天阁在人何在？偃月堂深恨亦深。不见洛阳图白发，但知郿坞积黄金。直言动便遭罗织，举目宁知有照临。炙手附炎俱不见，可怜泥滓满墙阴。"其语言虽然侧重纪实，但太露骨，不如前面提到的两首寓意深刻。左君颇有才气，最擅长戏谑。绍兴二十八年（1258年），杨存中的儿子杨偰，被任命为权工部侍郎之职，这时循王张俊的儿子张子颜、张子正，都带集英修撰的头衔，而且升为待制。正好叶审言从侍御史、杨元老从给事中，升迁为吏部和兵部侍郎，可能都是由于被非议的缘故。左君用歇后语做了一首绝句："木易已为工部侍，弓长肯作集英修。如今台省无杨叶，豚犬超升卒未休。"左君居住在西湖上，喜欢请谒会见，有人畏惧他的言辞，其人终生都是布衣。

## 季文子魏献公

【原文】

拟人必于其伦①，后世之说也，古人则不然。鲁季文子出②一莒仆，而历引舜举十六相去四凶，曰："舜有大功二十而为天子，今行父虽未获一吉人，去一凶矣，于舜之功二十之一也。"晋魏献子为政，以其子戊为梗阳大夫，谓成鱄曰："吾与戊也，县人其以我为党乎？"鱄诵《大雅·文王》克明克类、克长克君、克顺克比、比于文王之句，而以为九德不愆③。勤施无私曰类，择善而从之曰比。言："主之举也，近文德矣。"且季孙行父④之视舜，魏舒之⑤视文王，何啻天壤之不侔！而行父以自比，舒受人之谀不以为嫌，乃知孟子所谓："颜渊曰：'舜何人也？予何人也？有为者亦若是。'"非过论也。

【字词注解】

①拟人：与人比拟。伦：类比，等比。
②出：除掉。
③不愆：没有缺失。
④行父：季文子。
⑤魏舒之：魏献子。

【精彩解说】

与人相比一定要有可以比的地方，这是后代人的说法，古代人则不然。鲁国的季文子除掉一个为害的莒地仆人，就援引舜举荐十六相而除去四凶，他说："舜立了二十件大功而当了天子，而今我虽然没有获得一个吉人，却除掉一个凶恶，但也是舜的功劳的二十分之一。"晋国魏献子当政，让他的儿子戊当梗阳大夫，对成鱄说："我给儿子戊一个县大夫官，县里人不会认为我在结党营私吧？"成鱄朗诵了《大雅·文王》中克明克类、克长克君、克顺克比、比于文王等句子，认为九种德行都不缺失了。勤奋无私叫作类，择善而从叫作比。又说:"主子的举动,接近文王的德行。"季文子与舜、魏献子与文王,何止是天壤之别!但季文子以舜自比,魏献子受人阿谀奉承而不自谦,由此才知道孟子所说:"颜渊说:'舜是何等的人?我又是何等的人?有作为的人也应当这样比。'"这种论述是正确的。

## 杯水救车薪

**原文**

孟子曰:"仁之胜不仁也,如水胜火,今之为仁者,犹以一杯水救一车薪之火也,不熄,则谓之水不胜火。"予读《文子》①,其书有云:"水之势胜火,一勺不能救一车之薪;金之势胜木,一刃不能残一林;土之势胜水,一块不能塞一河。"文子,周平王时人,孟氏之言盖本于此。

### 【字词注解】

①《文子》:文子所作。文子,姓辛,号计然,春秋战国时人,生卒年不详,散文家,葵丘濮上(一说河南商丘民权县,一说河南省兰考县,一说山东荷泽市鄄城县临濮集一带)人。

### 【精彩解说】

孟子说过:"仁义战胜不仁不义,就像水战胜火,现在的人讲仁义,好比拿一杯水去浇一车柴禾所燃的火,浇不灭,就说水胜不了火。"我读《文子》时,其中有一段说:"虽然水能战胜火,但一勺水无论如何也无法扑灭一车柴燃烧的火;金可以战胜木,但一把刀无法砍掉一片树林;土可以战胜水,但一块土也无法堵塞一条河。"文子是周朝平王时期的人,孟子的话大概是从他那里来的。

## 尊崇圣字

**原文**

自孔子赞《易》、孟子论善信之前，未甚以圣为尊崇，虽《诗》《书》《礼》经所载亦然也。《书》称尧、舜之德，但曰："聪明文思""钦明文思""濬哲文明""温恭允塞。"至益之对舜，始有"乃圣乃神"之语。《洪范》"睿作圣"与"恭作肃，从作乂，明作哲，聪作谋"，同列于五事，其究但曰"圣时风若"，咎征至以蒙为对①。"惟圣罔念作狂，惟狂克念作圣②"，则以狂与圣为善恶之对也。《诗》曰："国虽靡止，或圣或否。"则以圣与否为对也。下文"或哲或谋，或肃或艾"盖与五事略同。人之齐圣，不过"饮酒温克"而已。《左传》八恺，齐、圣、广、渊、明、允、笃、诚，《周官》六德，知、仁、圣、义、忠、和，皆混于诸字中，了无③所异。以故鲁以臧武仲为圣人，伯夷、伊尹、柳下惠皆曰圣，而孟子以为否。

【字词注解】

①咎征至以蒙为对：过失的迹象用蒙为对。咎，过错。征，征兆，迹象。

②罔、克：都是"不能"之意。

③了无：并没有。

【精彩解说】

在孔子赞扬《易经》、孟子论善信之前，还不太以圣人为尊崇的对象，即使是《诗经》《尚书》《周礼》诸经中所记载的也是如此。《尚书》中称赞尧、舜的德行，只说"聪明文思""钦明文思""濬哲文明""温恭允塞"。到了益对舜时，才有了"乃圣乃神"之类的赞扬。《洪范》中"睿作圣"和"恭作肃，从作乂，明作哲，聪作谋"，同列为五事，其考究只说"圣时风若"，过失的迹象用蒙为对。"只有圣不能读作狂，只有狂不能读作圣"，这就是把狂和圣分别作为与善和恶相对立的。《诗经》中说："国虽靡止，或圣或否。"这是用圣和否相对。下文的"或哲或谋，或肃或艾"，大概与前面的五事差不多。人和圣人相比较，不过是"饮酒温克"罢了。《左传》中的八恺（八种快乐）指的是齐、圣、广、渊、明、允、笃、诚，《周官》中的六德指的是知、仁、圣、义、忠、和，都是混在各种字之中，并没有什么不同。所以鲁国人把臧武仲当作圣人，不少人把伯夷、伊尹、柳下惠都当作圣人，可孟子认为不对。

## 大禹之书

### 【原文】

《夏书·五子之歌》，述大禹之戒，其前三章是也。禹之谟训①，舍《虞》《夏》二书外，他无所载。《汉·艺文志》杂家者流，有《大仓》三十七篇，云："传言禹所作，其文似后世语。"仓，古"禹"字也，意必依仿而作之者，然亦周、汉间人所为，今寂而无传②，亦可惜也。

### 【字词注解】

①谟训：谋略和训诲。
②今寂而无传：现在很少有人知道。

### 【精彩解说】

《夏书·五子之歌》讲大禹的训诫，只有前三章才是。大禹的谋略和训诲，除了《虞书》《夏书》两书之外，其他书上没有记载。《汉书·艺文志》杂家类的文章中，有《大仓》三十七篇，作者说："相传这三十七篇是大禹所作，但其文词很像后世的风格。"仓，就是上古的"禹"字，如果真是模仿性的文章，也应该是周代至汉代之间的人所仿作的，如今很少有人知道，也怪可惜的。

# 卷十六

## 神臂弓

【原文】

　　神臂弓出于弩遗法，古未有也。熙宁元年，民李宏始献之入内①，副都知张若水方受旨料简弓弩②，取以进。其法以檿木为身，檀为弰，铁为蹬子枪头，铜为马面牙发，麻绳札丝为弦，弓之身三尺有二寸，弦长二尺有五寸，箭木羽长数寸，射二百四十余步，入榆木半笴。神宗阅试③，甚善之。于是行用④，而他弓矢弗能及。绍兴五年，韩世忠又侈大其制⑤，更名"克敌弓"，以与金虏战，大获胜捷。十二年词科试日，主司出《克敌弓铭》为题云。

【字词注解】

①献之入内：进献给朝廷。内，即大内，朝廷。
②受旨料简弓弩：接受圣旨，准备材料来制造弓弩。
③阅试：考核。
④行用：开始使用。
⑤侈大其制：改进其制作方法。

【精彩解说】

　　神臂弓来自弓弩遗留下来的方法，在古代是没有的。宋神宗熙宁元年

（1068年），百姓李宏最早把这一方法贡献给朝廷，副都知张若水接受圣旨准备材料制造弓弩，并不断取得进展。这种所谓神臂弓的制造方法是用山桑木做弓身，用檀木做弓的两端，用铁做蹬子枪头，用铜制作马面牙发，用麻绳扎上丝当弓弦，弓身长大约有三尺二寸，弦长有二尺五寸，箭木的羽毛长数寸，射程能达到二百四十多步，能把箭射入榆木半箭杆深。宋神宗亲自观看试验后，非常高兴。于是就开始使用，是其他任何弓箭都比不上的。高宗绍兴五年（1135年），韩世忠又进一步在制作方法上有所改进，用料更为讲究，并把名字改为"克敌弓"，并用这种弓和金寇作战，结果大获全胜。到了绍兴十二年（1142年）鸿词科考试的时候，主管人员出的题目竟是《克敌弓铭》。

## 颜鲁公戏吟

**原文**

陶渊明作《闲情赋》，寄意女色。萧统以为白玉微瑕。宋广平作《梅花赋》，皮日休以为铁心石肠人，而亦风流艳冶如此。《颜鲁公集》有七言联句四绝，其目曰：《大言》《乐语》《嚵语》《醉语》。于《乐语》云："苦河既济真僧喜，新知满坐笑相视。戍客归来见妻子，学生放假偷向市。"《嚵语》云："拈馉舐指不知休，欲炙侍立涎交流。过屠大嚼肯知羞，食店门外强淹留。"《醉语》云："逢糟遇曲便酩酊①，覆车坠马皆不醒。倒着接䍦发垂领，狂心乱语无人并。"以公之刚介守正，而作是诗，岂非以文滑稽乎？然语意平常，无可咀嚼，予疑非公诗也。

—●【字词注解】

① 酩酊：醉酒的样子。

陶渊明曾写过一篇《闲情赋》，表达了他对女色的兴趣和追求。萧统认为这对陶渊明来说是白玉微瑕。宋广平写过一篇《梅花赋》，而皮日休认为就算是铁石心肠的人，也会有这样的风流艳遇。《颜鲁公集》中有七言联句四首，其题目是《大言》《乐语》《嚵语》《醉语》。其中《乐语》一首说："苦河既济真僧喜，新知满坐笑相视。戍客归来见妻子，学生放假偷向市。"《嚵语》说："拈鎚舐指不知休，欲炙侍立涎交流。过屠大嚼肯知羞，食店门外强淹留。"《醉语》一首是："逢糟遇曲便酷酊，覆车坠马皆不醒。倒着接䍦发垂领，狂心乱语无人并。"颜真卿刚介守正的人，却写出这种诗，难道不是用作诗的方式来开玩笑吗？可是语意平常，没有多少韵味，我怀疑这些诗并非颜真卿所作。

## 蔡君谟书碑

### 原文

欧阳公作《蔡君谟墓志》云："公工于书画，颇自惜，不妄与人书。仁宗尤爱称之，御制《元舅陇西王碑文》，诏公书之。其后命学士撰《温成皇后碑文》，又敕①公书，则辞不肯，曰：'此待诏职也。'"国史传所载，盖用其语。比见蔡与欧阳一帖云："曩者得侍陛下清光，时有天旨，令写御撰碑文、宫寺题榜。至有勋德之家，干请朝廷出敕令书。襄谓近世书写碑志，则有资利，若朝廷之命，则有司存焉，待诏其职也。今与待诏争利其可乎？力辞乃已。"盖辞其可辞，其不可辞者不辞也。然后知蔡公之旨意如此。虽勋德之家，请于朝出敕令书者，亦辞之，不止一《温成碑》而已。其清介有守，后世或未知之，故载于此。

### 字词注解

①敕：指示。

— 【精彩解说】

　　欧阳修先生所作的《蔡君谟墓志》中说："蔡襄在书画方面见长，但从不随便给人写字画画。宋仁宗皇帝非常喜欢他的书画，御制的《元舅陇西王碑文》，专门指示让蔡襄书写。不久以后又命令学士撰写了《温成皇后碑文》，又指示请蔡襄书写，可他推辞不肯写，说：'这是待诏的职责。'"这是在国史传中所记载的，大概用的就是欧阳修先生的话。不久前看到蔡君谟给欧阳修先生的一副帖子说："从前得以侍奉陛下，经常有圣旨，命令我写御撰碑文、宫寺题榜，甚至有功勋和仁德之家，也请求朝廷下令让我写字。我感到近来书写碑志，就会有财物的收益；若奉朝廷之命写，就有专门机关保存，那是待诏的职责。如今让我和待诏争名夺利可以吗？所以我就坚决推辞掉。"大概蔡襄所推辞的都是可以推辞的，而那些无法推辞的他也就不推辞了。从这里可以得知他的想法。虽然是有功劳有仁德的大家族，请求朝廷下指令让蔡先生写的，也可以拒绝，而不仅仅是《温成皇后碑文》。蔡襄清正耿介、刚直不阿，后代的人不一定知道，所以书之于此。

## 纪年用先代名

> 原文
>
> 　　唐德宗以建中、兴元之乱，思太宗贞观、明皇开元为不可跂及，故改年为贞元，各取一字以法象①之。高宗建炎之元，欲法建隆而下字无所本②。孝宗以来，始一切用贞元故事。隆兴以建隆、绍兴，乾道以乾德、至道，淳熙以淳化、雍熙，绍熙以绍兴、淳熙，庆元以庆历、元祐也。

— 【字词注解】

　　①象：效法。
　　②本：根源，出处。

【精彩解说】

唐德宗因为建中、兴元年间发生了内乱，认为太宗贞观和明皇开元年间繁荣兴旺是不可企及的，但还是要努力追求，于是把年号改为贞元，各取贞观、开元年号中的一个字以表示效法。宋高宗的建炎年号，是想效法宋太祖的建隆年号，所以用了一个建字，但下面这个炎字却没有出处。宋孝宗以来，开始一切都效法贞元的制度和做法。所以，孝宗隆兴的年号来自宋太祖的建隆和宋高宗的绍兴年号，孝宗的乾道年号来自宋太祖的乾德和太宗的至道年号，孝宗的淳熙年号来自太宗的淳化和雍熙年号，光宗的绍熙年号来自高宗的绍兴和孝宗的淳熙年号，宁宗的庆元年号来自仁宗的庆历和哲宗的元祐年号。

## 多赦长恶

**原文**

熙宁七年旱，神宗欲降赦，时已两赦矣①。王安石曰："汤旱，以六事自责，曰政不节②与？若一岁三赦，是政不节，非所以弭③灾也。"乃止。安石平生持论务与众异，独此说为至公。近者六年之间，再行覃霈④。婺州富人卢助教，以刻核起家，因至田仆⑤之居，为仆父子四人所执，投置杵臼内，捣碎其躯为肉泥，既鞫治成狱，而遇己酉赦恩获免。至复登卢氏之门，笑侮之，曰："助教何不下庄收谷？"兹事可为冤愤，而州郡失于奏论。绍熙甲寅岁至于四赦，凶盗杀人一切不死，惠奸长恶⑥，何补于治哉？

【字词注解】

①时已两赦矣：这一年中已经有两次大赦了。

②不节：不够恰当。

③弭：消弭。

④再行覃霈：两次降下大雨。霈，大雨。

⑤田仆：掌管皇上田猎车马者。
⑥惠奸长恶：姑息奸人，助长恶性。

## 【精彩解说】

宋神宗熙宁七年（1074年）天遇大旱，神宗打算降旨大赦，这一年里已经有两次大赦了。王安石建议："商汤时遇到旱灾，汤王因六件事情没办好而自责，不是说执政不够得当吗？现在如果一年三次大赦也是执政不够得当，这不是用来消灭或减少灾害的办法。"于是神宗就放弃了这种打算。王安石平生主张的理论和观点都是力求与众不同，只有这一观点特别公允。最近六年之间，两次遇到大雨。婺州有个富人叫卢助教，靠刻核起家，因为到了掌管皇上田猎车马的人的家里，被父子四人所控制，把他投进大的石臼内，将他捣成了肉泥，后来父子四人已被定罪下狱了，遇到己酉年的大赦而获得释放。于是他们再次登卢家之门，嘲笑侮辱说："卢助教为什么不到村庄里去收谷子呢？"这件事实在是太可恶了，可是州郡的官员没有奏论。光宗绍熙甲寅年（1194年）竟达到一年四次大赦，凶恶的盗贼和杀人犯全都没有判死罪，这只能是对奸贼和凶恶之徒有好处，对治理国家能有什么好处呢？

容斋四笔

# 概　论

　　洪迈用了大量的篇幅记录历代的官制，因而李慈铭认为"洪迈最留心官制"。洪迈对宋朝的冗官现象进行了评议。在卷十四的《王元之论官冗》中，赞成王元之减少官员的主张，即"冗兵耗于上，冗吏耗于下"，并认为："以今言之，何止于可为长太息哉！"

　　《容斋四笔》认为臣子在德行修养、劝谏君王、稳定政局等方面要以史为鉴。例如，在卷二的《鬼谷子书》中，提及士大夫要以《鬼谷子》与《战国策》所言为借鉴，要学会达则兼济天下，穷则独善其身。同时在军事制度方面，《容斋四笔》对用兵打仗的策略做了具体评议，认为作战前要知己知彼，需要主帅统领，指挥得当。例如，在卷十六的《兵家贵于备豫》中，引晋代徐道覆进攻建康、萧齐萧衍镇守雍州、北魏泰武帝拓跋焘南攻刘宋盱眙三件事，说明作战前预先做好准备，就会事半功倍。

　　宋代的文官制度，官员冗滥，洪迈作为士大夫阶层的一员，对当时宋朝积贫积弱的政治军事现状和艰危时局深感忧虑，希望百姓可以安居乐业。这一思想具有进步意义。

# 卷 一

## 孔庙位次

**【原文】**

自唐以来，相传以孔门高弟①颜渊至子夏为十哲，故坐祀②于庙堂上。其后升颜子配享，则进曾子于堂，居子夏之次以补其阙。然颜子之父路、曾子之父点，乃在庑下③从祀之列，子处父上，神灵有知，何以自安？所谓子虽齐圣，不先父食，正谓是也。又孟子配食与颜子并，而其师子思、子思之师曾子亦在下。此两者于礼、于义，实为未然，特④相承既久，莫之敢议耳。

【字词注解】

① 高弟：高徒。
② 坐祀：排列祭祀。
③ 庑下：正堂周围的廊房。
④ 特：只不过。

【精彩解说】

自唐朝以来，相传以孔门的高徒从颜渊到子夏共十人为十哲，所以排列祭祀于孔庙的正堂之上。后来升颜子为孔子配享，于是又增补曾子坐祀正堂，位居子夏之下。然而颜子之父颜路、曾子之父曾点，却排列在正堂周围的廊房从祀，儿子位居父亲之上，若神灵有知，怎么可以自安呢？所说的儿子虽在圣人之列，不先于父用食，就是这个道理。再者，孟子配享与颜子并列，而孟子的老师子思、子思的老师曾子，也位居颜子之下。以上两种情况，实际上于礼、于义都是相违背的，只不过是相传承袭的时间长了，没有谁敢提出异议罢了。

## 云梦泽

**【原文】**

云梦，楚泽薮①也，列于《周礼·职方氏》。郑氏曰："在华容。"《汉志》有云梦官。然其实云也、梦也，各为一处。《禹贡》所书："云土梦作乂。"注云："在江南。"惟《左传》得其详，如邔夫夫人弃子文于梦中。注云："梦，泽名，在江夏安陆县城东南。"楚子田江南之梦。注云："楚之云、梦，跨江南北。"楚子济江入于云中。注："入云泽中，所谓江南之梦。"然则，云住江之北，梦在其南也。《上林赋》："楚有七泽，尝见其一，名曰云梦，特其小小者耳，方九百里。"此乃司马长卿夸言。今为县，隶德安，询诸彼人②，已不能的指③疆域。《职方氏》以"梦"为"瞢"，《前汉·叙传》："子文投于瞢中。"音皆同。

**【字词注解】**

①泽薮：沼泽地。

②询：查访，询问。彼人：当地的人。

③的指：明确说出。

**【精彩解说】**

云梦（今湖北潜江境内），是楚国的一处沼泽地，在《周礼·职方氏》中有记载。郑氏说："在华容（治今湖北潜江西南）境内。"《汉书·地理志》中记有云梦地区的官。其实"云"和"梦"各为一处。《禹贡》记载：

"云土梦作乂。"其注释说:"在长江以南。"只有《左传》记载详细,如邧夫夫人遗弃子文于梦地。注释说:"梦,沼泽名,位于江夏安陆县(今属湖北)城的东南。"又记楚子打猎于江南的梦地。注释说:"楚国的云、梦两地,横跨长江南北。"楚子渡江才到云地。注释说:"进入云地沼泽中,这就是所谓江南的梦地。"然而,云地在长江以北,梦地在长江以南。《上林赋》中记载:"楚地有七处沼泽地,曾经见到一处,称为云梦,方圆九百里,不过是小小的一处而已。"这是司马长卿的虚夸之说。现在云梦为县,隶属于德安(今湖北安陆)。我询访当地的人,他们已不能明确说出当时云梦的范围。《职方氏》中将"梦"写作"瞢",《前汉书·叙传》中有:"子文投于瞢地中。"两字读音相同。

## 关雎不同

**原文**

《关雎》为《国风》首,毛氏列之于三百篇之前。《大序》云:"后妃之德也。"而《鲁诗》云:"后夫人鸡鸣佩玉去君所[1],周康王后不然,故诗人叹而伤之。"《后汉·皇后纪序》:"康王晏朝[2],《关雎》作讽[3]。盖用此也。"显宗永平八年诏云:"昔应门失守[4],《关雎》刺世[5]。"注引《春秋说题辞》曰:"人主不正,应门失守,故歌《关雎》以感之。"宋均云:"应门,听政之处也。言不以政事为务[6],则有宣淫之心。《关雎》乐而不淫[7],思得贤人与之共化,修应门之政者也。"薛氏《韩诗章句》曰:"诗人言雎鸠贞絜敬匹,以声相求,隐蔽于无人之处。故人君退朝,入于利宫,后妃御见有度,应门击柝[8],鼓人上堂,退反燕处,体安志明。今时大人内倾于色,贤人见其萌,故咏《关雎》之说淑女正容仪以刺时。"三说不同如此。《黍离》之诗列于王国风之首,周大夫所作也,而《齐诗》以为卫宣公之子寿,闵其兄伋之且见害,作忧思之诗,《黍离》之诗是也。此说尤为可议。

## 【字词注解】

①后夫人鸡鸣佩玉去君所：后妃夫人鸡鸣而起，佩戴玉器前往周康王住所。

②晏朝：日落时，这里是指因为好色所以很晚才上朝。

③讽：讽刺。

④应门失守：宫门失于守护。

⑤刺世：讥讽时政。

⑥务：要务。

⑦乐而不淫：有乐意而无邪淫。

⑧击析：击打梆子。

## 【精彩解说】

《关雎》为《国风》的首篇，毛氏将其列于三百篇之前。《大序》中称："后妃之德也。"然而《鲁诗》中则说："后妃夫人鸡鸣而起，佩戴玉器前往周康王住所，康王后心怀不满，因而诗人叹息而伤感，就作了这篇诗文。"《后汉书·皇后纪序》中说："周康王好色晚起，就作《关雎》以讽刺他。大概是这个原因。"显宗永平八年（65年）的诏书中说："过去宫门失于守护，曾有作《关雎》以讥时政。"注释引用《春秋说题辞》说："国家的君主不正，导致宫门守卫不严，所以咏作《关雎》以抒发感慨。"宋均说："宫门之内，是处理国家政事的地方。这里是说君主不精心处理政事，而有好色纵欲之心。《关雎》之作，有乐意而无邪淫，期望能有贤才辅佐君主共同实行教化，整治宫廷之政。"薛氏《韩诗章句》中说："诗人诗中是说，雎鸠这种鸟贞洁而敬肃孤独，往往以叫声互相求偶，隐蔽在无人的地方。所以国家的君主退下朝堂之后，进入自己的居室，后妃与君主的会面有一定节制。宫门守卫打击梆子，击鼓为号才上正堂，退堂后返回休息的地方，照章行事，顺理成章，人人遵守，没有人觉得不便。而当时人君大人内倾于女色，贤能的人得不到举用，因而吟作诗词《关雎》以淑女端正容貌仪举事来讥刺当时的做法。"以上三种说法竟然如此不同。《黍离》诗被列为《国风·王风》的首篇，为东周大夫所作，而《齐诗》认为，是卫宣公的儿子寿伤感他的兄长伋被人陷害，作出表示忧思的诗句，这就是《黍离》诗。这种说法很值得商榷。

## 亭榭立名

**原文**

立亭榭名最易蹈袭①，既不可近俗②，而务为奇涩亦非是。东坡见一客云近看《晋书》，问之曰："曾寻得好亭子名否？"盖谓其难也。秦楚材在宣城，于城外并江作亭，目之曰"知有"。用杜诗"已知出郭少尘事，更有澄江消客愁"之句也。王仲衡在会稽，于后山作亭，目之曰"白凉"。亦用杜诗"越女天下白，鉴湖五月凉"之句。二者可谓甚新，然要为未当③。庐山一寺中有亭颇幽胜，或标之曰："不更归"，取韩诗末句，亦可笑也。

【字词注解】

①蹈袭：因袭。承袭覆蹈前人的说法。
②近俗：近似，俗气。
③要：腰取，断章取义。当：恰当。

【精彩解说】

建亭立榭所取的名称最容易蹈袭旧说。虽说这类称谓不可以取近似、俗气之名，但务必要取奇特、生硬难读的名称也未为恰当。苏东坡曾见到一位客人，听说他近来阅读《晋书》，就问他："曾经看到过好的亭子的名称没有？"这就是说要给亭子取个好名称是比较难的。秦楚材在宣城（今属安徽）时，在城外沿长江建了个亭子，取名为"知有"。这是取用杜甫诗中"已知出郭少尘事，更有澄江消客愁"之句。王仲衡在会稽（今浙江绍兴）时，在后面山上建造亭子，取名为"白凉"。也是选用杜甫诗中"越女天下白，鉴湖五月凉"的诗句。二者取名可谓新颖别致，但腰取别人的东西也并不妥当。庐山的一座寺庙中有一亭子,地处幽静秀丽的环境中,有的标其名为"不更归",是取用韩愈诗中的末句,也很可笑。

# 战国策

**【原文】**

刘向序《战国策》,言其书错乱相揉①,莒本字多误脱为半字,以"赵"为"肖",以"齐"为"立",如此类者多。予案今传于世者,大抵不可读,其《韩非子》《新序》《说苑》《韩诗外传》《高士传》《史记索隐》《太平御览》《北堂书钞》《艺文类聚》诸书所引用者,多今本所无。向博极群书,但择焉不精②,不止于文字脱误而已。惟太史公《史记》所采之事九十有三,则明白光艳,悉可稽考,视向为有间③矣!

**【字词注解】**

①揉:杂糅。
②择焉不精:校验不够仔细。
③有间:有很大差距。

**【精彩解说】**

刘向在为《战国策》所作的序中认为,这部书错乱相杂,莒本的《战国策》中许多字误脱成了半个字,如以"赵"为"肖",以"齐"为"立"等,如此之类不胜枚举。我自己认为,现今传世的《战国策》本子,大多都不可阅读。《韩非子》《新序》《说苑》《韩诗外传》《高士传》《史记索隐》《太平御览》《北堂书钞》《艺文类聚》诸书所引用的《战国策》内容,大多为现今流行本所没有。刘向博览群书,但校证《战国策》并不细致,这部书中不仅仅存在文字脱误问题。仅以司马迁《史记》所载为例,他的书中采用《战国策》的事例有九十三条,而意思明明白白,一清二楚,都可资以考证。刘向的学问与司马迁相比,差得远了。

# 卷 二

## 轻浮称谓

**原文**

南齐陆慧晓立身清肃，为诸王长史行事，僚佐以下造诣，必起迎之。或曰："长史贵重①，不宜妄自谦屈。"答曰："我性恶人无礼，不容不以礼处人。"未尝卿士大夫，或问其故，慧晓曰："贵人不可卿，而贱者乃可卿②，人生何容立轻重于怀抱！"终身常呼人位③。今世俗浮薄少年，或身为卑官，而与尊者言话，称其侪流，必曰"某丈"。谈其所事④牧伯监司亦然。至于当他人父兄尊长之前，语及其子孙甥婿，亦云"某丈"。或妄称宰相执政贵人之字。皆大不识事分者，习惯以然⑤，元非简傲⑥也。予常以戒儿辈云。

【字词注解】

①贵重：位尊任重。

②贵人不可卿，而贱者乃可卿：清贵的人不能够担任卿官，而卑贱的人则可以充当。

③终身常呼人位：他一生经常谈论人的职位高低问题。

④事：侍奉。

⑤习惯以然：习惯使之然，习惯成自然。

⑥元非简傲：（这些称谓）原本没有简慢、轻蔑的意思。

●【精彩解说】

南齐陆慧晓做人处世清谦恭敬,任诸王长史行事官时,僚佐下人登门拜访,必定站起身相迎。有人说:"长史官位贵任重,不应该随便自谦自屈。"他回答:"我的性格可以容忍恶人的无礼行为,但我自己不能以无礼对待别人。"他没有任过卿士大夫官,有人问其原因,慧晓说:"清贵的人不可以担任卿官,而卑贱的人则可充当,人生何必要以位居权重的官位追求作为抱负呢?"他一生经常谈论人的职位高低问题。现今世俗中高傲轻薄的青年人,有的身为卑下小官,与尊长说话时,说起其同辈人,必称"某丈"。谈到他们所侍奉的牧伯监司官时也是这样称呼。以至于在他人父兄尊长面前提起自己的子孙甥婿时,也称"某丈"。还有的妄自直呼宰相执政这些显官贵人的名字。这都是很不懂事体名分的做法。由于习惯而成了自然,其实这些称谓原本并没有怠慢、轻蔑之意。我常常以此告诫儿子们。

## 鬼谷子书

【原文】

鬼谷子与苏秦、张仪书曰:"二足下功名赫赫,但春华至秋,不得久茂。今二子好朝露之荣,忽长久之功①;轻乔、松之永延,贵一旦之浮爵,夫女爱不极席,男欢不毕轮,痛哉夫君!"《战国策》楚江乙谓安陵君曰:"以财交者,财尽而交绝;以色交者,华落而爱渝②。是以嬖女③不敝席,宠臣不敝轩。"吕不韦说华阳夫人曰:"以色事人者,色衰而爱弛。"《诗·氓》之序曰:"华落色衰,复相弃背。"是诸说大氐意同,皆以色而为喻。士之嗜进④而不知自反者,尚监兹哉!

●【字词注解】

①今二子好朝露之荣,忽长久之功:如今你们两位喜好朝廷惠宠的荣耀,忽略建立长久功业的打算。朝露之荣,在此意为求取功名,享受荣华富

贵。因为这种追求如朝露不可长久,鬼谷子故而如此形容。

② 华落:花朵凋零,形容容色老去。渝:停止,破灭。

③ 嬖女:受宠的女子。

④ 嗜进:喜好追求晋升高位。

【精彩解说】

鬼谷子在给苏秦、张仪的信中说:"你们两位有赫赫功名,但春花到了秋天,不可能久盛不衰。现在你们两位喜欢朝廷惠宠之荣耀,忽略了建立长久功业的打算;轻视乔、松声名之永垂,崇尚一时之虚位。大凡男女相爱,女子不得列坐宴席,男子不得越此求彼。我为你们真感到悲伤啊!"《战国策》中楚国江乙曾对安陵君说:"因钱财缘故交往者,财尽而交情断绝;因美色缘故交往者,容色退则爱情灭。所以受宠的女子不破坏席宴车乘的规定,得宠的臣僚不破坏等级高下的规定。"吕不韦劝勉华阳夫人说:"以美色事奉人者,容色衰退则爱情消失。"《诗·氓》的序言中又说:"女子华容衰退,又心相背而遭遗弃。"这诸多说法的意思大抵相同,都是以美色做比喻来告诫人们该怎样去做。士大夫们喜欢追求晋升高位而不知道反省自己,还没有以此为鉴啊!

## 张天觉小简

**原文**

张天觉熙宁中为渝州南川宰。章子厚经制夔夷①,狎侮②州县吏,无人敢与共语。部使者念③独张可亢之,檄④至夔。子厚询人才,使者以告,即呼入同食,张着道士服,长揖就坐。子厚肆意大言,张随机折之,落落出其上,子厚大喜,延为上客。归而荐诸王介甫⑤,遂得召用。政和六年,张在荆南,与子厚之子致平一贴云:"老夫行年七十有四,日阅佛书四五卷,早晚食米一升、面五两、肉八两,鱼、酒佐之,以此为常,亦不服暖药,唯以呼吸气昼夜合天度而已。数数梦见先相公,语论如平生,岂其人在天仙间,而老夫定中神游或遇之乎?嗟乎,安得奇男子如先相公者,一块吾胸中哉！"此帖藏致平家，其曾孙简刻诸石。予今年亦七十四岁，侄孙偲于长兴得墨本以相示，聊记之云。

## ──● 【字词注解】

① 经制夔夷：经理夔州边地人民事务。

② 狎侮：轻慢戏侮。

③ 念：想到。

④ 檄：下文书征召。

⑤ 王介甫：即王安石，字介甫，北宋名相。

## ──● 【精彩解说】

张天觉在神宗熙宁年间任渝州南川县长官。当时章子厚负责经理夔州（今重庆奉节）边区的事务，轻蔑、欺侮州县官吏，没有人敢去同他谈话。官署里的人都想到唯有张天觉可以与章子厚抗言说劝，于是下文书征召他到夔州。子厚寻求有才能的人，使者引荐了张天觉，子厚喊他进入一起用餐，张天觉身着道士服饰，拱手高举行礼后就座。子厚大言不惭，张天觉随机应变，句句都压住了他的话，思辨能力明显高出一筹，子厚大为喜悦，把他作为宾宴上客招待。章子厚回去后又把他引荐给王安石，于是张天觉被召录用为官。政和六年（1116年），张天觉在荆南（今湖北江陵）时，在给子厚儿子章致平的一封书信中说："老夫我已经是将近七十四岁的人了，每天阅读佛教经典四五卷，吃米一升、面五两、肉八两，另外还配以鱼和酒，习以为常，也不服药养身，只这样平平常常地度过日日夜夜，打发时光。我晚上经常梦见你父亲，他言谈说笑如同活着一样，难道他在阴间的天仙世界里，而老夫我一定要神游那里与他会面不可？真是啊，哪里可以找得到像你父亲那样的奇伟男子而能使我心中得到愉快呢？"这封书信藏在致平的家中，章子厚的曾孙章简把它刻在了石头上。我今年也七十四岁了，我侄子的孙子洪偲在长兴（今属浙江）得到了这封书信的墨本，拿来让我看，这里姑且记述一下。

## 城狐社鼠

> **原文**
>
> "城狐不灌，社鼠不熏。"谓其所栖穴者得所凭依。此古语也，故议论者率指人君左右近习①为城狐社鼠。予读《说苑》所载孟尝君之客曰："狐者人之所攻也，鼠者人之所熏也。臣未尝见稷狐见②攻，社鼠见熏，何则？所托③者然也。""稷狐"之字，甚奇且新。

【字词注解】

① 人君左右近习：君王左右的亲信。
② 见：被，遭受。
③ 托：倚仗。

【精彩解说】

"城狐不灌，社鼠不熏。"就是说狐、鼠它们栖居的穴室有所依靠和凭借。这是远古时的语句，所以议论得失的人们大都指君王左右的亲信为城狐社鼠。我读《说苑》时，看到当中记载孟尝君的门客说："狐是人们所攻打的东西，鼠是人们所讨厌的东西。而我未曾见到过稷狐被围攻（'稷'，以及下文'社鼠'的'社'，原指古代祭祀的谷种和土神。'社稷'合称，旧时用作国家的代称，这里即暗指这个意思。稷狐社鼠比喻依势为奸的人），社鼠被讨打，为什么呢？就在于它们各自有所倚恃。""稷狐"的"稷"字，用得十分奇特、新颖。

# 卷 三

## 韩公称李杜

【原文】

《新唐书·杜甫传赞》曰:"昌黎韩愈于文章重许可①,至歌诗,独推曰:'李杜文章在,光焰万丈长。'诚可信云。"予读韩诗,其称李、杜者数端,聊疏②于此。《石鼓歌》曰:"少陵无人谪仙死,才薄将奈石鼓何?"《酬卢云夫》曰:"高揖群公谢名誉,远追甫白感至诚。"《荐士》曰:"勃兴得李杜,万类困凌暴。"《醉留东野》曰:"昔年因读李白杜甫诗,长恨二人不相从。"《感春》曰:"近怜李杜无检束,烂漫长醉多文辞。"并《唐·志》所引,盖六用之③。

【字词注解】

①重许可:十分精通,这是可以肯定的。
②疏:记述。
③盖六用之:以上共有六处用到这类诗。

【精彩解说】

《新唐书·杜甫传赞》说:"昌黎韩愈在做文章方面十分精通,这是可以肯定的。至于诗歌,他唯独推崇:'李杜文章在,光焰万丈长。'诚然可信。"我读韩愈的诗篇,其中称道李白、杜甫的有几种情况,姑且陈述于此。《石鼓歌》中有:"少陵无人谪仙死,才薄将奈石鼓何?"《酬卢云夫》有:"高揖群公谢名誉,远追甫白感至诚。"《荐士》有:"勃兴得李杜,万类困凌暴。"《醉留东野》有:"昔年因读李白杜甫诗,长恨二人不相从。"《感春》有:"近怜李杜无检束,烂漫长醉多文辞。"这些都是《新唐书·志》中所引用的诗句。以上共有六处用到这类诗。

## 李太白怖州佐

**原文**

李太白《上安州裴长史书》云:"白窃慕高义①,得趋末尘②,何图③谤言忽生,众口攒毁④,将恐投杼下客,震于严威⑤。若使事得其实⑥,罪当其身⑦,则将浴兰沐芳⑧,自屏于烹鲜之地⑨,惟君侯死生之。愿君侯惠以大遇⑩,洞开心颜,终乎前恩,再辱英盼,必能使精诚动天,长虹贯日。若赫然作威,加以大怒⑪,即膝行而前,再拜而去耳。"裴君不知何如人,至誉其贵而且贤,名"飞天京",天才超然,度越作者,棱威雄雄,下慑群物。予谓白以白衣入翰林,其盖世英姿,能使高力士脱靴于殿上,岂拘拘然怖⑫一州佐者邪?盖时有屈伸,正自不得不尔,大贤不偶,神龙困于蝼蚁,可胜叹哉!白此书自叙其平生云:"昔与蜀中友人吴指南,同游于楚,指南死于洞庭之上,白禫服恸哭,炎月伏尸,猛虎前临,坚守不动,遂权殡于湖侧。数年来,观筋骨尚在,雪泣持刃⑬,躬申洗削⑭,裹骨徒步,负之而趋,寝兴携持⑮,无辍身手,遂丐贷营葬于鄂城。"其存交重义如此。"又与逸人东岩子隐于岷山,巢居数年,不迹城市⑯。养奇禽千计,呼皆就掌取食,了无惊猜。"其养高忘机如此。而史传不为书之,亦为未尽。

【字词注解】

① 窃慕高义:私底下仰慕清高义气的行为。
② 得趋末尘:以致走向世尘的最底层。

③何图：怎么料到。

④攒毁：极力攻击。

⑤震于严威：释放自己的威严以使别人服从。

⑥得其实：均为事实。

⑦罪当其身：自当判罪。

⑧浴兰沐芳：喻处于极好的境地。

⑨自屏于烹鲜之地：让他遭受鼎煮的酷刑。

⑩以大遇：广施大德。

⑪加以大怒：并进行残忍的报复。

⑫怖：害怕。

⑬雪泣持刃：哭着拿着刀。

⑭躬申洗削：亲手将他的骸骨清理干净。

⑮寝兴携持：无论睡着还是醒来，都不离身。

⑯不迹城市：没有到城市去。

### 【精彩解说】

李太白在《上安州裴长史书》中说："李白我仰慕清高义气的行为，以致走向世尘的最下层，何曾想到过别人会突然来诽谤我，众口极力攻击我，而唯恐自己像织布机的梭子一样沦落为下层人物，所以尽力施发自己的威严去镇服别人。如果英盼所犯事实确凿，他自该判罪，这样无论让他处于极好的境地，还是让他受鼎煮的酷刑，他的生死都由你决定。希望你能惠施大德，敞开你的善心，一直保持你以前的恩德。如果再辱待英盼，你的作为必能使上天为之震惊，出现长虹贯日。假若你还明目张胆地作威作福，并进行残忍的报复，我将跪着走到你的跟前，给你行拜两次重礼，然后离去。"这里的裴长史不知道是什么样的人，只知道人们称道他显贵而且有才能，号称"飞天京"。他才智超群，他的作为，威势逼人，慑服万物。我认为李白以无功名的平民身份进入文翰荟萃的朝廷，而能以他的盖世英姿，使当时的高力士在殿上为其脱靴，难道会害怕一个州的辅佐小官吗？这是由于情况不同，能屈能伸，这个时候他不得不这样做。富有才智的人得不到重用，神龙被困于蝼蚁的境地，这种情况之多，不胜叹息啊！李白在这篇上书中叙述自己一生的情况时说:"过去我与四川友人吴指南一起在楚地游玩,后来指南死于洞庭湖上,我着丧服为他祭悼,悲痛啼哭,炎热天伏在他的尸体上,猛虎就来到了跟前,我仍坚守不动,当时暂且把他埋葬在洞庭湖边上。几年之后,我看到他的筋骨尚存,就哭泣着拿着刀,亲手把他的遗骨清理干净,然后用东西包着向前走,又把它背到肩上尽快赶路。途中无论睡着还是醒来,都不离身,生怕遗失了他的身手。于是我借贷钱物把他的遗骨安葬在鄂城(今属湖北)。"他们俩的交情义气竟达到如此深厚的程度。他在自叙中还说:"我又与隐士东岩子避居于岷山数年,没有外出涉足城市。在那里我们饲养各种鸟禽上千只,若呼叫它们都可飞来手掌上取食,一点也不感到惊怕。"他们两个养心山中、忘却尘世的情趣竟到了如此地步。然而史传当中没有记载这些事情,也可以说是不够全面的。

## 吕子论学

**原文**

《吕子》曰:"天生人而使其耳可以闻,不学①,其闻则不若聋②;使其目可以见,不学,其见则不若盲;使其口可以言,不学,其言则不若喑③;使其心可以智,不学,其智则不若狂④。故凡学,非能益之也,达天性⑤也,能全天下之所生,而勿败之,可谓善学者矣。"此说甚美,而罕为学者所称,故书以自戒。

【字词注解】

①不学:如果不学习。

②其闻则不若聋:那么他听到的东西还不如聋人听到的多。

③喑:哑巴。

④狂:疯子。

⑤达天性:知晓天性之理。

## 【精彩解说】

《吕子》中说:"天地产生出人,使他有耳可听,若不学习,他所听到的还比不上聋人;使他有目可视,若不学习,他所看到的还比不上盲人;使他有口可言,若不学习,他所说的话还比不上哑巴;使他有心可以思维,若不学习,他的思智还比不上疯癫的人。所以,学习不但能使人受益,知晓天性之理,还能充分发挥上天所赋予他的各种生理机能的作用,使他有所作为而不致沉沦。做到这些可以说是善于学习的人了。"这段议论十分精辟,然而很少为学者所称颂,因此这里写出来作为自戒。

## 陈翠说燕后

### 原文

赵左师触龙说太后,使长安君出质,用爱怜少子之说以感动之。予尝论之于《随笔》中。其事载于《战国策》《史记》《资治通鉴》,而《燕语》中又有陈翠一段,甚相似。云:"陈翠合齐、燕,将令燕王之弟为质于齐①,太后大怒曰:'陈公不能为人之国②,则亦已矣,焉有离人子母者!'翠遂入见后,曰:'人主之爱子也,不如布衣之甚也,非徒不爱子也,又不爱丈夫子独甚。'太后曰:'何也?'对曰:'太后嫁女诸侯,奉以千金。今王愿封公子,群臣曰,公子无功不当封。今以公子为质,且以为功③而封之也。太后弗听,是以知人主之不爱丈夫子独甚也。且太后与王幸而在,故公子贵。太后千秋之后④,王弃国家,而太子即位,公子贱于布衣。故非及太后与王封公子,则终身不封矣。'太后曰:'老妇不知长者之计。'乃命为行具⑤。"此语与触龙无异,而《史记》不书,《通鉴》不取,学者亦未尝言。

## 【字词注解】

①为质于齐:到齐国去做人质。质,人质。

②为人之国：为你的国家成就事业。

③以为功：以此为功，即把做人质这件事当作功业。

④千秋之后：死后，委婉的说法。

⑤行具：动身的行李。

【精彩解说】

赵国左师官触龙规劝皇太后，让长安君出外做人质，他当时采用爱怜幼子的说法去感动太后。我在《随笔》中曾论述了这件事。此事记载于《战国策》《史记》和《资治通鉴》中。然而《燕语》中又有关于陈翠的一段记载，所说的内容与此事很相似。《燕语》载："陈翠在齐国与燕国之间说合，准备让燕王的弟弟到齐国去做人质，燕国太后听后大怒：'陈翠你不能为你的国家办成事，也就罢了，怎么能够拆散一对母子呢？'于是陈翠觐见太后，说：'人君您怜爱自己的儿子，并不像一般老百姓爱子爱得那样深。您不爱自己年幼的儿子，更不爱自己已成年的儿子。'太后问他道：'何以见得？'陈翠回答：'太后您把自己的女儿嫁给诸侯，陪送她千金。现在君王愿意册封您的儿子，而大臣们却说，他无功不当受封。现在让您的儿子去做人质，并将以此为功册封他，太后您又不同意。由此可知人主您更不爱自己已成年的儿子。再者，现在幸运的是太后您和君王都健在，所以您的这个儿子能处于高贵的地位。您和君王去世之后，长子即帝位，那么您的这个儿子会贫贱得如老百姓。所以，如果不趁太后您和君王在世时册封您的这个儿子，那么他一辈子也不会受封。'太后听罢说：'老妇我原本不知道长者您的长远考虑。'于是，她下令准备儿子前往齐国的行李。"这段话与触龙所讲的没有什么差别，然而《史记》没有记载，《资治通鉴》也没有收录，学者中也未曾有人说过。

# 卷 四

## 栾城和张安道诗

**【原文】**

张文定公①在蜀,一见苏公父子②,即以国士许之。熙宁中,张守陈州南都,辟子由幕府③。元丰初,东坡谪齐安,子由贬监筠酒税④,与张别,张凄然不乐,酌酒相命,手写一诗曰:"可怜萍梗飘蓬客,自叹匏瓜老病身。从此空斋挂尘榻,不知重扫待何人?"后七年,子由召还,犹复见之于南都。及元符末,自龙川还许昌,因侄党出坡遗墨,再读张所赠诗,其薨已十年,泣下不能已,乃追和之曰:"少年便识成都尹,中岁仍为幕下宾。待我江西徐孺子,一生知己有斯人。"两诗皆哀而不怨,使人至今有感于斯文。今世薄夫受人异恩,转眼若不相识,况于一死一生,卷卷如此,忠厚之至,殆可端拜⑤也。

----【字词注解】

①张文定公:即张方平,字安道。

②苏公父子:苏洵、苏轼、苏辙父子三人。

③辟子由幕府:征召苏辙为他的府署官员。

④贬监筠酒税:被贬到筠州监管盐酒税务。

⑤端拜:举双手行恭拜之礼。

**【精彩解说】**

张文定公方平在四川时,一见到苏洵、苏轼、苏辙父子三人,就以推荐他们入朝做官相许诺。宋神宗熙宁年间,张方平任陈州南都(今河南境)长官,征召苏辙为他的府署官员。元丰初年,苏轼贬谪至齐安(今湖北黄冈),苏辙被贬到筠州(今江西境)监管盐酒税务。他与张方平话别时,张方平闷闷不乐,酌酒相祝,并亲手题诗一首:"可怜萍梗飘蓬客,自叹匏瓜老病身。从此空斋挂尘榻,不知重扫待何人?"七年以后,苏辙被召回,又到南都见到了张方平。到哲宗元符末年,他又从龙川(今属广东)回到许昌(今属河南),其侄子叔党拿出了苏轼所留下的遗墨给他看,他又读了过去张方平赠给他的那首诗,想到方平之死已有十年,禁不住涕泣落泪,于是追和张方平诗道:"少年便识成都尹,中岁仍为幕下宾。待我江西徐孺子,一生知己有斯人。"以上两首诗作都表现出悲伤而没有怨恨,使人们一直到今天对这两首诗都有很深的感触。一个人一生作为一般老百姓能得到如此特殊的恩待,而转眼之间又好像互不相识。但在一个活着、一个死去的情况下,活着的人能对死者如此真诚、极其忠厚地对待,也值得人们为他举双手行恭拜之礼。

# 外台秘要

**原文**

《外台秘要》,载《制虎方》云:"到山下先闭气三十五息①,所在山神将虎来到吾前,乃存吾肺中,有白帝出,收取虎两目,塞吾下部中②,乃吐肺气,上自通冠一山林之上。于是良久,又闭气三十五息,两手捻都监目作三步,步皆以右足在前,乃止,祝曰:'李耳,李耳,图汝非李耳邪。汝盗黄帝之犬,黄帝教我问汝云何。'毕,便行,一山虎不可得见。若卒逢之者,因正面立,大张左手五指侧之,极势跳③,手上下三度,于跳中大唤,咄④曰:'虎,北斗君使汝去!'虎即走。"予谓人卒逢虎,魂魄惊怖,窜伏⑤之不暇,岂能雍容步趋,仗咒语七字而脱邪?因读此方,聊书之以发一笑。此书乃唐王珪之孙焘所作,本传云:"焘视母疾,数从高医游,遂穷其术,因以所学作书,讨绎精明⑥,世宝焉。"盖不深考也。

## 【字词注解】

①闭气三十五息：屏住呼吸三十五次。

②塞吾下部中：把它塞到我的腹中。

③极势跳：用尽力气跳跃。

④呰：呵斥。

⑤窜伏：逃跑。

⑥讨绎精明：论述精到明确。

## 【精彩解说】

《外台秘要》一书记载的《制虎方》中说："走到山下面，自己先屏住呼吸三十五次，那么所在的山神就会让老虎来到我跟前，于是就想着从我肺中有白帝出来，收取老虎的两只眼睛，把它塞到我的腹中，这时再吐出肺气，肺气出来后自然上升冠于山林之上。这样停了一段时间，再屏住呼吸三十五次，双手向前并拢睁大眼睛前进三步，每步都先抬右脚，然后停住，祈祷说：'李耳，李耳，如果想着袭击你就不是李耳。你偷走了黄帝的犬，黄帝让我来问你这是为什么。'说完便向前走，一只山虎就立时看不见了。若仓促间遇上了老虎，它就立在眼前，你应尽力张开左手的五指斜指着它，用尽力气跳跃，手上下摆动三回，并在跳跃中大声呼叫，呵斥说：'虎，北斗君让你去！'这样老虎就离开了。"我想人们仓促遇见老虎，惊恐万状，跑还来不及，怎么能够镇定自若地靠近它，并凭着呵斥的七个字就可以脱身呢？因为读到这一制虎怪法，姑且记录下来，作为一个笑话。这本书是唐朝王珪的孙子王焘所作，他在本传中说："王焘探视母病的时候，多次跟从名医游玩，于是探讨研究了他的法术，并把自己所学到的东西写成了书，论述精到明确，视为世宝。"这大概是由于没有深入考究而得出的结论。

# 六枳关

## 原文

盘洲种枳六本①，以为藩篱之限。立小门，名曰"六枳关"。每为人问其所出，倦于酬应。今取冯衍《显志赋》中语书于此。衍云："楄六枳而为篱。"案，《东观汉记》作八枳。《逸周书·小开》篇云："呜呼！汝何敬非时，何择非德②？德枳维大人，大人枳维公，公枳维卿，卿枳维大夫，大夫枳维士。登登皇皇，维在国枳，国枳维都，都枳维邑，邑枳维家，家枳维欲无疆。"言上下相维，递为藩蔽③也。其数有八，与《东观汉记》同。予详考之，乃九枳也。宋景文公《贺宰相启》"式维公枳"盖用此云。

## 【字词注解】

①盘洲：即洪适，字景伯，晚年自称盘洲老人。宋代金石学家。枳：落叶灌木或小乔木，植株和橘树很像。六本：六棵。

②何择非德：做什么事情不表现出高尚的情操。

③上下相维，递为藩蔽：上下之间相互维系，互为屏护。

## 【精彩解说】

盘洲（指洪适）曾种植六株枳子，作为篱笆隔墙。中间开了一个小门，名为"六枳关"。他每每被人问起这个名称的由来，整天疲于应答这些问题。现在我摘取冯衍《显志赋》中的话抄录于此。冯衍说："植六株枳子作为篱笆。"《东观汉记》中作八株枳子。《逸周书·小开》篇中说："真的是啊！你什么时间不表示出对上的尊敬，干什么事不表现出高尚的德操？德枳维护大人，大人之枳维护公，公枳维护卿，卿枳维护大夫，大夫枳维护士。长长远远，维护在于国枳，而国枳又维护都，都枳维护邑，邑枳维护家，家枳维护的范围没有边际。"这里就是指上下之间相互维系、互为屏护的意思。此书中所说的枳子有八株，与《东观汉记》所载相同。我仔细查证后，知道实为九株枳子。宋景文公在《贺宰相启》一文中的"式维公枳"之语，就是取用这个意思。

# 卷 五

## 饶州风俗

**【原文】**

嘉祐中,吴孝宗子经者,作《余干县学记》,云:"古者江南不能与中土等,宋受天命①,然后七闽二浙与江之西东,冠带《诗》《书》,翕然大肆②,人才之盛,遂甲于天下③。江南既为天下甲,而饶人喜事,又甲于江南。盖饶之为州,壤土肥而养生之物多,其民家富而户羡,蓄百金者不在富人之列。又当宽平无事之际,而天性好善,为父兄者,以其子与弟不文为咎;为母妻者,以其子与夫不学为辱。其美如此。"予观今之饶民,所谓家富户羡,了非昔时,而高甍巨栋连阡亘陌者,又皆数十年来寓公所擅④,而好善为学,亦不尽如吴记所言。故录其语以寄一叹。

**【字词注解】**

① 宋受天命:宋朝建国。
② 翕然大肆:非常盛行。翕然:一致的样子。
③ 甲于天下:位居天下之首。
④ 擅:占据。

**【精彩解说】**

北宋仁宗嘉祐年间,吴孝宗曾撰《余干县学记》,在这篇文章中说:

"古时候,江南地区在国内经济文化中的地位,不能与中原地区相比。宋朝建国以后,七闽(今福建)、二浙(浙东、浙西,今浙江)及大江东西(今长江西下游南北两岸的地区),读书的风气很盛,人才辈出,数量之多,居于国内首位。江南已居国内首位,而饶州(今江西饶阳)又居江南首位。这是由于饶州土壤肥沃,适宜多种动植物及农作物生长,百姓家家户户有富余而有积蓄,有着百金的人家不能算作富人。每当天下安宁太平无事的时候,饶州人乐于行善。做父亲兄长的,往往为自己的儿子、弟弟不读书学习而感到内疚;做母亲妻子的,往往为自己的儿子、丈夫不学习而感到羞愧。这是多么好的社会风尚啊!"经过我的仔细观察,现在饶州的百姓,虽然家里富裕而有积蓄,可也今非昔比。高楼巨栋拔地而起连在一起,近几十年来,往往为那些坐享其成的寓公所占有。而那种乐于助人、好做善事、勤奋好学的社会风尚,也不像吴孝宗所说的那样美好。兹将吴孝宗所说录之于此,实乃令人惋惜!

## 禽畜菜茄色不同

### 原文

禽畜、菜茄之色①,所在不同,如江浙间,猪黑而羊白,至江、广、吉州以西,二者则反是。苏、秀间,鹅皆白,或有一班褐者,则呼为雁鹅,颇异而畜之。若吾乡,凡鹅皆雁②也。小儿至取浙中白者饲养,以为湖沼观美。

浙西常茄皆皮紫,其皮白者为水茄。吾乡常茄皮白,而水茄则紫。其异如是。

【字词注解】

①禽畜:家禽、家畜。菜茄:泛指蔬菜。
②雁:花色。

— •【精彩解说】

　　家畜、蔬菜的颜色，由于各地环境不同，所以也不相同。比如在江浙一带，猪的颜色是黑色，而羊则是白的。到江州（今江西九江）、广州、吉州（今江西吉安）以西的地方，二者颜色则相反，猪是白色的，羊是黑色的。在苏州、秀州（今浙江嘉兴）一带，鹅都是白色的，偶尔见到一只身上有褐色斑点的鹅，当地人就叫它为雁鹅，都很惊奇，把它当作稀奇动物进行饲养。而在我的故乡饶州鄱阳，所有的鹅都是花色的。而把白色的鹅当作稀奇动物，有些小孩子甚至购买浙东、浙西的白鹅来饲养，放在湖泽小河中供人们观赏。

　　茄子皮的颜色，在浙西地区一般都是紫色的，长有白皮的茄子，当地人叫它水茄。而在饶州鄱阳则相反，一般的茄子皮都是白颜色，水茄则是紫颜色。其差异之大，于此可见。

## 勇怯无常

### 原文

"民无常勇，亦无常怯。有气则实，实则勇①，无气则虚，虚则怯，怯勇虚实，其由甚微②，不可不知。勇则战，怯则北③。战而胜者，战其勇者也，战而北者，战其怯者也。怯勇无常，倏忽往来，而莫知其方④，惟圣人独见其所由然。"此《吕氏春秋·决胜》篇之语，予爱而书之。

— •【字词注解】

①有气则实，实则勇：精气饱满则内心充实，内心充实则勇敢。
②其由甚微：其缘由非常微妙。
③北：退败，败北。
④方：方法。

【精彩解说】

"人无永远持久的勇敢,也没有永远持久的胆怯。神气饱满则内心充实,内心充实则勇敢;神气不饱满则内心空虚,内心空虚则胆怯。胆怯勇敢,空虚充实,其由来十分精妙,不可不知道。勇敢的人战则必胜,胆怯的人战则必败。战而获胜的人,是由于他作战时勇敢;战而败北的人,是由于作战时胆怯。胆怯与勇敢不是固定不变的,而是不时变化的,忽来忽去,人们往往不知其变化的方法,只有圣人才能发现这一变化的原因和方法。"这是《吕氏春秋·决胜》里所说的一段话。我喜爱这段话,就将它抄之于此。

# 韩文公逸诗

### 【原文】

唐五窦《联珠集》①载，窦牟为东都判官，陪韩院长、韦河南同寻刘师，不遇，分韵赋诗。都官员外郎韩愈得寻字，其语云："秦客何年驻，仙源此地深。还随蹑凫骑，来访驭云襟。院闭青霞入，松高老鹤寻。犹疑隐形坐，敢起窃桃心。"今诸本韩集皆不载。近者莆田方崧卿考证访赜甚至②，犹取《联珠》中窦庠《酬退之登岳阳楼》一大篇，顾独遗此，何也？

### 【字词注解】

①唐五窦《联珠集》：唐朝窦常、窦牟、窦群、窦庠、窦巩五兄弟共同编写《联珠集》。

②访赜：访问。甚至：非常下功夫。

### 【精彩解说】

唐朝窦常、窦牟、窦群、窦庠、窦巩五兄弟的《联珠集》中记载，窦牟在任东都判官时，曾经陪同韩愈、韦执中一道去找刘尊师。不巧，未能见到。于是三人分韵赋诗。都官员外郎韩愈的诗，韵用寻字。他在诗中写道："秦客何年驻，仙源此地深。还随蹑凫骑，来访驭云襟。院闭青霞入，松高老鹤寻。犹疑隐形坐，敢起窃桃心。"而今所见韩愈文集的各种本子，都不见有这首诗。近来，莆田方崧卿在考订、访问方面很下功夫，仍然只取《联珠集》中窦庠所写的《酬退之登岳阳楼》一长篇，亦将这首诗漏掉，这是什么原因呢？

## 徙①木偾表

### 原文

商鞅变秦法，恐民不信，乃募民徙三丈之木而予五十金。有一人徙之，辄予金，乃下令。

吴起治西河，欲谕其信于民，夜置表②于南门之外，令于邑中曰："有人能偾表者，仕之长大夫。"民相谓曰："此必不信。"有一人曰："试往偾表，不得赏而已何伤③？"往偾表，来谒吴起，起仕之长大夫。自是之后，民信起之赏罚。

予谓鞅本魏人，其徙木示信，盖以效起，而起之事不传。

【字词注解】

①徙：搬迁。
②表：标杆。
③何伤：有什么妨碍。

【精彩解说】

战国时代，商鞅在秦国推行变法，他怕百姓不相信国家的改革法令，于是就决定在都城城门前，竖一根三丈长的木杆，并且公开宣布谁能搬走那根三丈长的木杆，就赏给五十金。有一个人将这根木杆搬走，商鞅知道后，马上下令赏给那个人五十金，并且施行法令，布告天下。

吴起在魏国做西河（今陕西大荔）长官时，为了取信于民，就在一天夜里，派人在都城南门外竖立一根标杆，并在城中公开宣布："谁能将这根标杆推倒，就任命他做长大夫的官。"老百姓听到这些宣传，议论纷纷。有人说，这是绝对不可相信的，哪有这样的好事。也有人说："不管是真是假，不妨去试一试，如果将那根标杆推倒，最多得不到赏赐，也没有什么妨碍。"有人就把那根标杆推倒了。之后，他去求见吴起。吴起当即宣布任命他为长大夫官。经过这件事之后，魏国的军民对吴起实行的改革法令及赏罚不再有所怀疑了。

商鞅本来是魏国人，后到秦国做官进行变法，他的搬移木杆取信于民的做法，大概是仿效吴起的做法。而吴起立木示信的首创之功，却未流传下来，很少为人所知。

## 用柰花事

**原文**

窦叔向所用柰花事①，出《晋史》，云成帝②时，三吴女子相与簪白花，望之如素柰，传言天公织女死，为之著服。已而杜皇后崩，其言遂验。

绍兴五年，宁德皇后讣音③从北庭来，知徽州唐煇使休宁尉陈之茂撰疏文，有语云："十年罹难，终弗返于苍梧；万国衔冤，徒尽簪于白柰。"是时正从徽庙蒙尘④，其对偶精确如此。

**【字词注解】**

①窦叔向所用柰花事：唐朝窦叔向曾在其著作《贞懿挽歌》中提及"都人插柰花"一事。

②成帝：晋成帝司马衍。

③讣音：去世的消息。

④徽庙蒙尘：指靖康之乱中，宁德太后与徽宗作为俘虏被囚禁于金国。

【精彩解说】

唐朝窦叔向在《贞懿挽歌》中所说"都人插柰花"一事,见于《晋书》。这里说晋成帝司马衍在位的时候,江浙一带的女子们头上都戴白花,远远望去如同白色的柰花一样。相传天上的仙女织女死的时候,民间的女子为她头戴白花。没有多久,成帝的杜皇后便去世了,从而证实了这种说法。

宋高宗绍兴五年(1135年),宁德太后在金国五国城去世的消息传来,知徽州(今属安徽)唐辉让休宁(今属安徽)尉陈之茂写一篇文章表示哀悼。其中有这样一段话:"十年罹难,终弗返于苍梧;万国衔冤,徒尽簪于白柰。"当时宁德太后与徽宗作为俘虏被囚禁于金国。而陈之茂所撰此文,语句对偶竟如此精确!

## 建武中元续书

【原文】

《随笔》所书《建武中元》一则,文惠公①作《隶释》,于蜀郡守何君《阁道碑》一篇中,以为不然。比得蜀士袁梦麒应祥《汉制丛录》②,亦以纪、志、传不同为惑,而云近岁雅州荥经县治之西,有得《蜀郡治道记》于崖壁间者,记末云:"建武中元二年六月就。"于是千载之疑,涣然冰释。予观何君《阁道碑》正建武中元二年六月就。袁君所言荥经崖壁之记,盖是此耳。但以出于近岁,恨不得质③之文惠,为之恻然。

【字词注解】

①文惠公:即洪适。
②比:近来。得:得到,看到。
③质:质疑。

──●【精彩解说】

　　《容斋随笔》中有《建武中元》一则，我曾对这一记载谈了自己的看法。文惠公洪适在所著《隶释》中，对于成都所存蜀郡太守何君《阁道碑》中的建武中元亦有考释，认为不是这样。近来看到蜀人袁应祥《汉制丛录》，亦以纪、志、传所记不同而感到困惑。近年在雅州荥经县城西部山区的崖壁上，发现有《蜀郡治道记》石刻，在这篇记最后，书道："建武中元二年六月建成。"这一发现，使得一千多年来的疑虑，迎刃而解。依据蜀郡太守何君《阁道碑》所记，阁道正式建成是在汉光武帝建武中元二年（57年）六月。袁应祥所说荥经县西崖壁石刻的《蜀郡治道记》，也就是这块石碑。但是，由于它是近年来才被人们发现的，不能用它与文惠公质疑商榷，非常遗憾。

# 卷 七

## 西太一宫六言

**原文**

"杨柳鸣蜩绿暗,荷花落日红酣。三十六陂春水,白头想见江南。"荆公①《题西太一宫六言》首篇也。今临川刻本以"杨柳"为"柳叶",其意欲与荷花为切对,而语句遂不佳。此犹未足问,至改"三十六陂春水"为"三十六宫烟水",则极可笑。公本意以在京华中,故想见江南景物,何预于宫禁哉?不学者妄意涂窜②,殊为害也。彼盖以太一宫为禁廷离宫尔。

【字词注解】

①荆公:王安石,因被封荆国公,世人又称王荆公。
②不学者:不学无术的人。妄意涂窜:任意涂抹窜改。

【精彩解说】

"杨柳鸣蜩绿暗,荷花落日红酣。三十六陂春水,白头想见江南。"这首诗是王安石所作《题西太一宫六言》中的首篇。现在所见到的临川刻本《王安石集》中,以为"杨柳"应为"柳叶",其用意在于想与荷花切对,但是语句并不好。对此,可不必责问。至于将诗中"三十六陂春水"改为"三十六宫烟水",却是非常可笑的。王安石这首诗的本意是说长期在北方的京城中居住，会不时想念江南美丽诱人的景物，这与皇宫中的禁令毫不相干。那些不学无术的人，任意窜改王安石的诗，危害是显而易见的。他们乱改致误大概是他们把太一宫作为皇宫中的离宫的缘故。

## 人焉廋哉

### 原文

孔子论人之善恶，始之曰"视其所以①"，继之以"观其所由，察其所安②"，然后重言之③曰："人焉廋哉，人焉廋哉！"盖以上之三语详察之也。而孟氏一断以眸子，其言曰："存乎人者，莫良于眸子。眸子不能掩其恶，胸中正，则眸子瞭焉④，胸中不正，则眸子眊焉。听其言也，观其眸子，人焉廋哉！"说者谓："人与物接之时，其神在目。故胸中正，则神精而明。不正，则神散而昏。心之所发，并此而观，则人之邪正不可匿⑤矣。言犹可以伪为，眸子则有不容伪者。孔圣既已发之于前，孟子知言之要，续为之说，故简亮⑥如此。"旧见王季明云：太学士子尝戏作一论，其略云："知人焉廋哉之义，然后知人焉廋哉，人焉廋哉之义。知人焉廋哉，人焉廋哉之义，然后知人焉廋哉之义。孔子所云'人焉廋哉，人焉廋哉'者，详言之也。孟子所云'人焉廋哉'者，略言之也。孔子之所谓'人焉廋哉，人焉廋哉'，即孟子之所谓'人焉廋哉'也。孟子之所谓'人焉廋哉'，即孔子之所谓'人焉廋哉，人焉廋哉'也。"继又叠三语为一云："夫人焉廋哉，人焉廋哉，人焉廋哉，虽曰不同，而其所以为人焉廋哉，人焉廋哉，人焉廋哉，未始不同。"演⑦而成数百字，可资一笑，亦几于侮圣言⑧矣！

### 【字词注解】

①视其所以：观察他所结交的朋友。

②观其所由，察其所安：观察他为达到目的所采用的手段，了解他的心情安于什么，不安于什么。

③重言之：重复说。

④瞭焉：明亮的样子。

⑤匿：藏匿。

⑥简亮：简洁明确。

⑦演：推演，衍生。

⑧几于侮圣言：几乎是对圣人言论的侮辱。

【精彩解说】

　　孔子在谈到如何判断一个人的善恶时，开始说"要观察他所交往的朋友"，接着说"要观察他为达到目的所采用的手段，了解他的心情安于什么，不安于什么"，最后重复说："一个人的善恶怎么能隐藏得住呢，一个人的善恶怎么能隐藏得住呢？"以上这三句话，是孔子通过详细观察所得出的结论。而孟子在谈到这个问题时提出以眼睛来判断。他说："观察一个人的善恶，再没有比观察他的眼睛更好的了。因为眼睛不能掩盖一个人的丑恶。心正，眼睛就明亮。心不正，眼睛就昏暗。听一个人说话时，注意观察他的眼睛，这个人的善恶，又能往哪里隐藏呢？"有人说："人在与物接触的时候，他的神情集中表现在眼睛上。心正，注意力集中，眼睛就明亮。心不正，注意力分散，眼睛就昏暗。正与不正，出自于内心。由此看来，一个人的心邪与心正是隐藏不住的。说话可以弄虚作假，但是眼睛是不能弄虚作假的。关于这一点，孔子早已提出，孟子亦深知孔子所说的要领，进一步阐发，所以简洁明确。"过去听王季明说：太学的士子曾经戏作一篇文章，大意是说："明白'一个人的善恶又能往哪里隐藏呢？'这句话的意思，然后就会明白'一个人的善恶怎么能隐藏得住呢，一个人的善恶怎么能隐藏得住呢'这句话的意思。明白了后一句话的意思，然后也会明白前一句话的意思。孔子所说的'一个人的善恶怎么能隐藏得住呢，一个人的善恶怎么能隐藏得住呢'是详细而言的。孟子所说'一个人的善恶又能往哪里隐藏呢'是粗略而言。孔子连用'一个人的善恶怎么能隐藏得住呢，一个人的善恶怎么隐藏得住呢'即孟子所说的'一个人的善恶怎么能隐藏得住呢'。反过来说，孟子所说的也就是孔子所说的。"不仅如此，继之而来的，还有三次重复："一个人的善恶怎么能隐藏得住呢？'这句话为一句话，虽然与单独使用、重复使用有所不同，而其三次重复写作'一个人的善恶怎么能隐藏得住呢，一个人的善恶怎么能隐藏得住呢，一个人的善恶怎么能隐藏得住呢'的原因，与单独使用、重复使用并没有什么不同。"就这么一句话，甚至演变成好几百字，只可供人发笑，这也几乎是对圣人言论的侮辱。

# 卷 八

## 得意失意诗

**【原文】**

旧传有诗四句诵世人得意者云:"久旱逢甘雨,他乡见故知。洞房花烛夜,金榜挂名时。"好事者续以失意四句曰:"寡妇携儿泣,将军被敌擒。失恩宫女面①,下第举人心②。"此二诗,可喜可悲之状极矣。

**【字词注解】**

①失恩宫女面:失宠的宫女愁容满面。
②下第举人心:落第的举人心中酸楚。

**【精彩解说】**

过去流传着一首诗,诗有四句,夸赞那些志得意满的人,说:"久旱逢甘雨,他乡见故知。洞房花烛夜,金榜挂名时。"有些好事的人接着仿照这首诗,接了四句形容人生失意的诗句,说:"寡妇携儿泣,将军被敌擒。失恩宫女面,下第举人心。"这两首诗,将人生意气风发时的喜悦以及落寞失意时的伤感,刻画得淋漓尽致啊。

# 茸附治疽漏

## 原文

时康祖病心痔二十年，用《圣惠方》治腰痛者鹿茸、附子服之，月余而愈，《夷坚己志》书其事。予每与医言，辄云："痈疽①之发，蕴热之极也，乌有翻使热药之理②？"福州医郭晋卿云："脉陷则害漏，陷者冷也，若气血温暖，则漏自止，正用得茸、附。"案《内经·素问·生气通天论》曰："陷脉为瘘，留连肉腠。"注云："陷脉谓寒气陷缺其脉也，积寒留舍③，经血稽凝④，久瘀内攻，结于肉理，故发为疡瘘，肉腠⑤相连。"此说可谓明白，故复记于此，庶几或有助于疡医云。

## 【字词注解】

①痈疽：毒疮，是一种化脓性皮炎。
②乌有：怎么有？翻：反而。
③积寒留舍：寒气积聚。
④经血稽凝：经脉血液停滞不通。
⑤腠：肌肤上的纹理和皮下肌肉间的空隙。

## 【精彩解说】

时康祖患心痔病已二十年了，他使用《圣惠方》里治腰痛病所用的鹿茸、附子，连续服用一个多月就痊愈了。我在《夷坚己志》里曾记述这件事。我每次与医生们交谈，总是说："恶性脓疮病的发作，是人体内蕴热达到了极点，怎么还会有使用热药治疗的道理？"福州一位叫郭晋卿的医生曾说："脉陷则害漏病，陷是冷的意思。如果一个人的气血温暖，则漏自然就会停止，所患漏病也就痊愈，这正好得使用热药鹿茸和附子。"按《皇帝内经·素问·生气通天论》中述称："陷脉为瘘，留连肉腠。"在这一条后面加注说：" 陷脉是寒气坠入其脉，久而久之，寒气聚积，经脉血液停滞不通，日子长了，就在体内淤积，结成疙瘩，因而形成溃烂病变，分泌物由瘘管向外流出，使得肌肤上的纹理相连。"这种说法清楚明白，所以再次记载在这里，或许有助于痈疽的医治。

## 华元入楚师

### 原文

《左传》，楚庄王围宋，宋华元夜入楚师，登子反①之床，起之曰："寡君使元以病②告。"子反惧，与之盟，而退三十里。杜注曰："兵法，因其乡人而用之，必先知其守将左右谒者、门者之姓名，因而利道之。华元盖用此术，得以自通。"予案前三年晋、楚邲之战，随武子称楚之善曰："军行，右辕③，左追蓐④，前茅虑无⑤，中权后劲⑥，军政不戒而备。"大抵言其备豫⑦之固。今使敌人能入上将之幕而登其床，则刺客奸人，何施不得？虽至于王所可也，岂所谓军制乎？疑不然也。《公羊传》云："楚使子反乘堙⑧而窥宋城，宋华元亦乘堙而出见之。"其说比《左氏》为有理。

【字词注解】

①子反：即司马子反，楚国大将。

②病：困难。

③右辕：右军跟随主将的车辕。

④左追蓐：楚方言。当时指左军所列成的一种队形。

⑤前茅虑无：前锋部队以旌旗探路以防意外。

⑥中权：中军谋划。后劲：后面以精兵做后盾。

⑦豫：防守。

⑧堙：构筑的土堆工事。

## 【精彩解说】

《左传》记载：楚庄王派兵进攻宋国，宋国遭到突然袭击，急忙派华元连夜潜入楚营，登上楚将司马子反的床，叫他起来，说："我国国君派我来把困难告诉你。"司马子反害怕了，就与宋国签订了盟约，下令楚军撤围，退兵三十里。杜预在这里作注说："兵法上说，选将用人在选用其同乡人时，一定要先知道守将左右负责通报的人员、守门人的姓名，以便因势利导。华元巧妙地使用了这一方法，因而取得了成功。"按：在此前三年，晋、楚两国的军队在邲（今河南荥阳北）会战。随武子称赞楚国治军有方："军队出行，右军跟着主将的车辕，左军列成'追蓐'的队形，前军以旌旗探路以防意外，中军斟酌谋划，后军以精兵作为后盾。军中之事不必等待命令而自行备办。"这则记述，大致是说军队出动要严密防备。现在让敌人进入上将军的行营帐篷并登上上将军的床，那么使用刺客、间谍，又有什么做不到的呢？即使是到楚王的住处去也是可能的，这难道是军中的制度吗？我怀疑情况不是这样。《公羊传》里记述这件事时说："楚国让司马子反登构筑的土堆工事而窥视宋城，宋国华元亦乘构筑的土堆工事而前往楚营见到司马子反。"在我看来，后面这一种说法，与《左传》所述相比，更为合乎情理。

# 卷九

## 沈庆之曹景宗诗

**原文**

宋孝武尝令群臣赋诗，沈庆之手不知书，每恨眼不识字，上逼令作诗，庆之曰："臣不知书，请口授师伯。"上即令颜师伯执笔，庆之口授之曰："微生遇多幸，得逢时运昌。朽老筋力尽，徒步还南冈。辞荣此圣世，何愧张子房①？"上甚悦，众坐并称其辞意之美。

梁曹景宗破魏军还，振旅凯入，武帝宴饮联句，令沈约赋韵，景宗不得韵，意色不平，启求赋诗。帝曰："卿伎能甚多，人才英拔，何必止在一诗？"景宗已醉，求作不已。时韵已尽，唯余"竞""病"二字。景宗便操笔，其辞曰："去时儿女悲，归来笳鼓竞。借问行路人，何如霍去病？"帝叹不已，约及朝贤惊嗟竟日②。

予谓沈、曹二公，未必能办此，疑好事者为之，然正可为一佳对，曰："辞荣圣世，何愧子房？借问路人，何如去病？"若全用后两句，亦自的切③。

【字词注解】

①张子房：即张良，字子房。

②竟日：一整天。

③的切：自然真切。

### 【精彩解说】

一天，南朝宋孝武帝令群臣赋诗。沈庆之自己不会写字，也不识字，看到孝武帝也要他作诗，不免有些焦急。无奈，只好奏明圣上，说："臣自幼不会写字，请允许我口述，让颜师伯记录下来。"孝武帝接受了他的请求，就命颜师伯执笔记录。沈庆之思索之后说道："微生遇多幸，得逢时运昌。朽老筋力尽，徒步还南冈。辞荣此圣世，何愧张子房？"孝武帝听了，十分高兴。在座的文武大臣听罢，也都异口称赞这首诗的语言优美。

南朝梁曹景宗发兵与北魏军队作战，班师凯旋。梁武帝特设盛宴祝贺，并命文武群臣赋诗对句助兴。武帝让沈约提出赋诗时所用的韵，赋诗的人必须按照自己的韵去作诗。曹景宗没有得到分给他的韵字，不能赋诗，心中很不高兴。于是，就请求武帝允许他赋诗。武帝见此情景，就劝他，说："爱卿武艺超人，人才英俊，何必为一首诗而计较呢？"这时候，曹景宗正在兴头上，饮酒已有醉意，连声请求武帝允许他赋诗。原先拟定的韵字，只剩"竞""病"二字了。景宗听后，立即操笔疾书诗一首。诗中说："去时儿女悲，归来笳鼓竞。借问行路人，何如霍去病？"武帝看后，惊叹不已，赞不绝口。沈约及参与赋诗的文武大臣亦为此赞叹一整天。

在我看来，沈庆之、曹景宗二人，未必真能作出这样令人叹服的好诗，疑为那些多事的人所杜撰。然而，这两首诗正好可以合成为这样一篇佳对："辞荣圣世，何愧子房？借问路人，何如去病？"若全用后两句，亦非常恰当真切。

## 蓝尾酒

### 原文

白乐天元日对酒诗云："三杯蓝尾酒①，一楪胶牙饧②。"又云："老过占他蓝尾酒，病余收得到头身。""岁盏后推蓝尾酒，春盘先劝胶牙饧。"《荆楚岁时记》云："胶牙者，取其紧固如胶也。"而蓝尾之义，殊不可晓。《河东记》载申屠澄与路傍舍中老父、妪及处女环火而坐,妪自外挈酒壶至,曰:"以君冒寒,且进一杯。"澄因揖,逊曰:"始自主人翁,即巡澄,当婪尾。"盖以蓝为婪,当婪尾者,谓在最后饮也。

叶少蕴③《石林燕语》云:"唐人言蓝尾多不同,蓝字多作啉,出于侯白《酒律》,谓酒巡匝,末坐者连饮三杯,为蓝尾,盖末坐远,酒行到常迟,故连饮以慰之,以啉为贪婪之意。或谓啉为燖,如铁入火,贵其出色,此尤无稽。则唐人自不能晓此义。"叶之说如此。

予谓不然,白公三杯之句,只为酒之巡数耳,安有连饮者哉?侯白滑稽之语,见于《启颜录》。《唐·艺文志》,白有《启颜录》十卷、《杂语》五卷,不闻有《酒律》之书也。苏鹗《演义》亦引其说。

### 【字词注解】

① 蓝尾酒:唐代饮宴时,轮流斟饮,最后一个喝酒的人。
② 胶牙饧:用麦芽制成的糖,食之黏齿,故名。
③ 叶少蕴:即叶梦得,字少蕴,吴县(今江苏苏州)人。宋代著名词人,其词深厚清隽。

### 【精彩解说】

唐朝白居易在正月初一对酒作诗说:"三杯蓝尾酒,一楪胶牙饧。"又说:"老过占他蓝尾酒,病余收得到头身。""岁盏后推蓝尾酒,春盘先劝胶牙饧。"《荆楚岁时记》说:"胶牙,是取牢固如粘胶的意思。"但是蓝尾的含义,人们却并不知晓。《河东记》中记载:申屠澄与住在路边茅屋中的老头、老妇人和少女一起,围着火炉坐成一圈。一个老太婆从外面拿着酒壶走了进来,对申屠澄说道:"以君冒寒,且进一杯。"申屠澄因此起身,拱手施礼,推辞说:"始自主人翁,即巡澄,当婪尾。"这里的"蓝"字被写成了"婪"字。当婪尾的意思,就是说在聚会饮酒时最后一个喝酒的人。

另外,叶梦得在他的《石林燕语》中述说:"唐朝的时候,人们所说蓝尾的意思,多有不同。蓝字大都写成啉,见于侯白所著《酒律》一书。在这里说聚会饮酒,轮流一圈,坐在末座即最后一个人要连喝三杯,称为蓝尾。这大概是因为坐在末座的人,最后才喝,轮到他时要经过一段时间,所以让他连喝三杯,以表示敬意。有人认为啉是贪婪的意思,还有人说啉即爈,就像把一块铁放进火中,认为它能出色,这纯是无稽之谈。由此可见,唐朝人自己也不大明白蓝尾的真正意思。"叶梦得的看法就是如此。

在我看来,上述说法,未必就是这样。侯白在《酒律》中关于连喝三杯的记载,只是喝酒时的巡数,这里哪有连饮的意思呢?侯白这些滑稽有趣的话,见于《启颜录》一书。《唐书·艺文志》著录侯白著《启颜录》十卷、《杂语》五卷,并没有著录他著有《酒律》一书。苏鹗的《苏氏演义》里亦引用了叶梦得的说法。

## 欧阳公辞官

### 原文

欧阳公自亳州除兵部尚书知青州,辞免至四[1],云:"恩典超优,迁转颇数[2]。臣近自去春由吏部侍郎转左丞,未逾两月,又超转三资,除刑部尚书。今才逾岁,又超转两资。尚书六曹,一岁之间,超转其五。"累降诏不从其请[3]。此是熙宁元年未改官制时,今人多不能晓。盖昔者左右丞在尚书下,所谓左丞超三资除刑书者,谓历工、礼乃至刑也。下云又超两资者,谓历户部乃至兵也。其上唯有吏部,故言尚书六曹,超转其五云。

—•【字词注解】

[1]辞免至四:多次连续奏请辞官。

[2]迁转颇数:升迁许多次。

[3]累降诏不从其请:朝廷连续下诏不准许他辞官。

## 【精彩解说】

欧阳修自从在亳州（今安徽亳州）被任命为兵部尚书知青州（今山东潍坊）以来，连续奏请辞官。他上疏说："承蒙皇上特恩眷念，使臣得以多次晋升。臣自去年春天，由吏部侍郎转为左丞，不到两个月，又越次转资三等，升为刑部尚书。任刑部尚书到现在刚过一年的时间，又越次转资二等。尚书省下属有六曹，官员的晋升，是严格按照工、礼、刑、户、兵、吏的资序进行的。而臣在一年之内，连续越次转资五等。"欧阳修辞官的上疏，接连进呈了四次。朝廷看到之后，就连续下诏不准许他辞官。这是神宗熙宁元年（1068年）没有进行官制改革以前的事，现在有很多人都不知道这个情况。因为宋代官制旧制规定左丞、右丞位在尚书之下。所谓左丞越次转资三等为刑部尚书，是说没有经过工部、礼部直接转为刑部尚书。另外，下面所说越次转资二等，是说没有经过户部直接转为兵部。在兵部的上面只有吏部。所以欧阳修在上疏中说，自己是在尚书六曹中，连续越次转资五等。

# 卷 十

## 亲王回庶官书

【原文】

　　《随笔》中载亲王与侍从往还礼数,又得钱丕《行年杂纪》云:"升王①受恩命,丕是时为将作少监,亦投贺状,王降回书签子启头②。继为皇太子,三司判官并通榜子,诣内东门参贺。通入后,中贵③出传令旨传语。及受册宝讫,百官班贺,又赴东宫贺,宰相亲王阶下班定④,太子降阶⑤,宰相前拜,致词讫,又拜。太子皆答拜,亦致词叙谢。"一时之仪如此。

【字词注解】

①升王:宋太宗第六子赵受益。

②王降回书签子启头:升王回书答谢时,将回书装在封袋里,封袋外面贴有贴条。签子,签条,贴在封袋上的狭长纸条。

③中贵:宫中宦官。

④宰相亲王阶下班定:宰相及各个亲王在台阶下按照品级,排定班次。

⑤降阶:走下台阶。

【精彩解说】

　　关于宋代亲王与侍从交往的礼仪,我在《容斋随笔》中立有专目记述。

又见钱丕《行年杂纪》中记述："太宗第六子赵受益受封为升王时，丕为将担任少监，也进呈贺状表示祝贺，升王回书答谢时，将回书装在封袋里，封袋外面贴有一张长纸条。后来，升王受封为皇太子时，三司判官一起先用札子通报，同到内东门参拜祝贺。通报进入后，宫中宦官出来传达宣读令旨。举行接受册宝仪式完毕，文武百官列班恭贺，接着又到东宫祝贺，宰相及各个亲王在台阶下按照品级，排定班次，皇太子下台阶，宰相上前向太子拜贺，并致贺词，致辞完毕之后，再拜。皇太子都一一答谢，也致辞表示谢意。"宋代开国之后，亲王回谢一般官员的礼仪，在一个时期内是这样的。

## 青莲居士

**原文**

李太白《赠玉泉仙人掌茶诗序》云："荆州玉泉寺近清溪诸山，往往有乳窟①。其水边处处有茗草罗生②，枝叶如碧玉，唯玉泉真公常采而饮之。余游金陵，见宗僧中孚，示予茶数十片，其状如手，名为'仙人掌茶'，盖新出乎玉泉之山，旷古未觌③，因持以见遗，兼赠诗，要予答之，遂有此作。后之高僧大隐，知仙人掌茶发乎中孚禅子及青莲居士李白也。"太白之称，但有"谪仙人"尔，"青莲居士"，独于此见之，文人未尝引用。而仙人掌茶，今池州九华山中亦颇有之，其状略如蕨拳④也。

【字词注解】

①乳窟：石钟乳丛生的洞穴。
②罗生：到处生长。
③觌：见，相见。
④蕨拳：指蕨芽。因其端卷曲如拳，故名。

## 【精彩解说】

唐朝诗人李白在《赠玉泉仙人掌茶诗序》中说:"在荆州玉泉寺附近,有清溪诸山并峙,山间有石钟乳丛生的洞穴。在水边的地方,到处长着名叫茗草的茶草。茗草的枝叶如同碧玉,似乎还没有引起人们的注意,只有玉泉寺的真公常常采摘作为茶叶饮用。我到金陵(今江苏南京)游历时,与高僧中孚相见,他拿出一种有数十片的茶叶给我看,叶片的形状很像人的手掌,所以就把它叫作'仙人掌茶'。这是才从荆州玉泉山采集而来的,自古以来,从未有人见到过。因此,特意拿出来赠送给我,并且赠诗一首,要我作诗酬答。为此,我写下了这首诗。后来的高僧及著名的隐士,都知道仙人掌茶起源于中孚禅子及青莲居士李白。"作为李白名号的太白称号,只有"谪仙人""青莲居士"的称号,仅仅在这里见到,还没有见有人引用。而仙人掌茶,在现在池州(今安徽池州、青阳、东至等市县)九华山中也有出产,它的形状与才长出来的蕨菜差不多,很像小孩子的手掌。

# 卷十一

## 熙宁司农牟利

**原文**　熙宁、元丰中，聚敛之臣，专务以利为国，司农遂粥①天下祠庙。官既得钱，听民为贾区，庙中慢侮秽践②，无所不至。南京有阏伯、微子两庙，一岁所得不过七八千，张文定公判应天府，上言曰："宋，王业所基也，而以火王。阏伯封于商丘，以主大火，微子③为宋始封，此二祠者独不可得免乎！乞以公使库钱代其岁入。"神宗震怒，批出曰："慢神辱国，无甚于斯！"于是天下祠庙皆得不粥。

又有议前代帝王陵寝，许民请射耕垦，司农可之，唐之诸陵，因此悉见芟刈。昭陵乔木，剪伐无遗。御史中丞邓润甫言："熙宁著令，本禁樵采，遇郊祀则敕吏致祭，德意可谓远矣。小人掊克④，不顾大体，使其所得不赀，犹为不可，况至为浅鲜者哉！愿绌⑤创议之人，而一切如故。"于是未耕之地仅得免。

二者可谓前古未有，一日万几，盖无由尽知之也。

**【字词注解】**

①粥：古同"鬻"，卖。

②庙中慢侮秽践：祠堂庙宇中的神像及各种设施，任人侮辱践踏。

③微子：名启，纣的庶兄。多次向纣王劝谏，王不听，遂出走。武王灭

商之后他被封于宋。

④掊克：敛财，搜刮民财。

⑤绌：通"黜"。贬谪，排斥。

## 【精彩解说】

神宗熙宁、元丰年间，那些平日爱财如命的官员，聚敛钱粮不择手段。掌管国家财政的司农决定租赁全国各地的祠堂庙宇。官府为了得到一些钱，就让百姓在祠堂庙宇内摆摊叫卖。祠堂庙宇中的神像及各种设施，任人侮辱践踏，而无人过问。南京（今河南商丘）有阏伯庙和微子庙，租赁之后，一年所得不过七八千钱。张方平在任应天府时曾经上疏说："南京是我朝王业根基重地，我朝是以火德为王的。阏伯是轩辕黄帝曾孙帝喾的儿子，受封到商丘，主管大火。微子是纣王庶兄，周武王灭商丘之后，被封于宋（今河南商丘）。而今就连这两个供奉阏伯和微子的祠庙，也不得幸免！恳请朝廷降旨以国家库存钱粮来代替这两个地方每年的收入。"神宗从这一奏折中得知各地祠庙遭到破坏的严重情况，十分恼火，立即批示说："侮神辱国，莫甚于此！"自此以后，各地的祠庙一如既往，不许人们在那里设摊叫卖。

此外，又有人提出前代帝王陵墓，占地甚广，请准许百姓开垦耕种，司农批准了这一建议。在前代帝王陵墓所在地的百姓纷纷开垦耕种。唐朝帝王陵墓上的草木，被铲除一尽。昭陵上高大的树木，也被砍伐无遗。御史中丞邓润甫得知这种情况后，就给神宗上疏说："熙宁时的国家法令，本来是禁止打柴的人乱砍滥伐的。每遇在郊外祭祀天地的时候，都要诏令各地官吏前往致祭，朝廷的德意不能说不是深谋远虑、从长计议的。而今那些无耻小人，贪得无厌，不顾大局，他们搜刮所得已难以计数，仍然不以此为满足，何况要叫他们少搜刮呢！希望贬斥首先提出准许垦耕前代帝王陵墓的人，恢复旧的制度。"神宗见到此奏之后，立即下令禁止。这样才使未被开垦耕种的帝王陵墓幸免于难。

以上二事，可以说是前所未有。皇上日理万机，哪能什么都知道啊！

# 东坡诲葛延之

## 原文

江阴葛延之,元符间,自乡县不远万里省苏公①于儋耳,公留之一月。葛请作文之法,诲②之曰:"儋州虽数百家之聚,而州人之所须,取之市而足,然不可徒得也,必有一物以摄之,然后为己用。所谓一物者,钱是也。作文亦然,天下之事,散在经、子、史中,不可徒使,必得一物以摄之,然后为己用。所谓一物者,意是也。不得钱不可以取物,不得意不可以用事,此作文之要也。"葛拜其言,而书诸绅。尝以亲制龟冠为献,公受之,而赠以诗曰:"南海神龟三千岁,兆叶朋从生庆喜。智能周物不周身,未死人钻七十二。谁能用尔作小冠,峤崄耳孙创其制。今君此去宁复来,欲慰相思时整视。"今集中无此诗。葛常之,延之三从弟也,尝见其亲笔。

【字词注解】

①省苏公:拜谒苏轼。
②诲:教导。

【精彩解说】

江阴葛延之于哲宗元符年间,从乡下不远万里不辞劳苦来到儋耳(今海南儋州市),见到了被朝廷贬斥的苏东坡,虚心向他求教。苏东坡很受感动,留葛延之住了一个月。葛延之问苏东坡:"写文章有什么好方法吗?"苏东坡耐心引导说:"儋州虽然是一个几百户人家的小城,这里百姓日常所需要的各种用品,都可以从集市上得到,当然不是平白无故就能得到,必须用一样东西去换取,然后才能为自己所有。那么,这一样东西是什么呢?就是钱。写文章也是同样的道理。天下之事,千姿百态。各种材料都分散在经书、子书(诸子百家、笔记小说)及史书之中,虽然可以得到它,可也不能白白地得到使用，也必须先得到一个东西，然后才能把它们攫取过来，为自己所使用。那么，这个东西是什么呢？就是意。得不到钱就不能买到自己需要的物品，没有意也就不能写出文章。这就是写文章的秘诀。"葛延之听了，很受启发，当即拜谢，并把这个秘诀写了下来，转告给各位绅士。他还将亲手制作的龟冠献给了苏东坡，以表示自己的敬意。苏东坡也赋诗回赠，诗中说："南海神龟三千岁，兆叶朋从生庆喜。智能周物不周身，未死人钻七十二。谁能用尔作小冠，岣嵝耳孙创其制。今君此去宁复来，欲慰相思时整视。"而今所见苏东坡集中没有这首诗。葛常之，为延之的叔伯三弟，曾经见到苏东坡亲笔所写的这首诗的真迹。

# 卷十二

## 汉唐三君知子

**原文**

英明之君,见其子有材者,必爱而称之。汉高祖谓赵王如意类己,欲以易孝惠①,以大臣谏而止。宣帝以淮阳王钦壮大,好经书、法律,聪达有材,数嗟叹曰:"真我子也!"常有意欲立为嗣,而用太子起于微细②,且早失母,故弗忍。唐太宗以吴王恪英果类我,欲以代雉奴③。其后如意为吕母所戕,恪为长孙无忌所害,钦陷张博之事,殆于不免。此三王行事④无由表见。然孝惠之仁弱,几遭吕氏之覆宗;孝元之优柔不断,权移于阉寺⑤,汉业遂衰;高宗之庸懦,受制凶后⑥,为李氏祸尤惨。其不能继述固已灼然。高祖、宣帝、太宗盖本三子之材而言之,非专指其容貌也,可谓知子矣。彼明崇俨谓英王哲(即中宗也)貌类太宗,张说谓太宗画像雅类忠王(即肃宗也)。此惟取其形似也。若以材言之,中宗之视太宗,天壤相隔矣。汉成帝所幸妾曹宫产子,曰:"我儿额上有壮发,类孝元皇帝。"使其真是孝元,亦何足道?而况于婴孺⑦之状邪!

【字词注解】

①易孝惠:用赵王如意去替换孝惠皇帝的太子地位。

②起于微细:生于贫贱之时。

③雉奴:唐高宗李治的乳名。

④行事：建功立业的本领。
⑤阉寺：宦官。
⑥凶后：高宗皇后武则天。
⑦婴孺：婴孩。

● 【精彩解说】

英名的君主，发现自己儿子中有才能的，一定会喜爱并称赞他。汉高祖称赵王如意像自己，想叫他替换孝惠皇帝做太子，因为大臣们进谏才没有实行。汉宣帝因淮阳王刘钦健壮高大，喜欢研究经书和法律，聪明畅达富于才华，屡次叹赏道："真是我的儿子！"经常有心立他为继承人，可因为太子出生于贫贱之时，并且早年丧母，所以不忍心夺其位。唐太宗认为吴王李恪英明果断像自己，曾想以他取代雉奴（唐高宗李治）。后来赵王如意被吕后残害，吴王李恪被长孙无忌处死，淮阳王刘钦被牵连到张博的事件里，几乎难免于难。这三王建功立业的才能无从发挥。可是孝惠帝仁厚懦弱，几乎被吕氏覆灭宗族；孝元帝优柔寡断，大权旁落到宦官手里，汉朝的大业于是走向衰落；唐高宗平庸怯懦，受凶后武则天控制，给李氏带来的祸患更惨。他们没能力继承先人事业当然是昭然若揭的。汉高祖、汉宣帝、唐太宗大抵是根据三个儿子的才能来说话，并非专指他们的相貌，真可谓知子莫若父。那明崇俨说英王李哲（即唐中宗）样子像太宗，张说则说唐太宗的画像很像忠王（即唐肃宗），这只是取其形貌相似。如果从才能上来讲，唐中宗比之唐太宗，真是异同霄壤。汉成帝所宠幸的侍妾曹宫生子，说："我儿子额上有丛生垂下的头发，像孝元皇帝。"即使他真是孝元帝，又有什么值得称道的？更何况是婴儿时期的长相有点像呢？

## 当官营缮

**原文**

元丰元年，范纯粹自中书检正官谪①知徐州滕县，一新②公堂吏舍，凡百一十有六间，而寝室未治，非嫌③于奉己也，曰吾力有所未暇而已。是时，新法正行，御士大夫如束湿，虽任二千石之重，而一钱粒粟，不敢辄用，否则必著④册书。东坡公叹其廉，适为徐守，故为作记。其略曰："至于宫室，盖有所从受，而传之无穷，非独以自养也。今日不治，后日之费必倍。而比年以来，所在务为俭陋，尤讳土木营造之功，欹仄⑤腐坏，转以相付⑥，不敢擅易一椽，此何义也！"是记之出，新进趋时之士，媢疾以恶之⑦。恭览国史⑧，开宝二年二月诏曰："一日必葺⑨，昔贤之能事。如闻诸道藩镇、郡邑公宇及仓库，凡有隳坏，弗即⑩缮修，因循岁时⑪，以至颓毁，及僝工充役，则倍增劳费⑫。自今节度、观察、防御、团练使、刺史、知州、通判等罢任，其治所廨舍⑬，有无隳坏及所增修，著以为籍⑭，迭相符授⑮。幕职州县官受代，则对书于考课之历，损坏不全者，殿一选⑯，修葺、建置而不烦民者，加一选。"太祖创业方十年，而圣意下逮⑰，克勤小物，一至于此！后之当官者不复留意。以兴仆植僵为务，则暗于事体、不好称人之善者⑱，往往翻指为妄作名色，盗隐官钱，至于使之束手讳避⑲，忽视倾陋，逮于不可奈何而后已。殊不思贪墨之吏，欲为奸者，无施不可⑳，何必假于营造一节乎？

【字词注解】

①谪：贬谪，贬官。

②一新：翻新。

③嫌：避嫌，避忌。

④著：记录。

⑤欹仄：房子倾斜。

⑥转以相付：转身就把它交给后任。

⑦媢疾以恶之：嫉妒并且讨厌他。

⑧恭览国史：我恭敬地披览本朝文献。

⑨一日必葺：即使在任一天也须修葺损坏了的房屋。

⑩即：立刻，及时。

⑪因循岁时：拖延时间。

⑫劳费：劳务和费用。

⑬廨舍：官署。

⑭著以为籍：记录在案。

⑮迭相符授：依次点验移交给后任。

⑯殿一选：落后一个选次授官。

⑰克勤小物：勤于政务，密切注意小事。

⑱暗于事体、不好称人之善者：不明事理、不喜欢称人之美的人。

⑲束手讳避：为避嫌疑，束手不干。

⑳无施不可：无处不可为。

## ●【精彩解说】

宋神宗元丰元年（1078年），范纯粹从中书省检正官被贬黜为徐州滕县知县，将公堂吏舍翻修一新，共一百一十六间，但寝室没有整治，不是避忌奉养自己的口实，说只不过是尽力于他事尚没有空暇罢了。这时，新法正在推行，像束湿那样的御史大夫，出任地方官，尽管肩负着州郡长官的重任，可是一文钱一粒米也不敢随便用，要用的话就一定记录在簿册之上。苏东坡赏叹他廉洁，刚好正做徐州知州，所以专为此事作了一篇杂记文字。他约略说道："至于官府的宫室，大抵是从前任那里接受来的，并且要不断地传给后任，不只是用来奉养自己。宫室坏了今日不及时整治，以后所用费用定会成倍增加。可是近年以来，到处以因陋就简为时尚，特别避忌土木营造的工程，即使房子倾斜、腐坏了，转身就把它交给后任，不敢擅自动一根椽子，这是什么道理呢？"这篇杂记写出来之后，新近提拔上来趋奉时尚的人，嫉妒并且讨厌他。我恭敬地披览本朝文献，见宋太祖开宝二年（969年）二月的诏书上说："就是在任一天也要修葺损坏了的房舍，这是过去的贤官良宰所能之事。可是听说各路的藩镇和郡县的官房和仓库，大抵是有了损坏，并不及时修缮，拖延岁月，以至于倾塌，等到筹集工料、募民充役进行修复的时候，劳务和费用就要倍增了。从今以后，节度使、观察使、防御使、团练使、刺史、知州、通判等谢任，他治所的廨舍，有没有毁坏以及增修的情况如何，都要记录在案，依次点验移交给后任。地方长官的属吏及州县长官任满去职，就对照着书写到考核优劣的记事文书上，廨舍损坏不全的，落后一个选次授官，有所修葺、建置而且不烦扰百姓的，提前一个选次授官。"太祖皇帝创立基业才十年，就下达了这样的旨意，勤劳国事密切注意小事，居然达到这样的地步！后来担任官职的人不再留心此类事。如果有人从事倾颓官舍的修复，那么，不明事理、不喜欢称人之美的人往往反而指责为巧立名目贪污公款，以至于当事者束手不干，为避免嫌疑，无视墙倒屋塌，达到无可奈何的境地才罢手。都不想想贪官污吏想做坏事，无处不可，哪里一定要假借营造官舍一事呢？

## 科举之弊不可革

**原文**

　　法禁益烦，奸伪滋炽①，唯科场最然，其尤者莫如铨试。代笔有禁也，禁之愈急，则代之者获赂谢愈多。其不幸而败者百无一二，正使得之，元未尝致法。吏部长贰帘试之制，非不善也，而文具儿戏，抑又甚焉。议论奉公之臣，朝夕建明，然此风如决流偃草，未尝少革。或以谓失于任法而不任人之故。殊不思所任之人，渠肯一意向方，见恶辄取，于事无益，而祸谤先集于厥身矣！

　　开宝中，太子宾客边光范掌选，太庙斋郎李宗讷赴吏部铨。光范见其年少，意未能属辞，语之曰："苟援笔成六韵，虽不试书判，可入等矣。"宗讷曰："非唯学诗，亦尝留心词赋。"即试诗赋二首。数刻而就，甚嘉赏之。翌日，拟授秘书省正字。今之世，宁复有是哉！

**【字词注解】**

①滋炽：日益严重。

**【精彩解说】**

　　法律禁令越来越多，作弊造假的现象也日益严重，这在科场上看得最清楚的是选授官职的考试。找人代笔是被禁止的,但禁令越严,代笔的人得到的贿赂和酬谢就越多。其中不幸败露的,不过是百分之一二,即使被查获,开始时也没有按照国家的法律制裁。宋代吏部选官,凡中选者被授予同进士出身及恩科人员外的人,都须赴吏部由其长官、副长官进行帘试,以防代笔之弊。这个规定,不能说不完善,但执行起来,却是一纸空文,甚至连儿戏也不如。奉公守法、敢于议论的大臣,虽然天天提出改进意见,但这种坏的风气如同河决水溢、风吹草倒一样,一点也没有得到改变。有人认为,之所以产生这些流弊,是因为太相信法令而不相信执行法令的人。持这种议论的人也不想一下,执行法令的官员,谁肯公平正直,一而再、再而三地得罪别人,弄个坏名声?这对于事情不但没有帮助,祸患诽谤反而先集中在自己身上了。

我朝太祖开宝年间,太子宾客边光范主持铨选官员,太庙斋郎李宗讷到吏部应选,边光范见他年轻,认为他写不出好文章,对他说:"如果你能提笔写出六首带韵的诗,即使不考其他科目,也可以算你合格。"李宗讷说:"我不但学诗,而且也曾留心词赋。"于是他当场写诗赋两首,边光范赞美并奖赏了他。第二天,便打算任命他为秘书省正字。现在还能有这样的事吗?

## 国初救弊

**原文**

国朝削并僭伪①,救民水火之中,然亦有因仍旧弊,未暇更张②者,故须赖于贤士大夫昌言之。江左初平,太宗选张齐贤为江南西路转运使,谕以民间不便事③,令一一条奏。先是诸州罪人多锢送阙下,缘路非理而死者④,常十五六。齐贤至蕲州,见南剑州吏送罪人者,索得州帖视之。二人皆逢贩私盐者,为荷⑤盐笼得盐二斤,又六人皆尝见贩盐而不告者,并黥决传送,而五人已死于路。江州司理院自正月至二月,经过寄禁罪人,计三百二十四人。建州民二人,本田家客户,尝于主家塘内,以锥刺得鱼一斤半,并杖脊、黥面,送阙下。齐贤上言:"乞俟至京,择官虑问⑥,如显有负屈者,本州官吏量加惩罚。自今只令发遣正身。"及虔州,送三囚,尝市得牛肉，并家属十二人悉诣阙，而杀牛贼不获，齐贤悯之，即遣其妻子还。自是江南送罪人者减大半。是皆相循习所致也，齐贤改为，其利民如此。齐贤以太平兴国二年方登科，六年为使者，八年还朝，由密学拜执政，可谓迅用⑦也。

——【字词注解】

①国朝削并僭伪：宋朝削平割据对立的王朝。文中特指与宋朝对立的割据势力。

②更张：改正。

③不便事：不好解决的事情。

④缘路非理而死者：路途上非正常死亡者。

⑤荷：挑担。

⑥择官虑问：选派官员仔细加以审查。

⑦迅用：提拔得很快。

——【精彩解说】

宋朝削平割据对立的王朝，拯救百姓于水火之中，但是也有承袭旧的弊端，未来得及改正者，因此需要依靠贤能的人士提出建议。江南平定之初，宋太宗选派张齐贤任江南西路转运使，晓谕他凡遇到民间不好解决的事，要逐一上奏。起初，各州获罪之人多数是禁锢之后送往京城，路途上非正常死亡者，常占十之五六。齐贤到了蕲州（今湖北蕲春），见到南剑州派遣官吏押送罪人，便要来罪人名单观看。其中有两个人碰到了卖私盐的人，替他们担盐笼得到二斤盐，因而获罪。还有六人都因为看见有卖私盐的没有上告而获罪，一并受到刺面的刑罚送往京城处理，其中五人已死于路上。江州（今江西九江）司理院从正月到二月，两个月时间内，从这里经过并寄禁于此的罪人，就有三百二十四人。建州（今福建建瓯）有两个人，本来是地主家的佃户，曾经在主人家的池塘里用锥子扎得一斤半鱼，却受到杖打脊背、脸上刺字、送往京城的惩罚。齐贤上书说："这些囚犯到京城时，请求选派官员仔细审问，如果确实有含冤负屈的，应由本州官吏给以适当的惩罚。从现在开始凡往京城遣送罪犯本人，不要株连其他人。"齐贤到了虔州，那里正遣送三名囚犯，这三人曾经在集市上买过牛肉，连累家属十二人一块儿被遣送京城，而杀掉耕牛的贼人却未抓获。齐贤可怜这些人，当下便释放这三人的妻子老小回家。从此之后，江南各州往京城遣送的罪人减少了大半。往京城遣送罪人的弊端都是各州官吏因循旧习形成的，齐贤做了改革，给百姓带来了好处。齐贤在太宗太平兴国二年（977年）考中进士，太平兴国六年（981年）担任使者，太平兴国八年（983年）回朝，由枢密直学士升为参知政事，提拔得很快。

## 二朱诗词

**原文**

朱载上，舒州桐城人，为黄州教授，有诗云："官闲无一事，蝴蝶飞上阶"。东坡公见之，称赏①再三，遂为知己。中书舍人新仲【翌】，其次子也，有家学，十八岁时戏作小词，所谓"流水泠泠，断桥斜路梅枝亚"者。朱希真见而书诸扇，今人遂以为希真所作。又有折叠扇词云："宫纱蜂赶梅，宝扇鸾开翅。数折聚【清】风，一捻生秋意。摇摇云母轻，袅袅琼枝细。莫解玉连环，怕作飞花坠。"公亲书稿固存，亦因张安国书扇，而载于《于湖集》中。其咏五月菊词云："玉台金盏对炎光。全似去年香。有意庄严端午，不应忘却重阳。菖蒲九节，金英满把，同泛瑶觞。旧日东篱陶令，北窗正傲羲皇。"渊明于五六月高卧北窗之下，清风飒至，自谓羲皇上人。用此事于五月菊，诗家叹其精切②云。

【字词注解】

①称赏：称道赞赏。
②精切：精准确切。

— •【精彩解说】

　　朱载上是舒州桐城（今属安徽）人，任黄州（今湖北黄冈）教授，他的诗句中有"官闲无一事，蝴蝶飞上阶"的诗句。苏东坡听闻，一直表示赞叹，并把朱载上引为知己。中书舍人朱翌字新仲，是朱载上的二儿子，家学渊源，十八岁娱乐时写的小词，有"流水泠泠，断桥斜路梅枝亚"的诗句。朱希真看到后写在了自己的扇子上，如今人们就认为是希真写的了。折叠扇上还有诗说："宫纱蜂赶梅，宝扇鸾开翅。数折聚【清】风，一捻生秋意。摇摇云母轻，袅袅琼枝细。莫解玉连环，怕作飞花坠。"朱载上亲自将书信稿件保留完整，张安国又将这首诗书写在扇子上，因此得以记载在他的著作《于湖集》中。朱载上吟咏五月菊花，诗为："玉台金盏对炎光。全似去年香。有意庄严端午，不应忘却重阳。菖蒲九节，金英满把，同泛瑶觞。旧日东篱陶令，北窗正傲羲皇。"陶渊明在五六月间高卧于北窗之下，清风飒飒吹来，自称羲皇上人。把陶渊明这件事写进五月菊诗中，诗人们都佩服他用典确切。

## 金刚经四句偈

### 原文

　　今世所行《金刚经》，用姚秦鸠摩罗什所译，其四句偈曰："一切有为法，如梦幻泡影，如露亦如电，应作如是观。"又曰："若以色见我，以音声求我，是人行邪道，不能见如来。"予博观它本，颇有不同。元魏天竺三藏菩提流支译云："一切有为法，如星翳灯幻。露泡梦电云，应作如是观。"而"不能见如来"之下更有四句云："彼如来妙体，即法身诸佛。法体不可见，彼识不能知。"陈天竺三藏真谛译云："如如不动，恒有正说。应观有为法，如暗翳灯幻，露泡梦电云。若以色见我，以音声求我，是人行邪道，不应得见我。由法应见佛，调御法为身，此法非识境，法如深难见。"唐三藏玄奘译云："诸和合所为，如星翳灯幻，露泡梦电云，应作如是观。诸以色见我，以音声寻我，彼生履邪断，不能当见我。应观佛法性，即导师法身。法性非所识，故彼不能了。"唐沙门义净译前四句，与魏菩提本同，而后云："若以色见我，以音声求我，是人起邪观，不能当见我。"后四句与玄奘本同。予案，今人称六如，东坡以名堂者，谓梦、幻、泡、影、露、电也。而此四译，乃知有九如。《大般若经》①第八会《世尊颂》，第九会《能断金刚》分二颂，亦与玄奘所译同。

## 【字词注解】

①《大般若经》：佛教经典。全称《大般若波罗蜜多经》，简称《般若经》。为宣说诸法皆空之义的大乘般若类经典的汇编。唐玄奘译。大概成书于公元前1世纪，其他各会是在以后几个世纪中成书的。一般认为最早出现于南印度，以后传播到西、北印度，在贵霜王朝时广为流行。梵本多数仍存。

## 【精彩解说】

现在社会上所传布的《金刚经》，采用了十六国时期姚氏秦国鸠摩罗什的翻译，其中有四句偈语说："一切有为法，如梦幻泡影，如露水亦如闪电，应当这样看待。"又说："从颜色形体来看我，从声音来寻求我，这是人行邪道，无法见到如来。"我广泛地考查了其他版本，有很大的区别。元魏时期，天竺僧人三藏菩提流支翻译说："一切有为的法，如星、翳、灯、幻、露、泡、梦、电、云，应当这样来看。"而在"不能见如来"之下还有四句说："彼如来妙体，即法身诸佛。法体不可见，彼识不能知。"南朝陈国天竺三藏大师真谛的翻译是："如如不动，恒有正说。应观有为法，如暗翳灯幻，露泡梦电云。若以色见我，以音声求我，是人行邪道，不应得见我。由法应见佛，调御法为身，此法非识境，法如深难见。"唐朝三藏大师玄奘的翻译是："诸和合所为，如星翳灯幻，露泡梦电云，应作如是观。诸以色见我，以音声寻我，彼生履邪断，不能当见我。应观佛法性，即导师法身。法性非所识，故彼不能了。"唐朝僧人义净翻译的前四句，与元魏菩提流支所译相同，后面几句是："若以色见我，以音声求我，是人起邪观，不能当见我。"后四句与玄奘所译相同。我认为今人称六如，就是苏东坡给六如堂起名字用的六如，是指梦、幻、泡、影、露、电。而以上四人的翻译，使我知道六如应该变成九如。《大般若经》第八卷《世尊颂》、第九卷《能断金刚》中的两段颂，也和玄奘所译的一样。

# 卷十四

## 王元之论官冗

【原文】

省官之说，昔人论之多矣，唯王元之两疏，最为切当。其一云："臣旧知苏州长洲县，自钱氏纳土以来，朝廷命官，七年无县尉，使主簿①兼领之，未尝阙事。三年增置尉，未尝立一功。以臣详之，天下大率如是。诚能省官三千员，减俸数千万，以供边备，宽民赋，亦大利也。"其二云："开宝中，设官至少，臣占籍济上，未及第时，止有刺史一人，李谦溥是也，司户一人，孙贲是也。近及一年，朝廷别不除吏。自后有团练推官一人，毕士安是也。太平兴国中，臣及第归乡，有刺史、通判、副使、判官、推官、监军，监酒榷税算又增四员，曹官之外更益司理。问其租税，减于曩日也，问其人民，逃于昔时也，一州既尔，天下可知。冗兵耗于上，冗吏耗于下，此所以尽取山泽之利而不能足也。"

观此二说，以今言之，何止于可为长太息哉！

【字词注解】

①主簿：官名。掌置。各级主官属下掌管文书的佐吏。

【精彩解说】

减少官员的议论，前人谈论已经不少了，只有王元之上的两个奏章，讲得精彩确切。其中一个奏章说："臣过去曾当过苏州长洲县知县,那里自从钱叔归附宋朝以来,朝廷派去的官员,七年之间没有县尉,仅仅让主簿兼领他的职务,但一件事也没有延误过。设置了三年县尉,没有立过一次功。臣仔细考虑过,天下的情况和长洲县大致相同。如果能减少三千名官员,减少俸禄支出数千万两,用这些钱供给边防,减轻百姓负担,对国家是有很大益处的。"第二个奏章说:"宋太祖开宝年间,设置的官员很少,臣的籍贯是济州,我没有考中进士时,济州只有一个刺史,就是李谦溥,司户一人,也就是孙贲。有将近一年,朝廷没有在济州再安排官吏。以后又增加团练推官一人,就是毕士安。太宗太平兴国年间,我考中进士回到家乡,济州的官员有刺史、通判、副使、判官、推官、监军,监理酒榷税算,又增加了四名官员,曹官之外,又增加了司理一职。询问济州的租税收入,比过去少了不少;询问那里的百姓,逃亡的比过去增多了。一个州是这样,天下的情况就知道了个大概。多余的士兵在朝廷上消耗钱粮,多余的官吏在地方上消耗钱粮,因此刮尽田地河泊中的所有出产也不敷应用。"

读完王元之的两个奏折,对照现在的情况,仅为此而叹息是不够的啊!

## 梁状元八十二岁

**原文**

陈正敏《遁斋闲览》:"梁灏①八十二岁,雍熙二年状元及第。其谢启云:'白首穷经,少伏生之八岁;青云得路,多太公之二年。'后终秘书监,卒年九十余。"此语既著,士大夫亦以为口实。予以国史考之,梁公字太素,雍熙二年,廷试甲科,景德元年,以翰林学士知开封府,暴疾卒,年四十二。子固亦进士甲科,至直史馆,卒年三十三。史臣谓:"梁方当委遇,中途夭谢。"又云:"梁之秀颖,中道而摧。"明白如此,遁斋之妄不待攻也。

【字词注解】

①梁灏：字太素，北宋郓州须城（今山东东平）人，出身官宦家。少年丧父。曾从学于王禹偁，初考进士，未中。雍熙二年（985年），考取状元，任大名府观察推官，时年二十三岁。灏有吏才，每上朝进奏，辞辩明敏，对答如流，真宗甚为嘉赏。群臣奏章，多教灏参议。景德元年（1004年），任开封知府。同年六月，暴病卒，时年四十二岁。著有文集十五卷。

【精彩解说】

陈正敏著的《遁斋闲览》中说："梁灏八十二岁那年，于太宗雍熙二年（985年）考中进士科第一名状元。在他写给朝廷的谢表中说：'头发白了还在研究经典，比秦末汉初精通《尚书》的伏生，仅小八岁；在青云中找到入仕道路，比姜太公还大两岁。'后来梁灏官拜秘书监，死时已九十余岁。"这番话流传极广，士大夫也认为这是事实。我考察本朝历史，梁灏字太素，在雍熙二年（985年）殿试时考中甲科，真宗景德元年（1004年），他以翰林学士的身份担任开封府知府之职，得暴病而死，那年他四十二岁。他的儿子梁固也考中了进士甲科，官至直史馆，死时三十三岁。写国史的人评论说："梁灏正当受到信任之际，突然中途死去。"又说："梁灏聪明敏捷，突然中年去世。"这些记载是如此明白，《遁斋闲览》一书的荒谬也就不言自明了。

## 徽庙朝宰辅

> **原文**
>
> 蔡京擅国命，首尾二十余年，一时士大夫未有不因之以至大用者，其后颇采公议，与为异同。若宰相则赵清宪挺之、张无尽商英、郑华原居中、刘文宪正夫，所行所言，世多知之。其居执政位者，如张康国宾老、温益禹弼、刘逵公路、侯蒙元功者，皆有可录。
>
> 康国定元祐党籍，看详讲议司编汇奏牍，皆深预密议，及后知枢密院，始浸为崖异。徽宗察京专愎①，阴令狙伺其奸，盖尝许以相。是时，西北边帅多取部内好官自辟置，以力②不以才。康国曰："并塞当择人以纾忧，顾奈何欲私所善乎？"乃随阙选用，定为格③。京使御史中丞吴执中击之，康国先知之，具以奏。
>
> 益镇潭州，凡元祐逐臣在湖南者，悉遭侵困④，因《爱莫助之图》遂为京用。至中书侍郎，乃时有立异。京一日除监司郡守十人，将进画，益判其后曰："收。"京使益所厚中书舍人郑居中问之，益曰："君在西掖，每见所论事，舍人得举职，侍郎顾不许邪？今丞相所拟十人，共皆姻党耳，欲不逆其意，得乎？"
>
> 逵以附京至中书侍郎。京去相，逵首劝上碎元祐党碑，宽上书邪籍之禁，凡京所行悖理殃民事，稍稍厘正之。蒙在政地，上从容问蔡京何如人，对曰："使京能正其心术⑤，虽古贤相何以加？"上颔首，且使密伺京所为，京闻而衔之。

凡此数端，皆见于国史本传。

### 【字词注解】

① 专愎：专权、刚愎自用。
② 力：效力。
③ 格：规矩。
④ 侵困：侵扰围困。
⑤ 虽：即使。

### 【精彩解说】

蔡京掌握国家政权，先后达二十年之久，一时之间，朝中士大夫没有不借助他的支持而得到重用的，后来这些人采取了公正的立场，与蔡京对立。如宰相赵清宪、张商英、郑华原、刘文宪。他们的言行，世人都已知道。其中执政的如张康国、温益、刘逵、侯蒙，都有值得记载的事迹。

张康国曾经参与确定元祐党籍，审定讲议司编排汇集的奏牍，也参与了处置元祐党人的秘密会议。后来张康国改任知枢密院事，才慢慢地不随波逐流，转而提出了自己的看法。徽宗觉察出蔡京专权、刚愎自用后，暗中让张康国侦察蔡京的奸邪之状，并且答应将来委任他做宰相。当时，西北边境上的领兵将领，蔡京多采取举荐的方式委任，根据是否愿为自己效力而看其人才能高低。张康国说："任命官员当选择有才能的人，为什么专挑与自己关系好的人呢？"于是，便根据阙员多少，挑选有才能的人上任，并定为规矩。蔡京指使御史中丞吴执中攻击张康国，张康国已经预先知道，便把此事上奏给了徽宗。

温益镇守潭州，凡是哲宗元祐年间贬往湖南的大臣，全部遭到他的侵扰围困，温益因《爱莫助之图》受到蔡京重用。官至中书侍郎后，立场便有了变化。一次，蔡京任命监司、郡守十人，正准备交给徽宗批准执行时，温益在后面写上批语说："收回。"蔡京派和温益关系不错的中书舍人郑居中问他为什么这样做，温益说："你在中书省任职，每次见讨论任命的事，中书舍人推荐的人，哪有被中书侍郎否决的呢？如今丞相所推荐的十个人，统统都是他的姻亲，怎么能使人同意呢？"

刘逵因为投靠蔡京升为中书侍郎。蔡京被罢相后，刘逵第一个劝徽宗砸碎元祐党人碑，放宽因上疏得罪圣上而被列入奸邪之籍的禁令，凡是蔡京所做的违背情理、祸国殃民等的事，逐渐加以纠正。侯蒙在政府任职，圣上郑重地问他蔡京是什么样的人，侯蒙回答："如果蔡京心术纯正，即使古代的贤明宰相也比不上他的才能。"圣上点头称是，让他密切侦察蔡京的所作所为。蔡京知道后极为恨他。

以上几件事，都见之于国朝历史他们本人的传记。

# 经句全文对

**原文**

予初登词科，再至临安，寓于三桥西沈亮功主簿之馆，沈以予买饭于外，谓为不便，自取家馔日相供。同年汤丞相来访，扣旅食大概，具为言之。汤公笑曰："主人亦贤矣。"因戏出一语曰："哀王孙而进食，岂望报乎？"良久，予应之曰："为长者而折枝，非不能也。"公大激赏①而去。

汪圣锡为秘书少监，每食罢会茶，一同舍辄就枕不至。及起，亦戏之曰："宰予昼寝，于予与何诛。"众未有言，汪曰："有一对，虽于今事不切，然却是一个出处。"云："子贡方人，夫我则不暇。"同舍皆合词称美。

——【字词注解】

①激赏：赞赏。

——【精彩解说】

我第一次由博学鸿词科考中进士后，再次到临安，住在三桥西沈亮功主簿的客房里。沈主簿因我在外边买饭吃，认为很不方便，便每日拿来他家的饭让我吃。和我同榜的汤思退丞相来看我，问我吃住的情况，我一一回答了。汤公笑着说："主人是够贤明有德了。"接着又开玩笑地说出一句话："我可怜公子王孙才让他吃饭，哪里希望报答呢？"过了很长时间之后，我应和说："为年长的人按摩身体，也不是不可以的。"汤公对此非常赞赏。

汪圣锡任秘书少监，每次吃完饭相聚喝茶时，他同一宿舍居住的人往往睡觉不来。等他们起床时，汪圣锡就开他们的玩笑说："孔子的学生宰予白天睡觉，我能给他什么责备呢？"大家都没有讲话，汪圣锡说："我给他对一个下联，虽然和现在的事不切题，然而出处却是同一部书。"接着说："子贡好评论别人的短长，而我却没这个时间。"同屋住的人一致赞扬对答得好。

# 卷十六

## 寄资官

**【原文】**

内侍①之职，至于干办后苑，则为出常调，流辈称之曰苑使。又进而干办龙图诸阁，曰阁长。其上曰门司，曰御药，曰御带。又其上为省官，谓押班及都知也。在法，内侍转至东头供奉官则止，若干办御药院，不许寄资，当迁官则转归吏部。司马公论高居简云："旧制，御药院官至内殿崇班以上，即须出外，今独留四人，中外以此窃议。"言之详矣。后乃不然，逮其迁带御器械可带阶官，然后尽还所寄之资。至于宣庆诸使，遥郡防、团、观察，其高者为延福宫、景福殿承宣使。顷在枢密行府，有院吏兵房副承旨董球，于绍兴三十二年正月尚未有正官，至四月，予接伴人使回，球通刺字来谒，已转出为武显大夫。问其何以遽得至此，曰："副承旨比附武显郎，后用赏故尔。"盖亦寄资也。

**【字词注解】**

①内侍：官名。常待奉皇帝、宣传诏令等。自秦至隋，士人与宦者兼用。唐以后，专用宦官，因此内侍又为宦官专称。

**【精彩解说】**

在皇帝宫廷供使唤的内侍宦官官职，如做到干办后苑这个官的，就算是出常调，世人称干办后苑为苑使。苑使再进升迁就是干办龙图阁和其他阁，称之为阁长。他的上级叫门司、御药、御带，再往上是内侍省官，即押班和都知。按规定，内侍官晋升到东头供奉官就到头了，如果担任干办御药院，以后就不许寄资，再升官时就要调离宦官系统，转归吏部按普通官员对待。司马光在谈及高居简时说："按照规定，御药院官升到内殿崇班以上，便需要改归外官系列，如今他已官至内殿崇班而仍未改归外，又留下四人，因此朝野内外不免议论纷纷。"说得已很详细了。但后来就不是如此了，等到升为带御器械时就可带高级的武官的官阶，然后把以前寄存的官职全部归还给本人。甚至升到宣庆等使，遥远边郡的防御史、团练使、观察使，最高的是延福宫、景福殿承宣使。不久前，我在枢密行府任职，有个院吏兵房副承旨董球，在高宗绍兴三十二年（1162年）正月还没有被任命正式官职，到了四月，我迎接伴随金使节归来的人，刚回到家，董球便送来名刺拜见我，他已晋升为武官官阶武显大夫。我问他如何会升得这么快，他说："副承旨相当于武显郎，后来是天子奖赏的缘故。"这也是通过寄资官的途径取得的。

## 曹马能收人心

### 原文

曹操自击乌桓[①]，诸将皆谏，既破敌而还，科问前谏者，众莫知其故，人人皆惧。操皆厚赏之，曰："孤前行，乘危以徼幸，虽得之，天所佐也，顾不可以为常。诸君之谏，万安之计，是以相赏，后勿难言之。"

魏伐吴，三征各献计，诏问尚书傅嘏，嘏曰："希赏徼功，先战而后求胜，非全军之长策也。"司马师不从，三道击吴，军大败。朝议欲贬出诸将，师曰："我不听公休，以至于此，此我过也，诸将何罪？"悉宥之。弟昭时为监军，唯削昭爵。雍州刺史陈泰求救并州，并力讨胡，师从之。未集，而二郡胡以远役遂惊反，师又谢朝士曰："此我过也，非陈雍州之责。"是以人皆愧悦。

讨诸葛诞于寿春，王基始至，围城未合，司马昭敕基敛军坚壁。基累求进讨，诏引诸军转据北山。基守便宜，上疏言："若迁移依险，人心摇荡，于势大损。"书奏报听。及寿春平，昭遗基书曰："初，议者云云，求移者甚众，时未临履，亦谓宜然。将军深算利害，独秉固心，上违诏命，下拒众议，终于制敌禽贼，虽古人所述，不过是也。"然东关之败，昭问于众曰："谁任其咎？"司马王仪曰："责在元帅。"昭怒曰："司马欲委罪于孤邪？"引出斩之。此为谬矣！

操及师、昭之奸逆，固不待言。然用兵之际，以善推人，以恶自与，并谋兼智，其谁不欢然尽心悉力以为之用？袁绍不用田丰之计，败于官渡，宜悉己，谢之不暇，乃曰："吾不用丰言，卒为所笑。"竟杀之。其失国丧师，非不幸也。

## 【字词注解】

①乌桓：中国古代的少数民族之一。亦作乌丸，乌桓族原与鲜卑同为东胡部落联盟的成员。其族属和语言系属有突厥、蒙古、通古斯诸说，未有定论。

## 【精彩解说】

曹操决定亲自率兵去攻打乌桓时，将领们都劝他不要亲自前去。不久，曹操打败乌桓，得胜归来，一一询问以前劝止他的人。众人不知他的意图是什么，都很害怕。结果曹操对于这些人都给予了重赏，说："我前去攻打乌桓，是冒着很大危险侥幸成功。虽然获得了胜利，是上天帮了我，但不能经常做这样的事。诸位劝止我，是为了我能立于不败之地，因此才重赏你们。以后你们有什么建议可随时讲。"

魏国攻打东吴，三次征伐，大将们都纷纷献计献策，天子下诏征求尚书傅嘏的意见，傅嘏说："事先没有周密的部署，将士贪图赏赐，先去作战，而后才想办法取得胜利，这不是保全军队的长久计策。"司马师不听，悍然分三路进攻吴国，结果打了败仗。朝廷上下议论打算把出主意的那些大将给予降级外调的处分，司马师说："我没有听从傅嘏的话，才打了败仗，这是我的过失，诸位将领有何罪？"于是将领们都被免予了处分。司马师的弟弟司马昭当时任监军，仅仅被削去了爵位。雍州刺史陈泰要求司马师给并州下命令，把力量合并在一起讨伐胡人，司马师采纳了这个建议。军队还没有集合，有两个郡的胡人因为要到远方打仗，惊慌之余，就起来造反了。司马师给朝中的士大夫道歉说："这是我的失误，并非陈泰的责任。"所以人们都佩服他的雍容大度。

司马昭派兵攻打寿春的诸葛诞，王基领兵刚到，还没有把城包围起来，司马昭命令王基收兵坚守营地。王基多次请求攻城，司马昭才让他率领诸军转移占据北山。王基根据情况提出建议，上疏说："如果把军队迁移到平安保险的地方去，人心动摇，就会损伤士气。"这个意见得到了司马昭的赞同。寿春平定后，司马昭给王基的书信中说："起初，议论攻城的人七嘴八舌，要求军队迁移到保险的地方的人不少，我没有亲自前往，也认为应该这样。将军你计算了利害得失，坚持己见，对上违背天子命令，对下力拒众人建议，终于制服了敌人，捉住了贼寇首领，即使古代谋略出众的人，也不过如此。"然而司马昭在东关打了败仗，他问众人："谁应承担打败仗的责任？"司马王仪说："责任在元帅。"司马昭大怒说："司马王仪想把罪责推到我身上吗？"于是将王仪拉到帐外杀了。他这样做简直太荒谬了。

曹操和司马师、司马昭的奸诈，就不必说了。但在用兵的时候，把美名推给别人，把恶名担起来，善于吸收别人的计谋和智慧，还有谁不尽心竭力去为他们效力呢？袁绍不听田丰的建议，在官渡败给了曹操，本来应该责问自己，向田丰致谢，他却说："我没有采用田丰的意见，所以打了败仗，以至于受到他的耻笑。"竟然还把田丰杀了。袁绍的亡国丧师，实在是咎由自取啊！

## 昔贤为卒伍

**原文**

三代而上，文武不分，春秋列国军将皆命卿，处则执政，出则将兵①，载于《诗》《书》《左传》，可考也。然此特谓将帅耳，乃若卒伍②之贱，虽贤士亦为之，不以为异。鲁哀公时，吴伐鲁，次③于泗上。微虎欲宵④攻王舍，私属徒七百人，三踊于幕庭，卒三百人，有若与焉。杜预云：

"卒，终也，谓于七百人中，终得三百人任行也。"或谓季孙曰："不足以害吴，而多杀国士，不如已也。"乃止之。此盖后世斫营劫寨⑤之类，而有若亦为之。齐伐鲁，冉求帅左师，樊迟为右，季孙曰："须也弱。"有子曰："就用命⑥焉。"谓虽年少，能用命也。冉有用矛于齐师，故能入其军。杜预云："言能以义勇也。"皆孔门高弟，而亲卒伍之事，后世岂复有之？

---●【字词注解】

① 处则执政，出则将兵：处朝廷时执政，在外时领兵。
② 卒伍：泛指军队。
③ 次：驻扎。
④ 宵：晚上。
⑤ 斫营劫寨：砍杀敌人军营或劫夺敌人粮草。
⑥ 就用命：能够拼命。

---●【精彩解说】

　　夏、商、周三代以前，官员不分文武，春秋时各个国家的军队将领都是受命的大臣，在朝时执政，出外时率兵，这在《诗经》《尚书》《左传》中都有记载，可以考证。不过以上所指是将帅，至于士兵之类下贱的人，即使是很贤能的人也干过，不认为这有什么耻辱。鲁哀公时，吴国攻打鲁国，军队驻扎在泗上（今江苏西北）。微虎这个人打算趁着夜晚进攻吴王，他有私人部属七百人，三次召集到大帐前的庭阶上，最后有三百人参加，有个叫有若的人也在其中。杜预说："卒，最后之意，是说七百人中，最后有三百人愿去攻打王宫。"有人对季孙说："袭营杀不了吴王，只是使本国人受到损失，不如停止这次行动。"季孙接受了这个意见。这就是后代所谓砍杀敌人军营或劫寨一类，而有若也想这样干。齐国攻打鲁国，冉求率领左师，樊迟率领右师迎战，季孙说："樊迟太软弱。"有子说："但是他能拼命。"意思是说，樊迟虽然年少，但却敢于拼命。冉有善于用矛进攻齐军，因此能攻入齐军中去。杜预说："冉有因为是正义之军所以勇敢。"

以上几人都是孔子的得意学生，但却当了普通的士兵，后世哪里还有这种事呢？

## 兵家贵于备预

### 原文

晋盗卢循据广州，以其党徐道覆为始兴相，循寇①建康，以为前锋。初，道覆遣人伐船材于南康山，至始兴贱卖之，居人争市②之，船材大积，而人不疑。至是悉取以装舰，旬日而办。萧衍镇雍州，以齐室必乱，密修武备，多伐材竹，沉之檀溪，积茅如冈阜③，皆不之用。中兵参军吕僧珍觉其意，亦私具橹数百张。衍既起兵，出竹木装舰，葺之以茅，事皆立办。诸将争橹，僧珍出先所具者，每船付二张，争者乃息。魏太武南伐盱眙，太守沈璞以郡当冲要，乃缮城浚隍④，积财谷，储矢石，为城守之备。魏攻之，三旬不拔⑤，烧攻具退走。古人如此者甚多，道覆虽失所从，为畔涣之归，然其事固可称也。

### 【字词注解】

①寇：攻打。
②市：购买。
③积茅如冈阜：竹木堆积得像小山一样。
④缮城浚隍：修缮城池，疏浚护城河。
⑤三旬不拔：三十天还没攻克。

### 【精彩解说】

晋代大盗卢循占据广州，任用他的党羽徐道覆做始兴（今广东韶关）长官，卢循攻打建康（今江苏南京）时，让他担任前锋。起初，道覆派人在南康山砍伐造船的木材，运到始兴贱价出卖，当地百姓争着购买，造船的木材堆集了很多，但没人怀疑他别有用心。到攻建康时全部取出来装上兵舰，十来天就办好了。萧衍镇守雍州时，预见到南齐必然发生战乱，暗地里准备武装，砍伐了很多成材的竹子，沉到檀溪中去，竹木堆积如山，都没拿出来用。中兵参军吕僧珍觉察出了他的用意，也暗中准备了船桨数百个。萧衍起兵后，取出贮藏的竹木装在战舰上，上面用茅草覆盖，事情很快就办好了。诸位将领争要船桨，僧珍拿出先前所预备的，每只船上发给两支，争议才平息了。魏太武帝拓跋焘向南进攻盱眙（今属江苏），盱眙的地方官沈璞因为这个郡是冲要之地，便修缮城池，疏浚护城河，聚积财物粮食，储备箭和垒石，做守城的准备。魏兵攻打了三十天，还没攻下来，烧掉攻城的器材退走了。古人这样做的很多，道覆虽然跟错了人，成为一个跋扈将领，但这件事还是值得称道的。

容斋五笔

# 概 论

宋代理学的发展极大地影响了史学家，使他们并不完全相信后人的注疏而重视对典籍的考辨，回归历史本身进行实证性研究，这也促进了考据学在宋代的发展。

《容斋五笔》在考证时考辨经典，厘定典故，辨证考据的同时，也具有极高的考据学成就，同时也采用金石证史以及诗词证史的方式，探寻历史真相。例如，在卷二"唐曹因墓铭"条云："庆元三年，信州上饶尉陈庄发土得唐碑，乃妇人为夫所作。"可见，洪迈记录了信州上饶县尉发掘的唐碑。

洪迈未撰述完《容斋五笔》便辞世，故《容斋五笔》没有序言，且仅有十卷。它通过评议、辨伪、纠缪、考证的方式，记载了对历代的政治制度、经济政策、历史人物的评价，同时还有对诗词名句的品读，具有极高的历史价值。

# 卷 一

## 天庆诸节

【原文】

大中祥符之世，谀佞之臣，造①为司命天尊下降及天书等事，于是降圣、天庆、天祺、天贶诸节并兴。始时，京师宫观每节斋醮②七日，旋减为三日、一日，后不复讲③。百官朝谒之礼亦罢。今中都④未尝举行，亦无休假，独外郡必诣天庆观朝拜，遂休务⑤，至有前后各一日。此为敬事司命过于上帝矣，其当寝明甚，惜无人能建白者。

【字词注解】

①造：虚构，捏造。
②斋醮：请僧道设斋坛祈祷神佛。
③后不复讲：后来就不再举行了。
④中都：京城。
⑤休务：放下公务。

【精彩解说】

北宋真宗大中祥符年间，一些谄谀奸佞之臣，捏造掌管命运的天尊下凡以及上帝下天书等事，于是降圣、天庆、天祺、天贶等节日一并兴起。开始的时候，每遇上述诸节，京城的宫观都要设斋坛，向神佛祈祷七天，很快就减为三天、一天，后来就不再举行了。百官朝谒之礼也随即作罢。现在京城已不再举行此类活动，遇上述诸节也无休假，只是有一些地方每遇诸节必到天庆观朝拜，于是他们放下公务，以至有费时达前后两天的。这是敬事司命超过了上帝。很明显，这类活动早就应当禁止，可惜无人能向皇上提出这一建议。

## 狐假虎威

### 原文

谚有"狐假虎威"之语，稚子来扣其义，因示以《战国策》《新序》所载。《战国策》云："楚宣王问群臣曰：'吾闻北方之畏昭奚恤也，果诚何如①？'群臣莫对。江乙对曰：'虎求百兽而食之，得狐，狐曰："子无敢食我矣，天帝使我长百兽②，今子食我，是逆天帝命也。子以我为不信，吾为子先行，子随我后，观百兽之见我而敢不走乎？"虎以为然，故遂与之行。兽见之皆走，虎不知兽畏己而走也，以为畏狐也。今王之地方五千里，带甲百万，而专属之昭奚恤，故北方之畏奚恤也，其实畏王之甲兵也，犹百兽之畏虎也。'"《新序》并同。而其后云："故人臣而见畏者，是见君之威也，君不用，则威亡矣。"俗谚盖本诸此③。

### 【字词注解】

①果诚何如：果真这样吗？
②长百兽：管理百兽，做百兽之王。
③本诸此：源于此处。

### 【精彩解说】

有个成语叫"狐假虎威"，我的幼子向我请教其意义，我就把《战国策》《新序》两书中的有关记载给他看。《战国策》中记载："楚宣王曾问群臣：'我听说北方诸国很害怕昭奚恤将军，果真如此吗？'群臣中一时无人应对。江乙回答说:'老虎天天捉各种动物以充饥,一天,它捉住一只狐狸,狐狸就对老虎说:"你不敢吃我!天帝让我做百兽之王,今天你要吃我,这是违逆天帝命令的。你如果不相信,我可以在前面走,你紧随我身后,看看百兽之中有谁见了我敢不逃跑?"虎信以为真,所以就跟随它走着。百兽见到它们都慌忙逃窜,老虎不知道百兽是害怕自己而逃跑,还认为它们是害怕狐狸。现在大王您的属地方圆五千里,有百万强大的军队,而把军队委托给昭奚恤指挥,所以北方诸国畏惧奚恤,其实他们害怕的是大王强大的军队,就像是百兽害怕老虎一样。'"《新序》中所记载的与此相同。而且在前文之后接着写道:"所以说人们害怕那些大臣,主要是害怕君主的权力,君主如果不将权力赋予大臣,大臣的权威也就不存在了。"这句成语大概就源出于此。

## 徐章二先生教人

**原文**

　　徐仲车先生为楚州教授,每升堂①,训诸生曰:"诸君欲为君子,而劳己之力,费己之财,如此而不为,犹之可也;不劳己之力,不费己之财,何不为君子?乡人贱之②,父母患之③,如此而不为可也;乡人荣之④,父母欲之⑤,何不为君子?"又曰:"言其所善,行其所善,思其所善,如此而不为君子者,未之有也。言其不善,行其不善,思其不善,如此而不为小人者,未之有也。"成都冲退处士章詧,隐者,其学长于《易》《太玄》,为范子功解述大旨⑥,再复摘词曰:"'人之所好而不足者,善也;所丑而有余者,恶也。君子能强其所不足,而拂⑦其所有余,则《太玄》之道几⑧矣。'此子云仁义之心,予之于《太玄》,述斯而已。或者苦其思⑨,艰其言⑩,迂溺其所以为数⑪,而忘其仁义之大,是恶足以语道哉!"二先生之教人,简易明白,学者或未知之,故表出于此。

─●【字词注解】

①升堂：开堂讲学，给学生上课。
②乡人贱之：如果乡人都轻贱君子。
③父母患之：父母厌恶君子。
④乡人荣之：乡人以做君子为荣耀。
⑤父母欲之：父母希望你成为君子。
⑥大旨：要义，主旨。
⑦拂：去除，摒弃。
⑧几：可以达到。
⑨苦其思：为其精深的思想而困惑。
⑩艰其言：被其艰深的言辞吓倒。
⑪迂溺其所以为数：沉溺于它所讲的术数中。

─●【精彩解说】

　　宋人徐仲车先生曾为楚州（今江苏淮安）州学教授，每次给学生上课，就教导学生说："各位都想成为君子，如果为此而耗费了你的精力和钱财，你不想做还说得过去；如果不需你出力，也不需你破费，为什么不做君子呢？如果同乡人都鄙视君子，父母也讨厌君子，你不想做君子也说得过去；如果同乡人以做君子为荣耀，父母也希望你成为君子，为什么不做君子呢？"他又说："如果言、行、思都以善为本，没有不成为君子的。如果言、行、思都以恶为源，也没有不成为小人的。"成都冲退居士章詧，是一个隐士，他对《周易》《太玄》有精深的研究，他为范子功讲解其中的要旨，又遣辞作文解释说："'对于人来说，好而从不满足即善，丑而有余即恶。如果君子能增强其所不足的东西，而摒弃其多余的东西，那么《太玄》中所讲的道理就领悟了。'这是孔子所提倡的仁义之心，我对于《太玄》，也不过是讲述这些罢了。有的人或为其精深的思想而困惑，或为其晦涩的语言所难倒，或沉溺于它所讲的术数，而忘掉了其中最宝贵的东西——仁义，这样的人，怎么能够给他讲道理呢？"二位先生教育人，总是简易明白，求学的人有的还不知道这些，所以我把他们的事迹记述于此。

# 王安石弃地

## 原文

熙宁七年，辽主洪基遣泛使萧禧来言河东地界①未决。八年再来，必欲以代州天池分水岭为界。诏询于故相文彦博、富弼、韩琦、曾公亮以可与及不可许之状，皆以为不可。王安石当国，言曰："将欲取之，必固与之。"于是诏不论有无照验，擗拨②与之。往时界于黄嵬山麓，我可以下瞰其应、朔、武三州，既以岭与之，虏③遂反瞰忻、代，凡东西失地七百里。

案庆历中，虏求关南十县，朝廷方以西夏为虑，犹不过增岁币以塞其欲④，至于土地，尺寸弗与。熙宁之兵力胜于曩时⑤，而用萧禧坚坐都亭之故，轻弃疆场设险要害之处。安石果于大言，其实无词以却⑥之也。孙权谓："鲁肃劝吾借刘玄德地云：'帝王之起，皆有驱除，关羽不足忌。'此子敬⑦内不能辨，外为大言耳！"安石之语亦然。

## 【字词注解】

①言河东地界：就宋辽两国河东（今山西太原）一带边界问题进行谈判。

②擗拨：分割。

③虏：此处代指辽国人。

④岁币：朝廷每年向外族输纳的钱物。塞：搪塞，满足。

⑤曩时：往时，以前。

⑥却：退却，拒绝。

⑦子敬：鲁肃，字子敬，三国时期吴国著名谋臣和武将。

## 【精彩解说】

北宋熙宁七年（1074年），辽国皇帝洪基派遣使者萧禧来宋，谈判宋辽两国河东（今山西太原）一带边界问题，没有结果。第二年萧禧又为此事而来，坚持两国要以代州（今山西代县）天池分水岭为国界。神宗皇帝就能否接受辽国的条件下诏征求前宰相文彦博、富弼、韩琦、曾公亮的意见，他们都认为不能答应。当时，王安石做宰相执掌朝政，上奏皇帝说："要想取之，必先与之。"于是皇帝下诏，不论察看勘验与否，都按萧禧的要求划拨给辽国。以前，宋辽两国边界在黄嵬山麓，我方可以居高临下俯瞰辽国的应州（今山西应县）、朔州（今山西朔州）、武州（今山西神池）三州，现在把黄嵬山岭割给辽国，辽贼反而俯瞰我忻州（今山西忻县）、代州（今属山西代县），从东到西，我国失地总共七百里。

而宋仁宗庆历年间，辽提出把关南十县割让给他们的无理要求，朝廷当时正为西夏的入侵而担忧，只不过每年多给辽一些钱粮来满足其贪欲，至于国土，却尺寸不让。熙宁年间兵力比庆历年间要强大，只因为萧禧不达目的坚决不走，就轻而易举地放弃了军事上的冲要之地。王安石说大话像是真的一样，其实是因为他没有其他措辞来拒绝辽国的无理要求。三国时吴主孙权曾说："鲁肃劝我把荆州借给刘备时说：'帝王之起，皆有驱除，关羽不足忌。'这是鲁肃不能分辨形势，口吐大话罢了！"王安石的话与鲁肃的话没有什么两样。

## 双生以前为兄

**原文**

《续笔》已书《公羊传》注双生子事，兹读《西京杂记》，得一说甚详。云："霍将军①妻一产二子，疑所为兄弟。或曰：'前生为兄，后生为弟，今虽俱日，亦宜以先生为兄。'或曰：'居上者宜为兄，居下者宜为弟，居下者前生，今宜以前生为弟。'光曰：'昔殷王祖甲一产二子，以卯日生嚣，以巳日生良。则以嚣为兄，以良为弟，若以在上者为兄，嚣亦当为弟矣。'许庄公一产二女，曰妖曰茂，楚大夫唐勒一产二子，一男一女，男曰正夫，女曰琼华，皆以先生为长。近代郑昌时、文长倩并生二男，滕公一生二女，李黎生一男一女，并以前生为长。霍氏亦以前生为兄焉。"此最可证。

【字词注解】

①霍将军：西汉大将霍光。

【精彩解说】

我在《续笔》中已记载《公羊传》中所注双胞胎的事，最近，我读《西京杂记》，又搜集到一条记载，且说得很详细。《西京杂记》中说："西汉大将军霍光的妻子生下了一对双胞胎，却搞不清谁应当是兄，谁应当是弟。有人说：'先生者为兄，后生者为弟，现在俩兄弟虽是一天出世，也应当以先生者为兄。'有人不以为然，说：'在娘胎中居上者应当是兄，居下者应当是弟，居下者先出世，所以应该以先生者为弟。'霍光听完两种意见后说：'从前商王祖甲之妻生下一对双胞胎，嚣先出生，隔了一天才生下良。祖甲就以嚣为兄，以良为弟，假若按居上者为兄来分的话，嚣不应是兄而应是弟。'春秋时，许庄公之妻生下一对双胞胎女儿，名字分别叫妖和茂，楚国大夫唐勒的妻子也生下了一对双胞胎，一男一女，男孩名叫正夫，女孩名叫琼华，他们都是以先出世者为长。近世的郑昌时、文长倩之妻都是一胞生下两个男孩，滕公之妻一胞生下两个女孩，李黎之妻一胞生下一男一女，他们也都是以先生者为长。霍光也以先生者为兄。"由此可见，双胞胎中以先生者为长是古代流传下来的习惯，这是有据可查的。

# 卷 二

## 二叔不咸

**【原文】**

《左氏传》载富辰之言曰:"昔周公吊二叔之不咸①,故封建②亲戚,以蕃屏周。"士大夫多以二叔为管、蔡。案《蔡仲之命》云:"群叔流言,乃致辟管叔于商,囚蔡叔,降霍叔为庶人。"盖三叔也。杜预注以为周公伤夏、殷之叔世,疏其亲戚,以至灭亡,故广封其兄弟。是以方叙说管、蔡、郕、霍十六国,其义昭然。所言亲戚者,指兄弟耳。

——【字词注解】

①昔周公吊二叔之不咸:从前,周公哀痛二叔不归服。
②封建:分封。

——【精彩解说】

《左氏传》中记载富辰的话说:"从前,周公哀痛二叔不归服,所以才分封亲戚,作为周朝的屏蕃。"士大夫大多都认为二叔是管叔和蔡叔。据《蔡仲之命》记载:"群叔散布言论,才导致管叔在商地被处死,蔡叔被囚禁,霍叔被贬为庶人。"大概是他们三人。杜预作的注解认为,周公对夏、殷国运衰落之时疏远其亲戚以至灭亡的教训进行了反思,所以才大封其兄弟为各地诸侯。因此,方才叙说的管、蔡、郕、霍等十六国,其意义是很明白的。所说的亲戚,指的就是兄弟。

## 官阶服章

### 原文

唐宪宗时,因数赦,官多泛阶[1];又帝亲郊[2],陪祠者授三品、五品,不计考[3];使府军吏以军功借赐朱紫,率十八;近臣谢、郎官出使,多所赐与。每朝会,朱紫满庭,而少衣绿者,品服太滥,人不以为贵[4],帝亦恶之,诏太子少师郑余庆条奏惩革。淳熙十六年,绍熙五年,连有覃霈,转官赐服者众。绍熙元年,予自当涂徙会稽,过阙,遇起居舍人莫仲谦于漏舍,仲谦云:"比赴景灵行香,见朝士百数,无一绿袍者。"又,朝议、中奉皆直转行,故五品官不胜计,颇类元和也。

### 【字词注解】

[1]官多泛阶:大多数官员都升了官。
[2]帝亲郊:每年冬至,皇帝亲自到南郊祭天。
[3]不计考:不论考核政绩的优劣。
[4]人不以为贵:因为赏赐太滥,人们也都不以得到赏赐为贵。

### 【精彩解说】

唐宪宗时,由于多次大赦,大多数官员都升迁了官阶;每年冬至,皇帝又亲自到南郊祭天,陪同祭祀的官员不管考核政绩的优劣都授以三品、五品官;军营中的武官大概十个中有八个凭军功被赐予中高级官员所穿的朱紫之衣;皇帝身边的官员调外任向皇帝辞别,郎官受皇帝的派遣出使地方,大多都会受到皇帝的恩赐。每到大臣朝见皇帝的日子,朝廷上的官员都是身着朱紫之衣，很少有穿绿官服的，由于官员服饰赏赐太滥，人们也都不以得之为贵，皇帝也厌恶这种现象，就下诏让太子少师郑余庆逐条列出改革意见上奏。南宋淳熙十六年（1189年），绍熙五年（1194年），广施皇恩，很多人因此升官被赐以朱紫官服。南宋绍熙元年（1190年），我以当涂（今安徽南陵东南）调职到会稽（今浙江绍兴），经过京城皇宫时，在简陋的房屋中遇到起居舍人莫仲谦，仲谦告诉我："不久前，我去景灵烧香，见到数百位官员，竟没有一位穿绿袍。"再加上朝议、中奉等散官也身着朱紫，所以五品官有多少都数不过来，很像唐宪宗元和年间那样。

## 庆善桥

### 【原文】

饶州学非范文正公所建，予既书之矣。城内庆善桥之说，亦然。比因郡人修桥①，拆去旧石，见其上镌云："康定庚辰"。案范公以景祐乙亥为待制，丙子知开封府，黜知饶州②，后徙润、越，至庚辰岁乃复职，帅长安，既去此久矣。

### 【字词注解】

①比因郡人修桥：不久前，由于本地人维修这座桥。
②黜知饶州：被贬谪到饶州做知州。

### 【精彩解说】

饶州（在今江西境内）学校并不是北宋范仲淹先生所建，我已经做了记载了。城内的庆善桥也一样不是他修建的。不久前，由于本地人维修这座桥，拆去一块旧石块，只见上面镌刻着几个字："康定庚辰。"范公在北宋仁宗景祐二年（1035年）担任待制职务，第二年担任开封府知府，接着被贬谪到饶州做知州，后来又调职到润、越地任职，到康定元年（1040年）就恢复了原来的职务，在长安（今陕西西安）任职，已经离开此地很长时间了。

## 吕望非熊

【原文】

自李翰《蒙求》有"吕望非熊"之句,后来据以为用。然以史策考之,《六韬》第一篇《文韬》说:"文王将田①,史编布卜曰:'田于渭阳,将大得焉。非龙非彲,非虎非罴,兆得公侯,天遗汝师②。'文王曰:'兆致是乎?'史编曰:'编之太祖史畴,为禹占得皋陶兆。'"《史记》云:"吕尚穷困年老,以渔钓干西伯,西伯将出猎,卜之,曰:'所获非龙非彲,非虎非罴,所获霸王之辅。'"后汉崔骃《达旨》云"渔父见兆于元龟",注文乃引《史记》"非龙非彲,非熊非罴"为证。今之《史记》,盖不然也。"非熊"出处,惟此而已。

【字词注解】

①文王将田:文王将去打猎。田,田猎,狩猎。
②天遗汝师:是上天授予你的国师。

【精彩解说】

自从后晋李瀚的《蒙求集注》中有"吕望非熊"之句,后来人都以此为根据加以引用。但是用史策来考证这句话,《六韬》中的第一篇《文韬》中说:"文王要去打猎,史编告诉他占卜结果:'在渭水之北打猎,将会有大的收获。所获非龙非彲,非虎非罴,预兆会得公侯,是上天送给你的国师。'文王问道:'征兆会这么准确吗?'史编回答:'我的太祖史畴,为大禹占卜到获得皋陶的征兆。'"《史记》中说:"吕尚穷困年老,经常在河边钓鱼,希望能遇到西伯,西伯将出去打猎,对这次活动进行了占卜,说:'所获得的东西非龙非彲,非虎非罴,所获得的是帮你成就霸王之业的人。'"东汉崔骃在《达旨》中说"渔父(吕尚)从大龟身上见到了征兆",注文是引用《史记》中的"非龙非彲,非熊非罴"作为证据。今天的

《史记》，就不是这样说的。"非熊"的出处，只是这里。

## 唐曹因墓铭

### 原文

庆元三年，信州上饶尉陈庄发土得唐碑，乃妇人为夫所作。其文云："君姓曹，名因，字鄙夫，世为鄱阳人。祖、父皆仕于唐高祖之朝，惟公三举不第①，居家以礼义自守。及卒于长安之道，朝廷公卿、乡邻耆旧②，无不太息。惟予独不然。谓其母曰：'家有南亩，足以养其亲；室有遗文，足以训其子。肖形天地间，范围阴阳内，死生聚散，特世态耳，何忧喜之有哉！'予姓周氏，公之妻室也。归公八载③，恩义有夺④，故赠之铭曰：'其生也天，其死也天，苟达此理，哀复何言！'"予案唐世上饶本隶饶州，其后分为信，故曹君为鄱阳人。妇人能文达理如此，惜其不传，故书之，以裨⑤图志之缺。

### 字词注解

①三举不第：三次参加科举考试都没能获得功名。
②耆旧：年高而有声望的人，故老。
③归公八载：嫁给丈夫八年。
④恩义有夺：夫妻十分恩爱。
⑤裨：弥补，补救。

### 精彩解说

南宋宁宗庆元三年（1197年），信州上饶（今江西上饶）尉陈庄挖出一块唐朝的墓碑，这是一位妇女为其去世的丈夫所作的墓志铭。碑文写道："我丈夫姓曹，名叫因，字鄙夫，世世代代都是鄱阳（今江西鄱阳北）人。祖父和父亲都在唐高祖之朝做官，只有我丈夫三次参加科举考试都没获取功名，后来就居于家中，以礼义约束自己和全家。到我丈夫死在通往长安（今陕西西安）路上的时候，朝廷上的公卿、乡邻乡亲、耆老世交，没有不叹惜的，只有我不以为然。我对婆母说：'家有良田，足以养活双亲；家有夫君留下的文章，足以教育子女成人。人生在天地之间，在阴、阳间转换，死生聚散，这就是世间的特征，有什么可忧可喜的呢？'我姓周，是夫君的结发妻子。嫁给我丈夫八年，我们非常恩爱，今天他去世了，我就作一铭文赠送他：'人活着是天意，死了也是天意，假若明白这个道理，为什么还要说些悲伤的话呢？'"唐朝时，上饶本来隶属于饶州，后来才从饶州分出隶属信州，所以说曹因世代都是鄱阳人。一位妇道人家，竟能写这样通情达理的文章，可惜她的事迹没有通过史书流传下来，所以我把这件事记录下来，以补史志之缺憾。

# 卷 三

## 人生五计

### 原文

朱新仲舍人常云："人生天地间，寿夭不齐①，姑以七十为率：十岁为童儿，父母膝下，视寒暖燥湿之节，调乳哺衣食之宜，以须成立，其名曰生计；二十为丈夫，骨强志健②，问津名利之场，秣马厉兵，以取我胜，如骥子伏枥，意在千里③，其名曰身计；三十至四十，日夜注思，择利而行，位欲高，财欲厚，门欲大，子息欲盛，其名曰家计；五十之年，心怠力疲，俯仰世间，智术用尽，西山之日④渐逼，过隙之驹不留，当随缘任运⑤，息念休心，善刀而藏⑥，如蚕作茧，其名曰老计；六十以往，甲子一周，夕阳衔山，倏尔就木，内观一心，要使丝毫无慊⑦，其名曰死计。"朱公每以语人⑧，以身计则喜，以家计则大喜，以老计则不答，以死计则大笑，且曰："子之计拙也。"朱既不胜笑者之众，则亦自疑其计之拙，曰："岂皆恶老而讳死邪？"因为南华长老作《大死庵记》，遂识其语。予之年龄逾七望八，当以书诸绅云。

### 字词注解

①寿夭不齐：寿命长短不一。

②骨强志健：筋骨强健，志向高远。

③如骥子伏枥，意在千里：就像是千里驹虽然趴在槽枥上，却想着有朝

一日能驰骋千里。

④西山之日：死亡的日子，讳称。

⑤随缘任运：听从命运的安排。

⑥善刀而藏：修缮并藏起在名利场上厮杀的工具。

⑦慊：不满足，遗憾。

⑧朱公每以语人：朱新仲先生每次把他的人生五计讲给人听。

【精彩解说】

朱新仲经常说："人生活在天地之间，寿命的长短不一样，姑且以七十岁为准：十岁左右还是儿童，跟随在父母身旁，天气的寒暖燥湿父母都得为他操心，衣食住行都由父母安排，只待长大成人，这叫生计；二十岁时已是成人，筋骨强健，志向高远，开始问津名利场，喂饱马，磨快兵器，以争取自己获胜，就像是千里驹虽然趴在槽枥上，却想着有朝一日驰骋千里，这叫身计；三十到四十岁之间，日夜苦思，选择有利于自己的事情去做，欲求高官厚禄、财源茂盛、门第高大、子孙兴盛，这叫家计；五十岁时，心力已经疲惫，周旋于人世间，自己的聪明才智已经施展殆尽，生命已接近尾声，就像白驹过隙一样，过去的岁月已经一去不复返，这时应当听从命运的安排，收起名利之心，善藏在名利场上拼杀的工具，像蚕作茧一样建一个舒适的安乐窝，这叫老计；六十岁以后，人生已过了一个甲子，生命就像夕阳衔山一样很快要朽木入土了，这时应静心修养，使生活安宁，死而无憾，这叫死计。"朱新仲先生每次把他的人生五计讲给人听时，听者的情绪都在不断地变化。讲到身计，听者喜笑颜开；讲到家计，听者欣喜若狂；讲到老计，听者沉默不语；讲到死计，听者则哈哈大笑，并对朱新仲说："你的五计太笨拙了。"笑话他的人多了，朱新仲自己也对五计产生了怀疑，自言自语地说："难道人们都讳老忌死吗？"我在为庄子作《大死庵记》时，才真正认识到他讲的人生五计的深刻内涵。我已是七十多岁的人了，应把这五计各诉各位绅士。

## 元正父子忠死

**原文**

　　唐安禄山表权皋入幕府，皋度禄山且叛①，以其猜虐②不可谏，欲行，虑祸及亲，因献俘京师，在道诈死，既唅敛③而逸去。皋母谓④实死，恸哭感行路⑤，故禄山不之虞，归其母。皋潜奉侍昼夜南奔。既渡江而禄山反。天下闻其名，争取以为属。甄济居青岩山，诸府五辟⑥，诏十至，坚卧不起⑦。安禄山入朝，求济于玄宗，授范阳掌书记，济不得已而起。察禄山有反谋，不可谏，因谒归，阳⑧欧血不支，舁⑨归旧庐。禄山反，使封刀召之⑩。曰："即不起，断其首。"济引颈待之。使以实病告，庆绪复使强舆至东都。会广平王平东都，诣军门上谒，肃宗使污贼官罗拜⑪，以愧其心。《唐书》列二人于《卓行传》，褒之至矣。

　　有元正者，在河南幕府，史思明陷河、洛，辇父匿于山中。贼以名召之⑫，正度事急，谓弟曰："贼禄不可养亲⑬，彼利吾名，难免矣⑭。然不污身而死，吾犹生也。"贼既得，诱以高位，瞋目固拒，兄弟皆遇害。父闻，仰药死⑮。事平⑯，诏录伏节⑰十一姓，而正为冠。皋、济之终，与正皆赠秘书少监。予谓皋、济得生，而正一门皆并命⑱，故当时以为伏节之冠。而《唐史》不列之《忠义》《卓行》中，但附见于其祖万顷《文艺》之末，《资治通鉴》亦不载其事，使正之名寂寥不章显，为可恨也！白乐天作张诫碑云："以左武卫参军分司东都，属安禄山陷覆洛京，以伪职淫刑，胁劫士庶。公与同官卢巽潜遁于陆浑山，食木实，饮泉水者二年，讫不为逆命所污⑲。肃宗诏河南搜访不仕贼庭、隐藏山谷者，得六人以应诏，公与巽在焉。繇是名节闻于朝，优诏褒美⑳，特授密县主簿。"

**【字词注解】**

①皋度禄山且叛：权皋估计到安禄山将会反叛朝廷。

②猜虐：猜忌暴虐。

③啥敛：装殓。

④谓：以为。

⑤恸哭感行路：号啕恸哭，连路人听到都觉得悲伤。

⑥诸府五辟：官府五次请他做官。

⑦坚卧不起：坚决辞让，绝不出山。

⑧阳：佯装。

⑨舁：抬。

⑩使封刀召之：派使者拿刀召甄济回来。

⑪肃宗使污贼官罗拜：肃宗知道后，就让那些曾投降叛军的官员列队拜见甄济。

⑫贼以名召之：叛贼认为他名声大而召他做官。

⑬养亲：供养亲人。

⑭难免矣：看来我是不能幸免的了。

⑮仰药死：喝毒药自尽。

⑯事平：安史之乱平定后。

⑰伏节：保持名节。

⑱并命：同死。

⑲讫不为逆命所污：最终没有被叛贼玷污自己的名节。

⑳优诏褒美：皇帝也专门下诏予以褒奖赞扬。

【精彩解说】

唐朝中期，安禄山上表推荐权皋为自己幕府中的幕僚，权皋估计到安禄山将会反叛朝廷，又因为他猜忌暴虐不听劝谏，就想离开，但又考虑到这样会祸及双亲，于是就趁到京师献俘，在途中诈称因病而死，装殓以后又逃跑。权皋的母亲以为他确实死了，号啕恸哭，使人听到了不免感到悲伤，所以安禄山也信以为真，就让权皋的母亲回老家。权皋偷偷地在路上接母亲，侍奉母亲昼夜南奔。刚渡过长江，安禄山就起兵造反。于是，权皋闻名天下，一些地方长官争着聘请他做自己的幕僚。甄济是居住在青岩山的一位隐士，官府五次请他做官，皇帝十次下诏请他出山，他都坚辞不出。安禄山入京朝见唐玄宗时，请求皇帝批准甄济到范阳（今河北涿州市）去做官，并授予甄济为范阳掌书记之职,这样,甄济不得已被迫赴任。到任后,他发现安禄山阴谋反叛朝廷,而且不能劝谏制止他,因此在谒见安禄山后,假装自己呕血不止,让人抬着重返旧居。安禄山反叛后,派使者拿刀召甄济回来,并对使者说:"如果甄济不回来,就砍掉他的头。"甄济伸着脖子等着被杀。使者无奈只好作罢,回见安禄山时说甄济确实有病。后来,安禄山的儿子安庆绪又派人强行把甄济抬到东都洛阳。恰逢广平王收复洛阳,甄济就到广平王处诉说自己的遭遇。肃宗知道后,就让那些曾投降叛军的官员列队拜见甄济,目的是使他们感到羞愧。《新唐书》把权皋、甄济二人列入《卓行传》中,大加褒扬。

有位叫元正的人,曾在河南幕府中任职,史思明攻下河洛地区时,元正用车载着他父亲藏匿于山中。叛贼认为他名声大而召他做官。元正考虑到事情紧急,对他的弟弟说:"叛贼的俸禄是不能用来奉养亲人的。他们是想利用我的名声以维持他们的统治,看来我难以逃脱他们的魔掌。但不玷污于身而死,死而犹生,死而犹荣。"叛贼搜捕到元正后,以高官厚禄来引诱他,元正横眉冷对,宁死不从。叛贼恼羞成怒,把他兄弟二人一并杀害。元正的父亲知道此事后,也喝毒药自杀。安史之乱平定后,皇帝下诏访查了十一家保持了名节的人家,其中元正为第一人。权皋、甄济死后,与元正一样都被追赠为秘书少监。我想权皋、甄济虽经磨难却得以生存,而元正父子全都为国捐躯,这是人们认为元正是保持名节者之冠的原因。而《新唐书》不把他列入《忠义传》《卓行传》中,只把他附列在《文艺传》其祖父元万顷的传记后面,《资治通鉴》中对其事迹也没有记载,这就使元正的名字鲜为人知,实在是太遗憾!白居易在为张諴作的碑文中记载道:"张諴以左武卫参军的职务分司东都洛阳,适逢安禄山攻陷洛阳,以高官厚禄和滥施酷刑,胁迫士人百姓追随他。张諴与同僚卢巽偷偷逃到陆浑山中,靠采摘野果和饮用泉水生活了两年,最终没有被叛贼玷污自己的名节。唐肃宗下诏命河南府搜访那些拒绝到叛贼中做官而隐居山野的人,最后找到六人,张諴与卢巽就在其中。因此,张諴的忠义名节朝廷上下尽人皆知,皇帝也专门下诏予以褒奖赞扬,并授予他密县主簿的职务。"

## 瀛莫间二禽

**原文**

瀛、莫二州之境，塘泺之上有禽二种。其一类鹄，色正苍而喙长，凝立水际不动，鱼过其下则取之，终日无鱼，亦不易地。名曰信天缘。其一类鹜，奔走水上，不闲腐草泥沙①，唼唼然②必尽索乃已，无一息少休。名曰漫画。信天缘若无能者，乃与漫画均度，一日无饥色，而反加壮大。二禽皆禀性所赋，其不同如此。

【字词注解】

①不闲腐草泥沙：不停地在腐草泥沙中寻觅食物。
②唼唼然：水鸟或鱼吃食的样子。唼唼，象声词，水鸟或鱼的吃食声。

【精彩解说】

在瀛州（今河北河间）和莫州（今河北任丘），在河塘湖泊上有两种鸟。一种很像是天鹅，全身灰白色，嘴很长，长时间静立于水边不动，有鱼从它身下经过时，它就用嘴将其捉住吃掉，即使终日无鱼，它也不换地方。它的名字叫信天缘。另一种很像鸭子，经常在水上游来游去，不停地在腐草泥沙中唼唼地叫着寻觅食物，直至找完为止，也不休息。它的名字叫漫画。信天缘好像很无能，却和漫画一样都要度过一天，且面无饥色，反比漫画更壮更大。二禽的秉性都是天赋予的，却又如此不同。

## 萧颖士风节

### 原文

萧颖士为唐名人,后之学者但称其才华而已,至以笞楚①童奴为之过。予反复考之,盖有风节识量②之士也。为集贤校理,宰相李林甫欲见之,颖士不诣,林甫怒其不下己。后召诣史馆,又不屈,愈见疾③,至免官更调河南参军。安禄山宠恣,颖士阴语柳并曰:"胡人负宠而骄,乱不久矣。东京其先陷乎!"即托疾去。禄山反,往见河南采访使郭纳,言御守计,纳不用。叹曰:"肉食者以儿戏御剧贼,难矣哉!"闻封常清陈兵东京,往观之,不宿而还④,身走山南,节度使源洧欲退保江陵,颖士说曰:"襄阳乃天下喉衿⑤,一日不守,则大事去矣。公何遽轻土地,取天下笑乎?"洧乃按甲不出⑥。洧卒,往客金陵,永王璘召之,不见。刘展反,围雍丘,副大使李承式遣兵往救,大宴宾客,陈女乐。颖士曰:"天子暴露⑦,岂臣下尽欢时邪!夫投兵不测,乃使观听华丽,谁致其死哉?"弗纳。颖士之言论操持如此,今所称之者浅矣。李太白,天下士也,特以堕永王乱中,为终身累⑧,颖士,永王召而不见,则过之焉。

### 字词注解

①笞楚:用荆条鞭笞。

②有风节识量:高风亮节,有胆识,有肚量。

③愈见疾:越发遭到李林甫的嫉恨。

④不宿而还:连夜返回。

⑤喉衿:咽喉要冲,兵家重地。

⑥按甲不出:按兵不动。

⑦天子暴露:天子逃离京师,风餐露宿。

⑧为终身累:一辈子都受牵连。

### 【精彩解说】

萧颖士是唐朝的名人，后代学者只称赞其才华出众而已，把他鞭笞童奴作为他的过错。我反复考察有关资料后发现，他还是一位高风亮节、有胆识、有抱负的人。在他担任集贤殿校理时，当时的权相李林甫想召见他，他却辞而不去，李林甫对他不屈从于自己很恼火。后来，李林甫又让他到史馆任职，他仍然不屈服，为此他更遭李林甫所忌恨，以至被免除史官职务外调到河南府（今河南洛阳）任参军。当时，安禄山自恃玄宗的宠信，恣意妄为，萧颖士私下对柳并说："胡人（指安禄山）依仗着皇上的宠信而骄横跋扈，他反叛朝廷不会太久了。东都洛阳到时会最先陷落的！"不久，他便托病很快离开了洛阳。安禄山反叛以后，萧颖士去见河南采访使郭纳，向他进献防守抵御叛军的策略，可郭纳不予采用。萧颖士感叹道："那些身居高位要职的人抵御来势凶猛的叛贼如同玩儿戏，想抵挡住也太难了！"他听说大将封常清陈兵东都洛阳，就去观察了一番，结果很失望，连夜返回，南逃到山南东道（今湖北襄樊）避乱。当地节度使源洧想放弃襄阳，退保江陵（今湖北江陵），萧颖士规劝道："襄阳是天下的咽喉要冲，兵家必争之地，一日不坚守，则大势即去。你何必匆忙轻易放弃这个战略要地，让天下人取笑你呢？"源洧听从了他的建议，就按兵不出。源洧死后，萧颖士又去金陵（今江苏南京），并客居于此。肃宗的弟弟永王李璘慕名要召见他，他坚辞不去。后来，刘展反叛，兵围雍丘，副大使李承式派兵救援，出兵前大宴宾客，歌女环列。萧颖士见此劝李承式说："天子逃离京师，风餐露宿，这难道是臣下尽情欢乐的时候吗？现在要到吉凶难测的战场战斗，临行前却让他们观赏华丽的歌舞音乐，谁还愿去拼死疆场呢？"李承式拒不接受其建议。萧颖士的言论如此精辟，操持胆识如此卓异，现在对他的议论也太浅薄了。李白是闻名天下的大诗人，只因身陷永王李璘的叛军之中，而终身受到连累。萧颖士对永王李璘的召见辞而不见，可见他的胆识远远超过李白。

# 开元宫嫔

## 原文

自汉以来，帝王妃妾之多，唯汉灵帝、吴归命侯、晋武帝、宋苍梧王、齐东昏、陈后主。晋武至于万人。唐世明皇为盛，白乐天《长恨歌》云"后宫佳丽三千人"，杜子美《剑器行》云"先帝侍女八千人"，盖言其多也。《新唐史》所叙，谓开元、天宝中，宫嫔大率至四万。嘻，其甚矣！隋大业①离宫遍天下，所在皆置宫女。故裴寂为晋阳宫监，以私侍高祖。及高祖义师经过处，悉罢之②。其多可想。

## 【字词注解】

① 隋大业：隋炀帝大业年间。
② 悉罢之：把离宫中的女人悉数释放回家。

## 【精彩解说】

自汉朝以来，拥有众多妃妾的帝王，只有东汉灵帝刘宏、三国吴归命侯孙皓、西晋武帝司马炎、南朝宋苍梧王刘昱、南朝齐东昏侯萧宝卷、南朝陈后主陈叔宝几人。晋武帝司马炎的后宫中，嫔妃近万人。唐朝以唐玄宗的嫔妃最多，白居易在《长恨歌》中写道"后宫佳丽三千人"，杜甫在《剑器行》中也写道"先帝侍女八千人"，是说唐玄宗嫔妃之多。据《新唐书》记载，唐玄宗开元、天宝年间，后宫中嫔妃大概有四万人之多。嘻，这也太过分了！隋炀帝大业年间，离宫遍布天下，每座离宫中都有数量不等的宫女。所以裴寂才能以晋阳宫监的身份，私下里归奉唐高祖李渊。唐高祖起义兵以后，所到之处，把离宫中的宫女都释放回家。其宫女之多可想而知。

# 卷 四

## 东坡文章不可学

**原文**

东坡作《盖公堂记》云："始吾居乡，有病寒而咳者，问诸医，医以为蛊①，不治且杀人。取其百金而治之，饮以蛊药，攻伐其肾肠，烧灼其体肤，禁切其饮食之美者②。期月而百疾作，内热恶寒而咳不已，累然真蛊者也③。又求于医，医以为热④，授之以寒药，旦朝吐之，莫夜⑤下之，于是始不能食。惧而反之⑥，则钟乳、乌喙，杂然并进，而漂疽、痈疥、眩瞀⑦之状，无所不至。三易医而病愈甚。里老父教之曰：'是医之罪，药之过也。子何疾之有？人之生也，以气为主，食为辅。今子终日药不释口⑧，臭味乱于外⑨，而百毒战于内⑩，劳其主⑪，隔其辅⑫，是以病也。子退而休之，谢医却药，而进所嗜，气全而食美矣。则夫药之良者，可以一饮而效。'从之，期月而病良已。昔之为国者亦然。吾观夫秦自孝公以来，至于始皇，立法更制⑬，以镌磨锻炼其民，可谓极矣。萧何、曹参亲见其斫丧之祸，而收其民于百战之余，知其厌苦、憔悴、无聊，而不可与有为也，是以一切与之休息⑭，而天下安"。

是时，熙宁中，公在密州，为此说者，以讽王安石新法也。其议论病之三易，与秦、汉之所以兴亡治乱，不过三百言而尽之。

## 【字词注解】

① 医以为蛊：医生认为我肚子里有蛔虫。
② 禁切其饮食之美者：禁食一切美味佳肴。
③ 累然真蛊者也：疲惫不堪好像腹中真有虫子一样。
④ 医以为热：医生认为是内热。
⑤ 莫夜：通"暮夜"，晚上。
⑥ 惧而反之：医生恐惧，则反其道而行之。
⑦ 眩瞀：眩晕。
⑧ 药不释口：药不离口。
⑨ 臭味乱于外：外在的味觉被破坏。
⑩ 百毒战于内：各种病毒在体内发作。
⑪ 劳其主：气受劳顿。
⑫ 隔其辅：食物被阻隔。
⑬ 立法更制：订立法令，更改制度。
⑭ 与之休息：与民休息，让百姓休养生息。

## 【精彩解说】

苏东坡作《盖公堂记》，文章中说："以前我在乡下居住的时候，着了凉而咳嗽，询问医生，医生认为我肚子里有虫，不治疗就会死人。于是我拿出百金来治疗，喝了打虫药，攻伐肾肠，烧灼体肤，禁食一切美味佳肴。一个月以后各种疾病都发作了，忽冷忽热而且咳嗽不已，疲惫不堪像真有虫子一样。又请了一个医生，医生认为是内热，给开了清热药，喝下之后一直吐了一天多，于是饭也吃不下去了。医生害怕了，反过来给开了钟乳、乌喙等，喝下之后，疖子、疮疥、眩晕等症状，一齐都来了。三次换药而病得越来越厉害。乡里的老人对我说：'这是医生的责任和吃药的过错。你有什么病？人生在世，以气为主，吃的为辅。现在您一直药不离口，外面的味觉破坏之后，各种病毒发作于体内，气受劳顿，食物被阻，所以真的就病了。您休息一下，不找医生，停止服药，喜欢吃什么就吃什么，气全饭也就香了，那时一剂药立即见效。'我听从他的话，一个月后病真的全好了。过去治理天下也是这个理儿。我看秦自孝公以来，至于始皇，颁布法令，更改制度，百般地折磨百姓，可以说已经达到了顶点。萧何、曹参目睹了秦暴政的祸害，他们在百战之后统治天下，知道人民的疾苦和困顿，知道不能再继续使人民劳作了，于是一切与民休息，从而安定了天下。"

当时是宋神宗熙宁年间，东坡先生在密州（今山东诸城一带），他写这篇文章的目的在于讽刺王安石的新法。他议论三次换药及秦、汉兴亡的原因，不过短短的三百字就把理说透了。

## 晋代遗文

**原文**

故簏①中得旧书一帙②，题为《晋代名臣文集》，凡十四家，所载多不能全，真太山一毫芒③耳。有张敏者，太原人，仕历平南参军、太子舍人、济北长史。其一篇曰《头责子羽文》，极为尖新④。古来文士皆无此作，恐《艺文类聚》《文苑英华》或有之，惜其泯没不传，漫采之以遗博雅君子。其序云："太原温长仁、颍川荀景伯、范阳张茂先、士卿刘文生、南阳邹润甫、河南郑思渊。余友有秦生者，虽有姊夫之尊，少而狎之，同时昵好。张、荀之徒，数年之中，继踵登朝⑥，而此贤身处陋巷，屡沽而无善价⑦，抗志自若，终不衰堕。为之慨然！又怪诸贤既已在位，曾无伐木嘤鸣之声，又违王、贡弹冠之义，故因秦生容貌之盛，为头责之文以戏之。并以嘲六子焉。虽似谐谑，实有兴也。"

文曰："维泰始元年，头责子羽曰：'吾托为子头，万有余日矣。大块禀⑧我以精，造我以形。我为子莳发肤，置鼻耳，安眉颊，插牙齿。眸子桥光，双权隆起⑨。每至出入人间，邀游市里，行者辟易⑩，坐者竦跽⑪。或称君侯，或言将军，捧手倾侧，伫立踦䠱。如此者，故我形之足伟也。子冠冕弗戴，金银弗佩，艾以当笄⑫，帕以代带，百味弗尝，食粟茹菜⑬，岁暮年过⑭，曾不自悔。子厌我形容，我贱子意态。若此者，必子行已累也。子遇我如仇，我视子如仇。居常不乐，两者俱忧。何其鄙哉！子欲为仁贤耶？则当如咎陶、后稷、巫咸、伊陟，保乂王家，永见封殖⑮。子欲为名高耶？则当如许由、子臧、卞随、务光，洗耳逃禄⑯，千载流芳。子欲为游说耶？则当如陈轸、蒯通、陆生、邓公，转祸为福，含辞从容⑰。子欲为进趋耶？则当如贾生⑱之求试，终军之请使，砥励锋颖⑲，以干王事。子欲为恬淡耶？则当如老聃之守一，庄周之自逸⑳，漠然离俗，志凌云日。子欲为隐遁耶？则当如荣期之带索，渔父之濯滥，栖迟神岳，垂饵巨壑。此一介之人，所以显身成名者也。今子上不睎道德，中不效儒、墨，块然穷贱，守此愚惑。察子之情㉑，观子之志，退不为处士㉒，进无望三事㉓。而徒玩日劳形㉔，习为常人之所喜，不亦过乎？'子羽愀然深念㉕而对曰：'凡所教敕，瑾闻命矣。受性拘系，不闻礼义，误以天幸，为子所寄。今子欲使吾为忠耶？当如包胥、屈平㉖；欲使吾为信耶？则当杀身以成名；欲使吾为节耶？则当赴水火以全贞㉗。此四者，人之所忌，故吾不敢造意㉘。'头曰：'子所谓天刑地网，刚德之尤㉙。不登山抱木，则褰裳赴流㉚。吾欲告尔以养性，诲尔以优游。而与蚁虱同情㉛，不听我谋。悲哉！俱御人体，而独为子头。且儗人其伦，喻子侪偶，曾不如太原温颙、颍川荀禹、范阳张华、士乡刘许、南阳邹湛、河南郑诩。此数子者，或謇吃无宫商㉜，或尫陋希言语㉝；或淹伊多姿态㉞，或謹哗少智谞㉟；或口如含胶饴㊱，或头如巾齑杵㊲。而犹以文采可观，意思详序㊳，攀龙附风，并登天府㊴。夫舐痔得车，沉渊窃珠，岂若夫子，徒令唇舌腐烂，手足沾濡㊶哉？居有事之世㊷，而耻为权谋，譬犹凿地抱瓮，难以求富。嗟乎子羽！何异牢槛之熊，深阱之虎，石间饿蟹，灶中之鼠！事虽多，而见工甚少㊸，宜其卷局煎蹙㊹，至老无所睎也。支离其形者，犹能不困。命也夫，与子同处！'"

其文九百馀言，颇有东方朔《客难》、刘孝标《绝交论》之体。《集仙传》所载神女《成公智琼传》，见于《太平广记》，盖敏之作也。邹湛姓名，因羊叔子㊺而传，而字曰润甫，则见于此。

---

•【字词注解】

①簏：竹箱。

②一帙：一卷。

③毫芒：微小的杂草。比喻极细微。

④尖新：尖锐新颖。

⑤狎：亲近而不庄重。

⑥继踵登朝：相继入朝为官。

⑦善价：好价钱。

⑧禀：赋予。

⑨双权隆起：颧骨突起。权，通"颧"。

⑩辟易：退避。

⑪竦跽：恭敬地跪下。

⑫笄：古时插头发上的簪子。

⑬食粟茹菜：吃糠咽菜。

⑭岁暮年过：一年一年过去。

⑮永见封殖：永远被分封。

⑯洗耳：事见于许由。许由是尧舜时代的贤人，品德高尚，才智过人，很受部族崇敬。部落联盟领袖唐尧想禅位给许由，许由坚辞不受，到岐山隐居。唐尧得知后，又派人来请他出任九州长官。许由认为这话是污染了自己的耳朵，于是到河中洗耳。逃禄：不做官。

⑰含辞从容：谈吐从容不迫。

⑱贾生：贾谊。

⑲砥励锋颖：磨砺锋芒，使之脱颖而出。

⑳老聃、庄周：老子和庄子，两人都是道家的代表人物，追求恬淡闲适，超然物外。

㉑察子之情：考察你的实际情况。

㉒观子之志：观察你的志向。

㉓处士：隐士。

㉔玩日劳形：虚度时日。

㉕愀然深念：严肃认真地思考。愀然，忧愁的样子。

㉖包胥、屈平：申包胥和屈原，二人都是不世的忠臣。

㉗全贞：保全贞节的名声。

㉘造意：提倡某种方法，此处代指起念头、动心思。

㉙尤：罪过，错误。

㉚褰裳赴流：撩起衣服投水自杀。

㉛同情：同样的想法。

㉜或謇吃无宫商：有的口吃五音不全。

㉝或尫陋希言语：有的形貌猥琐，寡言少语。

㉞淹伊：又作“伊优”，阿谀逢迎的样子。多姿态：故作姿态。

㉟或讙哗少智谞：有的喜爱哗众取宠而缺少智谋。

㊱或口如含胶饴：有的像口里含着胶饴糖一样张不开口。

㊲头如巾齑杵：即头上包着头巾，像捣齑的杵。

㊳意思详序：文意明晰。

㊴攀龙附风：攀龙附凤。

㊵并登天府：登上朝官的宝座。

㊶濡：湿。

㊷有事之世：多事之秋。

㊸而见工甚少：而收效甚微。

㊹卷局煎虁：卷曲煎熬。

㊺羊叔子：即羊祜，三国两晋时名臣，有卓越的军事才能。

## 【精彩解说】

最近从旧竹箱子里得一卷旧书，书名为《晋代名臣文集》，一共有十四家，所收文章都不全，就像泰山上的一棵小草一样。其中有一位是张敏，太原人，历官平南参军、太子舍人、济北长史。他的文章收入一篇《头责子羽文》，很是尖锐新颖。自古以来的文人没有这种作品，恐怕《艺文类聚》《文苑英华》已经收入，我还是有点担心它泯没不传于后世，姑且抄在这里以传给后世的博雅君子。这篇文章的小序说：“太原温长仁、颍川荀景伯、范阳张茂先、士卿刘文生、南阳邹润甫、河南郑思渊。我的朋友秦生，虽然是我的姐夫，但我们从小就玩得很好。张华、荀禹等人，几年之间相继做上了朝官，而你身处陋巷一直卖不出个好价钱，自己却悠然自得，我行我素。我为你感慨万千！张、荀诸贤在位之后，毫无顾念朋友之心，又违王、贡弹冠谦让之义，我对此感到生气，故因秦生的仪表堂堂，写出这篇文章来和他开个玩笑。同时嘲讽上述六位。虽然看似诙谐，实乃有感而发。”

文章说："泰始元年（265年），头指责子羽说：'我托生为您的头已经一万多天了。天地赋予我精神和形体，我为您生长毛发，放置鼻子耳朵，安排眉毛鼻梁，插上牙齿。目光炯炯，颧骨隆起。每当穿插于人丛当中，游荡于闹市之上，正在行走的人立即让路，坐着的人恭敬地跪下。有的称君侯，有的喊将军，拱手站立在高低不平的地方。这都是因为我身形伟岸的缘故。您没有冠冕可戴，没有金银可佩，用艾棍当簪子，用布条为带，各种美味尝不到，一年到头吃糠咽菜也不后悔。您讨厌我的容貌，我还瞧不起您的意态呢！这样一定给您的行为带来不便。您我像仇敌一样，双方都不快活，有什么意思呢？你想做一个仁人贤者吗？那就应当像咎陶、后稷、巫咸、伊陟那样，保护王家平安，您也永远得到分封。您想做名士吗？那就应当像许由、子臧、卞随、务光那样，逃避尘世，流芳千古。您想做游士吗？那就应当像陈轸、蒯通、陆贾、邓公那样，转祸为福，从容谈吐。您想有所进取吗？那就应当像贾谊求试和终军请求出使那样，磨尖锋芒，脱颖而出，来参与国家大事。您想恬淡利禄吗？那就应当像老聃一样恪守一意和庄周那样飘然自逸，漠然人生，壮志凌云。您想遁世吗？那就应当像荣期和渔父那样，栖居山岳，垂钓大壑。这一群人都是些显身成名者。现在您上不注意道德，中不效法儒、墨，孤零零地处于穷贱境地，恪守着您的愚惑。考察您的实际情况，您退不能为隐士，进不能取三公。每天白白地虚度年华，安于俗人的喜怒哀乐，这样您觉得合适吗？'子羽痛心思考后回答：'您的教诲我都听到了。由于天性的限制，我不懂什么礼义，幸亏上天把您安置到了我的身上。现在您想让我做忠臣吗？那么下场就像申包胥和屈原；您想让我守信吗？那我就应该杀身以成名；您想让我有气节吗？那我就必须投入水火之中以求得贞节之名。这种种名号，人人忌惮，所以我也不敢想。'头说：'您说的是天刑地网、刚德有罪。不是登山抱木而死，就是撩起衣服投水自杀。我想告诉您的则是如何养性，从容地生活。您与虮虱一样不听我的话，太可悲了！都是长在人体上，为什么单单托生为您的头？而且人与人相比，拿您与太原温颙、颍川荀禹、范阳张华、士乡刘许、南阳邹湛、河南郑诩相比，您还不如他们？这几位，有的口吃五音不全，有的形貌猥琐且寡言少语；有的迟钝而故作姿态，有的喜欢哗众取宠而缺少智谋；有的像口里含着胶饴一样张不开口，有的头就像木棒一样，然而却以文采可观、思想明晰，最终能够攀龙附凤，登上朝官的宝座。有的靠舔人痔疮而得到彩车，有的到深渊之中偷到宝珠，您倒好，让唇舌白白腐烂，手足沾湿。在一个多事之秋里生活，却耻于为人出谋划策，就像挖地和抱瓮汲水，这是难以致富的。哎呀子羽！您和牢圈中的熊、陷阱中的虎、乱石中的饿蟹以及炉灶中的鼠有什么区别呢？事干了不少，却收效甚微，您卷曲煎熬一生，前途暗淡，真不应该呀！支离形体，尚能不困，与您同处一体，这都是命啊！'"

这篇文章九百多字，和东方朔的《客难》、刘孝标的《绝交论》颇为相似。《集仙传》所载神女《成公智琼传》，见于《太平广记》，也是张敏的作品。邹湛的姓名，靠羊祜得以传世，而其字润甫，则在这里见到。

## 汉武帝田蚡公孙弘

**原文**

尚论古人者，如汉史所书，于武帝则讥其好大喜功，穷奢极侈，置生民于涂炭；于田蚡则诋其负贵骄溢①，以肺腑②为相，杀窦婴、灌夫；于公孙弘则云性意忌③，外宽内深，饰诈钓名④，不为贤大夫所称述。然以予考之，三君臣者，实有大功于名教⑤。自秦始皇焚书坑儒，六学散缺，高帝初兴，未皇庠序之事⑥，孝惠、高后时，公卿皆武力功臣，孝文好刑名⑦，孝景不任儒。至于武帝，田蚡为丞相，黜黄、老刑名百家之言，延文学儒者以百数。帝详延天下多闻之士⑧，咸登诸朝，令礼官劝学，讲议洽闻，举遗兴礼⑨，以为天下先。而公孙弘以治⑩《春秋》为丞相，天下学士靡然乡风⑪。弘为学官，悼道之郁滞⑫，始请为博士官置弟子，郡国有秀才异等，辄以名闻。请著为令⑬。而《诗》《书》《易》《礼》之学，彬彬并兴，使唐、虞三代以来稽古礼文⑭之事，得以不废。今之所以识圣人至道之要者，实本于此。史称其"罢黜百家，表章⑮《六经》，号令文章，焕⑯焉可述"。盖已不能尽其美。然则武帝奢暴，固贻患于一时；蚡、弘之为人，得罪于公论，而所以扶持圣教者，乃万世之功也。平帝元始诏书，尚能称弘之率下笃俗⑰，但不及此云。

## 【字词注解】

① 负贵骄溢：仗势骄傲。
② 肺腑：比喻皇帝的亲属或亲信。
③ 性意忌：性格狭隘。
④ 饰诈钓名：生性狡诈，沽名钓誉。
⑤ 名教：指以孔子的"正名"思想为主要内容的封建礼教，魏晋南北朝时期该名称出现。
⑥ 未皇庠序之事：无暇顾及文化教育事业。庠序，代指学校教育。
⑦ 刑名：刑律。
⑧ 详延天下多闻之士：广招天下博学多才之士入朝为官。
⑨ 举遗兴礼：举遗才，兴礼乐。
⑩ 治：研究，治学。
⑪ 靡然乡风：风起响应。
⑫ 道之郁滞：学术荒芜。郁滞，停滞不前。
⑬ 请著为令：请求用法令的形式将这些内容都确定下来。
⑭ 稽古礼文：稽古，考察古事。礼文，礼乐仪制。
⑮ 表章：同"表彰"。
⑯ 焕：光明。
⑰ 笃俗：笃正社会风气。

## 【精彩解说】

谈论古人，就像汉代史书所记载的那样，对武帝则讽刺他好大喜功、穷奢极欲，致使人民生灵涂炭；对田蚡则诋毁他仗势骄傲，以外戚为相，杀窦婴、灌夫；对公孙弘则说他生性狭隘，表面宽厚，内心促狭，矫饰沽名，为贤大夫所不赞成。然而在我看来，这三位君臣，实际上对名教都有大功。自秦始皇焚书坑儒，《诗经》《尚书》《礼记》《乐经》《周易》《春秋》六艺散缺，高帝建国之初，无暇顾及文化教育事业，惠帝、高后时代，公卿都是些武官功臣，孝文帝好刑名之学，孝景帝不喜欢儒生。至于武帝，用田蚡为相，罢黜黄老刑名百家之学，招揽文学儒生上百人。武帝广召天下博学多才之士到朝廷，命令礼官鼓励儒学，讲论学术，兴礼乐，举遗才，作为天下的表率。公孙弘于是以研究《春秋公羊传》而登上丞相的宝座，天下学士风起响应。公孙弘为学官，对于学术荒芜感到痛心，请求皇上为博士官置弟子，地方郡国有秀才异等要上报中央，并请求把这些内容用法律的形式研定下来。《诗经》《尚书》《周易》《礼记》之学于是纷纷兴起，唐、虞三代以来的典章制度得以传播下来。现在能够认识圣人之道的基本精神，全依赖这些人的努力。史书记载武帝"罢黜百家，表彰儒家六经，于是儒学焕然明白"。已不能把好处全部记述。然而武帝过分暴虐，的确给一代人带来灾难；田蚡、公孙弘为人处世，得罪了社会舆论，但他们扶持圣教，则是万世之功。平帝元始年间的诏书，还能称赞公孙弘率领下属笃正风气，只是没说到这一点罢了。

# 卷 五

## 庾公之斯

### 原文

《孟子》:"逢蒙①学射于羿,尽羿之道,思天下惟羿为愈己②,于是杀羿。孟子曰:'是亦羿有罪焉?'公明仪曰:'疑若无罪焉。'曰:'薄乎云尔,恶得无罪?'"此一段既毕,而继之曰:"郑人使子濯孺子侵卫,卫使庾公之斯追之。子濯孺子曰:'今日我疾作,不可以执弓,吾死矣夫!'问其仆曰:'追我者谁也?'其仆曰:'庾公之斯也。'曰:'吾生③矣。'其仆曰:'庾公之斯,卫之善射者也。夫子曰吾生,何谓也?'曰:'庾公之斯学射于尹公之他,尹公之他学射于我。夫尹公之他,端人④也,其取友必端矣。'庾公之斯至⑤,曰:'夫子何为不执弓?'曰:'今日我疾作,不可以执弓。'曰:'小人学射于尹公之他,尹公之他学射于夫子,我不忍以夫子之道⑥反害夫子。虽然,今日之事,君事⑦也,我不敢废。'抽矢,扣轮⑧,去其金,发乘矢而后反。"

孟子书子濯、庾公一段,几⑨二百字,其旨以谓使羿如子濯,得尹公而教之,则必无逢蒙之祸。然前段结尾,自常为文者处之,必云如子濯孺子,施教于尹公之他则可,不然,后段之末,必当云:以是事观之⑩,羿之不善取友,至于杀身,其失如此,然后文体相属⑪。兹判为两节,若不关联,而宫商相宣⑫,律吕明焕,立言之妙,是岂步趋模仿所能仿佛哉?人为儿童时,便读此章,未必深识其趣,故因表出而极论之。《左氏传》书卫献公奔齐云:"尹公他学射于庾公差,庾公差学射于公孙丁。他与差为孙林父追公，公孙丁御公。庾公差曰：'射为背师，不射为戮，射为礼乎。'射两軥而还。尹公佗曰：'子为师，我则远矣。'乃反之。公孙丁授公彎而射之。贯佗臂。"即《孟子》所引者，而名字先后美恶皆不同。

## 【字词注解】

① 逢蒙：后羿的弟子。
② 愈己：比自己强。愈，愈加，超过。
③ 吾生：我的学生。
④ 端人：正派的人。
⑤ 至：追上来。
⑥ 道：技艺。
⑦ 君事：君主之事，公事。
⑧ 扣轮：向车轮敲击。扣，敲击。
⑨ 几：接近。
⑩ 以是事观之：从这件事看来。
⑪ 相属：上下贯穿。
⑫ 宫商相宣：宫和商两颗星互相映照，意即相辅相成。

## 【精彩解说】

《孟子·离娄下》载："逢蒙跟随羿学习射箭，完全学到了羿的技艺，考虑到天下只有羿比自己强，就把羿杀死了。孟子说：'这事羿也有过错吗？'公明仪说：'好像没有过错。'孟子说：'过错不大罢了，怎能说一点没有呢？'"这一段说完，《孟子》接着写道："郑国曾经派子濯孺子去攻打卫国，卫国派庾公之斯来追击他。子濯孺子说：'现在我的病发作了，拿不了弓，这下是活不成了！'他问赶车人：'谁在追我？'赶车人回答：'庾公之斯。'子濯孺子说：'我死不了啦。'赶车人问道：'庾公之斯是卫国的神射手，您反而说死不了，这是为什么？'子濯回答：'庾公之斯跟尹公之他学射，尹公之他又跟我学射。尹公之他是个正派人，他选择的学生一定也正派。'庾公之斯追上来后问道：'先生您为什么不拿弓？'子濯回答:'今天我的病发作了,拿不起弓。'庚公之斯便说:'我跟尹公之他学射,尹公之他又学射于您。我不忍心用您的技巧来伤害您。但是,今天的事情是公事,我不敢废弃。'于是抽出箭向车轮敲了几下,把箭头拔下,射了几箭然后就回去了。"

《孟子》记述子濯、庚公一段,近二百字,他的意思是让羿像子濯一样,得到像尹公那样的好人才教,这样就不会有逢蒙的祸害。然而在前段结尾处,如果是一般人写文章,一定要说像子濯孺子教尹公之他那样才行,不这样写的话,则要在后段的末尾处加上这样一句话:这样看来,羿交友不当,以致招来杀身之祸,他的过失就在这里。这样全文上下才能贯穿起来。这里判为两节,好像没有关联,然而却相辅相成,相得益彰。孟子立论的巧妙,这岂是那些亦步亦趋的人能模仿得了的?每个人从小就读《孟子》中的这一章,然而却未必都能够明了它的意趣,所以我把它列出来而详加讨论。《左传》对卫献公逃亡到齐是这样记载的:"尹公佗向庚公差学习射箭,庚公差向公孙丁学习射箭。尹公佗和庚公差替孙林父追赶卫献公,公孙丁为献公赶车。庚公差说:'向他射击就背叛了老师,不射回去就要被处死,依照礼义射两箭吧!'于是向两个轮子射击后就回来了。尹公佗说:'公孙丁是你的老师,和我就隔得远了。'于是掉过头来准备射击。公孙丁把车缰绳交给献公,向尹公佗射击,箭穿透了尹公佗的手臂。"这就是《孟子》那段话的出处,只是名字、次序以及各人的美恶都不相同。

## 万事不可过

> **原文**
>
> 天下万事不可过①,岂特此也?虽造化阴阳亦然。雨泽所以膏润②四海,然过则为霖淫③;阳舒④所以发育万物,然过则为燠亢⑤。赏以劝⑥善,过则为僭⑦;刑以惩恶,过则为滥。仁之过,则为兼爱无父;义之过,则为为我无君。执礼之过,反邻于谄;尚信之过,至于证父。是皆偏而不举之弊,所谓过犹不及者。《扬子法言》云:"周公以来,未有汉公之懿也⑧,勤劳则过于阿衡。"盖谄王莽也。后之议者,谓阿衡之事不可过也,过则反,乃诮⑨莽耳。其旨意固然。

## 【字词注解】

① 过：过分。
② 膏润：润泽，滋润。
③ 霖淫：暴雨。
④ 舒：舒展开来，上升。
⑤ 燠亢：燠热，酷热。
⑥ 劝：劝勉，鼓励。
⑦ 僭：僭越。
⑧ 汉公：安汉公王莽。懿：德行美好。
⑨ 诮：讥诮。

## 【精彩解说】

天下的各种事情都不可过分，难道只有人事是这样吗？即使阴阳造化也是这样。下雨是为了滋润四海，然而过分后就是暴雨；阳气上升是用来培育万物的，然而过分就是酷热。奖赏是对善德的鼓励，过分就是僭越；惩罚是为了杜绝恶行，过分就是枉滥。过于仁慈，就会像墨家那样兼爱不顾自己的父亲；行义过分，就会像道家那样自私不要君主。过于拘礼，就像是在向邻居献媚；太讲信守，最终会证明自己父亲的过失。这些都是偏执的行为，就像平常所说的，过分和达不到效果是一样的。杨雄的《扬子法言》说："从周公以来，还没有人的德行像安汉公（王莽）这样美好，而其勤劳则超过了阿衡伊尹。"这是向王莽献媚的。后人议论说，阿衡的功德是没法超过的，超过就走向了反面，这是讥讽王莽的。思想本来就是这样。

## 大言误国

**原文**

隗嚣谋畔汉，马援劝止之甚力，而其将王元曰："今天水全富①，士马最强②，案秦旧迹③，表里河山。元请以一丸泥为大王东封函谷关。"嚣反遂决，至于父子不得其死。元竟降汉。

隋文帝伐陈,大军临江,都官尚书孔范言于后主曰:"长江天堑,古以为限隔④南北,今日虏军岂能尽度邪?臣每患官卑,虏若渡江,臣定作太尉公矣⑤。"或妄言北军马死,范曰:"此是我马,何为而死?"帝笑以为然⑥,故不为深备。已而国亡,身窜远裔⑦。

　　唐元宗有克复中原之志,及下南闽,意以谓诸国可指麾而定,而事力穷薄⑧,且无良将。魏岑因侍宴言⑨:"臣少游元城,好其风物,陛下平中原,臣独乞任魏州。"元宗许之。岑趋墀下拜谢,人皆以为佞。

　　孟蜀通奏使王昭远,居常⑩好大言,有杂耕渭上之志,闻王师入讨,对宾客按手言:"此送死来尔!乘此逐北⑪,遂定中原,不烦再举也。"不两月蜀亡,昭远为俘。

　　此四臣之佞,本为爵禄及一时容悦⑫而已,亦可悲哉!

【字词注解】

①全富:非常富裕。

②士马最强:兵强马壮。

③案秦旧迹:学习秦国的做法。案,按照,依照。

④限隔:隔断,阻隔。

⑤臣定作太尉公矣:我一定能登上太尉的宝座,意谓在抗隋战争中立下大功。

⑥然:正确。

⑦身窜远裔:逃亡远方。

⑧事力穷薄:实力弱小。

⑨因侍宴言:在宴会上说。

⑩居常:平常。

⑪逐北:出兵北伐。

⑫容悦:龙颜大悦,即博得皇帝的宠爱。

【精彩解说】

　　隗嚣阴谋叛汉,马援极力阻止,而他的部将王元说:"现在天水十分富裕，兵强马壮，我们应该像秦人那样，凭借山河之险称王图霸。请允许我用一个泥丸替大王您封上函谷关。"于是隗嚣反叛的决心下定，最后父子被杀，王元也投降了刘秀。

隋文帝讨伐陈，大军到了江边，都官尚书孔范对陈后主说："长江天险，自古以来就阻隔着南北方的交通，现在敌军难道能够飞渡吗？我常常为我的官位太低感到不安，敌军如果胆敢渡江，我一定能够立功之后登上太尉的宝座。"有人谣传隋军的战马死了不少，孔范说："这是我们的军马，为什么会死呢？"陈后主笑着表示赞同，并不认真地做准备。不久陈国灭亡，孔范逃窜到远方。

唐元宗有夺取中原的雄心壮志，灭了南闽之后，认为各国挥手示意就能定，然而实力弱小，并且没有一员良将。魏岑在宴会上对元宗说："我从小就游玩过元城，喜欢这里的风俗和物产，陛下您平定了中原，我单单请求委任我做魏州的地方官。"元宗答应了，魏岑快步到台阶下拜谢，世人认为这是故意在用花言巧语骗人。

后蜀通奏使王昭远，平常就好说大话，志向是隐耕于渭水之上。听到宋军来攻，搓着手对宾客说："这是来送死的！趁此机会我们北伐，平定中原，不用麻烦再次用兵了。"这话说过不到两个月，蜀就灭亡了，王昭远本人也被宋军俘虏。

这四位的花言巧语，本来是为了爵禄以及博得一时的宠爱，主人居然轻信他们，也太可怜了！

# 卷 六

## 鄱阳七谈

【原文】

鄱阳素无图经地志①，元祐六年，馀干进士都颉，始作《七谈》一篇，叙土风人物，云："张仁有篇，徐灌有说，顾雍有论，王德琏有记，而未有形于诗赋之流者，因作《七谈》。"其起事则命以"建端先生"，其止语则以"毕意子"。其一章，言澹浦、彭蠡山川之险胜，番君之灵杰。其二章，言滨湖蒲鱼之利，膏腴七万顷，柔桑蚕茧之盛。其三章，言林麓木植之饶，水草蔬果之衍，鱼鳖禽畜之富。其四章，言铜冶铸钱，陶埴为器。其五章，言宫寺游观，王遥仙坛，吴氏润泉，叔伦戴堤。其六章，言鄱江之水。其七章，言尧山之民，有陶唐之遗风。凡三千余字，自谓八日而成，比之太冲十稔、平子十年为无慊②。予偶于故簏中得之，惜其不传于世，故表著于此。其所引张、徐、王、顾所著，今不复存，更为可恨③也！

【字词注解】

①图经地志：泛指地理方面的著作。图经，附有图画、地图的书籍或地理志。地志，记载国家或区域的地形、气候、居民、政治、物产、交通等的变迁的书。

②无慊：不逊色。

③可恨：可惜。

——●【精彩解说】

鄱阳地区一直没有地理方面的著作，哲宗元祐六年（1091年），馀干进士都颉才作了一篇《七谈》，叙述这一地区的风土民情，他写道："张仁、徐濯、顾雍、王德琏等人曾经写过文章，却从来没有人用诗赋的形式对这一地区的风情加以记述，所以我写下这篇《七谈》。"它的记事起于"建端先生"，止于"毕意子"。第一章讲了澹浦、彭蠡的险要山川，番君的英明。第二章讲述湖滨地区发达的渔业，良田七万顷，种桑养蚕的盛况。第三章讲述林业、蔬菜和副业生产的情况。第四章记述冶炼、陶埴等手工业生产。第五章记述寺院情况：王遥仙坛、吴氏润泉、叔伦戴堤。第六章讲鄱江的水利。第七章讲当地纯朴的民风。一共三千余字，都颉自己说八天写成，比太冲十年、平子十年一点也不逊色。偶然中我从旧籍子里翻到了它，为它没有流传于世而感到惋惜，所以写在这里以示表彰。他所引张、徐、王、顾的著作，现在都已失传，更为可惜了！

## 卜筮不敬

### 原文

古者龟为卜，筴①为筮，皆兴神物以前民用。其用之至严，其奉之至敬，其求之至悉，其应之至精②。斋戒乃请③，问不相袭④，故史祝所言，其验若答。周史筮陈敬仲，知其八世之后莫之与京⑤，将必代齐有国。史苏占晋伯姬之嫁，而及于为嬴败姬，惠、怀之乱。至邃至赜⑥，通于神明。后世浸以不然，今而愈甚。至以饮食猥杂之际，呼日者隅坐，使之占卜，往往不加冠裳，一问四五，而责其术之不信，岂有是理哉！善乎班孟坚之论曰："君子将有为也，将有行也，问焉而以言，其受命也如响。及至衰世⑦，懈于斋戒，而娄烦卜筮，神明不应。故筮渎不告，《易》以为忌；龟厌不告⑧，《诗》以为刺。"谓《周易》之《蒙》卦曰："初筮告，再三渎，渎则不告。"《诗·小旻》之章云："我龟既厌，不我告犹⑨。"言卜问烦数,狎嫚于龟,龟灵厌之,不告以道也。汉世尚尔,况在于今,未尝顷刻尽敬,而一归咎于淫巫瞽史⑩,其可乎哉!

### 【字词注解】

① 筴:蓍草,古时常用来筮算。
② 其应之至精:神物的应答也极为精确。
③ 斋戒乃请:斋戒后才敢请问。
④ 袭:因袭,重复。
⑤ 京:抗争。
⑥ 至赜:极其深奥微妙,亦指极深奥微妙的道理。
⑦ 衰世:风俗衰败。
⑧ 龟厌不告:神龟厌烦了也不回答。
⑨ 不我告犹:即"不告我犹",不再告诉我们未来的吉凶。
⑩ 淫巫瞽史:占卜者。

### 【精彩解说】

古代用龟壳占卜,用蓍草筮算,这些神物都为我们的先民们所使用。先民们使用得非常严格,尊奉得十分虔敬,求问极为详细,所以神物的应答也极为精确。询问以前先斋戒,问题不重复,所以卜祝的话,就像回答问题一样灵验。周王室史官替陈完占卜,知道他八代之后没有人能与他抗争,必将代姜氏而有齐国。史苏占卜晋国的伯姬出嫁,将赶上怀嬴败坏姬氏,以及晋惠公和晋怀公时代的动乱。这其中的奥妙,简直直通神明。后世浸坏,今天更甚。甚至在吃饭杂闹的时候,让占卜者坐在角落里进行占卜,往往衣冠不整,接连发问,这样却要批评占卜不能应验,哪有这样的道理!班固说得好:"君子有所动作,外出行动,问而有答,十分灵验。后世风俗衰败,懒于斋戒,而屡烦卜筮,神明也不应验了。所以亵渎之后神灵就不会告诉你,《周易》以此为忌,神龟烦了就不回答,《诗经》对此进行了讽刺。"这里说的是《周易》中的《蒙》卦:"初次卜筮,神灵回答你;反复卜筮,亵渎了神明,神明就不回答了。"《诗经·小雅·小旻》说:"我们的灵龟已经厌倦，不再告诉我们未来的吉凶。"这是说卜问太多了，狎慢了灵龟，灵龟厌倦后就不再把吉凶告诉占卜者。汉代尚且如此，何况今天？顷刻的虔敬也没有，却把不灵验的责任统统归结到占卜者的身上，这怎么能行呢？

# 糖霜谱

## 原文

糖霜之名，唐以前无所见，自古食蔗者始为蔗浆，宋玉《招魂》所谓"胹鳖炮羔有柘浆"是也。其后为蔗饧①，孙亮使黄门就中藏吏取交州献甘蔗饧是也。后又为石蜜，《南中八郡志》云："笮甘蔗汁，曝成饴，谓之石蜜。"《本草》亦云，"炼糖和乳为石蜜"是也。后又为蔗酒，唐赤土国用甘蔗作酒，杂以紫瓜根是也。唐太宗遣使至摩揭陁国，取熬糖法，即诏扬州上诸蔗，榨沉如其剂，色味愈于西域远甚，然只是今之沙糖。蔗之技尽于此，不言作霜，然则糖霜非古也。历世诗人模奇写异②，亦无一章一句言之，唯东坡公过金山寺，作诗送遂宁僧圆宝云："涪江与中泠，共此一味水。冰盘荐琥珀，何似糖霜美。"黄鲁直在戎州，作颂答梓州雍熙长老寄糖霜云："远寄蔗霜知有味，胜于崔子水晶盐。正宗扫地从谁说，我舌犹能及鼻尖。"则遂宁糖霜见于文字者，实始二公。甘蔗所在皆植，独福唐、四明、番禺、广汉、遂宁有糖冰，而遂宁为冠③。四郡所产甚微，而颗碎色浅味薄，才比遂之最下者，亦皆起于近世。唐大历中，有邹和尚者，始来小溪之繖山，教民黄氏以造霜之法。繖山在县北二十里，山前后为蔗田者十之四，糖霜户十之三。蔗有四色，曰杜蔗，曰西蔗，曰芳蔗，《本草》所谓荻蔗也，曰红蔗，《本草》昆仑蔗也。红蔗止堪④生啖，芳蔗可作沙糖，西蔗可作霜，色浅，土人不甚贵，杜蔗紫嫩，味极厚，专用作霜。凡蔗最困地力，今年为蔗田者，明年改种五谷以息之⑤。霜户器用，曰蔗削，曰蔗镰，曰蔗凳，曰蔗碾，曰榨斗，曰榨床，曰漆瓮，各有制度。凡霜，一瓮中品色亦自不同，堆叠如假山者为上，团枝次之，瓮鉴次之，小颗块次之，沙脚为下；紫为上，深琥珀次之，浅黄又次之，浅白为下。宣和初，王黼创⑥应奉司，遂宁常贡外，岁别进数千斤。是时，所产益奇，墙壁或方寸，应奉司罢，乃不再见。当时因之大扰，败本业者居半，久而未复。遂宁王灼作《糖霜谱》七篇，具载其说，予采取之以广闻见。

【字词注解】

① 饧：糖稀。
② 模奇写异：喜欢猎奇。
③ 冠：首，最好。
④ 止堪：只适合。
⑤ 以息之：让田地休息。
⑥ 创：创立，设立。

【精彩解说】

糖霜的名字，唐以前没有见过。古代吃蔗糖，最早制成的叫作"蔗浆"，宋玉《招魂》所说的"胹鳖炰羔有柘浆"，说的就是这个东西。后来出现了糖稀，孙亮派黄门侍郎到中藏吏那里取交州所献的甘蔗饧就是糖稀。后来又出现了石蜜，《南中八郡志》说："榨甘蔗汁，晒成饴状的东西，就叫作石蜜。"《本草》也说，"炼糖和乳而成的东西叫石蜜"。后来又出现了蔗酒，唐时赤土国用甘蔗做酒，搀杂紫瓜根，就是这个东西。唐太宗派使者到摩揭陁国去，学来熬糖的方法，太宗立即下诏令扬州地区上交甘蔗，用其法榨糖，色味比西域糖强多了，然而只是今天的砂糖。蔗糖制作的技术只有这些，并不曾说过做糖霜的话，那么糖霜的制作不是古代的事情。历代诗人喜欢猎奇，也无一章一句提到过，只有苏东坡先生路过金山寺时，作诗送给遂宁僧人圆宝才提道："涪江与中泠，共此一味水。冰盘荐琥珀，何似糖霜美。"黄庭坚在戎州，作诗答谢梓州雍熙长老寄赠糖霜时写道："远寄蔗霜知有味，胜于崔子水晶盐。正宗扫地从谁说，我舌犹能及鼻尖。"遂宁糖霜见于文字记载，的确是从苏、黄二位开始的。甘蔗到处都种，只有福唐、四明、番禺（今属广东）、广汉、遂宁出产糖冰，其中遂宁的最好，其他四个地方的产量低，而且颗碎、色浅、味薄，只能比上遂宁的最低级，也都是近代才学会制作的。唐代宗大历年间,有个叫邹和尚的人来到小溪的繖山,开始教当地一个姓黄的老百姓制作糖霜的方法。繖山在小溪县城北二十里,山前山后十分之四的土地都种上了甘蔗,十分之三的人家从事熬糖的工作。当地的甘蔗有四个品种:杜蔗,西蔗,芀蔗,即《本草》所说的荻蔗,红蔗,即《本草》上的昆仑蔗。红蔗只能生吃;芀蔗可做沙糖;西蔗可做糖霜,因其色浅,当地人不很喜欢;杜蔗为嫩紫色,味极甜,专门用来做糖霜。种甘蔗最耗地力,今年做蔗田,第二年必须改种粮食以休息地力。制作糖霜人家所持的器械,有蔗削、蔗镰、蔗凳、蔗碾、榨斗、榨床、漆瓮等,各有标准。一瓮之中的糖霜质量也分不同的等级,堆叠得像假山一样的为上等,像团枝一样的稍次一些,像瓮鉴一样的再次些,小颗粒的再次些,像沙子一样的为末等。从颜色上说,一等为紫色,二等为深琥珀色,浅黄为三等,浅白品级最低。徽宗宣和初年,王黼创设应奉司,遂宁在定额之外,每年还必须另外献上几千斤。当时,出产很少,"墙壁"或"方寸"两种糖,应奉司撤了之后,就再见不到了。当时搞得人心惶惶,破产者过半,元气很长时间恢复不过来。遂宁人王灼作《糖霜谱》七篇,把这件事记载得很详细,我摘录一些过来使之传播得更广泛些。

## 汉武帝喜杀人者

**原文**

汉武帝天资刚严,闻臣下有杀人者,不唯①不加之罪,更喜而褒称之。李广以故将军屏居②蓝田,夜出至亭,为霸陵醉尉所辱。居无何③,拜右北平太守,请尉与俱,至军而斩之,上书自陈谢罪。上报曰:"将军者,国之爪牙也。怒形则千里竦④,威振则万物伏⑤。夫报忿除害,朕之所图于将军也。若乃免冠徒跣⑥,稽颡请罪⑦,岂朕之指哉!"胡建守军正丞(谓未得真官,兼守之也)。时监军御史穿北军垒垣以为贾区⑧,建欲诛之。当选士马日⑨,御史与护军诸校列坐堂皇上,建趋至拜谒,因令走卒曳御史下,斩之。遂上奏曰:"案军法:'正亡属将军,将军有罪以闻，二千石以下行法焉。'丞于用法疑，臣谨以斩。"谓丞属军正，斩御史于法有疑也。制曰："三王或誓于军中，欲民先成其虑也；或誓于军门之外，欲民先意以待事也；或将交刃⑩而誓，致民志也。建又何疑焉。"

建繇是显名。观此二诏，岂不开妄杀之路乎？

【字词注解】

① 不唯：不但。
② 屏居：息官隐居。
③ 居无何：过了不久。
④ 悚：惊悚，害怕。
⑤ 伏：震伏。
⑥ 免冠徒跣：脱下帽子，赤着脚。
⑦ 稽颡请罪：磕头谢罪。颡，额头，脑门。
⑧ 穿：推倒。垒垣：垒起来的土堆，即院墙。贾区：商业集市区。
⑨ 当选士马日：在挑选士兵的那一天。
⑩ 交刃：战争。

【精彩解说】

汉武帝天性刚戾，听到臣下有杀人的，不但不加以治罪，反而加以赞扬。李广以故将军的身份退居蓝田，夜出至亭，被醉了酒的霸陵尉羞辱一顿。不久，李广被拜为右北平太守，请求把霸陵尉调出随他一起走，到了右北平就把他斩首，上书谢罪。武帝批示道："将军为国家的爪牙，发怒则千里惊恐，奋威则万物倒伏。报仇除害，正是我对将军作的期望。如果你摘帽赤脚，叩头谢罪，这哪里是我的意思？"胡建代理军正丞。监军御史推倒北军的一堵院墙作为军市，胡建准备斩了他。在挑选战士的那一天，御史和护军诸校尉站在武帝的两边，胡建跨前拜谒过皇上后，命令随从把御史拖下来斩掉。于是上奏武帝说："按照军法，军正不受将军统属，将军有罪要及时报告,二千石以下的官吏可以就地处置。我对军法有点疑问,但我还是把监军御史斩了。"这是说军丞统属于军正,斩御史不知是否合法?武帝答复说:"三王之中,有的在军中起誓,这是想让人民不要有疑虑;有的在军门之外誓师,这是让人民先有个思想准备;有的则在战前誓师,这是为了鼓舞斗志。你有什么疑虑?"胡建由此出了名。看了这两道诏书之后,怎能不开妄杀之戒呢?

# 卷七

## 盛衰不可常

**原文**

东坡谓废兴成毁不可得而知①。予每读书史，追悼古昔，未尝不掩卷而叹。伶子于叙《赵飞燕传》，极道其姊弟②一时之盛，而终之以荒田野草之悲，言盛之不可留，衰之不可推③，正此意也。国初时，工部尚书杨玢长安旧居，多为邻里侵占，子弟欲以状诉其事，玢批纸尾，有"试上含元基上望，秋风秋草正离离"之句。方去唐未百年，而故宫殿已如此，殆于宗周《黍离》之咏矣。慈恩寺塔有荆叔所题一绝句，字极小而端劲⑤，最为感人。其词曰："汉国河山在，秦陵草树深。暮云千里色，无处不伤心。"旨意高远，不知为何人，必唐世诗流所作也。李峤⑥《汾阴行》云："富贵荣华能几时，山川满目泪沾衣。不见只今汾水上，唯有年年秋雁飞。"明皇闻之，至于泣下。杜甫《观画马图》云："忆昔巡幸新丰宫，翠华拂天来向东。腾骧磊落三万匹，皆与此图筋骨同。君不见金粟堆前松柏里，龙媒去尽鸟呼风。"《公孙大娘弟子舞剑器行》云："先帝侍女八千人，公孙剑器初第一。五十年间似反掌，风尘澒洞昏王室。梨园弟子散如烟，女乐余姿映寒日。"元微之《连昌宫词》云："两宫定后六七年，却寻家舍行宫前。庄园烧尽有枯井，行宫门闼⑦树宛然。"又云："舞榭欹倾⑧基尚存，文窗⑨窈窕纱犹绿。""上皇偏爱临砌花，依然御塌临阶斜。""寝殿相连端正楼，太真梳洗楼上头。晨光未出帘影黑，至今反挂珊瑚钩。指似傍人因恸哭，却出宫门泪相续。"凡此诸篇，不可胜纪。《飞燕别传》以为伶玄所作，又有玄自叙及桓谭跋⑩语。予切⑪有疑焉，不唯其书太媟，至云杨雄独知之，雄贪名矫激，谢不与交；为河东都尉，捽辱决曹班躅，躅从兄子彪续司马《史记》，绌子于无所叙录，皆恐不然。而自云："成、哀之世，为淮南相。"案，是时淮南国绝久矣，可照其妄也。因序次诸诗，聊载于此。

—•【字词注解】

① 不可得而知：不能预先得知。

② 其姊弟：赵飞燕姐妹。

③ 推：改变。

④ 离离：繁茂的样子，此处指草木茂盛的样子。

⑤ 端劲：端正遒劲。

⑥ 李峤：唐朝诗人，对唐朝律诗和歌行的发展有一定影响。和杜审言、崔融、苏味道并称"文章四友"。其诗绝大部分为五言近体，风格近似苏味道而文采更甚之。

⑦ 门阕：宫门。

⑧ 欹倾：歪倒，歪斜。

⑨ 文窗：刻有花纹的窗子。

⑩ 跋：文章或书籍正文后面的短文，说明写作经过、资料来源等与成书有关的情况。

⑪ 切：同"窃"。谦辞。犹言私下。

—•【精彩解说】

苏东坡说兴衰成败不能够提前预测。我每次翻阅史书、追思哀悼往昔的事物时，没有一次不是合卷叹息。汉代伶玄书写的《赵飞燕传》，极力称道赵飞燕姐妹当时所受荣宠，却最终以荒田野草般的悲凉画上句号，正所谓极盛而衰，走向衰落是必然的结局，就是这个意思。宋朝初年，工部尚书杨玢的长安旧居大部分被街坊邻居所侵占，杨家的后代想递状诉告此事，杨玢在状纸结尾处批注说："试上含元基上望，秋风秋草正离离。"唐朝覆灭不到百年，而如今的前朝宫殿早已经今非昔比，几乎与宗周《黍离》所咏诗句相差无几。慈恩寺的墙壁上有荆叔所题绝句一首，字小但苍劲有力，内容令人感慨。诗文写到："汉国河山在，秦陵草树深。暮云千里色，无处不伤心。"文章意境深远，不知荆叔是何人，但定是唐朝诗人所书。李峤《汾阴行》说："富贵荣华能几时，山川满目泪沾衣。不见只今汾水上，唯有年年秋雁飞。"唐玄宗听后有感而发，竟潸然泪下。杜甫《观画马图》诗说："忆昔巡幸新丰宫，翠华拂天来向东。腾骧磊落三万匹，皆与此图筋骨同。君不见金粟堆前松柏里，龙媒去尽鸟呼风。"《公孙大娘弟子舞剑器行》说："先帝侍女八千人，公孙剑器初第一。五十年间似反掌，风尘澒洞昏王室。梨园弟子散如烟，女乐余姿映寒日。"元微之的《连昌宫词》说："两宫定后六七年，却寻家舍行宫前。庄园烧尽有枯井，行宫门闼树宛然。"又说："舞榭敧倾基尚存，文窗窈窕纱犹绿。""上皇偏爱临砌花，依然御榻临阶斜。""寝殿相连端正楼，太真梳洗楼上头。晨光未出帘影黑，至今反挂珊瑚钩。指似傍人因恸哭，却出宫门泪相续。"总之这样的诗篇，多得无法计数。《飞燕别传》世传为伶玄所写，其书还载有伶玄的自叙和桓谭的跋语，我对此颇有怀疑，不单单是因为这本书描写猥亵，至于说杨雄了解他，说杨雄由于顾惜名声，掩盖真情，所以不与伶玄交往；还有人说伶玄曾任河东都尉，殴打过决狱官班躅，班躅叔伯兄长的儿子班彪续写司马迁的《史记》时，以伶玄没有像样的著述为由把他排除于史书之外，这些说法恐怕都不可信。伶玄的自叙又说："在汉成帝、哀帝时担任淮南王的丞相。"按：但是在成帝、哀帝时淮南封国早就亡了，足可证明这种说法的荒谬。因而只摘录上述这些诗篇，附记在此。

## 叙西汉郊祀天地

**原文**

郊祀合祭、分祭之论①，国朝元丰、元祐、绍圣中三议之矣，莫辩②于东坡之立说，然其大旨驳当时议臣，谓周、汉以来，皆尝合祭，及谓夏至之日行礼为不便。予固赞美之于《四笔》矣。但熟考③《汉史》，犹为未尽。自高皇帝增秦四时为五，以事天地。武帝以来，至于元、成，皆郊见甘泉④。武帝因幸汾阴，始立后土祠于脽上，率岁岁间举之，或隔一岁，常以正月郊泰畤，三月祠后土。成帝建始元年，初立南北郊，亦用正月、三月辛日，而罢甘泉、汾阴之祭。元丰、祐、绍三议，皆未尝及此。盖盛夏入庙出郊，在汉礼元不然也。是时，坡公以非议者所起，故不暇更为之说，似不必深攻⑤合祭为王莽所行，庶几往复考赜⑥，不至矛盾，当复俟知礼者折衷之焉。

## 【字词注解】

① 合祭：天神地祇合在一起祭祀。分祭：将天神和地祇分开祭祀。
② 辩：明白。
③ 熟考：仔细考察。
④ 郊见甘泉：在甘泉宫进行祭祀。
⑤ 攻：专心从事某事，进行某项工作。
⑥ 考赜：考察。

## 【精彩解说】

郊祀中的合祭和分祭，本朝元丰、元祐、绍圣年中已经议论了三次，没有比苏轼的议论更明白的，然而苏轼之说的主要目的在于驳斥当时参加议论的大臣，说周、汉以来，都曾是合祭天地，并说夏至这一天行郊祭礼十分不便。我原已在《容斋四笔》中予以赞美。但是我仔细地考察《汉书》，感到苏轼之说还不是十分详尽。自从汉高祖刘邦把秦朝的四个祭地增为五个，并以此敬事天地。汉武帝以后，直到元帝、成帝，都在甘泉宫进行祭祀。因汉武帝曾巡行于汾阴，才在脽上建立了后土祠，其后年年都到那里去祭后土，有时也隔一年去一次，通常是正月里祭泰畤，三月里祭后土。汉成帝建始元年（公元前32年），开始设立南北两郊，也还选用正月和三月的辛日祭天地，此后取消了甘泉宫和汾阴的郊祭活动。元丰、元祐、绍圣年间的三次议论，都没有说到这些。看来盛夏之时进入庙中、外出郊野，在汉代的礼制中原本就不是如此。当时，苏东坡由于持错误意见的大臣占了上风，所以来不及再提出详尽的说法。看来似乎没有必要深究合祭是王莽实行的制度，或许可以通过更详密的考证，使之不至于自相矛盾，这就要等待深知礼制的学者来为之折中了。

# 卷 八

## 唐臣乞赠祖

**原文**

唐世赠①典唯一品乃及祖，余官只赠父耳。而长庆中流泽②颇异，白乐天制集有户部尚书杨於陵，回赠其祖为吏部郎中，祖母崔氏为郡夫人。马总准制赠亡父，亦请回其祖及祖母。散骑常侍张惟素亦然。非常制也③。是时，崔植为相，亦有《陈情表》云："亡父婴甫，是臣本生；亡伯祐甫，臣今承后。嗣袭虽移，孝心则在。自去年以来，累有庆泽，凡在朝列，再蒙追荣，或有陈乞，皆许回授。臣狠④当宠擢，而显扬之命，独未及于先人。今请以在身官秩，并前后合叙勋封，特乞回充追赠。"则知其时一切之制如此。伯兄文惠执政，乞以已合转官回赠高祖，既已得旨，而为后省封还。固近无此比⑤，且失于考引唐时故事也。

**【字词注解】**

①赠：赠官。朝廷对功臣的先人或在本人死后追封爵位官职。

②流泽：流布恩德。

③非常制也：不是通行的制度。

④狠：谦辞。犹言辱，承。

⑤近无此比：近代没有追赠的这种先例。

【精彩解说】

　　唐朝赠官的法令规定：只有一品官才能追赠他的祖父辈，其余官品的官员只追赠到父辈。然而穆宗长庆年间，皇恩更为浩荡。白居易的制词中有写户部尚书杨於陵的一首，追赠杨的祖父为吏部郎中、祖母崔氏为郡夫人。马总得到恩准，追赠已故的父亲，也请求天子追赠他的祖父和祖母。散骑常侍张惟素也是如此。似乎不是法定制度。当时崔植担任宰相，也有一封《陈情表》说："已故父亲婴甫，是下臣的生身之父；已故伯父祐甫，是下臣的继养之父。虽然过继给伯父祐甫，但孝敬亲父之心却念念不能忘怀。自从去年以来，朝廷对大臣们多有恩泽，凡是在朝的大夫，都得到陛下追赠先人的荣宠，只要是有所陈述，都准许追赠授官。下臣不才，有幸得到陛下的奖拔重用，只是荣显的恩泽还没有施及先人。如今下臣请求用在身的官位和此前此后应当叙的勋阶和封爵，希望圣上允许追赠先人。"看来当时的法定制度就如此。我的叔伯兄长洪适当宰相时，也曾请求以在身应该迁转的官爵追赠高祖，随即得旨准允，却被中书省封还，不予办理。此种追赠近代确实无前例，却没有详细地考察唐朝的旧制度。

## 卷 九

### 擒鬼章祝文

**原文**

　　东坡在翰林作《擒鬼章奏告永裕陵祝文》云："大狝获禽，必有指踪之自①。丰年多廪②，孰知耘耔③之劳？昔汉武命将出师，而呼韩来庭，效于甘露；宪宗厉精讲武⑤，而河湟恢复，见于大中。"其意盖以神宗有平㖫氏之志，至于元祐，乃克有成，故告陵归功，谓武帝、宪宗亦经营于初，而绩效在于二宣之世，其用事精切⑥如此。今苏氏眉山功德寺所刻大小二本，及季真给事在临安所刊，并江州本、麻沙书坊《大全集》，皆只自"耘耔"句下，便接"憬彼西戎，古称右臂"。正是好处，却芟⑦去之，岂不可惜？唯成都石本法帖真迹，独得其全。坡集奏议中登州上殿三札，皆非是⑧。司马季思知泉州，刻温公集，有作中丞日弹⑨王安石章，尤可笑。温公以治平四年解中丞，还翰林，而此章乃熙宁三年者。二集皆出本家子孙，而为妄人所误⑩，季真、季思不能察耳。坡内制有《温公安葬祭文》，云："元丰之末，天步为艰。社稷之卫，中外所属。惟是一老，屏予一人⑪。名高当世，行满天下⑫。措国于太山之安⑬，下令于流水之源。岁月未周，纲纪略定。天若相之⑭，又复夺之。殄瘁之哀，古今所共⑮。知之者神考，用之者圣母。驯致其道⑯，太平可期。长为宗臣，以表后世。往奠其葬，庶知⑰予怀！"而石本颇不同，其词云："元丰之末，天步惟艰⑱。社稷之卫，存者有几？惟是一老，屏予一人。措国于太山之安，下令于流水之原。岁未及期，纲纪略定。道之将行，非天而谁？天既予之，又复夺之。惟圣与贤，莫如天何！然其所立⑲，天亦不能亡也。知之者神考，用之者圣母。驯致其道，终于太平。永为宗臣，与国无极。于其葬也，告诸其枢⑳。"今莫能考其所以异也。

【字词注解】

① 指踪之自：指挥得当。

② 廪：仓廪，仓库，此处代指粮食。

③ 耘：除草。耔：给苗根培土。

④ 呼韩来庭：单于呼韩邪来到汉廷。

⑤ 厉精讲武：励精图治，用武力来强国。

⑥ 精切：精准恰当。

⑦ 芟：删除。

⑧ 皆非是：都不是苏轼所写。

⑨ 弹：弹劾。

⑩ 而为妄人所误：可是被一些无知的人窜改。

⑪ 屏予一人：摒弃其他，唯一的人选。

⑫ 行满天下：他的举止天下人都称颂不已。

⑬ 措国于太山之安：把国家治理得如同泰山一般安定。

⑭ 天若相之：上天要任用他为相。

⑮ 殄瘁之哀，古今所共：他为国家鞠躬尽瘁，人们对他的哀悼也如同古代贤臣。殄，尽，绝，这里代指死亡。瘁，鞠躬尽瘁。

⑯ 驯致其道：如果按照他的政策治理。

⑰ 庶知：无人知道。

⑱ 天步惟艰：宋神宗体弱多病。

⑲ 然其所立：然而他所立下的功绩和做出的表率。

⑳ 枢：灵枢，此处代指灵魂。

## 【精彩解说】

苏轼在担任翰林学士时，写了一篇《擒鬼章奏告永裕陵祝文》，祝文这样写道："出猎而有所获，一定指挥精当。丰年百谷丰收，谁知道耕夫除苗培土的辛劳？当年汉武帝派大将出征，而单于呼韩邪来到朝廷，宣帝甘露年中俯首受降；唐宪宗励精图治，以武强国，而河湟一带复入版图，功劳显于大中年间。"此文本意在于说明宋神宗有扫平西夏嵬氏的壮志，直至元祐年间，才取得辉煌战绩，因此祭告先帝之灵，归功于先帝，指明汉武帝、唐宪宗也是开始运筹谋划，真正的成功则在于汉宣帝和唐宣宗之时，苏轼使用典故竟是如此精当。现今苏氏眉山功德寺所刻的大字本、小字本，以及给事中苏季真在临安府所刻本，还有江州本、建阳麻沙书坊刻本《东坡先生大全集》中，都是在"耘耔之劳"这一句的后面直接接"憬彼西戎，古称右臂"句。其实"耘耔之劳"后面的几句才真正是精华之笔，却被删去，怎不令人深觉惋惜？只有成都石印的碑帖真迹还保留了原貌。苏轼文集的奏议部分有登州上殿三封短短的奏札，都不是苏轼所作。司马光任泉州知州，刻印了《司马温公集》，其中有司马光担任御史中丞时写的弹劾王安石的奏章，尤其令人发笑。司马光在英宗治平四年（1067年）便从御史中丞的职位上改官，还到翰林学士院任职，而这篇奏章却是神宗熙宁三年（1070年）时所作。这两部文集都是由本家子孙校刻的，可是刻印前已被某些人窜改过，苏季真、司马光未能审察出来而已。苏轼的翰院制词里有一首《温公安葬祭文》，祭文写道："元丰末年，神宗多病，选择良相，是朝廷上下一致关注的大事。这位老臣，可谓是唯一的人选。他的名声远布天下，他的廉洁举世称颂。把国家治理得安如泰山，发号施令像是流水一样上下贯通。没有多久，朝廷纲纪便井井有条。这是上天要任他为宰相，可偏偏又夺去了他的宰相之职。他为国家鞠躬尽瘁，人们对他的哀悼也如同古代贤臣。真正了解他的是已驾崩的神宗，大胆任用他的是圣明的太后。如果按照他的政策治理，太平盛世指日可待。他多年在朝中担任重臣，可以垂范于后代。如今参加他的葬礼，谁能知道我的沉痛和悲哀！"但是石印本的东坡全集字句与上述大有出入，石印本这样写道："元丰末年，神宗多病，选择良相，真正在世的还有几个人？只有这位老臣，可谓是唯一的人选。他把国家治理得安如泰山，发号令像是流水一样上下贯通。不到一年，朝廷纲纪便井井有条。开明的政令得以实施，这不是上天的意志又是谁的呢？上天既把大任交付给他，却又把宰臣之位夺了回去，看来圣人贤人，对于天意也无可奈何！然而他的治理和他的表率，是上天夺不走的。真正了解他的是已驾崩的神宗，大胆任用他的是圣明的太后。如果按照他的政策治理，最终能出现太平盛世。让他久任宰相之职，对国家的贡献则无人可比。如今在他的葬礼上，我以此文来告慰他的英灵。"如今也没有办法来考察二者为什么相差这么多。

## 欧公送慧勤诗

### 原文

国朝承平之时，四方之人，以趋京邑为喜。盖士大夫则用功名进取系心，商贾则贪舟车南北之利①，后生嬉戏则以纷华盛丽而悦。夷考其实，非南方比也②。读欧阳公《送僧慧勤归余杭》之诗可知矣。曰："越俗僭宫室，倾赀③事雕墙。佛屋尤其侈，耽耽拟侯王。文彩莹丹漆，四壁金焜煌。上悬百宝盖，宴坐以方床。胡为弃不居，栖身客京坊？辛勤营一室，有类燕巢梁。南方精饮食，菌笋比羔羊。饭以玉粒粳，调之甘露浆。一馔费千金，百品罗成行。晨兴未饭僧，日昃不敢尝。乃兹随北客，枯粟充饥肠。东南地秀绝，山水澄清光。余杭几万家，日夕焚清香。烟霏四面起，云雾杂芬芳。岂如车马尘，鬓发染成霜。三者孰苦乐？子奚勤四方！"观此诗中所谓吴越宫室、饮食、山水三者之胜，昔日固如是矣。公又有《山中之乐》三章送之归。勤后识东坡，为作诗集序者。

【字词注解】

①舟车南北之利：做买卖的利润。古时做买卖都要车马劳顿，转运货物，故有此说。

②非南方比也：并不是南宋才这样。

③赀：钱财。

④文彩：文采。

⑤昃：太阳偏西。

【精彩解说】

　　本朝太平的时期，四面八方的人们都把游京城当作喜欢的事。士大夫们想的大都是到这里求取功名利禄；商人们大都是贪图买卖上的利益；后生少年们游玩，也喜欢京城的繁华热闹。考察事实，还并不是南宋才如此。读欧阳修的《送僧慧勤归余杭》这首诗就可以知道了。这首诗说："越俗僭宫室，倾赀事雕墙。佛屋尤其侈，耽耽拟侯王。文彩莹丹漆，四壁金焜煌。上悬百宝盖，宴坐以方床。胡为弃不居，栖身客京坊？辛勤营一室，有类燕巢梁。南方精饮食，菌笋比羔羊。饭以玉粒粳，调之甘露浆。一馔费千金，百品罗成行。晨兴未饭僧，日昃不敢尝。乃兹随北客，枯粟充饥肠。东南地秀绝，山水澄清光。余杭几万家，日夕焚清香。烟霏四面起，云雾杂芬芳。岂如车马尘，鬓发染成霜。三者孰苦乐？子奚勤四方！"可以看出，此诗当中所说的吴越之地宫室、饮食和山水三方面的出色，北宋时就已经是这样了。欧阳修还有《山中之乐》三章诗，也是送慧勤返回余杭的。慧勤后来也结识了苏轼，就是为苏轼的诗集写序言的那个和尚。

# 东不可名园

**原文**

　　今人亭馆园池，多即其方隅①以命名。如东园、东亭、西池、南馆、北榭之类，固为简雅，然有当避就处。欧阳公作《真州东园记》，最显。案：《汉书·百官表》："将作少府，掌治宫室。属官有东园主章。"注云："章谓大材也。主章掌大材，以供东园大匠。"绍兴三十年，予为省试参详官，主司委出词科题，同院或欲以"东园主章"为箴②，予曰："君但知《汉表》耳！《霍光传》：'光之丧，赐东园温明。'服虔曰：'东园处此器，以镜置其中，以悬尸上。'师古曰：'东园，署名也，属少府。其署主作此器。'《董贤传》：'东园秘器以赐贤。'注引《汉旧议》：东园秘器作棺。若是岂佳处乎？"同院惊谢而退[3]。然则以东名园，是为不可。予有两园，适居东西，故扁西为西园，而以东为东圃，盖避此也。

【字词注解】

①方隅：方位。
②箴：考题。
③惊谢而退：大吃一惊，道歉而去。

【精彩解说】

当今人们的亭台楼馆、园林水池，很多都根据它们的方位命名。比如东园、东亭、西池、南馆、北榭之类，这样的名称固然明快典雅，可是还是有应当避而不用的字。欧阳修写《真州东园记》就很明显。按：《汉书·百官公卿表》说："将作少府主管修建官室，他的属官主要有东园主章。"注释说："章指的是硕大的木材。主章主管搜求大木，供东园大匠选用。"绍兴三十年（1160年）时，我担任省考的参详官，主管委托我们出词科的考题，同僚中有人想以"东园主章"为题，我说："先生只见到《汉书·百官公卿表》了！《霍光传》说：'霍光死后，朝廷赐予东园所制的葬器。'服虔解释说：'东园所制作的这种葬器，用一面镜子放在其中，镜子恰好悬在尸体上面。'颜师古说：'东园，官署的名称，隶属于少府寺。这个官署负责制作这种葬器。'《董贤传》说：'将东园的秘器赐给董贤。'注释转引《汉旧议》的说法说：东园秘器，就是棺材。这样的地方是什么好去处吗？"同僚听罢，吃了一惊，连忙道歉几句回去了。这样看来，用东字来作园的名称，是不行的。我有两个园子，恰好一东一西，因此把西面的园子称作西园，而把东面的园子称作东圃，主要是想要避开这个意思。

# 卷 十

## 哀公问社

原文

哀公问社①于宰我,宰我对曰:"夏后以松,殷人以柏,周人以栗。"曰:"使民战栗。"子闻之曰:"成事不说,遂②事不谏,既往不咎。"古人立社,但各因其土地所宜木为之,初非求异而取义于彼也。哀公本不必致问,既闻用栗之言,遂起"使民战栗"之语。其意谓古者弗用命戮于社,所以威民。然其实则非也。孔子责宰我不能因事献可替否,既非成事,尚为可说,又非遂事,尚为可谏,且非既往,何咎之云。或谓"使民战栗"一句,亦出于宰我,记之者欲与前言有别,故加"曰"字以起之,亦是一说。然战栗之对,使出于我,则导君于猛③,显为非宜。出于哀公,则便即时正救④,以杜其始。两者皆失之,无所逃于圣人之责也。哀公欲以越伐鲁而去三家,不克成,卒为所逐⑤,以至失邦,其源盖在于此。何休注《公羊传》云:"松,犹容也,想见其容貌而事之,主人正之意也。柏,犹迫也,亲而不远,主地正⑥之意也。栗犹战栗,谨敬貌,主天正⑦之意也。"然则战栗之说,亦有所本。《公羊》云:"虞主用桑⑧,练主用栗⑨。"则三代所奉社,其亦为松、柏、栗为神之主乎?非植此木也。程伊川之说有之。

【字词注解】

① 问社：询问做社主用的树木。
② 遂：完成。
③ 猛：刚猛，严酷。
④ 正救：用劝谏的方法使之走向正道。
⑤ 卒为所逐：最后被逐。
⑥ 地正：地祇。
⑦ 天正：天神。
⑧ 虞主用桑：国君死丧，做木主要用桑木。
⑨ 练主用栗：祭奠国君，做木主要用栗木。

【精彩解说】

鲁哀公向宰我询问做社主用什么木，宰我回答说："夏代用松木，商代用柏木，周代用栗木。"哀公又问："要使人民战栗吗？"孔子听到了这些话，责备说："已经做过的事就不用再解释了，已经完成的事就不便再直言规劝了，已经过去的事就不必再追究了。"古代人为祭土地之神而要为它做一个木主，只是各自根据当地比较常见的树木来制作，最初并不是有意区别并对木的名称有所寓意的。鲁哀公完全没有必要问，听说"用栗木"这样的说法，于是联想到"使人民战栗"这层意思。他的意思是说古时候虽然没有严命，但在社中还是有所象征的，这象征用来震慑百姓。但实际上完全不是这么回事。孔子责备宰我不能根据具体事情讲清楚可以怎样做或还可以怎样做，如果是还没有做的事，还可以再解释；还没有完成的事，还可以再劝谏，又不是已经过去的事，还有什么可追究的呢？还有人说"使民战栗"这一句也出自宰我之口，写书的人想让这句话和前边几句有所区别以示强调，所以又加一个"曰"字来提示，这也是一种解释。然而"使民战栗"这句话，如果是出于宰我之口，那么就是引导国君趋向严酷，显然是不恰当的。如果是出于哀公之口，那还可以马上劝谏他，以此来杜绝他趋向严酷。两种说法都是不正确的，所以没法逃避圣人的责备。鲁哀公想借越人的力量攻打鲁国的仲孙、叔孙、季孙氏三大家族，没能成功，反而亡了国，它的根源恐怕就在于御下过于严酷了。何休注释《春秋公羊传》说："松，好比说容貌，想到了他的容貌并侍奉他，说的是人君之道。柏，好比说近迫，亲近而并不遥远，说的是地神之道。栗，好比说战栗，谨慎恭敬的样子，说的是天神之道。"看来"使民战栗"的说法也是有所依据的。《公羊传》说："国君死丧，做木主要用桑木；祭奠国君，做木主要用栗木。"看来夏、商、周三代所供奉的社主，可能真的用松、柏、栗作为神灵的木主吧！这里说的并不是在社周围种的树木。程伊川先生有过这样的说法。

## 绝句诗不贯穿

**原文**

"夜凉吹笛千山月，路暗迷人百种花。棋罢不知人换世，酒阑无奈客思家。"此欧阳公绝妙之语。然以四句各一事，似不相贯穿，故名之曰《梦中作》。永嘉士人薛韶喜论诗，尝立一说云："老杜近体律诗，精深妥帖，虽多至百韵，亦首尾相应，如常山之蛇①，无间断龃龉②处。而绝句乃或不然，五言如'迟日江山丽，春风花草香。泥融飞燕子，沙暖睡鸳鸯''急雨梢溪足，斜晖转树腰。隔巢黄鸟并，翻藻白鱼跳''江动月移石，溪虚云傍花。鸟栖知故道，帆过宿谁家''凿井交棕叶，开渠断竹根。扁舟轻袅缆，小径曲通村''日出篱东水，云生舍北泥。竹高鸣翡翠，沙僻舞鹍鸡''钓艇收缗③尽，昏鸦接翅稀。月生初学扇，云细不成衣''舍下笋穿壁，庭中藤刺檐。地晴丝冉冉，江白草纤纤'。七言如'糁径杨花铺白毡，点溪荷叶叠青钱。笋根雉子无人见，沙上凫雏傍母眠''两个黄鹂鸣翠柳，一行白鹭上青天。窗含西岭千秋雪，门泊东吴万里船'之类是也。予因其说，以唐人万绝句考之，但有司空图④《杂题》云："驿步⑤堤萦阁，军城鼓振桥。鸥和湖雁下，雪隔岭梅飘。""舴艋猿偷上，蜻蜓燕竞飞。樵香烧桂子，苔湿挂莎衣。"

【字词注解】

① 常山之蛇：传说中一种能首尾互相救应的蛇。
② 间断龃龉：间断梗阻。
③ 缗：钓鱼用的绳子。
④ 司空图：字表圣，河中（今山西境内）虞乡人，晚唐诗人、评论家，其诗论《二十四诗品》对后世影响深远。
⑤ 驿步：水驿的停船处。

【精彩解说】

"夜凉吹笛千山月，路暗迷人百种花。棋罢不知人换世，酒阑无奈客思家。"这是欧阳修非常绝妙的一首小诗。然而这首诗的四句，每句都只写了一件事，好像并不相互贯通穿连，因此取诗题名为《梦中作》。永嘉的士人薛韶喜欢评议诗词歌赋，曾创一家之言，认为："杜甫的近体律诗，语言精妙深微，用词妥善稳当，虽然用韵达一百多个，也能首尾照应，好像是传说中能首尾相救的常山巨蛇一般，中间绝对没有间断不通畅的地方。但是绝句就不是这样了，五言绝句如'迟日江山丽，春风花草香。泥融飞燕子，沙暖睡鸳鸯''急雨梢溪足，斜晖转树腰。隔巢黄鸟并，翻藻白鱼跳''江动月移石，溪虚云傍花。鸟栖知故道，帆过宿谁家''凿井交棕叶，开渠断竹根。扁舟轻袅缆，小径曲通村''日出篱东水，云生舍北泥。竹高鸣翡翠，沙僻舞鹍鸡''钓艇收缗尽，昏鸦接翅稀。月生初学扇，云细不成衣''舍下笋穿壁，庭中藤刺檐。地晴丝冉冉，江白草纤纤'。七言绝句像'糁径杨花铺白毡，点溪荷叶叠青钱。笋根雉子无人见，沙上凫雏傍母眠''两个黄鹂鸣翠柳，一行白鹭上青天。窗含西岭千秋雪，门泊东吴万里船'之类，都不相贯穿。"我按照他的评价，用万余首唐代诗人的绝句进行考证，只有司空图的诗《杂题》写道："驿步堤萦阁，军城鼓振桥。鸥和湖雁下，雪隔岭梅飘。""舴艋猿偷上，蜻蜓燕竞飞。樵香烧桂子，苔湿挂莎衣。"

# 卫宣公二子

## 原文

卫宣公二子之事，《诗》与《左传》所书，始末甚详①，《乘舟》之诗，为伋、寿而作也。《左传》云："宣公烝于庶母夷姜，生急子。为之娶于齐而美②，公取之③，生寿及朔。宣姜与公子朔潛④急子。宣姜者，宣公所纳伋之妻，翻潛其过⑤。公使诸齐，使盗⑥待诸莘，将杀之。寿子告之，使行，不可。寿子载其旌以先，盗杀之，遂兄弟并命。"案：宣公以鲁隐四年十二月立，至桓十二年十一月卒，凡十有九年。姑以即位之始，便成烝乱，而急子即以次年生，势须⑦十五岁然后娶。既娶而夺之，又生寿、朔，朔已能同母潛兄，寿又能代为使者以越境，非十岁以下儿所能办也。然则十九年之间，如何消破⑧？此最为难晓也。

## 【字词注解】

①始末甚详：来龙去脉都非常详细。

②为之娶于齐而美：为他在齐国娶了一位妻子，非常美丽。

③公取之：宣公霸占了她。

④潛：进谗言诋毁。

⑤翻潛其过：她又反过来谗害她的前夫。潛，谗害。过，以前，这里代指前夫。

⑥盗：武士。

⑦势须：势必。

⑧消破：安排。

## 【精彩解说】

卫宣公两个儿子的事迹，《诗经》和《左传》所记载的来龙去脉十分详细。《诗经·二子乘舟》，就是为急子、寿子而作的。《左传》说："卫宣公和他的庶母夷姜私通，生下了急子。后来给急子从齐国娶了一位妻子，十分美丽，宣公又霸占了去，生下了寿子和朔子。宣姜和公子朔一同谗毁急子。宣姜就是卫宣公霸占的急子的妻子，此人反过来又谗害她的前夫。宣公命急子到齐国出使，另派了一些武士在莘地埋伏，准备杀掉急子。寿子把这个消息告了急子，让他快快逃走，急子不肯。寿子打着急子的旌旗先行赴齐，武士们杀死了寿子，后来兄弟二人都被杀死。"案：卫宣公于鲁隐公四年十二月立为卫国国君，到鲁桓公十二年十一月死去，总共十九年。姑且算他即位当年便与他庶母私通，那么急子必然在第二年才生下，按常理必得到十五岁才能娶妻。就算急子刚娶妻便被宣公夺去，又生下寿子和公子朔，公子朔已经能与他母亲一起谗害兄长，而公子寿又能代替急子为使者出国越境，这肯定不是十岁以下的小孩子所能做到的事。这样分析，那么这些事发生在十九年之内，怎么安排呢？这一点实在难以理解。

## 谓端为匹

### 原文

今人谓缣帛一匹为壹端，或总言①端匹。按《左传》"币锦二两"注云："二丈为一端，二端为一两，所谓匹也，二两，二匹也。"然则以端为匹非矣。《湘山野录》载夏英公镇襄阳，遇大礼赦恩，赐致仕官束帛，以绢十匹与胡旦，旦笑曰："奉还五匹，请检《韩诗外传》及诸儒韩康伯等所解'束帛戋戋'之义，自可见证。"英公检之，果见三代束帛、束脩之制。若束帛则卷其帛为二端，五匹遂见十端，正合此说也。然《周易正义》及王弼注、《韩诗外传》皆无其语。文莹多妄诞③，不足取信。案，《春秋公羊传》"乘马束帛"注云："束帛谓玄三纁二，玄三法天，纁二法地。"若文莹以此为证，犹之可也。

【字词注解】

①总言：合称。

②检：仔细查看。

③妄诞：任意，荒诞。

## 【精彩解说】

当今人们把一匹丝帛叫作一端，或者合称为一端匹。按：《左传》"币锦二两"句注释说："两丈叫作一端，两端为一两，就是通常所说的匹。二两，指两匹。"看来，把一端叫作一匹显然不正确。《湘山野录》记载英公夏竦镇守襄阳，遇到朝廷大礼加恩，赐给已经致仕的官吏们束帛，把十匹绢赐给胡旦，胡旦笑着说："我退还五匹，请你查检一下《韩诗外传》这本书以及儒士韩康伯等人对'束帛戋戋'这句话的解释，就自会明白了。"夏竦查检了这些资料，果然明白了三代时束帛、束脩的制度。像束帛，指把丝帛卷起来便有两端，五匹就有十端，正符合上面说的。然而今传的《周易正义》和王弼的注解、《韩诗外传》都没有见到这种记载。文莹这个人讲的话十分随便，不足为信。按：《春秋公羊传》"乘马束帛"这句话的注释说："束帛指的是黑三黄二，黑色三象征天，黄色二象征地。"如果文莹用这句话来证明束帛为五匹，那还是很有说服力的。

# 中华传统文化国粹经典文库书目

## 第一辑

| 序号 | 书名 | 作者/编者 | 导读者 |
|---|---|---|---|
| 1 | 三国演义 | [明]罗贯中/著 | 郑铁生 |
| 2 | 水浒传 | [明]施耐庵/著 | 宁稼雨 石 麟 |
| 3 | 西游记 | [明]吴承恩/著 | 孟昭连 |
| 4 | 红楼梦 | [清]曹雪芹 高 鹗/著 | 郑铁生 |
| 5 | 镜花缘 | [清]李汝珍/著 | 欧阳健 |
| 6 | 白话聊斋 | [清]蒲松龄/著 | 王晓华 |
| 7 | 阅微草堂笔记 | [清]纪 昀/著 | 吴 波 |
| 8 | 西厢记 | [元]王实甫/著 | 周传家 |
| 9 | 世说新语 | [南朝宋]刘义庆等/著 | 侯忠义 |
| 10 | 山海经 | [汉]刘 歆/编 | 马文大 |
| 11 | 道德经 | [春秋]老 子/著 | 王 蒙 |
| 12 | 四库全书 | [清]纪 昀等/编 | 林 骅 |
| 13 | 唐诗三百首 | 立 人/编 | 徐 刚 |
| 14 | 元曲三百首 | 立 人/编 | 查洪德 |
| 15 | 宋词三百首 | 立 人/编 | 韩小蕙 |
| 16 | 中华成语典故 | 立 人/编 | 陈世旭 |
| 17 | 中华寓言故事 | 立 人/编 | 陈世旭 |
| 18 | 颜氏家训 | [南北朝]颜之推/著 | 孙钦善 |
| 19 | 治家格言 | [清]朱伯庐/著 | 李硕儒 |
| 20 | 了凡四训 | [明]袁了凡/著 | 俞 前 |
| 21 | 增广贤文 | 立 人/编 | 孙立仁 |
| 22 | 牡丹亭 | [明]汤显祖/著 | 周传家 |
| 23 | 随园诗话 | [清]袁 枚/著 | 潘务正 |
| 24 | 人间词话 | 王国维/著 | 陈世旭 |
| 25 | 楚 辞 | [战国]屈 原等/著 | 石 厉 |
| 26 | 吴越春秋 | [东汉]赵 晔/著 | 田秉锷 |
| 27 | 菜根谭 | [明]洪应明/著 | 俞 前 |
| 28 | 小窗幽记 | [明]陈继儒等/著 | 陈喜儒 |
| 29 | 围炉夜话 | [清]王永彬/著 | 陈喜儒 |
| 30 | 浮生六记 | [清]沈 复/著 | 王晓华 |
| 31 | 传习录 | [明]王阳明/著 | 王建新 |
| 32 | 说文解字 | [东汉]许 慎/著 | 冯 蒸 |

## 第二辑

| 序号 | 书名 | 作者/编者 | 导读者 |
|---|---|---|---|
| 1 | 史 记 | [西汉]司马迁/著 | 关四平 |
| 2 | 资治通鉴 | [北宋]司马光/编 | 张秋升 |
| 3 | 春秋左传 | [春秋]左丘明/著 | 石定果 |
| 4 | 战国策 | [西汉]刘 向/编 | 李瑞兰 |
| 5 | 汉 书 | [东汉]班 固/著 | 关四平 |
| 6 | 三国志 | [晋]陈 寿/著 | 郑铁生 |
| 7 | 古文观止 | [清]吴楚材 吴调侯/编 | 牛 倩 |
| 8 | 论 语 | [春秋]孔 子等/著 | 石 厉 |
| 9 | 孟 子 | [战国]孟 子/著 | 邵永海 |

# 中华传统文化国粹经典文库书目

| 序号 | 书名 | 作者/编者 | 导读者 |
|---|---|---|---|
| 10 | 庄子 | [战国]庄子/著 | 尚学峰 |
| 11 | 荀子 | [战国]荀子/著 | 尚学峰 |
| 12 | 管子 | [春秋]管子等/著 | 官铎 |
| 13 | 墨子 | [战国]墨子等/著 | 陈鹏程 |
| 14 | 韩非子 | [战国]韩非/著 | 邵永海 |
| 15 | 列子 | [战国]列子/著 | 陈鹏程 |
| 16 | 鬼谷子 | [战国]鬼谷子/著 | 张世林 |
| 17 | 淮南子 | [西汉]刘安等/著 | 张秋升 |
| 18 | 诸子百家 | 立人/编 | 张弦生 |
| 19 | 孔子家语 | 孔子门人/编 | 薄克礼 |
| 20 | 吕氏春秋 | [战国]吕不韦/主编 | 田秉锷 |
| 21 | 礼记·尚书 | [西汉]戴圣/著 | 冯蒸 |
| 22 | 三言二拍 | [明]冯梦龙 凌濛初/著 | 宁宗一 |
| 23 | 隋唐演义 | [清]褚人获/著 | 欧阳健 |
| 24 | 聊斋志异 | [清]蒲松龄/著 | 林骅 |
| 25 | 儒林外史 | [清]吴敬梓/著 | 吴波 |
| 26 | 东周列国志 | [明]冯梦龙/著 | 侯忠义 |
| 27 | 弟子规·千家诗 | [清]李毓秀/著 [南宋]谢枋得 [明]王相/编 | 乔卉林 |
| 28 | 孙子兵法·三十六计 | [春秋]孙武/著 | 李海涛 |
| 29 | 容斋随笔 | [南宋]洪迈/著 | 李硕儒 |
| 30 | 纳兰词 | [清]纳兰性德/著 | 李硕儒 |
| 31 | 豪放词·婉约词 | 立人/编 | 韩小蕙 |
| 32 | 唐宋散文八大家 | 立人/编 | 卓然 |

## 第三辑

| 序号 | 书名 | 作者/编者 | 导读者 |
|---|---|---|---|
| 1 | 中华上下五千年 | 立人/编 | 林海清 |
| 2 | 二十五史 | 立人/编 | 林海清 |
| 3 | 四书五经 | 立人/编 | 张弦生 |
| 4 | 智囊全集 | [明]冯梦龙/编 | 周传家 |
| 5 | 贞观政要 | [唐]吴兢/著 | 张弦生 |
| 6 | 诗经 | [春秋]孔子/编 | 石厉 |
| 7 | 孝经 | [春秋]孔子/著 | 田秉锷 |
| 8 | 挺经 | [清]曾国藩/著 | 王建新 |
| 9 | 易经 | 立人/编 | 李树果 |
| 10 | 冰鉴 | [清]曾国藩/著 | 陈喜儒 |
| 11 | 糊涂经 | 立人/编 | 周传家 |
| 12 | 周易全书 | 立人/编 | 郑铁生 |
| 13 | 黄帝内经 | 立人/编 | 廉玉麟 |
| 14 | 本草纲目 | [明]李时珍/著 | 廉玉麟 |
| 15 | 三字经·百家姓·千字文 | [南宋]王应麟 [南北朝]周兴嗣/著 | 乔卉林 |
| 16 | 大学·中庸 | [春秋]曾子 [战国]子思/著 | 牛倩 |
| 17 | 曾国藩家书 | [清]曾国藩/著 | 武道房 |
| 18 | 唐诗·宋词·元曲 | 立人/编 | 卓然 |
| | 未完待续…… | | |